惊
▶P156

儿
啼
爷

▶P305

镰鼬
▶P212

滑头鬼

▶P533

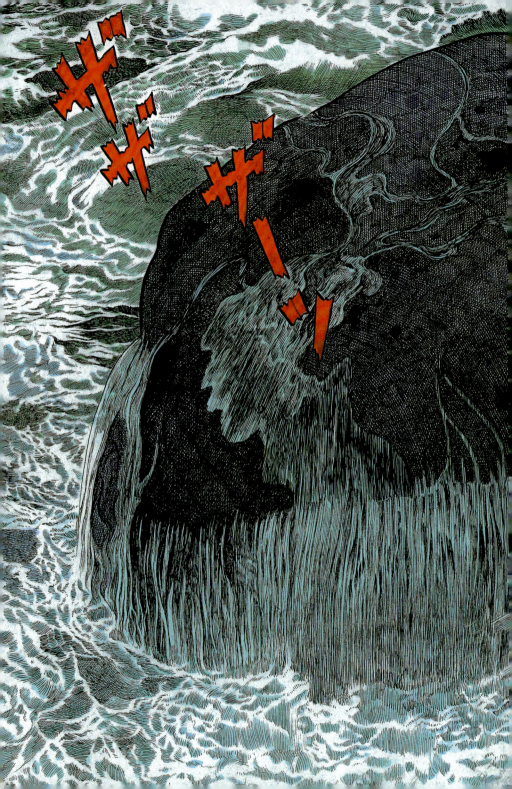

海坊主

▶P113

手足神 ▶P885

道通神 ▶P886

款冬人 ▶P314

妖怪大全

〔日〕水木茂 著　王维幸 译

南海出版公司

新经典文化股份有限公司
www.readinglife.com
出　品

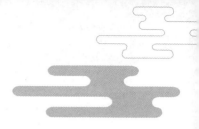

目录

妖怪

青行灯　　　　　　　26

青鹭火　　　　　　　27

青女房　　　　　　　28

赤头与妖怪小僧　　　29

赤虹　　　　　　　　30

赤发怪　　　　　　　31

赤舌　　　　　　　　32

阿卡纳　　　　　　　33

垢尝　　　　　　　　34

灯无荞麦　　　　　　35

恶四郎妖怪　　　　　36

恶路神之火　　　　　37

足洗邸　　　　　　　38

足长手长　　　　　　39

足勾　　　　　　　　40

小豆洗　　　　　　　41

小豆量　　　　　　　42

小豆婆　　　　　　　43

畦走　　　　　　　　44

安宅丸　　　　　　　45

恶鬼　　　　　　　　46

后追小僧　　　　　　47

镫口　　　　　　　　48

油赤子　　　　　　　49

油返　　　　　　　　50

油须磨　　　　　　　51

油坊　　　　　　　　52

天草的河童　　　　　53

尼入道　　　　　　　54

天逆每　　　　　　　55

天邪鬼	56	生邪魔	78
尼彦	57	一目入道	79
天人	58	独屋的妖兽	80
网切	59	伊邪	81
雨女	60	一反木绵	82
雨降小僧	61	五冢的怪女	83
糖果店的幽灵	62	一本足	84
海怪	63	一本踏鞴	85
生魅魅	64	以津真天	86
生灵凭	65	犬神	87
池魔	66	隐神刑部狸	88
围棋精	67	蝾螈	89
婴儿笼	68	否哉	90
石投尉	69	岩鱼坊主	91
笫转	70	阴火	92
异兽	71	犬加迈	93
矶女	72	隐念	94
忙	73	遗念火	95
矶抚	74	浮物	96
板鬼	75	牛打坊	97
市子	76	牛鬼	98
鼬寄	77	丑时参	99

后神	100	槐邪神	122
臼负婆	101	烟罗烟罗	123
姥姥火	102	覆挂	124
产女	103	置行堀	125
马鹿	104	笈化物	126
马凭	105	应声虫	127
马足	106	苎	128
海狼	107	大头小僧	129
海和尚	108	狼灵	130
海小僧	109	大秃	131
海座头	110	大首	132
海女房	111	大蜘蛛	133
海人鱼	112	大鲤鱼	134
海坊主	113	大座头	135
哇	114	大蛸足	136
云外镜	115	大旅渊蛇神	137
江户的金灵	116	大入道	138
江户管狐	117	大坊主	139
绘马精	118	御釜踊	140
襟立衣	119	拜者	141
猿猴	120	於菊虫	142
猿猴婆	121	送犬	143

送行提灯	144
送行拍子木	145
恶血	146
奥高鸟	147
长壁	148
御三狐	149
和尚的幽灵	150
白粉婆	151
恐山之灵	152
屁精	153
背背我石	154
音灵	155
惊	156
鬼	157
鬼熊	158
鬼火	159
鬼一口	160
齿黑	161
废屋	162
找背郎	163
奥博	164
胧车	165
生魂	166
御万稻荷	167
面影	168
鬼火女	169
阴摩罗鬼	170
怪蝾螈	171
怪地藏	172
海人	173
贝儿	174
海难法师	175
贝吹坊	176
海妖	177
饿鬼	178
饿鬼凭	179
隐里	180
隐婆	181
影女	182
元兴寺	183
累	184
伞妖	185
锻冶媪	186
火车	187

饿者骷髅	188	獭	210
卡沙宝	189	蟾蜍	211
风	190	镰鼬	212
火前坊	191	发鬼	213
片脚上腊	192	发切	214
咔嗒咔嗒桥	193	纸舞	215
片耳豚	194	瓶长	216
帷子辻	195	龟姬	217
独轮车	196	蚊帐吊狸	218
河童	197	乌天狗	219
河童石	198	噶喇帕	220
免受河童伤害的方法	199	画灵	221
河童凭	200	川赤子	222
河童抠肛门球	201	川獭	223
河童火	202	川獭精	224
河童文字	203	河爱郎	225
桂男	204	川男	226
金槌坊	205	川熊	227
蟹坊主	206	河虎	228
金灵	207	川猿	229
金神火	208	水獭	230
锅盖头小僧	209	川太郎	231

川天狗	232	木子	254
川者	233	马魔	255
川姬	234	穷神	256
川萤	235	旧鼠	257
岸涯小僧	236	九尾狐	258
贯奇	237	狂骨	259
干津女	238	经凛凛	260
关东的尾崎狐	239	清姬	261
龛精	240	切笼灯笼	262
加牟波理入道	241	金鱼幽灵	263
鬼击病	242	金长狸	264
喜如那	243	管	265
鬼女	244	件部	266
鬼女红叶	245	件	267
鬼神	246	裂口女	268
狐凭	247	沓颊	269
狐风	248	库乃摇	270
狐祟	249	首啮	271
狐狸婆亲	250	缢鬼	272
狐火	251	蜘蛛火	273
鬼童	252	海月火玉	274
绢狸	253	仓棒子	275

久罗虫	276		嘀咕岩	298
鞍野郎	277		小袖手	299
黑发切	278		五体面	300
黑玉	279		木灵	301
库洛坡可人	280		点头仙	302
黑手	281		五德猫	303
黑坊主	282		琴古主	304
毛羽毛现	283		儿啼爷	305
血块	284		子生弁天之大人道	306
该盗	285		木叶天狗	307
下度柿的妖怪	286		小坊主	308
外法头	287		护法童子	309
倩兮女	288		小法师	310
水姆	289		可宝奇	311
小池婆	290		狐狸之战	312
小右卫门火	291		古笼火	313
虚空太鼓	292		款冬人	314
古库里婆	293		狐者异	315
小雨坊	294		蒟蒻坊主	316
克春普	295		蒟蒻幽灵	317
瞽女的幽灵	296		牛蒡种	318
古战场火	297		啭石	319

逆女	320		式王子	342
逆柱	321		式神	343
马首垂	322		敷次郎	344
佐仓总五郎之灵	323		食取	345
海螺鬼	324		静饼	346
座敷坊主	325		次第高	347
座敷童子	326		舌长婆	348
悟	327		七	349
寒户婆	328		七人同行	350
皿数	329		七本鲛	351
猿鬼	330		信浓的别界	352
猿神	331		筱崎狐	353
吒	332		芝右卫门狸	354
三吉鬼	333		柴搔	355
三尺坊	334		芝天	356
山精	335		死人凭	357
山中的幽灵宅	336		岛原的船幽灵	358
山本五郎左卫门	337		蛇骨婆	359
山灵	338		蛇带	360
黑眚	339		邪魅	361
地黄煎火	340		三味长老	362
盐之长司	341		锵锵火	363

集团亡灵 364
十二神将 365
执念之鬼 366
出世螺 367
朱盘 368
树木子 369
小鬼 370
正吉河童 371
精蝼蛄 372
钲五郎 373
精灵田 374
精灵风 375
络新妇 376
白发山的怪物 377
不知火 378
白幽灵 379
尻目 380
化为亡灵的狸猫 381
亡灵森林 382
白容裔 383
白猿 384
白坊主 385
蜃 386
心火 387
神社姬 388
人面犬 389
人面树 390
人面疮 391
水蔓 392
水虎 393
水虎大人与水神大人 394
水释大人 395
水精翁 396
菅原道真的怨灵 397
砚台精 398
甲鱼的冤魂 399
甲鱼幽灵 400
崇德院（白峰） 401
撒砂婆 402
胫擦 403
无脸坊 404
精灵 405
石塔飞行 406
石塔磨 407

石妖	408		但马的骚灵	430
势子	409		叠叩	431
濑户大将	410		祟物怪	432
禅釜尚与虎隐良	411		纵缲返	433
仙北神北	412		狸凭	434
袖引小僧	413		狸的婚礼	435
卒都婆小町	414		狸腹鼓	436
空神	415		狸火	437
算盘坊主	416		魂盖	438
孙蔓	417		魂濑	439
大鱼恶楼	418		堕落子	440
大光寺的妖怪	419		堕里	441
大山的狐神	420		单黑林	442
松明丸	421		力持幽灵	443
高女	422		千千古	444
高须的猫妖	423		地神	445
高入道	424		茶袋	446
高桥六兵卫狸之附身	425		宙狐	447
高坊主	426		蝶化身	448
达奇	427		提灯阿岩	449
拓郎火	428		提灯妖怪	450
竹切狸	429		提灯小僧	451

提灯火	452	天奇	474
蝶幽灵	453	手长婆	475
长面妖女	454	手目	476
猪口暮露	455	手目啮	477
尘冢怪王	456	寺突	478
庆奇路里	457	貂	479
冲立狸	458	天火	480
付丧神	459	天狗	481
辻神	460	天狗倒	482
土蜘蛛	461	天狗凭	483
土转	462	天狗砾	484
槌蛇	463	天狗火	485
恙虫	464	天子	486
常元虫	465	天井下	487
角盥漱	466	天井尝	488
冰柱女	467	天吊	489
钓瓶落	468	天女之宿	490
钓瓶火	469	豆腐小僧	491
洗手鬼	470	东方朔	492
手负蛇	471	东北的钓瓶落	493
手形伞	472	道毛靠毛	494
铁鼠	473	通物	495

鸟取的牛鬼 496

百百目鬼 497

利根川的火球 498

共潜 499

取出 500

泥田坊 501

土瓶神 502

蜻蜓一日 503

长井户的妖怪 504

长崎的水虎 505

泣婆 506

波切大王 507

锅底狸 508

生首 509

浪小僧 510

尝女 511

鸣釜 512

绳筋 513

什么东西 514

纳户婆 515

二楼之怪 516

苦笑 517

肉吸 518

二恨坊之火 519

二本足 520

入道坊主 521

入内雀 522

乳钵坊与葫芦小僧 523

如意自在 524

仪来大主 525

鸡僧 526

人鱼 527

人偶之灵 528

鵺 529

鵺之亡灵 530

肉瘤怪 531

沼御前 532

滑头鬼 533

涂壁 534

涂坊 535

涂佛 536

涂涂坊主 537

濡女子 538

濡女 539

猫男	540	白藏主	562
猫凭	541	银杏精	563
猫的神通	542	化鲸	564
猫又	543	化草履	565
猫又山	544	化狸	566
鼠之怨灵	545	化灯笼	567
祢祢子河童	546	化猫	568
念佛长	547	化鼠	569
寝肥	548	化皮衣	570
诺伊波罗伊克西	549	化火	571
野间	550	化雏	572
野宿火	551	旧木屐妖	573
野津子	552	狸传膏	574
野槌	553	妖怪的彩礼	575
野寺坊	554	鬼宅	576
野火	555	波山	577
伸上	556	桥姬	578
野衾	557	芭蕉精	579
野守	558	住地灵	580
帕奇	559	旱田冤灵	581
羽风	560	吧嗒吧嗒	582
貘	561	机寻	583

魃鬼	584	独目坊主	606
发鱼	585	一人相扑	607
八百八狸	586	火取魔	608
花子	587	飞缘魔	609
婆狐	588	火之车	610
针女	589	比婆猴	611
返魂香	590	狒狒	612
半裂大明神	591	火间虫入道	613
般若	592	百目	614
般若附身	593	百鬼夜行	615
引亡灵	594	兵揃	616
火神	595	兵主坊	617
啪嗒凭	596	病虫	618
饥神	597	火男	619
魖	598	屏风窥	620
一声叫	599	日和坊	621
人魂	600	比良夫贝	622
一目小僧	601	蛭持	623
独眼狸	602	琵琶牧牧	624
独眼入道	603	人形神	625
独眼大坊主	604	贫乏神	626
独眼黑坊主	605	风狸	627

吹灯婆	628	嗡嗡岩	650
文车妖妃	629	平家一族的怨灵	651
袋下	630	币六	652
袋貉	631	翻白眼太郎	653
衾	632	跟脚怪	654
札返	633	蛇怪	655
二口女	634	蛇蛊	656
二冢妖怪	635	弁庆堀的河太郎	657
渊猿	636	喂喂火	658
船板琴	637	帚与笛之灵	659
不那哥火	638	坊主狸	660
船亡灵	639	疱疮婆	661
船幽灵	640	颊抚	662
浮游灵	641	好栽	663
不落不落	642	细手	664
晃悠火	643	牡丹灯笼	665
古空穗	644	拂尘守	666
古樵	645	佛幽灵	667
古山茶	646	骨女	668
震震	647	骨伞	669
古屋的妖怪	648	豪雅乌卡姆伊	670
浴桶的火球	649	暮露暮露团	671

舞首　　　　　　　　672

枕返　　　　　　　　673

认真的幻兽　　　　　674

松树精灵　　　　　　675

招手幽灵　　　　　　676

麻布衣笼　　　　　　677

魔法大神　　　　　　678

豆狸　　　　　　　　679

麻桶毛　　　　　　　680

迷家　　　　　　　　681

迷火　　　　　　　　682

迷船　　　　　　　　683

迷神　　　　　　　　684

圆球幽灵　　　　　　685

见上人道　　　　　　686

箕借婆　　　　　　　687

饭笥　　　　　　　　688

沟出　　　　　　　　689

三面乳母与独眼小僧　690

蓑火　　　　　　　　691

蓑虫火　　　　　　　692

蓑草鞋　　　　　　　693

耳无豚　　　　　　　694

明次奇　　　　　　　695

百足　　　　　　　　696

无垢行腾　　　　　　697

貉　　　　　　　　　698

无人车幽灵　　　　　699

鞭子风　　　　　　　700

村纱　　　　　　　　701

梦灵　　　　　　　　702

目竞　　　　　　　　703

饭食幽灵　　　　　　704

面具之灵　　　　　　705

魍魉　　　　　　　　706

木鱼达摩　　　　　　707

目目连　　　　　　　708

蒙古高句丽　　　　　709

物怪　　　　　　　　710

百百爷　　　　　　　711

茂林寺之釜　　　　　712

蒙加　　　　　　　　713

野干　　　　　　　　714

水壶吊　　　　　　　715

夜行鬼	716	山地乳	738
寝具与座头	717	山天狗	739
疫病神	718	山猫	740
野狐	719	幽谷响	741
夜行游女	720	山彦	742
屋岛之秃	721	山神子	743
夜道怪	722	山御先	744
牙那	723	山童	745
柳精	724	山臊	746
柳婆	725	山婆	747
家鸣	726	山婆附身	748
山岚	727	山宝	749
山犬	728	病田	750
山姥	729	枪毛长	751
山尾裂	730	遣来水	752
山男	731	不知八幡之森林	753
山鬼	732	山伏	754
山飒	733	遗言幽灵	755
山女	734	幽灵赤儿	756
玃	735	幽灵毛虫	757
山爷	736	幽灵纸鱼	758
八岐大蛇	737	幽灵狸	759

幽灵问答 760

幽灵宅 761

行逢神 762

雪女 763

雪爷 764

夜豚 765

妖怪石 766

妖怪风之神 767

妖怪蜃气楼 768

妖怪鳖 769

妖怪宅地 770

妖怪万年竹 771

妖鸡 772

夜雀 773

夜泣石 774

呼子 775

雷兽 776

龙 777

龙灯 778

道谢幽灵 779

老人火 780

飞头蛮 781

畏晶 782

若狭的人鱼 783

若松的幽灵 784

渡柄勺 785

鳄鲛 786

轮入道 787

笑地藏 788

恶风 789

往生世界

村长的交易 阿伊努的阴间① 　　　　　　792

死者居住的村落 阿伊努的阴间② 　　　　　793

阿伊努的地狱 阿伊努的阴间③ 　　　　　794

六道绘的世界 《往生要集》① 　　　　　795

佛教的戒律·五戒 《往生要集》② 　　　　796

三途川 《往生要集》③ 　　　　　　　　797

阎魔大王、审判日 《往生要集》④ 　　　798

往生要集的地狱 《往生要集》⑤ 　　　　799

八大地狱的光景1 《往生要集》⑥ 　　　800

八大地狱的光景2 《往生要集》⑦ 　　　801

饿鬼·畜生·阿修罗 《往生要集》⑧ 　　802

阿弥陀的净土 《往生要集》⑨ 　　　　　803

决死的渡海 补陀落净土 　　　　　　　　804

迎火送火 　　　　　　　　　　　　　　805

来自不死之国的来访者 常世国 　　　　　806

神与贵族的国度 高天原 　　　　　　　　807

伊邪那美居住的国度 黄泉之国① 　　　　808

死国之所在 黄泉之国② 　　　　　　　　809

先祖居住的世界 根之国 　　　　　　　　810

神明

飨之祭　　　　　812

赤城山的百足神　813

无垢神　　　　　814

足神　　　　　　815

剥茧怪　　　　　816

安毛　　　　　　817

石神　　　　　　818

一目连　　　　　819

井神　　　　　　820

稻荷神　　　　　821

疣取神　　　　　822

弥谷寺　　　　　823

牛御前　　　　　824

姥神　　　　　　825

厕神　　　　　　826

蛤贝比卖　　　　827

奥伊茨岐神　　　828

大元神　　　　　829

奥玉神　　　　　830

产神　　　　　　831

水虎神　　　　　832

御白神　　　　　833

鬼蓟　　　　　　834

河太郎　　　　　835

蚕神　　　　　　836

蛙神　　　　　　837

稻草人神　　　　838

胜宿大明神　　　839

风三郎　　　　　840

门神　　　　　　841

金山神　　　　　842

兜稻荷　　　　　843

灶神　　　　　　844

咕隆咚　　　　　845

川仓地藏堂　　　846

树神　　　　　　847

夔神　　　　　　848

钉拔地藏尊　　　849

菌神　　　　　　850

首冢大明神　　　851

熊神　　　　　　852

黑佛　　　　　　853

锹山大明神	854	抱付柱	876
荒神	855	泷灵王	877
五万度神	856	烧火权现	878
子安神	857	蛸神大人	879
根源神	858	七夕神	880
佐助稻荷	859	多尔具久	881
山神	860	田神	882
狮子头神	861	杖立神	883
地藏附身	862	凭神	884
柴神	863	手足神	885
钟馗神	864	道通神	886
白又	865	时神	887
神鹿	866	岁咚	888
神农氏	867	土用坊主	889
水神大人	868	鲇神	890
思乃卡	869	生团子	891
思乃卡活动	870	奈麻户奴加奈之	892
钱洗弁天	871	生剥	893
苍前神	872	仁王	894
扫疫神	873	人形神	895
袖挽神	874	盗人神	896
田县神社	875	佩刀神	897

蟠东　　　　　　898　　　山年神　　　　　920

半平顿　　　　　899　　　山神婆　　　　　921

美人神　　　　　900　　　雷神　　　　　　922

一言主神　　　　901　　　六所大明神　　　923

枚方的御阴神　　902

宾头颅尊者　　　903　　　索引　　　　　　925

福神　　　　　　904

符沙马拉　　　　905

船玉神　　　　　906

帚神　　　　　　907

天花神　　　　　908

方相氏　　　　　909

波塞神　　　　　910

梵天神　　　　　911

真世神　　　　　912

水神　　　　　　913

面殿　　　　　　914

森殿　　　　　　915

哞哞殿　　　　　916

厄拔戒坛　　　　917

八咫乌鸦　　　　918

薮神　　　　　　919

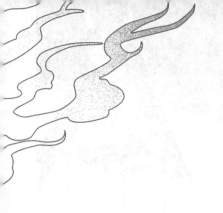

妖
怪

青行灯

日本自古就有这样一个传说——有人讲鬼怪故事时，便会招来鬼怪。据说，人们在玩"百鬼灯"游戏时，会点上一百根灯芯，每讲一个恐怖故事就熄灭一根。当灯芯全部熄灭时，就会有鬼怪出来。

据浮世绘画师鸟山石燕的《今昔画图续百鬼》记载，人们在玩"百鬼灯"的时候，如果是用青纸做的行灯，灯火熄灭后，妖怪"青行灯"就会出现。

在一本名为《怪谈老之杖》的书中，记述了这样一个故事：厩桥（今日本群马县前桥市）城内有一群年轻的武士在值夜，大家凑在一起玩百鬼灯。

他们用青纸将行灯罩起来，在旁边立上一面镜子，然后将行灯和镜子放在另一个房间的大客厅里。照例摆一百个行灯。每讲完一个故事，讲故事的人就去熄灭一根灯芯，然后照照镜子，再退回来，以此来检验每个人的胆量。

讲到第八十二个故事时，还一切正常。但当讲完第八十三个故事，那个人起身熄灭灯芯时，在房间的墙壁上看到了恐怖的东西。

只见墙上有一具吊死的女人的尸体，年龄应该在十八九岁，披头散发，一身白衣。大家纷纷围了过来。这具尸体直到天亮都没有消失。

不过，真正的妖怪"青行灯"并没有出现。因此，鸟山石燕所说的"青行灯"，很可能指的就是玩百鬼灯时出现的诡异之物。

青鹭火

关于"青鹭火"的形象，鸟山石燕在《今昔画图续百鬼》中这样描述："年老的青鹭在夜间飞行时，它的羽毛会发光，在光的映照下，人们会看到它尖利而恐怖的嘴巴。"

这里的青鹭指的是五位鹭，竹原春泉斋在《桃山人夜话》[1]中也曾描绘过五位鹭发光的情形。五位鹭在夜间呼吸的时候，看上去犹如一团发着青光的火。

江户时代的百科全书、寺岛良安的《和汉三才图会》[2]中，也有"五位鹭夜间飞行时会发光，状如火球"的记载。在月明之夜，五位鹭发出的光芒更加耀眼。倘若有一只大五位鹭站在河边，看上去就像一个人站在那里。看到的人被吓到很正常，被看成是妖怪就更不足为奇了。

不过从这些记载来看，较之妖怪，人们更认为青鹭火是一种奇异的现象。

与现代不同，古时的夜晚十分黑暗，因此在月夜看到一只浅色的鸟，自然就觉得像在发光。近代的民俗资料中，也有许多人类目击到野鸭和山鸟边飞边发光的记载，因此青鹭火一说也并非空穴来风。

---

① 《绘本百物语》是成书于 1841 年的日本怪谈集，作者桃山人，绘者竹原春泉斋。近代妖怪研究家认为，"桃山人夜话"是其副标题。（无特殊说明，本书注释均为译注）

② 《和汉三才图会》于 1712 年在日本出版。书名意为"日本与中国的天地人三界图册集"。

青女房

　　鸟山石燕在《画图百鬼夜行》中有这样的记述：在无人居住的冷宫里，经常会出现一种眉毛蓬乱、牙齿涂着黑铁浆（已婚女性用来染黑牙齿的液体）的妖怪——青女房。

　　"青女房"原本指少不更事的黄毛丫头。不过，鸟山石燕所说的青女房，指的似乎是一种类似女幽灵的鬼怪。

　　从前，有一个男子从京城去美浓、尾张一带。他深夜出发，刚上路不久，便遇到一个身穿青色衣服的女人。

　　"请问民部大夫的家在哪里？能否请您带我去？"

　　在女子的请求下，男子不情愿地将她送到了民部大夫的家门口。本以为女子会向自己道谢，然后说明来历，那女子却像从人间蒸发般消失得无影无踪。

　　紧接着，就听到民部大夫家有人死去，大家忙乱起来。

　　男子觉得毛骨悚然，立刻取消了出行计划。次日，他向朋友打探民部大夫家里发生了什么。朋友说，被民部大夫抛弃的妻子化成幽灵出现在他面前，民部大夫被她诅咒而死。这是记录在《今昔物语集》中的故事。

赤头与妖怪小僧

古时候，鸟取县名和村（今日本西伯郡大山町）有一个力大无穷的男子，叫赤头。据说，他运米时都是将米袋放在梯子上，一次能搬运十二袋。

有一天他在观音堂休息，不知从哪儿来了一个小和尚，年龄有四五岁。只见小和尚徒手将一根大钉子钉进了柱子里，紧接着又将钉子拔出来。就这样钉入拔出，拔出钉入，玩得不亦乐乎。再仔细一看，他竟然只用了一根手指。

赤头很不服气，也想试一下。但别说是一根手指，他将两只手全都用上，才勉强将钉子钉进去。而且钉进去之后，就拔不出来了。

小和尚见状，便哈哈大笑着消失了。

这个故事讲的是一个力大无穷的男子，面对一根小钉子却无能为力，而小和尚却不费吹灰之力做到了。关于赤头，还流传着许多神奇的故事。

赤头死后，村里的年轻人也想拥有他的神力，便到他的坟墓里去修炼。到了半夜，人们会感到好像有人在后背推自己，力量之大简直难以承受。

赤头在死后仍能展示出如此怪力，这样看来，或许他也是妖怪了。

赤虹

　　古时候,安房的野岛崎（今日本千叶县南房总市）曾出现过体长三里（约12公里）的超级大鱼。

　　由于这种鱼体型巨大，背上会积存泥沙。当泥沙堆积到一定程度后，大鱼就会浮出海面，将泥沙抖掉。人们看到后，可能误认为是一座小岛。等到船只靠近的时候，它会立刻沉入海底，船便会被海浪吞没，船毁人亡。

　　有一次，有一条遭遇海难的船在海上漂泊，船员们误把赤虹当成小岛，登了上去。

　　大家欣喜万分，但岛上却见不到一个人，找不到一户人家。只见岩石上长满了稀奇古怪的植物，枝叶上缠满了水藻。岩石缝里有洞，里面栖息着鱼类。人们在上面走了两三里（约8~12公里）远，还是没有发现有人生活在这里；想找处水洼喝点水，却发现水也是咸的，不能喝。

　　无奈，船员们只好回到船上。当船离开约十町（约10公里）远的时候，小岛沉到了海里，眼前只剩下一片茫茫的大海。

　　这是竹原春泉斋的《桃山人夜话》中记述的故事。鱼大到这种程度，被当作妖怪也就不足为奇了。

赤发怪

　　赤发怪又叫"树精"或"水精"，是生活在冲绳的一种妖怪。

　　赤发怪很少主动出现在人类面前，不过经常在渔业方面给人们提供帮助。

　　它的模样像五六岁的小孩，头发蓬乱，呈红色，肤色也偏红，因此得名赤发怪。

　　赤发怪能为渔民提供帮助，却十分讨厌章鱼，看到章鱼就会逃走。人们若是用章鱼来逗弄赤发怪，就会遭到生气的赤发怪的报复。

　　虽然它平时活泼开朗，从不害人，不过，一旦用章鱼挑衅它，它就立刻像变了个人（妖怪）似的。

　　如果能与赤发怪成为好朋友，人类就能在海上如履平地，所以赤发怪深受孩子们的喜爱。不过，关于人和赤发怪成为好朋友，并能在海上行走的事情，我却从未听说过。

　　冲绳地区的妖怪中，有很多对人类都十分友好，赤发怪也是这样。

赤舌

在浮世绘画师鸟山石燕的《画图百鬼夜行》中，有一种妖怪叫作"赤舌"，而在《妖怪大全》《百怪图卷》等画卷中，这种妖怪则被称作"赤口"。

《画图百鬼夜行》以及其他画卷中只记载了这种妖怪的名字，因此有关赤舌的具体情况尚不清楚。不过很多人认为，它的名字可能来自阴阳道中的"赤舌神"。老黄历中有由赤舌神掌管赤舌日（也称"赤口日"）的说法。据说赤舌日这一天很不吉利，不宜做公事、诉讼以及签合同等，因为会有赤舌神作祟。

鸟山石燕将赤舌描绘成了水闸守护神的形象，赤舌在这幅图中的形象也被大家所认可。

赤在日语中的读音与"淦""阏伽"一样，都表示水。关于舌头，自古就流传着"舌头乃万祸之门"的谚语，再加上"赤"还有"水"的意思，这"门"自然就是水门，即水闸了。赤舌的口与水门的含义相同，作为万祸之源的口与水门一旦打开，就预示着要发生不吉利的事。

这样看来，赤舌是一种会给人们带来灾祸的妖怪，只要它张口，就会诸事不顺。

阿卡纳

传说月亮上的影子中有一个妖怪，叫"阿卡纳"，此妖心地善良，长得很像猴子。

在古代的传说中，阿卡纳与猴子共住一室。院子里有一棵杨梅树，每年都会结很多果实。猴子想将这棵树据为己有，决定杀死阿卡纳。它提议说：

"咱俩把杨梅卖了，钱平分。不过，像平常那样卖就不好玩了，咱们比一比，看谁卖得多。谁输了就要被对方杀死，怎么样？"

猴子逼迫自己的眼中钉——阿卡纳答应后，立刻将杨梅分成两份。自己的篮子里全放熟杨梅，阿卡纳的篮子里只放青杨梅。猴子在集市上卖完杨梅后，急忙赶回家，准备杀死阿卡纳。可怜的阿卡纳一颗杨梅都没卖掉，就流着眼泪向十五的月亮祈祷。

"如此一来，我会被朋友杀死。月亮啊月亮，你救救我吧。"

于是月亮便从天上放下一个筐子，落到了天久山上，阿卡纳坐在筐里上了天。

据说，从此以后，月亮上便映有阿卡纳打水的影子了。

垢尝

　　垢尝是一种专门舔舐澡堂污垢的妖怪，经常会在夜深人静的时候出现。江户时代的《古今百物语评判》中，记载了一种舔舐污垢的妖怪，说的就是垢尝。

　　虽说垢尝只是舔舐污垢，并不会为非作歹，不过家中有妖怪潜入，还是十分恐怖的。

　　想要阻止垢尝来到家中，就必须将浴桶打扫干净，不留污垢。

　　提到"垢尝来了"，很多人会感到不舒服，所以非常勤快地清扫浴桶。从这个意义上说，妖怪垢尝能提醒大家注意清洁。

　　从前的浴桶都是木质的，放在阳光照不到的地方，总是湿漉漉的，经常会吸引蛞蝓和癞蛤蟆。因此浴桶和厕所一样，都是家中最容易出现妖怪的地方。

　　关于浴桶容易招来妖怪这一点，我小的时候深有体会。因此对像我这样的农村孩子来说，洗澡是一件很可怕的事。

灯无荞麦

灯无荞麦是江户本所（今日本东京都墨田区南部）七大不可思议①之一。

本所南割下水有一家荞麦面馆，每晚都会营业，行灯上写着"二八荞面，分切乌冬"。虽然面馆一直在营业，却一个顾客都没有，行灯也不亮，总是黑乎乎的。

"奇怪啊，要不等等看？"如果有人觉得奇怪，上前点亮行灯，就上了妖怪的当。点灯的人回家之后必定有灾难发生。点灯之人回到家后，之前还很正常的家人会突然死去——据说这种事真的发生过。

即使将行灯点亮，行灯也会立刻熄灭，无论尝试多少次。

相传本所一带，还有一种与灯无荞麦完全相反的"不灭行灯"，也挂在一家荞麦面馆的门口。这盏行灯整晚都亮着，却见不到一个人影，也从没有人看见行灯熄灭过。

这些行灯可能是一种不同于人形幽灵的幽灵吧。

---

① "本所七大不可思议"是江户时代流传于本所的怪谈，不同传闻版本有所差异，大致包括以下几种：置行堀、送行提灯、送行拍子木、灯无荞麦、足洗邸、片叶的苇、狸囃子、落叶秃椎、津轻太鼓。

恶四郎妖怪

从前，艺州（今日本广岛县）真定山有一个叫"石川恶四郎"的妖怪。真定山的山脚下，住着一位叫五太夫的少年武士。有一天，附近一位男子邀请五太夫一起去真定山看妖怪，他就答应了。

真定山阴森恐怖。二人好不容易爬到山顶，突然乌云密布，大雨倾盆，地动山摇，恐怖无比。同伴被吓坏了，急忙往回走，五太夫觉得走夜路太危险，便决定露宿山顶。

次日清晨，五太夫平安下山。从此以后，他家里便经常出现妖怪。不过，五太夫非常镇定勇敢，丝毫不怕妖怪，任由妖怪在他家里自由进出。过了几日，妖怪变成一位僧人前来见他。

"你太勇敢了，我们决定离开真定山。"

妖怪说完便消失不见了，只留下一根三尺（约90厘米）长的木棒。

五太夫将这根木棒献给广岛的慈光寺，并将事情的来龙去脉绘成一幅画。

这根木棒就是妖怪"恶四郎"。

恶路神之火

伊势国田丸辖下的间弓村（今日本三重县度会郡玉城町），曾出现过一种奇怪的火，被称作"恶路神之火"。这种火多出现在雨夜，在离地二三尺（约60～90厘米）的空中晃晃悠悠地飞来飞去，就像有人在路上提着灯笼。相传，如果有人遇到这种火，就会染上瘟疫，卧床不起。

遇到恶路神之火时，要立刻趴在地上，等它飞过去，方能化险为夷。只要不迎面遇到恶路神之火，就不会生病，而这里所说的瘟疫也不会传染。

半夜看到一个大火球，无论是谁都会害怕。毕竟妖火这种东西，只是看到就会产生一种不祥的预感。此时若有人再提起瘟疫，就更令人深信不疑。

人们对这种火不甚了解，想象力丰富的人甚至会揣测其中是否隐藏着什么。所以人们在看到恶路神之火后，便会变成神秘主义者。

当然，我们经常听到一些科研人员将鬼火解释为成群的蚊子或磷火。不过，火妖的种类有很多，不可能千篇一律地用蚊子或磷火来解释。说不定真的有妖怪存在呢。

足洗邸

据说，江户本所的一处宅子，曾发生过一件怪事。屋里的天花板上会忽然伸出一只血淋淋的大脚，这件事也被列为本所七大不可思议之一。

从前，有一个叫小宫山左膳的武士解救了一只受欺侮的狸猫。为表示感谢，狸猫在消失前和他说了一句话："要当心你身边的女人。"

不过，左膳并未将这句忠告放在心上。

左膳家中有一独子，还有一个叫阿玉的女仆。阿玉一直想将左膳的宅子据为己有，便与自己的男人谋划霸占左膳宅子的计划。正如狸猫所说，阿玉和她的男人趁左膳儿子外出时，杀死了左膳。

左膳的儿子找不到凶手，日夜悲伤。一天，狸猫变成左膳的样子，血淋淋地出现在左膳儿子面前，告诉他自己是一只被左膳救过的狸猫，左膳是被阿玉和她的男人害死的。后来，左膳的儿子在狸猫的帮助下，成功报仇。

从此以后，小宫山的府邸每当有厄运要发生时，天花板上就会伸下一只血淋淋的脚，同时传来说着"洗脚"的声音。但关于这个故事，有很多不同的版本。

足长手长

　　江户时代的百科全书《和汉三才图会》中记载了足长国和手长国的故事。足长国的人腿脚很长，手长国的人手臂很长，足长人总是背着手长人在海边打鱼。

　　从前，在长崎县平户神崎山附近的海上，有个人乘着小船去夜钓。那是一个风平浪静的夜晚，他无意间向海边一望，发现有人正打着灯笼在海边徘徊。再仔细一看，发现对方虽然腰部以上与常人无异，可腿长九尺（约2.7米）有余。此人大吃一惊，忙问随从，随从回答说："那是足长人。据说只要他们出现，就会变天。"

　　"怎么可能呢，天上的月亮这么亮，怎么可能变天呢。"

　　主人觉得随从在胡说八道。不过没多久，天空中忽然乌云密布，下起雨来。雨越下越大，他们无法回城，只好在附近的旅店住下。

　　这是松浦静山①在《甲子夜话》中记载的一个故事。书中还讲到，有时候能看到只有足长人出现的情况。另外，山形县的鸟海山和福岛县的磐梯山等地，也流传着巨大的足长人和手长人的故事，足长人的腿长得甚至能跨过山。

①松浦静山（1760~1841），本名松浦清，号静山，江户中后期大名，肥前国平户藩第九代藩主。《甲子夜话》是其所著的随笔集。

足勾

　　足勾是经常出现在香川县高松地区的妖怪。

　　当人们匆忙赶夜路时，脚下会突然被柔软的东西缠住。慌乱中用手一摸，会摸到一种棉花般柔软的东西。据说，在高松地区，很多人都有过这样的经历。

　　被这种东西缠住之后，会让人寸步难行。足勾这种妖怪喜欢妨碍人走路，被它缠住只能自认倒霉。"勾"在方言中，原本就有捣乱的意思。

　　有一种观点认为，这其实是狸猫在作怪。曾经有个人被这种软绵绵的东西缠住，他用手一攥，感觉像是攥住了一条尾巴。

　　类似这种缠脚妖怪的故事，各地都有流传，如搓腿怪、拽脚妖等。不过，被认为是狸猫作怪的似乎只有足勾。

　　在四国地区，人们有一种倾向，每当有怪异现象发生时，就会将原因归咎于狸猫，觉得"那肯定是狸猫变来骗人的"。比如有一种人称"狐火"的怪火，四国地区的人们就将其称作"狸之火"。

　　总而言之，人们似乎认定，足勾就是狸猫在作怪。

小豆洗

　　小豆洗又叫小豆磨、小豆淘或小豆投，整个日本都有关于这种妖怪的传说。这种妖怪出现的地点几乎是固定的，非常有规律。小豆洗一般出现在夜间的溪畔或桥下，会发出窸窸窣窣的类似淘洗红豆的声音。据说，有时候它还会唱："淘小豆，抓人吃，唰啦唰啦……"

　　山梨县的小豆洗一般出现在古桥下。如果人们在黎明时分路过这座桥，就会听到淘洗小豆的声音。据说这声音能传十町远，甲府的人们都认为这是貉在作怪。

　　还有一些地方认为，小豆洗是癞蛤蟆变的。也有一些地方流传着"小豆洗只在除夕夜出现"的说法。

　　关于小豆洗的原形，尽管众说纷纭，但有一点是大家都认可的，即只闻其声，不见其形。

　　寂静的夜晚，能听见小溪的潺潺流水声。这潺潺水声中即使夹杂着窸窸窣窣的声音，也不会引起大家的注意。

小豆量

从前，江户麻布有一位年俸二百袋禄米的武士，他的家里经常出现妖怪"小豆量"。一天晚上，有一位对妖怪感兴趣的朋友，决定一探究竟。

小豆量怕吵，武士便与这位朋友悄悄地守候在卧室。不久，天花板上传来奇怪的声音。一开始是咕咚咕咚，像是谁的脚踩在天花板上；脚步声停止后，又传来哗啦哗啦撒小豆的声音。声音越来越大，像是不停地在向地上撒着豆子。过了一会儿，声音渐渐变小了，又响了一会儿，就停了下来。

二人仍不敢出声。接着，耳边传来木屐在石板路上走动的声音，以及往洗手盆里倒水的声音。那位朋友猛地打开拉窗，却发现什么都没有。

"根本就没什么好怕的。"朋友不以为然。武士回答说："没错，是没什么可怕的。虽然经常从上面掉下一些土和纸屑，不过，这妖怪并没有做过坏事。"

虽然名字中带有"小豆"二字，但从种类上来说，这妖怪和小豆洗不一样。感觉更像是骚灵现象。

小豆婆

　　这种妖怪其实就是小豆洗，因为有些地方将其描绘成了老婆婆的形象，所以被称作"小豆婆"或"小豆磨婆"等。

　　在埼玉县川越市一带，即将下雨的傍晚，如果有小孩去河边玩耍，就可能会被小豆婆吃掉。

　　在群马县高崎城一带，每到夜里，流经钟楼附近的小河边会有小豆婆出现，"淘小豆，抓人吃，唰啦唰啦……"，一边唱着歌谣，一边发出淘洗小豆的声音。据说，如果有人从那里经过，就会被光亮包围。此时要紧握拇指，稳住心神，光亮就会消失。

　　在山梨县，人们将这种妖怪称作"小豆淘婆"。据说，这种妖怪一般栖身于神社附近的大树上，每天晚上发出"唰啦唰啦"淘洗小豆的声音，还会招呼行人吃小豆。行人受到惊吓后，会被一个巨大的筐吊到树上。

　　和不做坏事的小豆洗相比，小豆婆算是坏妖怪了。

畦走

　　人们在驱魔或驱鬼时，经常会遇到一些在灵界无名无姓的狐狸精。人一旦被狐狸精附身，言行举止就会变得十分怪异，这在佐贺县被称作"畦走"。

　　由于没有故事流传下来，也就无法得知为什么叫作"畦走"。不过，这个名字很可能是"被在畦田的埂道上奔跑的动物附身"的意思。

　　在大阪地区驱魔时，遇到的可能不是畦走，而是两只狐狸，一只是难波的阿福，一只是阿波座的团尻吉兵卫。

　　阿福是附身在一个人偶上的狐狸精，这个人偶在一个叫太福茶屋的饭馆里。驱魔时，被附身的人频频做出拨弄头发的动作，就是阿福来了。

　　团尻吉兵卫出现的时候，被附身的人会又唱又跳，人们立刻就知道是团尻吉兵卫来了。如果这两只狐狸精都不出现，驱魔时的精彩程度就会大打折扣。

　　总之，人们一直坚信动物的灵尤其是狐狸能附在人身上。

安宅丸

　　安宅丸是江户时代的第一大船，全长约六十九米。据说，一旦有窝囊之人或有罪之人登上甲板，安宅丸就会发出咆哮，拒绝对方登船。所以，安宅丸是一艘拥有灵性的船，有船灵存在。

　　安宅丸曾是德川家光最喜爱的船，一直停靠在港口。

　　有一天，狂风大作，安宅丸竟朝着江户湾驶去，还不断发出"我要去伊豆，我要去伊豆……"的声音，似乎是想要回到建造自己的地方。

　　逃走的安宅丸在三浦半岛被捉住。为了避免这类事情再次发生，人们将它废置在码头。

　　报废的安宅丸被解体后，有位叫市兵卫的酒馆老板买了些拆下来的木材做地窖盖。之后，自己的女佣突然被邪魔附身，举止十分诡异。难道是船灵在作祟？市兵卫便将这些木材供奉起来，女佣就恢复了正常。

　　船灵是船的守护神，是人们为祈祷行船安全而祭祀的一种神灵。安宅丸的船灵已经与安宅丸合而为一，甚至拥有了自我意识。

恶鬼

"恶鬼"指的是在人世间作恶多端的鬼。尤其是瘟疫流行时，人们通常认为是恶鬼在作祟。爆发瘟疫时，人们都希望能驱散恶鬼。据记载，在平安时代的京都等地，就曾举行驱鬼仪式，驱除带来瘟疫的恶鬼。

这幅画所描绘的恶鬼出自室町时代。也许在中世纪人们的印象中，这种形象就是恐怖的象征。

古时候，但马（今日本兵库县）有一座小寺院。有一天，一位老和尚与一位小和尚迷了路，莫名其妙地走进了这座寺院，于是二人打算在此过夜。

夜深人静，二人已经入睡，忽然有个东西撞破墙壁闯进屋里，原来是恶鬼，它猛地向老和尚咬去。

小和尚急忙念起了《法华经》。过了一会儿，老和尚被恶鬼咬死。小和尚拼命搂住一尊佛像的腰，用尽浑身力气大声念诵《法华经》。

没过多久，天亮了。小和尚发现自己抱着的竟是毗沙门天①。多亏了这尊佛像庇佑，小和尚才躲过一劫。这个有关恶鬼的故事记录在《大日本国法华经验记》②中。

---

① 又名多闻天王，是佛教的护法神，同时也是知识之神、财神以及武神。
② 佛教故事集，由首楞严院沙门镇源于 1004 年左右编成。

后追小僧

据说，在神奈川县丹泽东部的山中，路过此地的行人，都会有一种有人在背后跟踪自己的感觉。如果回头看，那东西就会藏起来，让人搞不清楚到底是什么在跟踪自己。这就是被称作"山灵"或"后追小僧"的妖怪在作祟。

后追小僧也不是一直躲在人身后，有时也会走到人的前面去，就像在给人带路。到了晚上，后追小僧会打着灯笼出现，如果你向它打个手势或打声招呼，它就瞬间躲进角落里消失。不过比起晚上，它更多的是出现在下午。

虽然是妖怪，后追小僧却只是让人感觉到它的存在，并不会伤害人。如果有谁经常感觉后追小僧在跟踪自己，只须在岩石或树桩上放一些饭团、柿饼、糖块或地瓜之类的食物，这种感觉就会消失。

自古以来，山就被认为是接近阴间的异界，是死者的灵魂最容易聚集的地方。因此，后追小僧也被人们认为是亲近生者的幽灵。

镫口

　　江户时代的妖怪画师鸟山石燕在《画图百器徒然袋》中描绘了一种叫"镫口"的妖怪。

　　这种妖怪是由武将骑马时脚蹬的马镫幻化而成的，这种马镫又被称作"舌镫"。

　　舌镫与武将同生共死，当主人战死时，舌镫也会被丢弃在野外。不久，舌镫就会化为"镫口"，像一条忠犬一样，永远等待着再也不会归来的主人。

　　战死的主人的某些意念附到器物上后，这器物就变成了妖怪。

　　人们一般将这种器物妖统称为"付丧神"，真正的付丧神是在漫长的岁月中，不知不觉间被灵魂附身，从而引发奇异现象的妖怪。

　　例如，成画于室町时代的《付丧神绘卷》中，就记录了一些被人无情抛弃的武器和食器，因记恨人类的粗暴对待，转而向人类复仇的故事。

　　在冲绳地区，还流传着一些旧勺子变成勺怪之类的故事。各地的民间传说中，都有一些遭人遗弃的木槌或食器化为妖怪的事。

油赤子

　　古时候，在近江的大津八町（今日本滋贺县大津市），曾出现一种类似火球的东西在空中飞舞。

　　据当地人讲，从前，滋贺的乡下有个卖油郎，他卖的油是每晚从大津辻的地藏菩萨那里偷来的。不久，这个卖油郎去世了，这是因为受到了地藏菩萨的惩罚。更可悲的是，卖油郎死后无法得到超度，变成了一团迷失方向的火到处游荡。

　　之后，这一带有户人家发生了一件怪事，他们家的孩子经常偷舔行灯里的油。人们都说这孩子肯定是那个卖油郎转世。

　　不过，当地还流传着另一种说法，说是有一团火一样的东西飞进这户人家，变成小孩的模样，舔尽行灯里的油之后，又变成火飞了出去。

　　人们将这种妖怪称作"油赤子"。由于从前乡下用的行灯里放的都是鱼油，而鱼油又是猫喜欢的东西，因此，如果有一只白猫去偷舔灯油，被看成油赤子也是再正常不过的事。虽然从前的灯油是鱼油，但并没有经过提炼，一般都是直接把渔夫积攒的鱼油拿来点灯，会招来馋嘴猫也不奇怪。

油返

　　名字里带"油"的火妖的故事，日本各地均有流传。在摄津的昆阳（今日本兵库县伊丹市）就流传着妖怪"油返"的故事。

　　这种怪火会在初夏的夜晚或寒冬的深夜里，出现在昆阳的池塘北堤一带。油返的行走路线似乎是固定的，每次从池塘南边的千僧墓里出来，穿过昆阳池和瑞池的堤坝，从天神川的河畔飞向中山方向。

　　当地人说油返还能发出声音，当油返"啪、啪""啪、啪"地亮起来之后，会发出声音，似乎是在说话。油返总是无精打采地向前飞，绝不会掉头返回。

　　关于这种怪火的原形，有人说是盗取了中山寺供油的人的灵魂，有人说是北堤的鬼火，还有人说是千僧墓的狼点灯，总之众说纷纭，莫衷一是。

　　另外，在"油返"出现的昆阳池北堤下的农田里，有一片叫"逆上"的美丽的松林。据说人到了那里会瞬间倒地死去。虽然这和怪火可能没有关系，不过怪异的事情总是喜欢一起出现。

油须磨

　　熊本县的天草有一条人称"草隅越"的山道，传说有一种叫"油须磨"的妖怪出没。

　　曾有一个老婆婆带着孙子赶路。经过这条山道时，老婆婆说："听说这一带曾有油须磨出没。"话音未落，旁边就传来了"沙沙沙"的声音。"我至今仍在哦。"说着，油须磨出现了。

　　关于"须磨"的含义，至今没人能解释清楚。不过，下岛的谎话岭也有一种妖怪，出现的方式和油须磨一样。

　　一天深夜，有两个旅人路过谎话岭。其中一人说："听说，这里曾经掉下来一只沾满鲜血的手。"没等他说完，耳边就传来一个声音："现在也有啊。"只见一只血淋淋的手从山坡上滚了下来，二人吓得落荒而逃。没过多久，又有路人说："听说这里曾有一颗人头掉下来。"周围就传来了"现在也有啊"的声音，一颗血淋淋的人头就滚了下来。

　　类似的故事在九州地区也曾出现。

油坊

　　近江国野洲郡（今日本滋贺县守山市）有一个村子叫欲贺。每年春末夏初的夜里，这里就会出现一团怪火，当地人将这团怪火叫作"油坊"。

　　据说，在这团火焰中能看到许多和尚的身影。人们都说，从前的比叡山上，如果有和尚偷灯油钱，死后的亡灵就会变成"油坊"。

　　《古今百物语评判》中记述了这样一个故事。比叡山在全盛时期，仅是中堂的油料就有一万石左右，全部由东近江的一个当地人掌管，这人也因此富甲一方。后来，随着时代的变迁，不需要专人管理油料了，这个人便在忧郁中死去。据说，在他死后，他居住过的东近江的房子里，每晚都会有一团发光的东西飞出来，飞向中堂的油火。人们将这团发光的东西称作"油坊"或"盗油人"。

　　实际上，油坊并不是来偷油的。这是因为它对油火有一种执念，不想离开，所以才每晚飞来。

　　有一天，几个年轻人打算射死油坊，便带了弓箭和火枪等油坊出现。在乌云密布的天空中，出现了一团发光物，转瞬间飞到了这几个年轻人的头顶上。由于恐惧，几个年轻人最终也没敢动手。

天草的河童

这件事发生在熊本县天草地区。有一个嗜酒如命的老头儿满脸通红地走在回家的路上，当他走到半路，看到几个三岁左右的小孩在堤坝上玩耍。他走上前一看，竟是河童。看到老头儿，河童说："喂，老头儿，给我也喝点酒！"

如果是胆小之人，恐怕早就吓得仓皇而逃了。不过，这老头儿似乎有些胆量，回答道："混账，哪有酒给你们河童喝！"

河童没有了嚣张的气焰，就像撒娇的孩子一样，缠着他要酒喝。无奈之下，老头儿只好说："明天你们帮我插秧，我就给你们喝点儿。"

河童大喜，答应帮他插秧。

"喂，给你们酒壶。"说着，老头儿把酒壶丢给河童，四五个河童眨眼间就把酒喝光了。

次日，老头儿去水田一看，一大片水田整整齐齐地插满了稻秧。

虽然老头儿很高兴，不过，大概是虐待河童的行为遭到了报应，不久之后他就疯了。看起来傻乎乎的河童，报复起人类来，也是小菜一碟。

尼入道

在日本各地出现的妖怪中，有一种叫"见越入道"的妖怪。

如果有人一直盯着这种妖怪看，它会不断变大，最后观看者会昏倒在地。这里所说的尼入道就是女性版的见越入道。

尼入道经常出现在山路上。你若一直看它，它的脖子就会越伸越长，很像另一种妖怪"辘轳首"①。不过，这脖子并不是美女的脖子，而是长满了浓密的粗毛。它的嘴巴咧到耳根，舌头长得吓人，还会伸出长舌头来舔观看者的脸，被舔的人中了毒后，就会气绝身亡。所以遇到这种妖怪，最好立刻逃走。

据说，如果仰视见越入道，它会变得更大。最好的办法是反其道而行之，即俯视它；或者大喊一声"见越入道，我看穿你了"，这样它就会消失。因此，对于尼入道，这种咒语应该也会起到一些作用。不过，如果突然在山路上遇到这种妖怪，恐怕没有人会作出如此冷静的反应。

对于见越入道的原形，一些地方的传说认为它是黄鼠狼变的。这样的传说一直流传到现在，但人们并未弄清楚它的真面目，对于尼入道也是一样。

①辘轳首是长颈妖怪的一种，流传于江户时代，通常以女性形象出现，特征是脖子可以伸缩自如。

天逆每

　　天逆每虽然是妖怪，但民间却像神一般祭祀它。它是天邪鬼或天狗的祖先。

　　江户时代的天狗论者谛忍，曾在《天狗名义考》中引用了《先代旧事本纪》中的观点："这种人称'天狗神'的人身兽首的姬神，是须佐之男命（天照大神的弟弟）体内积攒的戾气化为呕吐物后，吐出口外所变的女神。"由此推测，天逆每很有可能是天狗的祖先。

　　此外，江户时代的百科全书《和汉三才图会》中，也有这样的记述："为姬神，体似人，颈以上为兽。高鼻，大耳，长獠牙。稍不如意便会动怒。纵使大力神也能被其撞到千里之外，能咬烂坚硬的刀枪。做事不够稳重，总是毛手毛脚，张冠李戴，自称'天逆每姬'。"

　　天逆每无论做什么事，不做得一团糟绝不罢休，而且它还是个性格偏激的女妖。不过，除了日本神话，其他地方几乎找不到关于天逆每的故事。

　　虽然谛忍将天逆每看作天狗的祖先，不过，将它看作天邪鬼的祖先或许更为贴切。

天邪鬼

"那家伙简直就是个天邪鬼"，正如人们在日常生活中经常说的，尽管天邪鬼是一种古老的妖怪，不过到了现代社会，它的名字依然广为人知。

据说，这种专门教唆他人、引诱别人作恶的妖怪的原形，是在《古事记》和《日本书纪》中都有记载的天探女。天探女是从天上派到人间来监视人类的。

时代不同，地区不同，有关天邪鬼的传说也大不相同。在佛教盛行的时代，天邪鬼被看作是一种与佛祖对抗的妖怪，还有些地方认为天邪鬼是一种类似大多罗怪的巨人。不过，世人皆知的则是它在民间故事《瓜子姬》[①]中的形象。天邪鬼性格狡猾，它在吃掉瓜子姬之后，甚至还剥下瓜子姬的皮，披到自己身上冒充瓜子姬。

山形县的一则民间传说中，介绍了天邪鬼与人类作对的原因。

天邪鬼原本是一个无比善良的天神。有一次，他帮助贪婪的人类实现了"打破年月日轮回的顺序，想过哪一天就过哪一天"的愿望，因此遭到了日天子和月天子的申斥。从此以后，天邪鬼便开始仇恨人类，性格也愈加乖张。

---

①从瓜里生出来的瓜子姬是日本民间故事的主角。"瓜子姬与天邪鬼"的故事在日本全国广为流传，故事的发展也会因地方不同而有所差异。

尼彦

事情发生在弘化三年（1846），那时还是江户时代。人们在肥后（今日本熊本县）附近的海中，发现了一个每晚都会发光的东西。

当地的官员前去察看时，这个奇特的妖怪正好出现在海中。妖怪长得很像人鱼，不过头发很长，脸上还长着像鸟一样的嘴巴。这位官员还没从惊吓中缓过神来，妖怪就开口说道："我是尼彦。从今年起，六年之内，各国都会五谷丰登。但是当瘟疫发生时，人们必须供奉我的画像。"

留下这番预言之后，尼彦便消失在海中。

说起能预言的妖怪，人们熟知的有人鱼长相的神社姬，以及能够准确说出牛的分娩日期的妖怪，尼彦或许是这些妖怪的近亲。因为尼彦会突然从海中出现并做出预言，所以可能是一种类似神灵的妖怪。不，较之妖怪，称它为神怪似乎更恰当。

在西方人看来，栖息在海中的生灵一般都具有预言的能力，其中人鱼的传说最多。半人半鱼的妖怪从海中出现，然后做出预言，这样的故事并不罕见。

天人

人在临死之前，灵魂会短暂出窍。在青森县西津轻地区，人们将出窍的灵魂称作"天人"。关于天人的传说有不同的说法，有人说天人会发出类似开门的声音，还有人说天人会到建筑工地帮人干活。

日本全国各地都流传着天人的故事。在柳田国男①的《远野物语》中，就记述了一个将死之人拜访菩提寺的故事。

寺里的僧人一边与这个人闲聊，一边向他敬茶。待这人告辞后，僧人发现他的样子有些可疑，就派了一个小和尚尾随在他身后，结果这个人在路口拐角处消失了。

据说，当日有几位朋友也见到了他。但此人早已病入膏肓，根本不可能外出，而且在当日就去世了。僧人仔细察看了这个人坐过的地方，发现他喝掉的茶水都洒在了榻榻米的缝隙里。

这种灵魂被称作"游离魂"或"生魂"，这种情况只发生在本人临终前的极短时间里，如同幻影一般。但即使有人见到，也不会觉得有多恐怖。

人尚未死去，灵魂便已出窍，或许这种灵魂和人死去后的灵魂不太一样吧。

①柳田国男（1875～1962），著名民俗学家、诗人、思想家，被誉为"日本民俗学之父"。代表作《远野物语》是流传于岩手县远野乡的民间传说故事集。讲述者是远野人佐佐木喜善，由柳田国男亲笔记述。

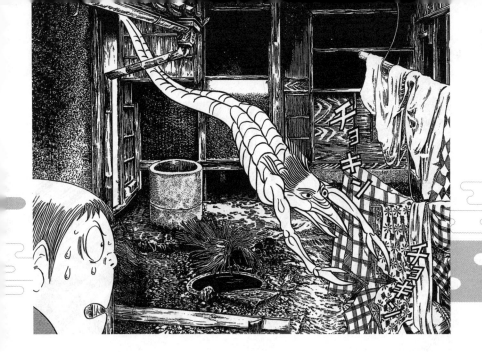

网切

　　夏天是妖怪最活跃的季节。按清少纳言的讲话风格，或许可以说"春，曙为最。夏则妖"。①

　　夏日里，蚊帐是必不可少的生活用品。人钻进蚊帐之后，往往会产生一种神秘感，因此蚊帐在鬼怪故事中经常作为一种小道具登场。甚至还有雷雨天挂蚊帐避雷的说法，这背后也许有某种缘由吧。

　　清晨醒来，人们在收蚊帐时，经常会发现蚊帐被人用某种利器割破，剪出了几道口子。在从前的人看来，这是网切在作怪。

　　此外，渔夫使用的渔网，还有人们晾晒的衣物也经常被剪坏。平时是不会有人搞这种恶作剧的，所以人们认为这也是网切在搞鬼。

　　过去，人们在盛夏时挂起蚊帐。如果发现头顶上的蚊帐被剪破，就是网切趁人不在的时候来过。

　　夜深人静时，发现蚊帐破了几道口子，再也没有比这更令人惊奇的了。也许，网切就是以此为乐的妖怪吧。

---

①清少纳言（约966~1025），平安时代著名歌人、作家。"春，曙为最。夏则妖"改编自清少纳言的《枕草子》一书中的"春，曙为最。夏则夜。秋则黄昏。冬则晨朝"。

雨女

古代中国的传说中有巫山神女"旦为朝云，暮为行雨"。鸟山石燕的《今昔百鬼拾遗》中记载的雨女，应该就是巫山神女的同类。

比起妖怪，雨女更接近神，类似雨神。

神农氏时代的雨神叫"赤松子"①，擅长冰玉散之术。据说服用冰玉散之后，即使进入火中，也不会烧伤。后来他将冰玉散的配方给了神农氏。

赤松子经常出入昆仑山西王母的石室，驾着风雨往来于天地之间。不久，神农氏的女儿跟随赤松子，学习仙术，之后便与赤松子一起消失了。若干年后，赤松子再度化为雨神，游历人间。

日本没有类似雨神赤松子这样的故事，人们认为雨是水神掌管。

雨是自然的恩惠，天不下雨，农作物就会干枯，因此日本人也会祈雨。不过，人们祈求降雨的对象是水神。

---

①赤松子，汉族神话传说中的人物，相传是神农时的雨师。有关赤松子的记载，当以《淮南子·齐俗》为最早，继以《列仙传》而详其事。

雨降小僧

　　雨降小僧是江户时代的浮世绘画师鸟山石燕在《今昔画图续百鬼》中描绘的一种妖怪。根据鸟山石燕的说法，这是一种服侍雨师的小妖。

　　雨师指的就是中国的雨神，雨降小僧是雨神的徒弟。

　　日本东北地区流传着一个关于狐狸和雨降小僧的故事。

　　有一次，山岭上的狐狸对雨降小僧说道："我送给你一条鱼做酬谢，请你帮我下场雨吧，因为我的女儿要在雨夜里出嫁……"[1]

　　"好的。"小僧刚说完，天空就乌云密布。

　　小僧接着晃了晃手里的灯笼，雨立刻下了起来。狐狸出嫁的队伍便在雨中排成了长长的一队。

　　雨妖也许是真实存在的。据说，德岛县就流传着一种叫"撑伞狸"的妖怪。

　　这种妖怪一般会在下雨的傍晚出现，向过路的行人招手。未带雨伞的人一旦被撑伞狸带走，就会被带到一些意想不到的地方。

---

[1]日本民间传说中，一说狐狸嫁女会选在雨天的夜晚，另一种更广为人知的说法是狐狸嫁女会选在晴天下雨的日子。

糖果店的幽灵

从前有一家糖果店，每天晚上都会有一个长相丑陋的女子来买糖。一天晚上，充满疑惑的糖果店老板决定跟踪那个女人一探究竟，结果发现她竟走进了一座坟墓，之后就不见了。接着，女人消失的坟场里传来一阵阵婴儿的啼哭声。原来这坟墓里葬的是一个怀着身孕死去的女人。孕妇虽已死去，却生下了孩子。死去的女人化成了幽灵，用糖来养育孩子。

糖果店老板有些吃惊，但他十分可怜那个孩子，就决定把他带回家抚养。

此后，这位幽灵母亲便经常出现在糖果店，一直看着孩子。她偶尔还会帮助糖果店老板，比如告诉他在哪里打井才会出水，东西丢在哪里了。糖果店在幽灵的关照下，生意十分红火。据说，幽灵所生的这个孩子后来成了一位高僧。

像这样的幽灵也被称作"育儿幽灵"，在各地都流传着类似的故事。

类似的故事中，育儿幽灵的孩子长大后很多都成了高僧，并作为各地寺院的开山传说广为流传。

海怪

据说，海幽灵长得像一种身形特别长的鳗鱼，在九州、四国和关东地区的外海均有出现。

有的地方也将其称作"伊库奇"。在古书《谭海》[①]中，记述了有人在常陆（今日本茨城县）的海域被海怪袭击的事情——

外海有一种叫"伊库奇"的怪鱼，偶尔会来到船上。它一上船，船就会沉没，因此船员们都非常害怕。伊库奇的身形并不是很粗，身长却达数千米。它上下穿梭，缠绕船身，要花费两三天的时间。经过船上方时，身上渗出的油会滴到船上。为了防止油把船压沉，船员们不断用斗笠去接油，然后倒入海中。

根岸镇卫的《耳袋》[②]中也有类似的记录。在八丈岛一带海域，有一种小型的伊库奇出没。这种怪物既没眼睛也没有嘴巴，有时会像车轮一样在海面上翻滚。而所谓的"伊库奇过船"，也并非是伊库奇伸长身体移动，而是蜷成一团滚动。

---

① 《谭海》是明治时代作家依田百川的代表作，是一部汉文文言笔记小说，在创作上明显受到中国史传文学的影响，风格与魏晋南北朝时期的志人小说相似。
② 《耳袋》是江户时代的根岸镇卫所著，内容主要是作者搜集的怪谈、奇闻，共十卷，每卷有一百个故事。

生魃魅

　　所谓的生魃魅，指的是活人的灵魂。每个人都拥有灵魂，不过有的灵魂会以本人的真实面貌出现，有的则是发自本人的一种类似意念的无形之物。这里所说的生魃魅指的是后者。

　　类似无形之物的灵魂，根据与自我意识的关系又分为两类，一类是自己有意化为灵魂的，另一类则不是。生魃魅会报复让自己心生怨恨的人。

　　生魃魅十分厉害，它想让谁生病，就会用意念附到那个人身上。

　　"生魃魅"是平安时代比较流行的一种叫法，其中最有名的故事当属《源氏物语》中与六条御息所有关的轶闻。

　　六条御息所是光源氏的恋人，对正室葵上一直心怀嫉妒。这种嫉妒心导致她灵魂出窍，化为生魃魅，不断折磨即将临盆的葵上。结果葵上生下夕雾后就去世了。《源氏物语》虽然是一部文学作品，不过其中折射出了人们当时的一种灵魂观念，是非常珍贵的资料。

生灵凭

　　从前，京都有位叫松任屋德兵卫的批发商，膝下有一个年轻的儿子，名叫松之助。

　　附近有位姑娘一直暗恋着松之助。由于姑娘用情太深，她的意念化作生魂，不断折磨松之助。

　　松之助不堪折磨，病倒在床。父母非常担心自己的孩子，便请了一位僧人为松之助祈福驱邪。但这位姑娘的执念太深，一直不肯离开松之助。也许是僧人的祈福显灵了，这位姑娘突然死去。

　　在大家都以为生魂终于被赶走，松了口气的时候，死去的姑娘竟化作幽灵，附到了松之助身上。

　　松之助的家人只好再次将僧人请来。姑娘的灵魂化成的幽灵，没有她活着的时候法力强大，僧人做法后，幽灵恭敬地离开了松之助的身体。

　　据说，松之助后来恢复健康，为这个可怜的姑娘做了冥福祈祷。这是发生在享保十四年(1729)的事。人的灵魂化为幽灵的情况在女性中似乎尤其多。

池魔

　　日本各地都有一些被称作"自杀圣地"的地方。有人到了那里，就会像着了魔似的往水里跳。自杀圣地指的就是这种地方。

　　在三重县志摩附近的度会郡四乡村（今日本伊势市），就曾有过这样一个池塘。

　　傍晚时分，有人独自路过池塘时，会产生一种站在池塘里向下陷的感觉，不知不觉中就被池塘吸了进去。当地人说这是"被池魔附身"，都不敢从这池塘边经过。

　　有一次，一位商人从志摩回家，傍晚时分路过这个池塘，他竟放下钱包，脱下木屐，投水自尽了。据说从志摩启程的当天早晨，这位商人还兴高采烈地说："终于可以回到新婚妻子身边了。"了解这位商人的人都觉得匪夷所思。一位新婚之人，路过池塘时莫名其妙地投水自尽，人们便将原因归结为被池魔附身。

　　据说还发生过很多类似的事情。

围棋精

从前，江户牛込有位叫清水昨庵的人，酷爱围棋。一天，清水昨庵在柏木村（今日本东京新宿附近）的圆照寺附近散步。

当他走到寺院前，忽然走过来一个黑脸人和一个白脸人，和他打招呼。

"喂，您下围棋吗？"

"嗯，虽然棋艺不是很好，倒也经常下……"

聊了一会儿，三个人就慢慢熟络起来。

清水昨庵问起二人的名字，黑脸人说："我住山里，名叫知玄。"白脸人说："我住海边，名叫知白。"

话音刚落，二人便突然消失了。

一番调查之后，清水昨庵才知道这二人原来是围棋精。

也许是因为趣味相投吧，拥有同样爱好的神灵或精怪，竟出现在拥有同样嗜好的人类面前。

新潟县的佐渡岛也有类似的传说。有位围棋幻化成的神灵出现在一位爱好围棋的村长面前，教授他围棋秘笈。

婴儿笼

　　青森县浪冈町（今日本青森市）有个地方叫羽黑平。据说，这里以前有一片白天都阴森森的杉树林，林子里不时有婴儿笼出没，人们都十分害怕。

　　一个村民从镇上回家，当他走进杉树林中，忽然听到小孩啼哭的声音，几乎把嗓子都喊破了。他回头一看，发现杉树枝上挂着一个火球般的婴儿笼，不断摇晃。这种婴儿笼是用稻草编的。据一位老人讲，以前浪冈町附近的村子，神社里也曾出现过这种东西。

　　当时，那位老人正与弟弟乘坐带篷的马车从弘前往家赶。一直走得好好的马，走到神社附近时却突然嘶鸣一声，趴在了雪地里。任凭他怎样拉缰绳也一动不动。

　　无奈之下，兄弟二人便下车查看，发现神社旁的紫杉树上挂着一个正熊熊燃烧的婴儿笼。两人当时便丢下马车逃走了。

　　这种妖怪应该是吊桶火等吊在树上的火妖的同类。由于婴儿笼必须挂在树上，所以这种妖怪似乎与树有关。

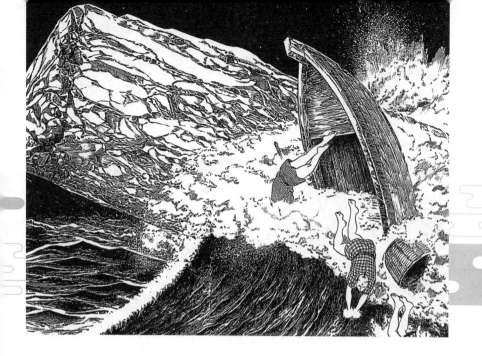

石投尉

在九州北部岛屿众多的海域，每年的五月经常会出现一种叫"石投尉"的妖怪。

因为是在旧历的五月出现，差不多就是西历的六月，正值梅雨时节。在雾霭沉沉的深夜，出海捕鱼的渔夫很有可能在茫茫的雾霭中遇到这种妖怪。不过由于雾气太重，很难看清石投尉的模样。往往是刚看到一块小岛般大小的岩石，就瞬间听到岩石崩塌的声音。

渔夫在惊慌中急忙返航。当第二天海面恢复平静后，再次来到那片海域，却什么也没发现。渔夫看到的像海天狗的飞石，就是妖怪石投尉在作怪。

奄美大岛也流传着类似的传说。当地人将石投尉称作"海塞"或"山塞"。当人在海上划船时，有时会发现一座山突然挡在眼前。据说，此时船上的人若能沉着应对，闭目念佛，山会自动消失。在新潟县的佐渡岛有一种叫"立乌帽子"的妖怪，会突然高耸在海面上，然后向船只方向倾倒过去。

海上会发生各种各样的怪异现象，这些只不过是其中的一小部分。

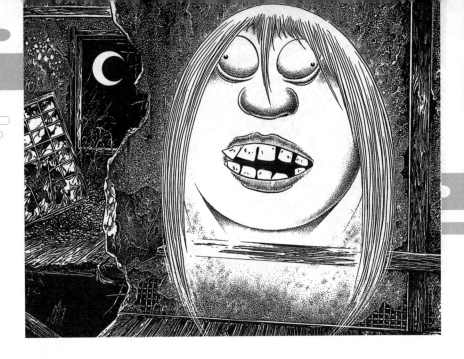

笊转

长野县南佐久郡有一座古老的佛堂，深夜里经常会出现一种叫"笊转"的妖怪。

所谓的"笊"即笸箩之意，笊转滚到人前，便会化为人形。据说，笊转多是来吓唬小孩的。

虽说经常有一些酒壶等器物，从坡道上滚下来化为妖怪。不过，像笊转这样滚下来后化为人形的妖怪却很少见。

在奈良县山边地区有一种滚篓子的妖怪，叫"篓卷"。

山边郡山添村的助命有一座神社，叫八王子神社，神社里有一段一百级左右的台阶。一到傍晚，台阶上就会有篓卷出现，滚动竹制的鱼篓。

据说，这鱼篓中装着不听话的孩子。对那些调皮捣蛋的孩子，大人经常会吓唬他们说："再不听话，妖怪篓卷就来了。"

像这种滚动器物的妖怪，在日本各地有很多。除了篓子之外，有些地方还有滚药罐和粪桶的妖怪。

异兽

这是从前发生在越后（今日本新潟县）山里的一件事。

有个叫竹助的人，从越后十日町急匆匆地赶往堀内，给批发商送货。

途中，错过午饭时间的竹助停下来吃饭，忽然有一头怪兽拨开山谷里的竹丛，朝他走来。怪兽头上的毛很长，一直耷拉到后背，很像猴子，体型比人类大很多。怪兽想要吃竹助的饭，于是竹助战战兢兢地扔了一些给它，怪兽非常高兴地吃了起来。竹助放下心来，说："我明天还会路过这里，到时候再给你吃。"

竹助说完就要背起沉重的货物继续赶路。意想不到的是，还没等他背起货物，怪兽就抢先替他背了起来，轻松地走在前面。

怪兽走到堀内附近，便放下货物，爬回山里去了。

"那速度真是疾如风啊。"竹助在堀内的批发行对旁人这样说道。

这头怪兽的原形是什么呢？据说遇到过这头怪兽的不止竹助一人。据《北越雪谱》①记载，当时有不少在山里干活的人，都经常看见这头怪兽。

---

① 《北越雪谱》由铃木牧之所著，全书共三卷六十八篇，大致可分三类：科学随笔类、奇谈怪事类与雪国生活及产业实录类。

矶女

　　顾名思义，矶女是一种生活在海边礁石堆里的女妖怪。日本的沿海地区都曾出现过这类妖怪，而叫"矶女"的仅限九州地区。

　　这种妖怪出现在长崎县五岛列岛北端的宇久岛，会袭击船只。据说，矶女的胸部以上是人形，胸部以下则像幽灵一样飘忽不定。

　　熊本县天草市深海町的矶女，会在半夜顺着缆绳溜进船里。矶女将长长的毛发伸到熟睡之人的身上，用发梢吸取鲜血，被吸过血的人随后就会死去。

　　因此在岛原半岛的小滨町一带，当人们将船停靠在本港之外的码头，在船上睡觉时，会事先在衣服上放三根草苦子毛。据说这样就不会被矶女吸血了。

　　在鹿儿岛县的长岛出没的"矶姬"，虽然是绝世美女，却也会吸食人血。人们只要看到它，哪怕只看一眼，也难逃一死，所以人们都非常害怕矶姬。

　　海边礁石滩出现女妖怪的故事，在日本各地均有流传。不过，九州地区的矶女因为会吸食人血，显得尤为凶残。

忙

人一旦被妖怪"忙"附身，就会莫名其妙地忙碌起来，一刻也不消停。如果安静下来，就会觉得做错事似的，匆忙劳碌会给他们带来一种莫名的安心感。

"忙"这种妖怪很久以前就存在，但到了江户时代才被人们发现。

在江户时代，人们将这种长着狗脸的妖怪描绘成像。

我在四五年前就发现了"忙"的画像，不过时隔多年，却仍未弄清"忙"的原形。

于是，我根据自己的想象绘制了"忙"的画像。现代社会中，很多人整天忙忙碌碌，很难判断是不是被"忙"附身。

从前的日本人认为，勤劳节约是一种美德。

不过，还有一个不可争辩的事实——人们面对生存，心中都涌动着不安。由于日本地少人多，人们的这种心情也可以理解。但如此一来，就很难感觉到幸福了。

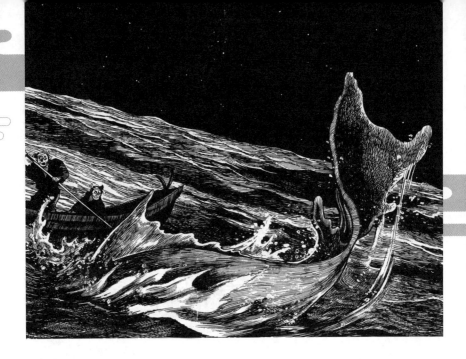

矶抚

矶抚是一种出现在日本西部近海的妖怪。

从体形上来看，矶抚很像鲨鱼，不过它的尾鳍却比鲨鱼大很多，上面还长有刺。矶抚就是用这些刺钩住船上的人，将人拖入水中。

矶抚的袭击方式，不是直接破水而出，而是悄悄接近目标，巧妙地进行。之所以叫矶抚，秘密就在这里。

船只在海上航行时，有时候会发现水面的颜色有些反常，此时，矶抚的尾鳍早已浮出了水面。

矶抚悄悄接近人类时，犹如刮过一阵春风，然后它迅速用尾鳍上的刺钩住人的衣服，将人钓起来。

"原来是矶抚！"人们察觉到的时候，已经晚了。

矶抚逼近猎物之前，人们是很难察觉到的，所以发现水面的颜色不对的时候，就已经晚了。

矶抚是水上航行的一大威胁，而且最致命的是无法防御。

这些人本是以捕鱼为生，却被鱼抓住了，真可谓是因果报应。

板鬼

　　这是《今昔物语集》中的一个故事。

　　这件事发生在某一年的夏天。两个值夜的武士闲聊打发时间，其中一个武士无意间向东房梁上瞥了一眼，发现一块板子凸了出来。"这是怎么回事……"二人有些纳闷。突然间，那块板子伸长了两米，之后晃晃悠悠地朝他们飞了过来。二人认为有鬼在作怪，便拔出太刀。

　　木板却没有飞到他们这边，而是鬼鬼祟祟地从墙缝钻进了另一个房间。那个房间里睡着几个武士。只听屋里传来一阵痛苦惨烈的叫声。两个武士立刻前去察看，只见熟睡的武士们都被压成了肉饼。二人大惊，连忙去找那块可疑的板子。那块板子不可能从屋里出去，但二人却怎么都找不到。

　　也许是看到这两个武士拿着太刀，做好了迎战的准备，板鬼害怕接近他们会被斩断，所以去了另外一间屋子，杀死了熟睡的武士。

　　从此以后，大家都互相告诫，无论什么情况下，都不能忘记佩带太刀。

　　这样看来，在《今昔物语集》成书的时代，鬼似乎能变成各种各样的东西。

市子

在日本的东北地区，人们将民间巫婆召唤死者的灵魂，并令其讲话的行为称作"市子叫魂"。这种巫婆几乎都是盲女，一边念着咒语，一边催眠自己。不久，死者的灵魂就会出现，讲起生前嘱托的事情。能成为市子的人，多数是小时候因病致盲的女性，从小拜师修行。修行三四年，并通过"入巫式（成为市子的一种测试）"。据说，如果在测试时能进入神灵附身的状态，之后继续为师父义务帮工一年，就可自立门户了。

青森县的恐山，每年都会举行恐山大祭。恐山大祭因吸引了众多市子齐聚此地而闻名遐迩。市子们会在七月二十日到二十四日这几天，出现在恐山圆通寺的参拜道路上，应参拜者的要求进行招魂。

市子的招魂方式有三种：一种是召唤活人灵魂的"召活"，一种是召唤死者灵魂的"召死"，还有一种是召唤神灵进行占卜的"召神"。据说恐山上聚集着各种各样的灵，所以市子能够按照人们的要求招来灵魂。

鼬寄

　　福岛县桧枝岐村有一种招鼬的巫术，叫作"鼬寄"。招鼬人能够借助鼬鼠的灵力进行占卜，不仅能占卜天气和收成，还能预测疾病能否痊愈。

　　这种巫术的具体做法是，在守护神（神社）的前面设祭坛。替身双手拿着币帛①坐下，再由五到十人将其围起来，一面念诵"大剑日尊日神，大乘活尊月神神灯"，一面结印。然后继续吟诵"如玉、如镜、如剑，清莹美丽……"，替身就会慢慢进入神灵附身的状态。

　　通过这种方式，鼬仙附身的替身会讲出一些不为人知的事情，给祭拜的人们降下神谕。

　　有一次，村里的一群年轻人聚在一起，半开玩笑地做过一次"鼬寄"。据说被鼬仙附身的替身，将两肘撑在膝盖上，蹲着跳来跳去。有人问他："你是哪里来的鼬仙？"替身回答道："我是从某沼泽来的。"

　　事实上，把鼬仙招来容易，送走鼬仙却很难。送走鼬仙时，还有一套专门的唱词。

---

①币帛是一种用于祭祀、进贡、馈赠的礼物。

生邪魔

　　生邪魔是冲绳一带传说中的活人的生魂。有时候将故意下咒让生魂附到别人身上折磨人的人也叫"生邪魔"。

　　如何施咒呢？将名叫"生邪魔佛"的人偶放入锅中，一边煮，一边吟唱"头、头、头……"，被诅咒的对象就会突然感到剧烈的头痛。

　　施这种咒法的人被称作"生邪魔"。有人认为，居住在中头郡的生邪魔不用施咒，只须在心中动一下"我恨他"的念头，对方就会生病或意外受伤。

　　据说，是否被生邪魔附身，"由他（巫婆）"一看便知。而巫婆的判断方法就是看脉搏。

　　虽然生魂附身的故事各地均有流传，但只有冲绳一带的生魂叫"生邪魔"，从它的名字就能看出它的性格特征。

　　生邪魔不仅会附在人身上，有时候还会附在牛、马、猪等家畜身上。生邪魔还会糟蹋农田里的庄稼。

一目入道

佐渡的加茂湖中，生活着一种头顶上长有一只大眼睛的精灵，人们叫它"一目入道"。

有一天，一目入道捉弄马时，被马的主人抓住了。一目入道是"水中龙，地上虫"。

"您就饶我一命吧，我每天都会送您一条用琉璃钩钓上来的鱼。只希望您能把琉璃钩还给我。"一目入道苦苦哀求马的主人。看到它可怜的样子，主人便答应了它的请求。

第二天早晨，马的主人来到湖边，看到琉璃钩上果然挂着一条鲜鱼。他高兴地把鱼取了下来，将鱼钩投到了水中。

有一次，这人却将琉璃钩揣入怀中，忘了还给一目入道。之后，一目入道不仅不再送鱼给他，而且每到正月十五的时候，还会到这人家中作祟。马的主人十分害怕，便整晚诵经念佛，祈求消灾避难。

终于，一目入道不再作祟了。马的主人便在集落（今日本佐渡市潟端）修建了一座观音堂，将琉璃钩嵌进了本尊的白毫（佛像眉间会发光的白色毫毛）间。

独屋的妖兽

有户人家，每到深夜，就有妖怪沿着房梁爬进来。

由于这妖怪都是在房主睡熟之后才进去，所以房主一直没有察觉。直到有一天晚上，房主的妻子在深夜醒来，无意间发现了房梁上的妖怪，不禁失声尖叫起来。

声音把丈夫惊醒了，丈夫顺着妻子的视线望去，只见房梁上有一只妖怪，人面兽身，身上长满了浓密的毛发。而且在它旁边还有一只，似乎是一公一母。

两只妖怪对人类毫无兴趣，彼此享受着幽会的乐趣。

虽然妖怪并没有伤害他们，不过每晚头顶上都有两只来历不明的妖怪，还是十分恐怖的事情，于是这对夫妇决定尽快搬家。

至于那两只妖怪后来的情况，夫妇二人也不清楚。

在房屋中出现妖怪的事情并不稀奇，但这两只妖怪却对人类的事情漠不关心，只是把屋里的房梁当成了幽会的地点，这种行为实在让人难以理解。不过在房屋中，天花板与房顶之间的空间属于异界，里面栖息着什么，恐怕只有老天才知道。

伊邪

　　从前，生活在鹿儿岛县德之岛母间一带的人们都相信，下雨的夜里，会有一种叫"伊邪"的妖怪从犬田布岳上下来。伊邪的样子像一个头顶破伞、身穿蓑衣的小孩，总是单腿跳来跳去。

　　据说，当人们遇到它的时候，要拿一根玉米秆夹在两腿之间，伪装成尾巴摇给它看，伊邪会认为这是自己的同类，就不再作怪了。否则，它会让你在山中迷路，走上几天都出不去。从前有很多人曾这样被它捉弄过。

　　不过，伊邪也有老实善良的一面。有时它打算捉弄人，却反被人类利用。只要渔夫夸它一句"你的尾巴真漂亮"，它就会非常高兴，帮渔夫捕鱼。如果渔夫在船上高歌一曲，伊邪会在一旁连连叫好，兴奋地帮渔夫划船。据说只要它划船，船就会像离弦的箭一般飞速前进。更有趣的是，只要有伊邪在船上，渔夫总能满载而归。

　　不过伊邪还有一个特点，只吃鱼的一只眼睛。因此伊邪捕到的鱼，几乎都成了独眼鱼。如果将伊邪吃剩的鱼眼供奉起来，就能捕到很多鱼，所以在一些地区，伊邪成了人们崇拜的对象。

一反木绵

在傍晚或夜里，有时能看到一段一反（约10米）长的白布在空中飞来飞去，飘忽不定。这是从前出现在鹿儿岛县大隅地区的一种妖怪。在志布志湾附近的权现山一带，这种妖怪是孩子们最害怕的对象。

从外表来看，这妖怪毫无可怕之处。如果不仔细看，还以为是谁家洗的东西被风吹走了。

不过，这妖怪却会袭击人类。看来，妖怪也是"不可貌相"的。

一天夜里，有个男子急匆匆地走在回家的路上。忽然间，一条白布倏地落在了他面前。男子吓了一跳，停下脚步，白布突然缠住了男子的脖子。

男子立即拔出匕首，刺向白布，白布就消失不见了。不过，男子的手上却沾满了鲜血。

一反木绵往往就是这样袭击人类，它会缠住人的脖子或蒙住人的脸，让人窒息而死。

有人说它是某种东西成了精。不过它到底是什么，没有一个人能说清楚。

五冢的怪女

　　从前，在新潟县古志郡岩野村（今日本长冈市）的信浓川附近，有一片荒地，这里很久以前并排修建了五座坟墓，人称"五冢"。

　　岩野村有一个男子，叫勘右卫门。一天晚上，他在邻村的油坊帮别人榨完油后回家，正好路过五冢。

　　他走过第一座坟墓和第二座坟墓后，无意中向前方看了一眼，发现第三座坟墓旁站着一个面目狰狞的女人，正怒视着自己。勘右卫门吓瘫在地，怪女人走过来说：

　　"你是不是看到了我的样子？绝不能和别人讲你在这里遇到我，否则……"说完，这个怪女人就消失了。勘右卫门以为自己做了个噩梦，跌跌撞撞地回到家里。

　　勘右卫门一直将这件事藏在心里，没有告诉过任何人，就这样过了十多年。有一天，当村里的年轻人聚在一起讲鬼怪故事的时候，他想起了那个怪女人，便不由自主地讲出了那段经历。

　　次日早晨，勘右卫门被人发现惨死在五冢附近的一处悬崖下。不知为何，尸体的睾丸被摘走了。不过，关于这个怪女人的情况，至今仍是个谜。

一本足

奈良县吉野郡上北山村的北边有一座山，叫伯母峰。据说这里曾出现过一种叫"猪竹王"的一本足妖怪（独脚妖怪）。时至今日，当地人仍把每年最后一个月的二十日，看作是不吉利的日子，这一天去伯母峰要万般小心。

从前，有位叫射马兵库的猎人，在伯母峰发现了一头后背上长着竹子的野猪。他立刻拿出猎枪朝野猪射击，野猪受伤后便倒地不起。

没过多久，纪州的汤峰温泉来了一个野武士到此疗养。野武士在睡觉的时候现出了原形，恰巧被旅馆的主人看到了。

"既然被你看到了，我也不想瞒你。其实我是伯母峰的猪竹王，前几天被一个叫射马兵库的人用猎枪打中，你面前的我是猪竹王的亡灵。我想报仇雪恨，但那家伙有猎枪和猎狗，阻碍我复仇。所以请你助我一臂之力。"

当地的官员担心猪竹王作祟，便派人与兵库交涉，兵库却不肯听从。于是，猪竹王的亡灵放弃了直接报仇的念头，变成了一本足妖怪出现在伯母峰，抓食旅人。

后来，有位法号丹诚的高僧将妖怪封印在了伯母峰的地藏佛像中。不过，高僧让它在每年十二月二十日这一天，拥有一天的自由。

一本踏鞴

有时候，人们会在雪地里看到一些三十多厘米宽的大脚印，但不是双脚，而是独脚。这就是妖怪"一本踏鞴"留下的脚印。据说，在纪州（今日本和歌山县及三重县南部）熊野的山里，至今仍有这种妖怪。虽说没有人亲眼看到过，不过人们认为，一本踏鞴是一种独脚独眼、样貌有些像人的妖怪。

当然，不同的地方，对一本踏鞴的外貌描述也有些区别。比如奈良县伯母峰的一本踏鞴，样子像一根长着眼睛和鼻子的电线杆，在雪地里翻着跟头，留下一长串独脚的脚印。据说，在十二月二十日这一天，人们如果进山，就会遇到这种妖怪，因此在这一天，当地人是绝不敢进山的。人们有时候也会将大野猪的亡灵化为的独脚怪，称作"一本踏鞴"。而在和歌山县西牟娄郡富里村（今日本田边市），人们将河童和山童的同类"芥子坊"称作"一本踏鞴"，那是一种喜欢相扑的妖怪。

即使都叫"一本踏鞴"，不同的地方，妖怪的特征也不太一样。不过，人们一般认为生活在山里的妖怪或山神，都是独眼独脚的，一本踏鞴也不例外。

以津真天

以津真天是《太平记》中记述的一种怪鸟。

建武元年（1334）秋，在京城紫宸殿的上空，每晚都会出现一只怪鸟，用一种可怕的声音鸣叫着"到什么时候……到什么时候……"。

朝中的大臣认为这是不祥之兆，便决定效仿源赖政①降服妖怪的做法，派一名神箭手去射杀它。经过层层选拔，选出一位叫隐岐次郎左卫门广有的人。

到了晚上，怪鸟出现。只见它口中吐着火焰，非常吓人。广有立刻搭弓射箭，一箭将怪鸟射落。人们纷纷上前，发现竟是一只人面怪鸟，身体像蛇，两脚长着剑一般的利爪。翅膀展开足足有五米长。

据说这只怪鸟出现的时候正是瘟疫蔓延之年，京郊堆弃了许多尸体。人们认为，大概是这些死者的怨气所致，才出现了这样一只怪鸟，不断发出"（要将这些尸体放）到什么时候……到什么时候……"的控诉。也就是说，那些未被超度的人的亡魂，化成以津真天出现在天上。

---

① 源赖政（1104～1180），日本源平时期著名将领。传说源赖政曾射杀怪鸟鵺，"高仓帝时，有鵺夜鸣宫屋上，帝以为不祥。侍臣推赖政射之。赖政一发中之。帝及侍臣莫不叹赏"。

犬神

　　在中国[1]、四国、九州一带流传着犬神的传说，犬神是附在人身上的犬的灵魂。据说犬神分为两种，一种是突然附身，一种是家族继承。被犬神突然附身的人一般会饭量大增，或是发烧卧病。如果发现病人被犬神附身，找医生是没用的，需要请法师驱邪。因此，有犬神出现的村里，总会有几位生意兴隆的法师。

　　至于家族继承的犬神，据说将犬神当作神灵供奉在家里，就可以自由驱使。在爱媛县某地的传说中，家族继承的犬神，只有这个家族的人可以看到，外人是看不到的。而且，犬神的数量总是与家人的数量保持一致。

　　关于犬神的起源众说纷纭。一种说法是它起源于人类的祭祀行为，将一只犬捆绑起来，之后将食物放置在它面前，待犬产生想吃食的急切欲望时，将它的头斩下供奉起来。还有一种说法是一只遭人痛恨的恶犬，被丢弃在了海边的岩石中，死后变成了犬神。

---

①日本分为八个地区：北海道、东北、关东、中部、近畿、中国、四国与九州。此处的中国是指其中的一个地区。

隐神刑部狸

　　四国地区的狸猫非常多，就像是狸猫王国。在这样的王国里，肯定会有一位"国王"。隐神刑部狸是伊予（今日本爱媛县）狸猫的头领，据说它手下有八百零八将。

　　虽然是隐神刑部狸的手下，不过这八百零八将也都是各自地盘的头领。这样看来，隐神刑部狸所统率的狸猫，无疑是一个庞大的数字。

　　隐神刑部狸一直在谋划着一个大胆的计划——夺取松山城。但是计划最终失败了，因为松山城从广岛的三次请了一位叫稻生武太夫的武士前来支援。

　　武太夫是魔王山本五郎左卫门十分器重的一位豪杰，他身上有一把魔王所赠的神奇的木槌。武太夫就是用这根木槌将狸猫打得全军覆没。最终，隐神刑部狸与八百零八将全部被封在了山洞里。

　　那山洞位于现在的松山市久谷中组，已经成了叫山口灵神的神社。

蝾螈

从前，越前（今日本福井县）的汤尾有一处古城遗址，一位法号尘外的僧人在这里结庵而居，修行佛法。

一天夜里，尘外正在读书，耳边忽然传来一阵类似牛虻发出的嗡嗡声。尘外抬头一看，只见身边站着一个身高四五寸（约 12～15 厘米）的小人，正朝自己说话。

尘外毕竟是得道高僧，显得不慌不忙，依然静静地坐在那里看书。小人一声号令："无礼之徒，竟连话都不回！冲啊！"

话音未落，一群小人涌了出来，攻击尘外。尘外招架不住，起身逃跑。

后来，尘外将这事告诉了附近的村民。村民说，这里曾发生一场战乱，城池陷落，许多武士在此牺牲，这些武士的魂魄化为了蝾螈，生活在古井里。尘外回到自己的住处，发现古井里果然有一群蝾螈在蠕动。为了超度这些武士的亡魂，尘外在井旁诵经念佛，之后蝾螈纷纷死去了。这些蝾螈以后再不会出来作祟了。尘外觉得它们十分可怜，便和村民一起弄了些枯柴，将蝾螈的尸体火化，郑重地埋葬了它们。

否哉

　　据说，否哉这种妖怪经常出现在仙台的城下。

　　一天傍晚，一个小伙计被打发去米店买米。

　　他背着装有米的筐子往回走，忽然发现一名年轻的女子走在自己前面。他仔细端详了一会儿，觉得这女子很像自己久未谋面的姐姐。小伙计的思念之情油然而生，不禁向这位女子打了招呼：

　　"姐！"

　　女子回过头来，却是一张十分恶心的老头的脸，根本不是自己的姐姐。由于很受打击，小伙计不由得大哭起来，装米的筐子也掉在了地上。

　　这就是否哉的故事，类似的故事在日本的中国地区和山阴地区也有流传。

　　否哉这种妖怪，人们并不陌生。现在的人们也应该有过类似的经历吧。当你看到一个体态丰盈的背影，以为对方肯定是位大美女。但看到对方的容貌时，却发现她竟长着一张与身材极不相符的脸，自然会大吃一惊，这种情况也时有发生（想必女人看男人也是一样）。而如果发现对方是个老头，恐怕任谁都会大吃一惊吧。

岩鱼坊主

在美浓惠那郡的付知、加子母（今日本岐阜县中津川市）等村子，曾经流传过一种捕鱼方法——把花椒汁倒进河里，将鱼毒死。

有一次，村里一群年轻人在溪流里用这种方法捕鱼，倒完花椒汁后，大家在一起吃饭。

这时，不知从哪里走来一个和尚，劝说他们不要用这种方法捕鱼。和尚一直纠缠不休，年轻人想委婉地将他打发走，但和尚并没有要走的意思。这些年轻人便请他享用剩下的饭团，和尚吃得津津有味，看来是饿坏了。人们又把米饭和汤端给他，结果他毫不客气，一口气将食物吃光，之后便消失不见了。

吃饱喝足后，这群年轻人继续捕鱼。忽然，一条身长和一个成年人差不多的大岩鱼翻着白肚浮出了水面。众人大喜，准备将这条大岩鱼抬回村子大快朵颐。但剖开大岩鱼的肚子后，众人大吃一惊。之前送给和尚吃的饭团、汤和米饭竟都在这条大岩鱼的肚子里。据说在场的人无不大惊失色，根本没有人敢吃这条大岩鱼。

一定是这条岩鱼精幻化成和尚，想要搭救自己的同类。

阴火

被称作鬼火或火玉的东西，在日本全国不下百种。这些关于火的妖怪大致可分为两类："阳火"和"阴火"。

阳火热，经常会引发火灾，但可以用水扑灭。阴火则相反，即使触摸它也不会感到热，越浇水，火烧得越旺。所以阴火经常在小雨淅沥的夜晚出现。江户时代的百科全书《和汉三才图会》中有相关的记载。

阴火会像磷火一样发光，但不会对周围产生影响。

阴火多为白色或青色，常常营造出一种阴森森的氛围，缓慢而安静地燃烧着，看上去十分凄凉。

阴火经常和幽灵一起出现，雨天出现的火妖基本都是阴火。比如，滋贺县琵琶湖一带所传的"蓑火"、新潟地区的"蓑虫"、千叶县印旛沼的"河萤"、京都府龟冈地区的"钓瓶火"、奈良县橿原地区的"小右卫门火"等，都是阴火。另外，也有和雨天毫无关系的阴火，如冲绳地区流传的"遗念火"等。

犬加迈

　　从前，在鹿儿岛县的屋久岛地区，人们生病时会请巫婆，看是否是犬加迈附身。这里以前曾有一些人被看作犬加迈的主人，经常能听到犬加迈附身的故事。要想让犬加迈附到别人身上，可以用人偶或其他东西做载体，放在神龛或佛坛上祭祀，早中晚祈祷即可。

　　驱除这种邪魔也要靠祈祷，因此巫婆会专心致志地祈祷。犬加迈被驱除出病人的身体后，病人会立刻痊愈，恢复如初。不过也有一些犬加迈是很难被驱除的，一般的祈祷毫无用处。遇到这种情况，祈祷者只能竭尽全力祈祷。

　　犬加迈很有可能是犬神。犬神是附在人身上的犬的灵魂，被附身的人可能会生病，或遭遇不幸。有时候是术士有意识地驱使犬神，更多的时候则是犬神在领会了术士的想法后自由行动。因此，术士出现的地方就会有人遭遇不测。据说是因为犬神头脑混沌，不分善恶。

隐念

在位于长崎县五岛列岛最西端的福江岛，人们将那些能够附在人身上，给人带来疾病和灾难的东西（生魂、幽灵、动物魂魄、河童等）统称为"隐念"。

被人们称作"放人"的萨满巫师可以直接看到隐念，并与之对话。只要答应隐念的要求，就能消除它带来的灾难。

有这样一个故事。有个农妇腋下生了一个肿块，痛得夜不能寐。医生怀疑是恶性肿瘤，做手术切掉了肿块，但很快复发。就这样做了三次手术也没治好。

于是农妇便寻求放人的帮助，放人说："你家里有很多游魂。虽然不是你的祖先，却一直希望你去祭祀它们。游魂的数量和肿块一样多。你回去在大盘子里盛上米饭，放在大树下祭拜。"

原来农妇家所在的地方，曾居住过平家的后裔，他们的墓地也在这里。

隐念引起的疾病主要是内脏疾病、皮肤病、肿瘤，以及精神异常等。这些亡魂希望得到生者的供奉和祭拜，于是以让人生病的方式来告知生者。

有关隐念的研究，佐佐木宏干[1] 所著的《圣与咒力》中有详细介绍。

---

[1]佐佐木宏干，生于 1930 年，日本宗教人类学家，驹泽大学名誉教授。

遗念火

　　在冲绳地区，人们将亡灵称作"遗念"，与遗念火有关的故事有很多。遗念火总是出现在固定的地方，并且总是成双成对地出现，因此很多人将遗念火看作是一对男女。也许它们是由一对私奔的男女，或是一对殉情的情侣的遗念化成的吧。

　　在冲绳，广为人知的是识名坂的遗念火。

　　从前，识名有一对相亲相爱的夫妇。有一天，妻子久出未归，丈夫十分担心。一个十分可恶的朋友骗他说："你妻子正和别的男人厮混呢。"结果丈夫悲痛欲绝，投河自尽。毫不知情的妻子行商回来后，发现自己的丈夫已经自杀，便跳入同一条河里殉情自尽。据说从那以后，每到晚上，识名坂就会出现两团火，缠缠绵绵地往来于山坡与河水之间。

　　人死之后化成火球的传说有很多。不过，遗念火却与鬼火完全不同。虽说同为人类化成的火，但病死之人与死于事故或自杀之人所化成的火的形状，还是截然不同的。

浮物

　　这里所说的"浮物"，指的是新潟县岩船郡栗岛地区的一种海怪。

　　从前，新潟的村上藩有个叫松野纯之进的武士。有一年五月，纯之进要坐船到栗岛去，便让艄公出船。那是一个天空有些阴沉，但风平浪静的日子。

　　正当船在海上前行时，艄公突然"啊"地叫了一声。

　　"那种地方怎么会有浮物……"

　　"海岛？"纯之进问道，不过艄公说那地方根本就没有海岛。

　　"可能是一条很大的鱼。"

　　"嗯，过去看看。靠过去。"

　　艄公犹豫起来，纯之进却毫不退让。艄公只好战战兢兢地将船靠近浮物，还没等船完全靠近，浮物就消失得无影无踪了。

　　浮物经常在五六月份，繁花似锦的季节出现，出现的地点也比较固定。从出现的时间和地点都比较固定来判断，这浮物应该不是海坊主之类的妖怪。

牛打坊

　　从前，德岛县板野郡一带流传着一种说法，一旦牛或马死掉，人们就会说："又是牛打坊在作祟……"

　　牛打坊是一种会在深夜潜入马厩或牛圈，吸食马或牛的血，从而导致牛马死亡的妖怪。据说，牛打坊的样子看上去像狸猫，黑乎乎的。不过，没有人清楚地看到过牛打坊的样子。

　　在一些地方，人们为了防止牛打坊祸害牲畜，会举行一种诅咒牛打坊的祭祀仪式。人们会先制作一个称作"牛打坊的盆小屋①"的小房子，然后将其烧掉。人们认为，焚烧小房子，牛打坊也会随之被一起烧掉。

　　举行祭祀仪式时，孩子们会转遍整个村落，挨家挨户讨要钱、稻草和竹子等，用来制作牛打坊的盆小屋。如果遇到不愿捐钱的人家，孩子们就拍手齐唱："赶走牛打坊，养蚕养得旺，做酱做得香。"如果唱过歌谣仍不捐钱，孩子们便将焚烧小房子时一起烧掉的茄子拿来，丢进这户人家的马厩或牛圈里。谁家被丢进这种烧茄子，这户人家的牛马在三日之内必定死去。因此，没有一户人家会吝啬到不为制作牛打坊的盆小屋捐钱。

---

①盆小屋，盂兰盆节的时候，孩子们用竹和麦秆等制作的小房子，在祭祀仪式结束后烧掉。在长崎县、德岛县等地流行。

牛鬼

　　牛鬼是一种长得很像牛的鬼，主要出现在日本西部。

　　在山阴地区，牛鬼生活在海中，会不时来到海边，袭击海边的人。牛鬼样貌狰狞而凶恶，喜欢吃人。它发现猎物后会穷追不舍，因此被它盯上的猎物（主要是人类）是逃不掉的。

　　不过，四国和纪伊半岛的人们认为牛鬼生活在河里。在高知县土佐郡土佐山村（今日本高知市），有一处人称"牛鬼渊"的深渊，那里还流传着这样一个故事。

　　牛鬼渊里有很多鱼。村里的一位长者想在这里投毒捕鱼，被深渊的主人牛鬼察觉，牛鬼便化成一位美女出现在长者的梦中，劝他不要投毒。这位长者却充耳不闻，仍然在深渊里投了毒。那位美女在被投了毒的深渊里现身，之后消失不见了。长者用捕来的鱼在家里大摆酒宴，不久，他家便遭遇了山体滑坡，家破人亡。

　　在爱媛县，提起牛鬼，人们首先想到的是宇和岛市的和灵神社，在例行祭祀中，总能看到仿制的牛鬼。这种仿制牛鬼在当地无人不知，其原型就是身为恶妖的牛鬼。不过，如今的牛鬼，似乎成了专门负责清扫神仙通道的灵兽。

丑时参

　　丑时参是一种诅咒人的巫术，又称"丑时拜"。丑时指的是凌晨一点到凌晨三点这段时间。在丑时参拜神佛，将所要诅咒的人的替身——稻草人，用钉子钉在神社内的神树上，用以诅咒对方。

　　下咒者身穿白衣，胸前挂一面镜子，脚上穿独齿的高齿木屐（或赤脚），头戴一个倒立的"五德"（炉子上用来支锅或壶的火撑子），在五德上点三根蜡烛。手里拿一把铁锤和一根五寸的钉子，然后去神社参拜。

　　到了第七天结愿之日，对应着人偶被钉过的部位，被诅咒之人的这些部位就会疼痛不已，然后死去。

　　丑时参在江户时代十分流行，这是源自奈良、平安时代的一种叫"厌魅"的咒法。

　　这种咒法被称作"诅咒"或"因缘调伏"，通过操纵自己的怨念（生魂）或神灵、鬼神的灵力，使其附身到所要诅咒的人身上，让对方死亡。

　　不过，这种行为也会使下咒者本人丧失人性，正如谚语"欲咒他人，先掘二穴"所说，下咒者自己的身心也会受到诅咒。

后神

夜晚，在漆黑的路上行走时，有时会感觉有人在背后拽你的头发，让人毛骨悚然。这是后神出现的前兆。就在最担心害怕的时候，后神开始用它冰冷的手摸你的脖子。仅仅是这样，便能让人吓出一身冷汗。

这是后神的恶作剧，什么都看不到，就能让人吓破胆。

后神是浮世绘画师鸟山石燕在《今昔百鬼拾遗》中描绘的一种妖怪，书中写道："后神是附身在胆小鬼身上的神灵。你以为它在前面，其实却在你后面。专门拽人脑后的头发。"

日本人在表达"恋恋不舍""牵肠挂肚"等意思时，经常会用"后发被拉扯"的说法。按照鸟山石燕的描绘，后神不仅让人有"恋恋不舍"的心情，还会从后面拽人的头发。

当然，鸟山石燕是高雅的江户文化人，所以可能是在玩"后发"和"后神"的文字游戏。①

---

①在日语中，"发"和"神"的发音一样。

臼负婆

从前，在佐渡国（今日本新潟县佐渡市）的宿根木，有一位叫丸田重右卫门的武士。有一次，他在一处叫"赤虹之京"的地方和朋友钓鱼。这里有很多赤虹，但不知为何，他一条都没有钓到。过了一会儿，天上淅淅沥沥地下起雨来，天地间一片朦胧。

但丸田重右卫门没有放弃，继续在这里垂钓。这时，忽然有一个白色的物体从海底漂了上来。仔细一看，外形有些像人。丸田重右卫门被眼前的东西吓得大叫起来。他的朋友在一旁让他不要出声。

海面上的这个妖怪，看上去像是一位年事已高的老太婆，一头白发被海水打湿，显得十分凌乱，口中露出獠牙。妖怪将两手背在后面，在水里游动，背上似乎还背着什么东西。

之后，妖怪朝武士这边瞟了一眼，便沉入海底。妖怪的脚掌煞白，让人过目难忘。重右卫门问同伴那是什么妖怪，同伴告诉他："那妖怪叫臼负婆，每两三年出现一次，无须害怕。"

臼负婆是类似于海女房的一种妖怪。

姥姥火

据说，在河内（今日本大阪府）的枚冈神社，每到下雨之夜，就会出现一团直径三十厘米左右的火球，在天空中飞舞，所见之人无不害怕。

一直到江户时代，这种怪火都很有名，在几本古书中对其都有记载。

这团火究竟是什么？有人说它原本是人。从前有个老太婆，每晚都到枚冈神社去偷神灯里的灯油。大概是遭到了报应，老太婆死后，她的亡灵便化成了一团怪火。

还有人说，当地人走夜路的时候，曾遇到过飞舞的姥姥火，撞到了他的脸上。走近仔细观察，发现根本不是火，而是一种和鸡十分相像的鸟。不过从远处看，这种鸟飞舞的样子就像是一团火球。既然有青鹭火的传说，姥姥火的原形是鸟的说法也并非不可信。

老太婆死后化为怪火的传说，在日本各地均有流传。据说在丹波（今日本京都府中部、兵库县东部）的保津川就曾出现一种怪火，也叫姥姥火。不过，那里的姥姥火是一个拐卖儿童的老太婆死后变成的。

产女

　　据说，如果怀孕的女人未生下孩子就死去，或是刚刚生下孩子时死去，未能得到供奉和祭祀，无法超度，就会变成幽灵"产女"现身。

　　在山口县，孕妇死去后是不能直接埋葬的，一定要将婴儿与母体分离后才能埋葬，否则母亲就会变成产女。

　　产女出现时，会抱着一个婴儿，下身被分娩时的血染红。产女经常出现在桥畔或路边，还会默默哭泣。

　　在九州北部地区，产女则出现在海边。总之这些都是接近阴间的地方。

　　如果路人碰到产女，并上前打招呼，产女就会说："请帮我抱一下孩子。"然后把孩子递给路人。路人接过孩子后，会觉得越来越沉，最后重得让人抱不动。路人感觉有问题，才发现手里抱的竟是一块大石头。类似这样的故事在各地都有流传。

　　有些地方还流传着这样一种说法，如果有人能够承受住孩子的重量，一边抱着孩子，一边大声念诵佛经为产女超度。作为报答，产女会让此人获得惊人的神力。

马鹿

天保壬辰年（1832），在尾田淑所著的《百鬼夜行绘卷》中，描绘了许多滑稽幽默的妖怪，十分有趣。

例如书中的"苦笑""总觉得""五体面""忙"之类，都是些名字奇怪的妖怪。其中还有一种名叫"马鹿"的妖怪，更是奇怪。

马鹿在日语中读作"八嘎[①]"，这个词从南北朝一直沿用到了现在，有人认为这个词出自中国秦时的一则典故——"指鹿为马"。人们将那些逢迎权贵，即使鹿被说成马也不反驳的笨蛋叫作"马鹿"。

那么，妖怪"马鹿"又是何物呢？所谓马鹿，是描述诸如"狂欢""神力"等不同寻常的行为或状态，或是令人难以置信的行为的一种措辞。也就是说，马鹿是一种让人陷入这种非正常状态的妖怪。这妖怪的特点是胆小怕事，为了一些鸡毛蒜皮的小事就大动肝火。马鹿能附在人身上，让人变成傻瓜。

---

①马鹿在日语中是骂人的话，意即笨蛋、混账等。

马凭

即使是性情温顺的马，如果被激怒，也会附到身上折磨人。

从前，三州野田（今日本爱知县田原市）的中村，有个叫太郎助的男子，年轻时头脑发热，用镰刀杀死了一匹马。虽然当时平安无事，不过等到太郎助四十五岁时，突然有一天像马一样嘶鸣，还喝干了马厩里饮马的脏水，最后死去。

他究竟是不是被所杀的马附身，这一点无人知晓。不过，他的这些行为却完全像一匹马。

类似的事情，在野田町也发生过一次。

有个做马匹买卖的商人，叫次兵卫。此人在五十岁时，开始模仿马的动作。瞪着双眼，大声嘶叫，还抱着饮马的桶喝水。周围的人以为他是在恶作剧。但就算是恶作剧，也不至于喝光桶里饮马用的脏水。家人非常担心，一直守在次兵卫身旁。不久，次兵卫就死了。虽然原因不明，不过很有可能是被马附身。

估计他也做过伤害马的事吧。

马足

一到晚上，在古墙上伸出的树枝里，会有一条马腿耷拉下来。如果有人从下面经过时不注意，就会被马蹄一脚踢飞。

这种事在福冈地区时有发生，让人防不胜防。

类似的事情，在福冈之外的地方也曾发生过。如鹿儿岛县曾出现马头吊在大树上的"马蹄铁"，冈山县苫田郡的"马眼珠"等。此外，在山口县岩国，曾有马脚突然从竹篱笆里伸出来的传说。

冈山县出现的马头吊在朴树上的"马首垂"，和这种妖怪也有些相似。

从前，街道上没有路灯，道路又比较狭窄，因此，如果路上面悬挂着东西，路过的行人碰到也很正常。

走夜路的时候，如果突然被什么东西撞到，就可能有一种被马蹄踢到的感觉。这就给马足的出现创造了机会。

海狼

　　一天夜里，在备中国哲多郡釜村（今日本冈山县新见市），有两户人家饲养的牛突然离奇失踪。后来，这些牛被人发现时，已经不知被什么东西用嘴巴撕碎，尸体被抛弃在了山谷里。

　　村民们认为这肯定是猛兽所为。大家商量后，决定搜山消灭猛兽。

　　搜山的当日，有五百多个村民手持猎枪进山，却没有发现猛兽的影子。等到夜幕降临时，树林里出现了一头猛兽，大小接近一头小牛，样子像狼，嘴巴咧到耳根，露着獠牙。村民们开枪射击，猛兽迅速逃进了山里，再也没有出现。

　　第二天，大伙将山包围，等待猛兽的出现。猛兽现身后，看起来比前一日衰弱了许多。一阵枪林弹雨过后，它当场倒下了。

　　仔细观察猛兽的样子，只见其身体青黑，獠牙有三寸（约9厘米）长，脚上有蹼，因此，这很可能是一只"海狼"。据说，从此以后村里再没有牛遇害。

海和尚

海和尚又叫"和尚鱼",是海坊主的一种。

江户时代的百科全书《和汉三才图会》是这样记述的:

海和尚身体像乌龟,没有毛发,大的有五六尺(约1.5～1.8米)。渔夫们说,如果看到这种东西,会有不吉利的事情发生。如果有人捉到海和尚,想要杀死它,海和尚会将两手抱在一起,泪眼汪汪地求饶。如果渔夫说:"姑且饶你一命,不过今后你不能再妨碍我打鱼。"海和尚就会朝西仰望天空。据说,这表示海和尚答应渔夫的要求。

乌龟一直被人们看作是一种神秘的动物,比如海龟中有龙宫使者,也有名叫"正觉坊"的像和尚的妖怪。

在千叶县的某地,人们还将海龟奉为神圣。人们捕到海龟的时候,会放在车子上带到家里,好酒好肉地款待之后再将其放生,绝不会拿它换钱。

海和尚可能就是一种长着乌龟外形的海坊主的同类。

海小僧

　　从前，有个人在静冈县贺茂郡南崎村（今日本南伊豆町）大濑下游的佛岛钓鱼，正准备收鱼线时，有个东西从海里浮了上来。那东西就像一个小毛孩，头上的毛发快盖到了眼睛，还冲这个人微笑，钓鱼的人吓了一跳。后来，钓鱼人还专门为它修建了一座地藏菩萨像。

　　据说，在岩手县下闭伊郡普代村，也有人看到过类似的东西。

　　那东西潜到海里之后，会变成一个三岁左右的小孩，身上穿着长毛的蓑衣。普代的渔夫们出海时，都会互相提醒，下水前务必先敲打船舷。不过，这是发生在昭和十三年之前的事了。

　　既然是海中的小僧①，应该可以将海小僧看作是河童的一种。因为河童的同类中，确实有生活在海里的。比如，在三重县志摩地区，就有一种叫作"后翻"的河童，让在水中作业的海女②十分害怕。其实和生活在河川与湖沼里的河童一样，海小僧中既有调皮捣蛋的，也有性格温顺的。

---

①小僧即小孩。

②潜水采珍珠贝等的渔女。

海座头

　　海座头是海坊主的同类。这种妖怪有时会朝船招手，被海座头招过手的船就会失事。既然叫座头①，说明人们认为它是死在海中的盲人的亡灵。不过，还不能确定这一说法是否正确。

　　有一位叫早川孝太郎的民俗学者，表示自己曾亲眼见过海座头。昭和九年，早川去鹿儿岛的黑岛做调查，在返回的途中，他看到了一个奇怪的东西。

　　在他从黑岛返回鹿儿岛的途中，开闻岳②慢慢出现在他的视野中。当时已是晚上十点左右，早川站在船尾的甲板上，望着船尾拖出的一条白色波浪。忽然，在黑黢黢的海上，出现了一个男人，他似乎在游泳。不过游泳的方式很奇怪，上半身露出水面，筋骨分明，仿佛直立在水上一样，并且以与船同样的速度前进。他与船保持着一定的距离，尾随在船后。

　　突然，这个奇怪的男人打了一个大哈欠。早川的脑海中闪出一个念头，"这个人不是活人"，他顿时感觉毛骨悚然，立刻逃回船舱。

　　早川一直没有弄清楚他看到的是什么，不过，可能就是传说中的海座头。

---

①弹奏琵琶、筝、三弦琴，或以说唱、按摩、针灸为业的落发盲人。
②位于鹿儿岛县萨摩半岛南端的火山，海拔 924 米，是日本百大名山之一。

海女房

　　海女房是人称"矶女"或"濡女"的女妖的同类，也出现在海边。关于海女房的故事，主要流传在岛根半岛平田市（今日本出云市）附近一个叫十六岛的渔村。

　　据说，当地有一年青花鱼大丰收。一位渔夫在木桶里腌渍了一些青花鱼，并在桶上压了块石头，打算腌制一段时间。

　　有一天，这位老人独自在家时，忽然发现朝阳的窗户附近有什么东西在发光，好像是眼睛。感觉到危险的老人立刻躲进了阁楼，从里面观察外面的动静。

　　他发现，进来的竟是一个领着孩子的女妖怪。女妖怪张望一阵后，便走到木桶前，抱着孩子轻轻移开压在木桶上的石头，拿起里面的青花鱼，贪婪地吃了起来。女妖怪一边自己吃，一边还喂着孩子，嘴里嘀咕着：

　　"那老头去哪儿了？我本来还想吃掉他，换换口味儿呢……"

　　过了一会儿，妖怪吃饱后，便自行离去了。老人算是捡回了一条命。

　　矶女的同类中，有很多性情残暴的妖怪，但会吃人的恐怕只有海女房。至于其他的妖怪，有的也会杀人，但只吸血。

海人鱼

关于人鱼的传说，在世界各地均有流传。但不同的地区，人鱼的样子也有很大的差别。

中国也有人鱼，其中有一种被称作"海人鱼"，在《洽闻记》①中有相关记载：

"海人鱼，东海有之。大者长五六尺，状如人，眉目、口鼻、手爪、头皆为美丽女子，无不具足。皮肉白如玉，无鳞，有细毛，五色轻软，长一二寸。发如马尾，长五六尺。阴形与丈夫女子无异，临海鳏寡多取得，养之于池沼。交合之际，与人无异，亦不伤人。"②

这种海人鱼的有趣之处在于它们拥有生殖器，可与人自由通婚。因此，生活在海边的很多单身男子都去捕捉海人鱼，然后养在池塘或湖泊里。不过，这种海人鱼在中国并不多见，而且大部分人是不能接受这种自由通婚的。

另外，在日本的一些地方，也流传着人类给漂亮的人鱼挽发髻的故事。这种人鱼很可能是海人鱼的近亲，所作所为颇有游女③之风。

---

① 《洽闻记》，唐郑常撰，共三卷，记录郡国旧事，且附有地理知识。文章多收录于《太平广记》。
② 选自《洽闻记》原文，部分内容依照日文增补。
③ 日本妓女的统称，因为在同一个地方待的时间很短而得名。

海坊主

海坊主是一种出现在海上的妖怪。出现的地方不同，时间不同，称呼也不太一样。有海法师、海座头、海入道、船入道等五花八门的叫法。海坊主体型巨大，浑身乌黑。不过，海坊主之间也有一些细微的差异。比如有的海坊主眼睛会发光，还长有嘴巴；有的则没有眼睛、嘴巴和鼻子。

在东北地区则有大入道。渔业丰收的时候，如果人们没有向海神敬献第一次捕捞上来的海鲜，这种海坊主就会破坏船只，或将船主劫走。

中国也有海坊主，还流传着人类用渔网抓住海坊主的故事。据说，被抓的海坊主体型像人，光头，体长十厘米左右。这样看来，虽然都是海坊主，却也有大有小。

当海坊主出现时，一定不能出声，更不能看它，这是人们总结出来的经验。因为一旦有人说出"那是什么"之类的话，海坊主会立刻将船掀翻。海坊主的出现是不祥之兆，以前的渔夫都是这么认为的。

有关海坊主的原形也是众说纷纭，有人说是鱼，有人说是海狗等海兽，也有人说其实是误把海龟看成了妖怪。直到现在，也没有定论。

哇

　　深夜，走在寂静的路上，经过古宅时，有时会突然听到有东西大叫一声"哇"，吓人一跳。这突然大叫一声的妖怪，人们只听过它的声音，却没有人见过它的真面目。

　　从前，青森县有个略有积蓄的男子，买下了一位躲债者居住过的古宅。夫妻二人在打扫古宅的时候，宅子里出现了很多大蝙蝠和蟾蜍。夫妻二人有些不快，觉得这宅子很恐怖。

　　当天晚上，夫妻二人在收拾好的屋子里准备睡觉，家中忽然传来"哇"的一声，吓得二人整晚都没有睡着。第二天，这对夫妻和周围的邻居说："昨晚我们听到'哇'的一声，一晚上都没睡好。"邻居却说："如果声音很大，我们应该也能听到啊……"大家都不相信这对夫妻的话，还揶揄他们说："看你们俩眼睛这么红，昨晚肯定没做什么好事。"

　　不过，一位老者听到他们的对话后，说：

　　"那座宅子里以前住着一个叫'哇'的妖怪。你们俩听到的声音，肯定是'哇'在作怪。"

云外镜

在所有的器物之灵中，最古老的应该是镜灵了。

镜灵是圆形的，象征着太阳和月亮，也象征着灵魂，因为很多人都认为灵魂是圆的。镜灵的读音和日语中灵魂的读音"TAMASHI"也很相近。

中国的古书中有一些与镜子有关的离奇故事。古时候的镜子是用金属做的，背面雕着花纹和文字。用这种古镜将日光反射到白色的墙壁上，镜子背面的文字和花纹就会浮现出来，镜面却没有任何变化。据说，这是因为镜师在制作镜子时用了特殊的工艺。

在旧历八月十五的月光下，用水晶盆打一盆水，然后用盆中的水在镜子上画一个怪物，这怪物就会留在镜中。另外，有关镜中藏着女人的相思情之类的故事，在各地也都有耳闻。

这么多奇闻异事都与镜子有关，镜子也就被看作妖怪了，在夜深人静的时候显露原形，这就是云外镜。

江户的金灵

上田秋成①的《雨月物语》中有关于黄金精灵的描述。据说,身为妖怪的金灵,其实就是金钱的气息。

唐诗中曾说,人若无欲无求,就能看到埋藏在地下的金银所冒出的气。古人云:"无欲善行之人福至。"

也就是说,富贵由天定,想要感觉到金钱的气息是极难的。

无欲无求看似容易,实际上却很难做到。"无欲"和"没精神"或"无所谓"并不是一个意思。

据说,除了金灵之外,还有一种叫"金玉"的东西。如果有谁捡到这种东西后放在神龛上,就会大富大贵。不过它只会出现在有好运气的人面前。还有一种说法认为金玉就是陨石。如果是陨石,倒与名字很相符。总之,金玉是突然降临到人身上的,想成为富翁也是需要运气的。

---

①上田秋成(1734～1809),江户时代后期著名的作家、学者。文学创作以小说成就最高,作品《雨月物语》取材于中国的白话小说等,被誉为日本怪诞小说的巅峰之作。

江户管狐

　　能够附在人身上的狐狸有很多种，管狐就是其中一种。

　　在东京千代田一带，曾有一位名叫伊藤尚贞的名医，经常为那些被管狐附身的人治病。

　　管狐通过手和脚的指甲钻进人的身体，然后藏在人的皮肤下面。治疗时，要先将病人的手指和脚趾绑起来，然后逐一查找管狐潜藏的地方。找准位置后，将那个地方切开，会发现里面有一个小毛球，这就是管狐的精气。仔细查看这些被管狐附身之人的家里，就会发现狐狸的尸体。据说这些狐狸大多是钻进阁楼里死去的。

　　人一旦被管狐附身，就会食欲不振，突然喜欢吃生酱，行为十分反常。

　　在灵山完成修行的修行者，会收到金峰山、大峰的灵山所赐的管狐，这是向修行者授位阶。修行者将管狐装在竹筒内饲养，用其施行各种法术。管狐一生忠于主人，即使主人将它抛弃，也会回到主人身边。主人死后，它就会变成"野良管狐"（虽然并无这种说法），做尽坏事，不过，这些管狐最终都要去王子稻荷神社。

绘马精

　　从前，浅草有个叫驹形道安的男子，热衷于研究绘马[①]。

　　有一次，此人外出，遇到大雨，无法回家。

　　"这附近连客栈都没有，真让人头疼……"

　　于是，道安便走进附近一处佛堂，决定暂时在这里避雨。雨一直下个不停，不久，道安便迷迷糊糊地睡着了。

　　等他醒来时，已是黎明时分。道安借着微弱的光线打量着佛堂，发现角落里有一位老人，好似幽灵。如果是在平时，他肯定会被吓到，但奇怪的是，此时他却丝毫没有感到恐惧。老人望着茫然的道安，带着慈祥的目光说道：

　　"这位仁兄，看起来您好像很喜欢绘马。我也是精于此道之人，可以向您传授一点秘诀。"

　　"请务必点拨在下。"道安欣然受教。

　　其实，这位老者是绘马精。看来，无论是精还是灵，都想尽力为那些有共同爱好的人提供帮助。

---

①日本人许愿的一种形式，有大绘马和小绘马两种。大绘马类似匾额，比较少见。一般所说的是民间常用的小绘马。就是在木牌上写下自己的愿望，供在神前，祈求得到神的庇护。

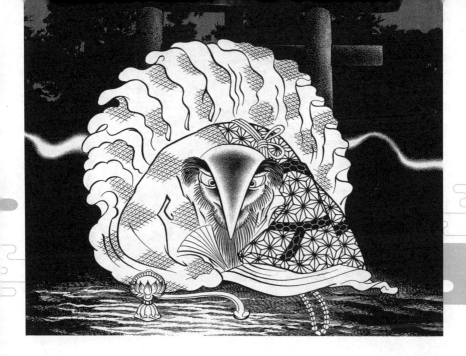

襟立衣

襟立衣原是高僧所穿的法衣，是一种衣领突出，几乎能遮住整个后脑勺的衣服。

根据浮世绘画师鸟山石燕的说法，襟立衣本是鞍马山的魔王僧正坊的衣服。

说起僧正坊，其实是可与京都爱宕山的太郎坊[①]叫板的、日本数一数二的大天狗。据说，僧正坊将北九州英彦山的丰前坊、四国白峰的相模坊、山阴大山的伯耆坊、信州的饭纲三郎、富士山的富士太郎，还有东海的木叶天狗等都收到了自己的麾下。

因为是天狗首领所穿的襟立衣，其中蕴藏着某种神力，所以可以将襟立衣看成是一种拥有神力的邪魔。

不仅衣服拥有神力，甚至整座鞍马山都被天狗赋予了神力。

鞍马山鞍马寺世代流传着一种说法：鞍马山是日本聚集天狗数量最多的地方，在山中任何一个地方，无论树荫下还是草丛中，甚至连树叶上的露珠中都可能藏着天狗。

---

①供奉在京都爱宕山的天狗，又称荣术太郎，日本八大天狗之一。八大天狗除爱宕山太郎坊外，还有鞍马山僧正坊、比良山次郎坊、饭纲三郎、大山伯耆坊、英彦山丰前坊、大峰前鬼坊、白峰相模坊。

猿猴

在日本的中国和四国地区，将河童称作"猿猴"。无论是河川池渊之中，还是海中，都有这种河童。据说，猿猴讨厌金属器物，喜欢相扑，能够附到人身上。

土佐（今日本高知县）的渔夫曾捉到过这种猿猴。据他们说，猿猴的样子很像婴儿，皮肤像鳗鱼一样黏糊糊的，脸通红，和猴子十分相似。

在高知县南国市一带，至今仍会举行与猿猴有关的祭祀活动，这是一种称作"猿猴节"的地方性小型祭祀活动，在每年六月初举行。届时会在河边搭建一座叫"猿猴架"的简易祭坛，在上面供奉猿猴最喜欢吃的黄瓜，以祈祷风调雨顺。

另外，出现在土佐地区的妖怪，除了猿猴外，还有一种叫"芝天"的妖怪。芝天又名"芝天狗"，较之河童与天狗，它更接近山童。芝天会在阴历六月七日祇园日这一天进入河中，变成猿猴。

河童进入山中，会变成山童；山童进入河中，会变成河童。这种说法在日本西部十分盛行。猿猴与芝天的关系可能也是这样吧。

猿猴婆

　　在爱媛县的宇和地区，河童也被称作"猿猴"。

　　如今的南宇和郡城边町（今日本爱南町），从前只是个小村子。那个时候，这里曾住着一位被大家叫作"猿猴婆"的老婆婆。

　　有一次，老婆婆想要过河，不巧的是桥被洪水冲走了。无奈之下，老婆婆准备踩着河中的石头过河。这时，河中忽然出现一个小孩，说：

　　"婆婆，您能不能倒着背我过河呢？"

　　老婆婆觉得倒着背不符合常理，就直接背起这小孩回到了家里。

　　从那天晚上开始，老婆婆就一睡不醒，十分诡异。家人知道这是被猿猴附了身，就想用热水烫死猿猴。猿猴苦苦哀求，说今后绝不再做坏事。为了赔罪，它承诺每天会给这家人送来新鲜的鱼。

　　于是，这家人就在门口挂上了一个钩形的鹿角。每天早上，鹿角上都挂满了鱼。

　　从此以后，这位老婆婆就被人们称作"猿猴婆"，她们家也日益兴旺起来。

槐邪神

　　从前，甲州（今日本山梨县）身延山的山麓有一片森林，古木参天。古树中有一棵大槐树，大概是为了祭祀树的精灵，槐树旁有一座破败的神社。傍晚过后，如果有人从此经过，都会向神社供奉一些金银或衣物等值钱的东西。如果不这样做，就会遭到精灵的报复，所以大家都很害怕。虽说是精灵，却被当地人称作"大森邪神"。

　　有一次，一个人接到了母亲病危的消息，要赶回老家，而经过大森邪神的那条路是最快的路线。不幸的是，他没有准备供品，无奈之下，他只好向大森邪神请求事后带供品过来，然后就匆忙赶路了。于是，大森邪神化为一个身穿盔甲的武士，追上了这个男子。男子跪地求饶，终于得到大森邪神的宽恕。

　　尽管家里很穷，这个男子还是带了五百文钱供奉大森邪神，但大森邪神并不满意，要将他煮了吃。就在这时，男子平日里供奉的不动明王的童子忽然现身，制服了大森邪神，并把大森邪神聚敛的财物还给了当地的村民。

　　虽然是槐树精灵，但更像是一只盘踞在大树上的妖怪。

烟罗烟罗

在乡下，很多人的家里都会点蚊香，袅袅升起的烟会变幻成各种奇怪的形状。一直盯着烟看，就会发现烟有时候像一张人脸，有时候像一只怪兽。

不只是蚊香的烟，炉灶里冒出的烟也是这样。烟之所以会不断变幻，据说是叫"烟罗烟罗"的妖怪在作怪。

无论是家里的炉灶，还是焚烧东西，在从前人们的生活中，火和烟是同时存在的。不同的烟，有不同的令人怀念的特殊香味，这香味是通向古老世界的桥梁。

如今，大家在生活中都使用煤气和电，火与烟已经分离。因此提到烟，人们会联想到火灾等不好的事情。

从前的炉灶使用不同的柴火，因此会冒出各种各样的烟。小的时候，如果将松树叶放进炉灶里，烟罗烟罗就会出现。

不过，除非是那些闲着无事、一直盯着烟看的人，一般人是看不到这种妖怪的。

覆挂

　　覆挂是出现在广岛县比婆郡一带的一种来历不明的妖怪。

　　一个人走路时，覆挂会突然从后面覆垂下来，所以人们看不清它的样子。而且覆挂多出现在晚上，这更加让人难以看清它的真面目。

　　目前只知道这种妖怪会从人的后面覆垂下来，其他情况并不了解，所以我想，这种妖怪似乎只是出来吓人，并不会危及人的性命，虽然有些人会惊吓过度，卧床不起。

　　类似的妖怪在很多地方都曾出现。

　　新潟县的佐渡有一种叫"衾"的妖怪。据说，独自走夜路的时候，这妖怪就会像包袱皮一样突然蒙到人的头上。在爱知县的佐久岛，人们称之为"盖被子"。人在走夜路的时候，妖怪会像盖被子一样盖到人的头上，使人窒息。

　　覆挂也是这种类型的妖怪。

　　在走夜路时被来历不明的东西盖住，任谁都会吓一跳。或许，覆挂就是一种专门吓唬人的妖怪。

置行堀

　　这是江户本所（今东京都墨田区南部）七大不可思议中最有名的故事。

　　有个渔人这天钓了很多鱼，哼着小曲走在回家的路上。当他路过昏暗的护城河旁时，忽然听到有谁在说："放下再走！放下再走！"

　　渔人以为自己听错了，但还是有些不安，就加快了脚步。回到家一看，发现鱼篓已经空了。

　　这是发生在本所锦系堀（具体地点众说纷纭）的怪事，在埼玉县川越市也曾发生过类似的事。说是有个人钓了很多鱼，回家的路上不知哪里传来了"放下再走！放下再走"的声音，直到他将所钓的鱼全部放生，声音才停止。

　　类似的和鱼有关的传说还有很多，因此人们认为置行堀的原形很可能是水獭。不过，也有人看到置行堀是女人的模样。

　　江户人幽默，以这种怪谈为趣，甚至将本所七大不可思议绘成了图画，当作礼物贩卖。

笈化物

　　修行者经常会使用一种带腿的箱子背东西，这种箱子叫"笈"。用了多年的笈可能会变成妖怪，就是"笈化物"。

　　根据《本朝续述异记》的记载，足利直义①的府里就曾出现笈化物。它的身体是笈的形状，上面长有一个貌似修行者的人头，脚像鹰或鸳的爪子，口中还叼着一把断刀，向外吐火。据说，笈化物曾出现在直义的寝室里。

　　中世成书的《付丧神记》中说："器物经百年，化而得精灵，诳人心，此即付丧神。"

　　所谓"付丧神"，就是器物或家具历经百年后，拥有了灵魂，化成了妖怪。

　　因此，为了避免家中的东西化成妖怪，到了第九十九年的时候，必须作法除妖，清静家宅。如果有人为了图一时方便，将器物或家具放在角落里，长期弃之不用，或是丢弃，这些器物就会怨气冲天，变成妖怪。笈化物可能就是其中一种。

───────────────

①足利直义（1306～1352），镰仓时代末期至南北朝时代初期的著名武将。

应声虫

　　这件事发生在元禄十六年（1703）的京都。屏风店老板七左卫门的儿子长三郎患上了一种怪病。

　　长三郎突然高烧不止，腹部还长出一个可怕的东西，看起来像一张大嘴。令人惊奇的是，只要长三郎说话，这东西也会张嘴说话。这张长在肚子上的嘴还会吃东西，能入口的东西它都吃。如果控制它的食量，长三郎就会发高烧。这张嘴巴还会哇哇大叫。长三郎的家人请来了当时的一位名医——菅玄际，玄际看了之后说："这东西应该是应声虫。"

　　玄际让这张嘴吃遍了各种药材，将它不愿意吃的药都一一记录下来，然后选了五六种配成了一种药。结果，喂这张嘴服药第二天后，它的声音开始变得沙哑。又过了两天，长三郎的肛门里爬出了一条一尺一寸长（约33厘米）的虫子。虫子的头上长着一只角，很像蜥蜴。大家立刻将这条虫子打死了。

　　又过了四个月，长三郎恢复了健康。这条虫子就是让他患上怪病的原因。

苎

　　浮世绘画师鸟山石燕在《画图百鬼夜行》中，描绘了一种叫"苎"的女鬼。

　　苎是纺麻时用的麻线穗子。妖怪"苎"的身体上长有大量毛发，看上去就像将自己缠成了一个麻线穗子。虽然鸟山石燕对这种妖怪没有详细记载，不过应该是生活在深山幽谷中的女鬼。

　　新潟县就流传着一个与纺麻线的女鬼有关的故事。

　　从前，西颈城郡小泷村（今日本糸鱼川市）的山上住着一个女鬼。

　　有一天，一群女人在山岸七兵卫的家里一起纺麻。女鬼不请自来，说："让我和你们一起纺麻吧。"

　　说着就纺了起来。

　　女鬼将麻放进嘴里边咀嚼边向外拉，眨眼间就纺好了一卷麻线。之后，女鬼起身告辞，出门后就消失得无影无踪。

　　据说，七兵卫家后院的石头上，至今仍有女鬼留下的脚印。

　　妖怪"苎"，应该就是女鬼中与纺麻有关的一种妖怪。

大头小僧

因为这小家伙手里拿着豆腐，所以很多人都误认为是豆腐小僧。实际上，它是手拿红叶豆腐的大头小僧。

小雨淅淅沥沥下个不停的夜晚，大头小僧会出来威胁卖豆腐的人，抢走一块豆腐。

大头小僧乍一看是个可爱的小孩，不过，据说是妖怪首领见越入道的孙子，货真价实的妖怪。

但大头小僧也就是吓唬吓唬卖豆腐的人而已，并不会加害于人。

人们认为豆腐小僧是黄鼠狼变的，而大头小僧是见越入道的孙子，所以并非由动物变化而来（当然，也有一些地方流传说见越入道是黄鼠狼变的）。

另外，人们认为豆腐小僧是在江户时代的安永年间（1772～1781）出现的，而这里的大头小僧则要稍晚一些。

虽然大头小僧的外形和性格与豆腐小僧没有太大区别，不过顾名思义，大头小僧的特点是头大。

另外，大头小僧的脚趾有点像动物，而且赤着脚走路。

狼灵

从前，在越前（今日本新潟县）的山里，有一位叫弥三郎的男子，和年迈的母亲生活在一起。

有一天，弥三郎在弥彦山遭到狼群的袭击，他慌忙间爬到了一棵树上。狼群却像叠罗汉一样爬了上来。正当他绝望时，最底下的那只狼被压垮了，整个狼群倒了下去。

几只狼在树底下用人类的语言商量起来，准备把弥三郎家的老婆婆叫来。

弥三郎正纳闷狼是怎样知道自己的母亲的，头顶忽然涌来一块奇怪的乌云，云中伸出一只毛茸茸的手臂，抓住了弥三郎的脖子。

弥三郎立刻抽出腰间的劈柴刀，将那手臂一刀砍断。随着一声哀鸣，狼群吓得四散而逃。

弥三郎带着掉下来的手臂回到家中，见到母亲正在被窝里呻吟。弥三郎很是担心，把刚才的事情讲了出来。母亲说："给我看看那只手臂。"话音未落，就变成了一匹狼，一把夺过手臂逃走了。

原来，狼早就吃掉了弥三郎的母亲，又变成了她的模样。后来，弥三郎在地板下发现了母亲的尸体。

大秃

　　听到护窗板附近有动静，打开拉窗一看，竟是一只长着巨大的脸的妖怪。这妖怪就是大秃，据说是狸猫变的。

　　真正能看清楚妖怪样貌的人，少之又少，所以人们总是热衷于讲述"受妖怪蒙蔽"之类的奇妙经历。不过，想看清楚妖怪的样貌是不太可能的。这样说来，人们认为大秃是狸猫变的，也可以理解。

　　狸猫的大本营在四国的德岛和佐渡岛。由于德岛的狸猫太多，所以无论出现什么妖怪，都会算到狸猫的头上。狸猫有很多种变化方式。比如模仿拉锯声、马蹄声、人称"狸列车"的火车声，甚至连在红白事上出现的小豆洗发出的洗小豆的声音，狸猫都会模仿。

　　在一些地方，人们认为会扬沙的妖怪——沙挂婆，也是狸猫在作怪。另外，狸猫还会变幻成火球或高入道①。在德岛地区，大部分妖怪都是狸猫变的，其他的妖怪数量极少。此外，狸猫也会"狸猫附身"，有时会附到人身上。因此，狸猫给人一种囊括了所有妖怪的感觉。这里的大秃恐怕也是狸猫变的。

---

①一种妖怪，会突然出现在人面前，此时人若往上看，它会越长越高，变成巨人。

大首

　　这种妖怪就是一个用铁浆将牙齿涂得乌黑的大脑袋。它的头发像门帘一样长，但并不清楚它的身体长什么样。不过，这种妖怪应该只有一个头。一般来说，将牙齿染黑是一种女性行为，因此，大首是个女人头。

　　山口县岩国流传着这样一个故事。上口有户人家，家里有个女佣，每年都要到古城旁的御城山去挖蕨菜，特别是春季时几乎天天去。一天早晨，她像往常一样爬到御城山，忽然不知从何处冒出一颗三米多高的女人头，从古城的高台上俯视着她，还冷冷地朝她笑。女佣惊吓过度，连滚带爬地逃了回去，从此再也没有靠近那座山。

　　大型妖怪比小型妖怪更有震慑力，因此人被吓坏也很正常。关于大首，还流传着这样一首和歌：

　　大物皆堪惧，更添雨夜星。

　　悬颅黑齿妇，姑获亦心惊。

　　另外，在江户时代的小说中，经常出现大首。现在还保留有葛饰北斋所描绘的大首的形象。

大蜘蛛

从前，在信浓下水内郡饭山（今日本长野县饭山市）一处叫硫磺的地方，住着一对母子。二人相依为命，过着贫穷的生活。不知为何，儿子突然卧病在床，十分痛苦，嘴里还经常念叨："蜘蛛来了，蜘蛛来了。"

照顾他的母亲想要踩死蜘蛛，却一直看不到儿子口中所说的蜘蛛。大概是爱子心切的心情感动了天地，这位母亲终于看到了那只蜘蛛。有一天，她压住了藏在褥子下的大蜘蛛。

但她终究敌不过拥有神力的大蜘蛛。蜘蛛动用自己的神力，用蜘蛛丝将这位母亲的身体缠住。

听到她的求救声，赶来的人用斧头和劈刀砍断蛛丝，砍死了蜘蛛。这么大的蜘蛛简直世间罕见。

大蜘蛛被杀死后，儿子的病就慢慢痊愈了。可能是因为被蜘蛛吸了血，他身上很多地方开始脱皮。好歹是保住了一条性命，虽然在疾病痊愈后的很长一段时间里，他仍要靠拐杖才能走路。

大鲤鱼

二位大纳言的女儿所生的孩子，刚出生时就长发及肩，牙齿齐全。父亲熊野别当湛增觉得这孩子肯定是鬼或神，就将孩子送给了自己的妹妹。他的妹妹为这个孩子取名"鬼若"，并抚养成人。长大成人的鬼若立志做一名法师，就到比叡山修行，白天潜心钻研学问，晚上在山里锻炼，以增强体力。

一天，鬼若听说在比叡山深处的一个古池里，有个会发金光的东西出没，已经有人被它杀死，便提剑来到古池旁。池塘周围光线昏暗，一片死寂，湖面上泛着可怕的颜色。突然，有个东西闪着耀眼的光芒出现在池塘里，定睛一看，竟是一条巨大的红鲤鱼。红鲤鱼张开血盆大口，朝鬼若游了过来。

鬼若毫不畏惧，拔剑跳到鲤鱼的背上，将剑刺入它的身体。大鲤鱼放出的金光消失了，池塘恢复了平静。

降服大鲤鱼的鬼若，就是日后的武藏坊弁庆[1]。

其他地方也流传着大鲤鱼作怪的传说。自古以来，日本人就觉得鲤鱼极具神秘感。

---

①武藏坊弁庆（？～1189），平安时代末期的僧兵，他的经历经常被当作日本神话、传奇、小说等的素材。

大座头

　　大座头总是身穿一件破烂的和服，手拄拐杖，脚上的木屐边走边发出声响。

　　人们都说，大座头喜欢在风雨之夜到处转悠。有个人曾遇到大座头，问他去哪儿，大座头回答："去倡家弹三弦。"

　　倡家指的是妓院，大座头的意思就是去妓院弹三弦。

　　江户时代的浮世绘画师鸟山石燕在《今昔百鬼拾遗》中描绘了许多妖怪，大座头也在其中。不过，无论从大座头的衣着打扮，还是从和人的交谈来看，都与人类十分相像。

　　只是，关于大座头的相关记载并不多，具体情况也就不得而知了。不过既然叫"大座头"，体型应该比人类大很多。

　　古书上曾记载一个座头与猫妖相争的故事，其中的座头力气之大，能抵得过四五个人，并且身高体健。

　　不过，古书中记载的这个膂力过人的座头，与大座头并不一样。因为大座头没有神力，还十分爱好风雅。

大蛸足

瀬户内海上的大三岛像漂浮在海面上一样。岛上有一个渔村，村里住着一个十七岁的美丽姑娘，名叫阿滨。

有一天，阿滨在一个叫爷岩婆岩的地方赶海，发现岩石的主人大蛸^①一直盯着她。阿滨急忙逃回了家。不久，大蛸追到了阿滨家里，要娶她为妻。如果阿滨拒绝，它就毁掉整个村子。

阿滨不知如何回答，犹豫了很久，其间大蛸每晚都会刮起风暴。阿滨没有办法，只好答应它的要求，但提出了一个条件：

"我不喜欢你的八只脚，因此，你要让我每天砍去你一只脚。当你只剩下两只脚时，我就可以嫁给你了。"

大蛸虽不情愿，但还是答应了。此后阿滨每天都会砍掉它一只脚。砍掉第六只脚之后，也到了阿滨出嫁的日子。

阿滨乘船来到海上。大蛸出现后，她想用藏在身上的刀把大蛸剩下的两只脚也砍掉。但一切都是徒劳，大蛸抱起阿滨一起沉到了海底。

后来，阿滨的父亲每天都潜到海里去寻找阿滨，却一无所获。

---

①蛸就是章鱼。

大旅渊蛇神

从前，土佐长冈郡本山乡天坪的字穴内（今日本高知县大丰町）有一条河，叫赤割川。河的上游有一处叫大旅渊的深渊。传说深渊中住着蛇神，一旦有人向深渊里扔带有金属的东西，它就会大发雷霆，掀起狂风暴雨。人们都十分害怕。

某村有个好奇心很强的人，有一天到这个深渊钓鱼，很快就钓满了一鱼篓。他回到家中，打开鱼篓一看，发现一鱼篓的鱼都变成了树叶。

同村有一个臂力无双的大力士，叫国见山。有一天，他从外地回来，深夜经过深渊时，遇到一条大蛇悠然盘踞在路上。

国见山被挡住了去路，便请求它让路，大蛇却纹丝不动。国见山火冒三丈，随手抓起一根松树枝，朝大蛇的背上一顿猛抽，等大蛇退去后，才回到家。

之后，蛇神每夜都会在国见山的梦里哭诉。大力士高烧不止，痛苦而死。临死前，他的身上长满了蛇鳞一样的东西。

大入道

　　大入道是一种体型很大的妖怪，模样像男人。大入道有很多种类，体型较小的大入道大概两米左右，体型大的大入道能将山搂在怀中。

　　江户时代中期，有个叫善右卫门的人，生活在今爱知县丰桥一带。据说他曾看到过大入道，他所看到的大入道身高约一丈三尺，大概是四米多高。这在大入道中应该算是体型比较小的了。

　　说到体型巨大的大入道，在滋贺县伊吹山流传着这样一个故事。

　　在某一年秋天的晚上，伊吹山大雨滂沱，大地轰鸣。不久，山中出现了一个体型巨大的大入道。大入道身体两边点着两盏火把似的明灯，大步流星地向前走着。村民们以为是地震，纷纷往外跑，村里的老人们制止说："这不是地震，不要到外面去。"不久，外面平静下来，大家跑到外面一看，只见路边的草都烧焦了，地上留下一串足迹，一直到山顶。

　　老人们解释说，这是大入道在作怪，它经常从附近的明神湖去伊吹山。

　　伊吹山的大入道原形不明。在一些地方，人们认为大入道是狐狸、水獭或黄鼠狼变的。

大坊主

　　因幡（今日本鸟取县）的德尾森林，祭祀着相扑的祖神——野见宿祢①。森林里大树繁茂，白天十分昏暗，到了晚上更是伸手不见五指。据传，这片森林里出现了一个奇怪的大坊主。

　　鸟取藩有个粗野的武士，叫羽田半弥太，他想要见识一下大坊主的真面目，就来到了这里。附近有家茶馆，他决定先进去休息会儿。当他告诉店主自己想去看怪物时，店主十分热情，希望他一定要消灭这怪物。

　　到了半夜，只听森林里忽然刮起一阵怪风，紧接着，一个身体高耸入云的巨汉出现在半弥太的面前。

　　大坊主目露凶光，瞪着半弥太。半弥太却毫无惧色，与大坊主怒目相对。大坊主可能觉得自己斗不过武士，就消失不见了。

　　半弥太原路返回，叫起茶馆的老板，将刚才发生的事告诉了他。店主说："有这么大吗？"话音未落，店主变成了大坊主的模样。半弥太吓得当场昏了过去。等他醒来时，发现周围根本就没有茶馆，而是一片杂草丛生的野地。

　　原来他被大坊主捉弄了。

---

①日本传说中垂仁天皇时代的相扑力士，被认为是相扑力士的始祖。

御釜踊

御釜踊是明治维新以前，在孩子们之间流行的一种游戏。

这种游戏的玩法是，让一个孩子坐在中间，其他孩子手拉手围成一个圈。然后孩子们齐声唱："青山，叶山，羽黑权现，还有那丰川大明神，不管谁先与谁后，中间就是凹下去的灶神。"一边唱，一边挥手跳舞。在反复进行这些动作的过程中，如果坐在中间的小孩也跟着跳了起来，就说明灶神附身到了这个小孩的身上。

明治时代的哲学家、妖怪学家井上圆了[1]认为，此舞与西洋所见的"舞蹈狂"相似，并在《妖怪学讲义》中做了介绍。

舞蹈狂是一种在幻想救世主和圣母马利亚降临的同时，一直不停地跳舞，长达数小时，直至丧失自我的疾病。舞蹈狂最终会引起抽搐，口吐白沫，直至气绝身亡，这便是所谓的进入神灵附身的状态。

尽管井上圆了对舞蹈狂的起源并不十分清楚，不过他仍认为，御釜踊很可能就是舞蹈狂混入基督教中，传到日本而形成的。

---

[1]井上圆了（1858～1919），日本佛教哲学家、教育家。他站在打破迷信的立场上研究妖怪，著有《妖怪学讲义》。

拜者

　　在伊豆七岛的三宅岛，人们将女巫称作"拜者"，包括能够占卜的占卜师和能够治病的巫医。据说，拜者的巫术并不是与生俱来的，她们最初只是普通的女性，被大天狗附身后才成了拜者。

　　昭和十年前后，岛上的神着村（今三宅村）有一位五十岁左右的拜者。她是被羽黑山（山形县的一处灵修之所）的大天狗附身，成了一名拜者。

　　有一次，村民们正在砍伐路边的一棵大松树，恰巧这位拜者路过，她警告众人说："这是天狗的树，不能伐。"

　　村民们并没有理会她，将松树从根部锯断。但是，无论他们怎样拉、怎样拽，大松树就是不倒。村民们正议论纷纷时，大松树突然发出凄厉的声音，轰然倒地，砸伤了不少人。

　　一般来说，被妖邪附身者往往精神萎靡，呈现病态；而女巫被附身成了拜者后，精力倍增，并拥有了超过常人的透视能力和治病能力。

　　较之邪魔，能够附身的大天狗似乎更像是一种接近神的"灵"。

於菊虫

於菊虫是一种虫妖。

安政年间（1854～1860），播磨（今日本兵库县）出现了一个叫"於菊虫"的虫妖，惊动了整个日本。阿菊被杀死在播州皿屋后，又被抛尸在井里，这虫妖就出现在那口井里，因此很多人到井旁围观。

虽然有人说这怪物并非妖怪，有可能是青虫，不过当时的人们都认为是阿菊的灵魂附到了虫子身上，因此轰动一时。

另外，大和（今日本奈良县）北葛城郡，也流传着一个有关於菊虫的故事。

在一个卖梳子的店里，有个叫阿菊的姑娘，家里很穷，连饭都吃不上。有一次，阿菊想从村里的米仓中偷些米，不幸被村民发现，就被杀死了。

从那以后，每年的初春，这个地方就会出现一大片像萤火虫一样发光的昆虫。由于这种虫子的形状很像梳子，人们都说是阿菊的怨念变成了虫子。

据说，人的魂魄，尤其是心怀怨念的魂魄，有时会幻化成其他生物。於菊虫就是这样的例子。

送犬

　　送犬又叫"送狼"，是一种尾随在走夜路之人身后的妖怪。山里人经常会提起送犬。

　　不同的地方，对送犬的描述也不太一样，但有一点是相同的——它会保护走夜路的行人不受山妖的伤害。不过，行人在即将平安到家时，必须把自己穿过的草屐送给送犬，或是送它一些盐。

　　另外，行人若是在路上摔倒，它会立刻上前将其吃掉，因此，送犬仍是一种可怕的妖怪。江户时代的著作《和汉三才图会》中记述了这种情形：

　　晚上有人走夜路时，它会反复跃过此人的头顶。人一旦摔倒，它就会立刻咬上去。人们将这种妖怪叫作送犬。书里还说，如果不害怕犬，不理睬它就没事。

　　在兵库县加东郡（今日本加东市）流传着这样一种说法：如果人摔倒了，只要说"我先歇会儿"之类的话，送犬就不会吃人了。

　　总之，就是犬把人送到家，吃人或不吃人的故事。

　　静冈县的伊豆半岛北部有一种妖怪，不是送犬，而是送鼬，晚上也会尾随在走夜路的人身后。据说，如果你将草屐扔给它，它就不再跟随你了。

送行提灯

　　送行提灯是江户本所（今日本东京都墨田区南部）七大不可思议之一。

　　一个初春的夜里，在浅草或吉原一带，有一个醉酒的武士走在回家的路上，他踉踉跄跄地经过法恩寺。随从是个胆小鬼，想到关于这附近的可怕传说，心里就直打鼓。

　　武士借着酒劲壮胆。正在这时，路前方忽然出现了一盏提灯，武士放下心来。再往前仔细一看，只见前面站着一个侍女模样的女子。

　　"您这是去哪儿啊？"

　　"就到那边。"

　　三言两语之后，武士与这女子结伴而行。

　　"奴家到了……"

　　"我也到了……"

　　说完二人便分手了。武士目送着女子远去的背影，女子走到不远处就消失了。武士觉得有可能遇到了送行提灯，一股强烈的恐惧感袭上心头。故事大概就是这样。不过，也有一些人认为，送行提灯是一种只在不提灯笼之人的面前出现，忽明忽暗，无论如何也追不到的怪火。

送行拍子木①

送行拍子木是江户本所七大不可思议之一。

有一天夜里，寂静的本所下起了雨。附近的路口有一盏津轻藩竖起的路灯，若在平常的夜晚，也能给行人壮胆。但是在雨夜里，灯光显得十分朦胧，反倒让人觉得有些恐怖。

为了保障町内的安全，即使在这种夜晚，更夫也要上街巡逻。更夫的心里有些害怕，不过，他还是系好斗笠，战战兢兢地出来了。

"小心火烛……"

正当他大声吆喝时，不知何处传来"梆梆"的拍子木的声音。

奇怪，自己没有打过拍子木啊，更夫正纳闷时，角落里又传来一声沉闷的拍子木的声音。

这次肯定不是错觉了。想到这里，更夫浑身发抖，连滚带爬地在雨中逃回了值班房。

这就是本所七大不可思议之一的送行拍子木。据说，当时的更夫经常遇到。

---

①拍子木类似中国的梆子。

恶血

在冈山县，女人生小孩的时候，如果不注意，可能会生下一种叫"恶血"的东西。

有时候，女人也会生下一种俗称"鬼子"的怪胎，即小孩一生下来就长全了牙齿，头发也很长，人们十分忌讳生出鬼子，一般都会扔掉，这已经成为一种传统。

这里的"恶血"可能与鬼子类似，不过比鬼子更可怕。

恶血的身体像乌龟，背上长着鬃毛，刚生出来就往地板下钻。

据说，这时赶紧将其捉住并杀死，就不会有事。一旦让它逃到地板下，钻到产床的正下方，产妇必死无疑。

恶血和埼玉县南部所传的"血块"很像，这种生孩子时生出来的妖怪被称作"产怪"。

从前的女人生孩子，和现在是没法比的。那是一件很痛苦的事情，许多女人会因此丧命。恶血往往就出现在生死关头。不，也许并不是突然出现，而是早就附到了女人身上。

奥高鸟

　　据闻，东京都三宅岛有一种妖怪，叫奥高鸟。这种妖怪生活在山上。不过，人们看不到它的样子，只能听到它在树上发出的类似婴儿哭闹的声音，有时还会发出人称"奥高鸟笑"的奇怪笑声。

　　有人说这种妖怪是一种怪鸟，与乌部鸟十分相似。乌部鸟是产妇化成的妖怪——产女的一种地方称谓，这里的奥高鸟也是产女的一种。

　　尽管如此，奥高鸟却不是产妇的形象，而是一种鸟的形象。以鸟的形象出现的产女还有姑获鸟，是中国传说中的一种妖怪。

　　姑获鸟是鬼神的一种，披上羽毛即变成鸟，脱下羽毛就化作女人。姑获鸟有一种习性，喜欢抢走别人的孩子，当作自己的孩子来养。

　　这种危害孩子的怪鸟传到日本后，不知不觉中被视作抱着孩子出现的产女。人们说起姑获鸟，脑海里会浮现出两种形象，一种是鸟的形象，一种是产妇的形象。

　　之所以将奥高鸟看作是一种怪鸟，也应该是根据中国的传说。中国传说中的姑获鸟的叫声，也像婴儿的声音，这和奥高鸟的特征完全一致。

长壁

　　长壁是生活在姬路城的一种妖怪，松浦静山的《甲子夜话》中对其有如下记述：

　　此妖常年待在天守阁的顶层，不喜人接近。一年只与城主见一次面。见面时，以老太婆的形象出现。

　　有一年，松浦静山向雅乐头[①]朝臣酒井忠以问起这件事，忠以回答说："虽然世人都这么说，不过天守阁并没有什么特别之处。"

　　他还说，天守阁空间狭小，放置东西也多有不便，因此很少有人去。天守阁自古以来只放了一样东西，就是一件带有太阳旗的铠甲。

　　之后，有个叫东观的人在姬路城投宿，向客栈主人询问长壁的事情。主人回答说，城中确有此物，不过当地人不叫它"长壁"，而是叫"八天堂"。据说天守阁的旁边就是它的神社，"连城主都十分尊重它"。

　　对长壁十分感兴趣的松浦静山，是肥前国平户藩的藩主。在他的随笔中，至少有两三篇都提到了长壁，这样看来，长壁在当时应该是十分有名的妖怪。

---

①雅乐寮是日本律令制下的机构之一，雅乐头是其官职之一。

御三狐

御三狐是中国地区家喻户晓的一种狐妖。

长州岩国（今日本山口县岩国市）的藩士冈田某的家臣中，有一位十分勇敢的人，叫秋田团十郎。

一天夜里，团十郎走在去邻村的路上，当他路过字矿山的一桥时，遇到了一个形迹可疑的妇女。团十郎猜测她是御三狐所变，就悄悄跟在后面。他尾随着这个妇女来到了一座石桥，发现这女人过桥时，竟轻轻一下从桥上跳了过去。"果然是狐狸！"团十郎当即拔刀将其斩杀，之后查看尸体时，发现确实是一只狐狸。

为了将这件事禀告主人，团十郎返回主人家中。但当他再次返回现场确认时，狐狸的尸体竟变成了妇女的模样。团十郎陷入了混乱，以为自己杀了人，又回去向主人禀告了这件事。天亮之后，看到团十郎惊慌失措的样子，主人决定亲自去看看。主人来到事发的地方，只见一只受伤的老狐狸躺在那里。团十郎重新振作起来，这件事得以解决。

从那以后，斩杀狐狸的那把刀就成了秋田家的家传之宝。如果有人被狐狸附身，只要请出这把宝刀，病人就会恢复正常。

和尚的幽灵

在关原之战①中追随德川的中村忠一，后来成了伯耆国（今日本鸟取县）的统治者，不过，中村忠一却并不满足。

大山寺是一座非常有名的寺庙，寺院的领地中有十一个村子，忠一想将这些村子也划为自己的势力范围。他这一想法引起了一个和尚的强烈不满。这个和尚叫豪圆，是极力扩大寺院势力的核心人物。但无论豪圆如何与藩里交涉，也未能改变官府的决定。

不久，豪圆抑郁而死。临死前，他留下一句话："请把我埋葬在能够俯视全城的地方。我要用我的执念消灭中村一族……"

豪圆死后，人们遵照他的遗言，将他葬在了能够俯视全城的半山腰上。

自那以后，每到夜里，和尚的幽灵就在城上空飞来飞去。也许是和尚的诅咒生效了，中村一族接连遭遇不幸，最终灭族。

豪圆虽是僧人，但也是人，也会有怨念，死后就会化作幽灵作祟。

---

①日本战国时代末期、安土桃山时代，发生于美浓国关原地区的一场战役，交战双方为以德川家康为盟主的东军和以石田三成为首的西军。

白粉婆

　　冬天的能登半岛，白雪皑皑。树和山仿佛盖上了一层厚厚的银被。咯吱、咯吱、咯吱……伴随着轻轻的脚步声，一个身影出现在寂静的雪地里。

　　那是一个身穿白衣、手拄拐杖的老婆婆，步履蹒跚，老态龙钟。她头戴一顶大斗笠，破旧的斗笠上积满了雪。老婆婆另一只手小心地拿着一个酒壶。

　　她衰老的脸上似乎涂了不少粉，显得格外的白。传说她是脂粉仙娘——白粉女神的侍女，一个地地道道的妖婆。

　　白粉婆去给女神送御寒酒，所以才会出现在雪地里。

　　奈良县吉野郡十津川村一带，也有一个叫白粉婆的妖怪，不过，这里的白粉婆是一个拖着一面镜子走路，边走边发出哗啷哗啷的声音的山妖。

　　十津川村的白粉婆并不只在下雪时出现，它的行为举止也与能登的白粉婆不同。尽管名字相同，不过能登与十津川村的白粉婆，明显是两种不同的妖怪。

恐山之灵

青森县下北半岛的恐山，是日本十分有名的灵山。曾创建曹洞宗[①]田名部圆通寺的聚觉复兴了此地。

人们认为，这里是灵魂的聚集地，不只是人的灵魂，就连鸟兽的灵魂也会聚集到这里。

人们想要见到死去的亲友时，就会请恐山上的巫女招魂。巫女会在徘徊在恐山上的灵魂中找到那个人，让它附到自己身上和亲人讲话。

因此，巫女需要具备灵媒的能力。人们认为恐山是一个充满灵性的地方。

在恐山之上，即使不求助巫女，普通人也能见到自己想见之人的灵魂。在恐山菩提寺的一处温泉，人们能看到死去的人的面容。

傍晚时分，凝视温泉疗养地的窗户，想见之人就会从阴间来到阳间。据说还能看到他们经过窗外，走向地藏堂的情形。不过，和灵魂打招呼被视为一种禁忌，一旦有人打破禁忌，和灵魂打了招呼，就会发生不幸。

---

①禅宗的五个主要流派之一。

屁精

　　屁精是阿伊努族人中流传的一种放屁的妖怪。

　　屁精又叫屁爷。独自一人在家的时候，有时会听到炉子里突然发出"噗"的一声。

　　这里的屁精是阿伊努族的说法，直译是"屁猛烈者"，也就是"放屁佬"的意思。据说，它的别名"屁爷"有"屁妖"之意。

　　屁精出现时（当然人是看不见它的），会到处噗噗地放屁，臭得让人无法忍受。此时，若想赶走屁精，只须发出"噗"的声音，就能将它吓跑。

　　如果放不出屁，就用嘴模仿放屁声，也能赶跑屁精。

　　阿伊努族人的民间传说中有这样一个故事，屁精放了一个屁，把顺流而下的船只的船头震裂了。船被毁了，乘船的人十分生气，就把屁精打死了，结果发现竟是一只黑狐。

　　屁精经常出现在阿伊努族人的民间传说中。

背背我石

在德岛县德岛市西二轩屋町二丁目，有一处无主墓地，这里有一块叫"背背我石"的怪石。据说，这是一个有名的大力士的墓，在坟墓建成两三个月的时候，这块石头竟说起话来，十分神奇。它似乎在说"背背我，背背我"，因此得名"背背我石"。

有个人在听到这个传言后，打算一探究竟，发现果然和传说中的一样。

"背背我，背背我……"石头一直说着这句话。

"有什么大不了。既然你这么说，我背背你又能怎么样。"

说着，这个要强的男子背起了那块石头。起初还觉得很轻，慢慢就感觉这块石头越来越重。最后，男子实在背不动了，就把石头狠狠丢在了路上，石头在落地的瞬间摔成了两半。从此以后，背背我石就变成了哑巴，再也没有开口说话。

这块背背我石至今仍在，被摔成两半后就一直放在那里。现在，又被人们重新粘在了一起。

音灵

　　音灵是与因《曾我物语》①而闻名的曾我兄弟有关的一种妖怪。

　　从前，源赖朝在富士山的山脚下围猎。就是在那时，发生了曾我兄弟为父报仇的事件。哥哥十郎祐成被仁田四郎忠常所杀，弟弟五郎时致也被抓住斩首。不久，富士山下恢复了往日的平静。

　　但是，曾我兄弟的怨念却留在了那里，无论白天还是黑夜，天空中不断传来战斗厮杀的声音，还有十郎祐成和五郎时致的呼喊声。不知情的人路过这里，听到这声音后可能会当场身亡，即使侥幸逃脱了，也会精神失常，嘴里不断胡言乱语，念叨着兄弟二人说的话，痛苦不已。

　　赖朝对这件事十分重视，决定将二人的亡灵当作神明祭祀。从那以后，也许是兄弟二人的亡灵被超度了，富士山下的怪声消失了。

　　十郎和五郎兄弟堪称武士中的英雄，由于含恨而死，就变成了怨灵折磨人。这怨灵用声音作祟，因此得名"音灵"。

---

①一部以镰仓时代初期建久四年(1193)富士围猎之时，发生的"曾我兄弟复仇记"为题材写成的军记物语。作者不详，且版本众多。

惊

　　长时间没有人住的房子，很快就会变得破败不堪，像人一下子衰老了一样，令人伤感不已。不过，一些废弃的房屋常常会发出一些奇怪的动静，这就是鬼宅。一些敏感的孩子能够感到鬼宅中的动静。说不定，其中就有吓人的妖怪"惊"。

　　竹林后面经常隐藏着一座古宅。在这种宅院的土墙上，常常能看到妖怪"惊"。如果有人想窥探古宅，它就会"咚"的一声掉下来，吓人一跳。据说，"惊"长得像鬼，脸和身体都是红色的。

　　不过，"惊"实际上是守卫神灵的妖怪，会一直守在被人们遗忘的神社。如果有人想要捣乱，它会发出巨大的声响，或是突然从高处掉下来，有时还会将人杀死。

　　为了警告世人，它还会待在鸟居①上面。如果有不信神佛的人从下面通过，它就会突然掉下去。类似这样的故事流传最广。

---

①鸟居是类似牌坊的日本神社附属建筑，代表神域的入口，用于区分神栖息的神域和人类居住的世俗世界。鸟居的存在提醒来访者，踏入鸟居即意味着进入神域。

鬼

　　鬼如今已经成了家喻户晓的妖怪。有一种说法认为,鬼是一种"隐而不见"的神秘形体。

　　早在平安时代,鬼就被认为是一种会引发各种灾难的邪恶东西。那时的人们认为,鬼在一般情况下都藏而不露。不过,也出现了一些能现形的鬼,比如会变成木板或罐子的鬼,或是在黑夜变成年轻男子吃掉女人的鬼等。总之,鬼已经能变成各种样子出现了。

　　谈到鬼,大家熟悉的都是头上长有两只角,健壮的身体上穿着虎皮兜裆布的鬼。其实,鬼的这种打扮与邪气聚集的方向——鬼门有关。

　　在古代的方位中,丑(牛)和寅(虎)之间的方位(东北方)称作"鬼门"。因此,鬼头上的角是牛角,兜裆布是虎皮做的。这是现代人想象出的鬼的形象,这种形象大约形成于江户时代。另外,汉字"鬼"虽然是从中国传入的,但中国的鬼指的是人死后留下的灵魂,与日本现在的鬼完全不同。

鬼熊

在信州木曽（今日本长野县木曽川上游区域），人们将活了多年、已经成精的熊，叫作"鬼熊"。

很少有人会碰到鬼熊，不过在深夜，鬼熊常常会来到村子里，将牛马等牲口从牲口棚里拖出去，带回山里吃掉。据说，它会像人一样直立行走。

鬼熊的力气大得惊人，能一巴掌打死猴子。它还曾搬起过一块直径两米的大石头，扔到谷底。这么重的石头，十个成年人去抬都纹丝不动，它的力气之大可想而知。据说那块石头至今仍在木曽的山里。

尽管鬼熊十分可怕，不过以前，有个捕猎高手捉到过一只鬼熊。他用的方法是，先用木头做了一个井格木框，之后用木框和藤蔓将鬼熊住的洞穴封住，接着往里面塞各种各样的木头。鬼熊嫌木头碍事，就会往洞里拖。这样一来，它没有了可以活动的地方，就会从洞穴里出来。埋伏在洞口的人用长矛将它刺死。人们将鬼熊带回村里，剥下它的皮，居然有六叠榻榻米大。

鬼火

鬼火在日本各地都曾出现，只是在叫法上有些不同，特征上也有不同。鬼火是一种来历不明的怪火，人靠近它时会感到热，它还能引燃其他东西。

冲绳的鬼火叫"火魂"，形状像鸟，在天空中盘旋。它一般藏在厨房的灭火罐里，有时会点燃房子。为了赶走它，人们会在屋顶上放置石狮子。

从前，冲绳有一位中年男子，有一次走夜路时，他忽然想抽袋烟，摸了摸怀里，却没有发现能够点火的东西。

正发愁之际，他看到路中间有什么东西正在燃烧。他以为是一堆篝火，走近一看，发现是正在燃烧的岩石。男子觉得很幸运，就用火点上烟，抽了起来。

据说男子回家后不久就死掉了。村里一个老人听说了这件事后，说："他是被火魂吸走了精气。"

在山形县的汤殿山流传着一个故事，说是有很多鬼火不断从杉树林里冒出来。这些鬼火都长着一张脸，发出咯咯的笑声。

鬼一口

　　浮世绘画师鸟山石燕根据《伊势物语》的内容，描绘了一种能一口吃掉人的妖怪"鬼一口"。故事的原型是在原业平与藤原高子的一段轶闻。

　　平安时代初期，著名的歌人在原业平暗恋着一位少女，这位少女就是服侍皇太后藤原顺子的藤原高子。高子的家人察觉到了此事，就将高子藏在了深宅内院，拒绝业平与她见面。业平坠入情网，无法自拔。经过一番痛苦的思考后，他在一个夏天的深夜掳走了高子，二人一起离开了京城。他们好不容易来到了芥川河边，在月光下交谈了片刻。没过多久，天空下起雨来，业平便将高子藏在北山科一处荒凉的仓库里，自己拿着弓箭守在门口。那天晚上电闪雷鸣。

　　次日早上，他到仓库中一看，发现高子就像人间蒸发一样，失去了踪影。

　　据《今昔物语集》记载，高子是被住在仓库里的鬼一口吃掉了，只剩下头颅和随身穿的衣服。吃掉她的鬼可能就是藤原家族的鬼。

齿黑

从前，女人出嫁的时候，要用铁浆把牙齿染黑，叫作"齿黑"。想象一下，一个女人露出一口黑牙，粲然一笑的样子，应该非常恐怖吧。光是这样就可以将她看作妖怪了。

顾名思义，妖怪"齿黑"是一种女性妖怪。当夜幕降临时，齿黑会出现在郊外无人的神社或寺庙。

齿黑穿着美丽的衣服，有时还会打扮成新娘的样子。不过，无论打扮成什么样，都会遮住脸。一些行人出于热心或好色之心，会忍不住上前和它打招呼。

这样一来，就正中它的下怀。它会回过头，露出自己的脸——一张光溜溜的、没有五官的脸。"啊——"看到的人被吓得大惊失色。接着，那张煞白的脸的下部会裂开一道缝，露出漆黑的牙齿，笑得十分狰狞。

有人说齿黑是狸猫或貉幻化而成的，也有人认为"齿黑妖是由染齿女人的怨念汇聚而成的"。

想象一下，一个皮肤如豆腐般白嫩的女人，却染着黑齿傻笑，自然有很强的震慑力（美女则另当别论）。因此，这种妖怪会带给人无比的恐惧。

废屋

　　阿伊努人中流传着一种妖怪——废屋，意为"空房子的看守人"。

　　废屋会擅自住进空房子。它全身毛茸茸的，身穿一件用鱼皮做的粗陋衣服，样子像个老头。在桦太各地的传说故事中，经常会提到它，说它手持一把锋利的刀，伤害过很多人和牲畜，性情十分残暴。

　　古时候，无论是北海道还是桦太的阿伊努人，从春天到秋天的这段时间，都会住到海边的夏村，在那里打鱼生活，到了秋末就搬到冬村过冬。妖怪"废屋"就会趁人们不在的这段时间溜进屋。

　　根据曾见过废屋的人描述，废屋很喜欢模仿人的动作，什么都学。比如，你若抽烟，废屋也会学你抽烟；你若咚咚地磕烟袋灰，它也会模仿你的动作。有一次，废屋遭到了拉雪橇的狗的袭击，它用锋利无比的刀将狗砍死，狗主人逃走了。

　　在俄罗斯，据说有一种妖怪会出现在没有人的澡堂里，这很可能与废屋是同一类型的妖怪。自古以来，空房子里似乎经常出现各种来历不明的东西。

找背郎

　　找背郎又叫"背妖"，此外还有"不差提""背喽背喽"等名字，在日本各地均有流传。

　　晚上，行人走在杂草丛生的路上，有时会忽然听到一声"找背郎"，接着就被什么东西拽住肩膀。这时，行人会感到自己的背上背着特别重的东西，好像粘在了肩膀上，怎么甩都甩不掉。这重量一般人难以承受。

　　关于找背郎的故事还有很多。曾经有个力大无穷的男子，将这个大喊着"找背郎"或"背背我"的妖怪带回了家，然后使劲将它摔在了院子里的踏脚石上，妖怪就立刻消失了。接着，天上哗啦哗啦地掉下许多金币。还有一种说法，是天上掉下一个装满金币的罐子。

　　在乡下，行人走在树木丛生的夜路上，总觉得有东西压在肩上。在黑漆漆的树林里的小路上，因为有很多蚊子，人们想要尽快走过去。这时如果被竹子之类的绊倒，恐惧感就会成倍增加。心里更加害怕，想小心地尽快通过，突然就会感到后背上有重物压着自己。此时若再碰到一根树枝，就可能会大喊"啊，找背郎"。

奥博

　　在四国的野津古、冈山的胫擦等地，当人走在路上时，会有很多妖怪缠住人的脚。群马县利根郡利根村柿平（今日本沼田市）所传的奥博，就是这种类型的妖怪。人们认为，奥博是黄鼠狼变的，如果你把足刀的鞘带或衣服的下摆割下来给它，它就不再缠着你的脚了，否则它会一直纠缠着你，让你寸步难行。

　　利根村有个人，读小学四年级的时候，曾听到过奥博的哭声。

　　当时，村里有个老头在山上烧炭，故事就发生在那个人从烧炭小屋到学校的这段路上。一个秋天的傍晚，他和宇津野的小伙伴玩到很晚，当他回家经过这段山路时，山上传来一阵阵婴儿的哭声。他吓得哇哇大哭，没命地跑了起来，就跑到了山上的烧炭小屋，他把这件事告诉了老头。老头说："那是奥博的哭声。"

　　在新潟县南鱼沼郡，奥博是一种怪兽的名字。据说这种怪兽会把新墓刨开，将死人的脑子吃掉。我觉得这怪兽好像是野狗，却被人们当成了一种有名字的神秘野兽。

　　妖怪这种东西，最擅长在人慌了神或正在做事时突然出现。

胧车

　　这是浮世绘画师鸟山石燕在《今昔百鬼拾遗》中描绘的一种妖怪。

　　从前，在月色朦胧的夜晚，京都贺茂的大路上会传来车子发出的吱呀声。人们闻声跑出去，却看到一个奇怪的东西，无不大惊失色。这就是《今昔百鬼拾遗》中描述的情形。

　　这里所说的奇怪的东西，指的就是牛车后面长着一张大脸的妖怪——胧车。这是中世时经常发生的"车位之争"留下的遗恨，变成了一种器物之灵。

　　所谓的"车位之争"，指的是在庙会或其他节庆的时候，观光的牛车争抢休息场所的行为，用现在的话来说，就是争夺游览地的停车位。

　　人的怨恨滞留在某地或是附着在器物上，变成妖怪。这种情形古已有之。

　　如今也是一样。在一些事故多发地带，人们常常会听到类似无人汽车出没的传闻。所谓的幽灵汽车，或许和胧车是同一类的东西。

　　这样看来，无论是现代还是古代，人的怨念作怪的现象，都没有发生本质上的变化。

生魂

　　生者或死者的意念凝聚成人的样子，在外面走动被人看见，这种情形在岩手县远野地区被称作"魂"。

　　柳田国男的《远野物语拾遗》中有这样一个故事：

　　某年夏天的一个炎日，有个人和朋友在河边聊天时，在河面上清晰地看到了自己老家的厨房，上面还映着姐姐抱着孩子的背影。没多久，幻象消失了。这个人觉得十分奇怪："莫非家里出了变故？"他赶紧给家里写了信。结果，他刚刚把信寄出，老家的电报就到了，说姐姐的孩子死去了。

　　《远野物语拾遗》中还有这样一个故事：

　　土渊村的光岸寺遭遇火灾，重新翻建时，有一位美丽的姑娘从小便门钻进了施工现场。现场的木匠师傅说："那姑娘是俺隔壁邻居的女儿，常年卧病不起，不可能外出啊。莫非是要死了？"第二天，那姑娘就真的断了气。

　　人在临死前，他的幻象突然出现在离他很远的地方。这样的故事不只在远野，在日本各地都有。

御万稻荷

故事发生在江户时代。小石川住着一户姓石野的人家。主人的妻子突然被妖怪附身，还有一个像鬼一样的东西昼夜纠缠着妻子。担心不已的家人问附在妻子身上的妖怪："你是谁？"

妻子回答道："我是历代守护这宅子的守护神，是御万稻荷的神灵。那个像鬼一样的东西，是石野家族汇聚的灵气。要想驱除灵气，需要诵读《法华经》十七日，功德圆满后，灵气便会自行离开。"

家人将这件事告诉了本乡丸山的本妙寺住持，请他诵读《法华经》驱邪，到了第十七日，妻子说道：

"恶灵走了，我也要回去了。不过，我想等到五月十五参拜王子稻荷的时候再回去。"

说完，妻子就倒下了，不过性命无碍。到了五月十五这一天，果然像之前所说，稻荷再次附身。丈夫为了确认稻荷是否真的是神，便问能否赐个宝贝给他。妻子就用毛笔写下"妙法"二字。

"我该回去了。"说完，妻子当场倒下，不过没多久便醒了过来。据说，御万稻荷是当时那一带非常有名和灵验的稻荷神社。

面影

　　在秋田县鹿角地区，传说人在临死之前，灵魂会离开身体，出现在认识的人家中，或是以发出穿木屐的声响的方式出现，这种现象叫作"面影"。

　　在战火纷飞的年代，这种现象经常发生。远离家乡身处前线的儿子，突然出现在母亲面前，而实际上，儿子早已死去。这样的事情屡见不鲜。儿子出现在母亲面前时，穿着一身军装。

　　之所以发生这种现象，也许是死者想让父母再看自己一眼吧。

　　无论如何，灵魂现身与亲人告别，都是一种灵异现象。然而见到的人却并不觉得不可思议和恐怖。但那一刻，当亲人意识到这个人在这个时间不可能出现在这里时，对方其实已经停止了呼吸。这对亲人来说，实在是一个沉重的打击。

　　不过，远在千里之外，许久未与亲人见面的人，在临死前让家人看到自己，对父母来说，也是些许安慰。

　　在岩手县远野地区，人们把这样的现象叫作"生魂"。

鬼火女

　　一般来说，鬼火分为两种：一种是发着青白光的椭圆形鬼火，另一种是像肥皂泡一样轻轻飘动的鬼火。很多故事中都是这样描述的。不过，这里所说的鬼火女，是一颗在空中飞来飞去的女人头，它会咬断自己憎恨的男人的喉咙。因此，鬼火女和也是一颗女人头的"拔首"有些像。

　　四国的宇和岛流传着这样一个故事。有个贫穷的武士，平日里糊伞卖钱。一天晚上，他像往常一样在糊伞，忽然感到有东西落在了脖子上，凉飕飕的。他以为是房屋漏雨，向外面看了看，却发现月亮悬挂在天上，屋顶上也没有水迹。武士有些纳闷，但也没有发现什么，就继续糊伞。过了一会儿，武士又感觉后颈发凉，好像有人在舔自己。武士伸手去摸后颈，摸到了一个冰凉的东西。他回头一看，居然是一颗女人头正在舔自己的脖子。

　　"你，你是谁?！"

　　"我是拔首。我这颗头颅是从一具尸体上掉下来的，不知为何就到了你这里。"

　　据说这女人头说完后，就倏地消失了。这就是拔首，既然来自死人的身体，应该和鬼火比较相似。

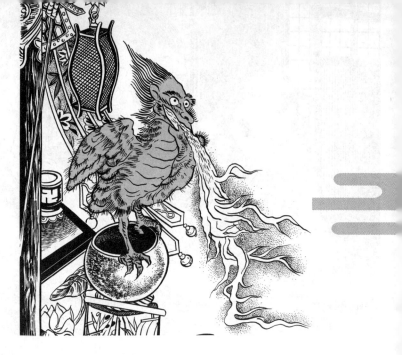

阴摩罗鬼

　　阴摩罗鬼是一种口吐青色火焰、叫声恐怖、人面鸟身的妖怪。据说，寺院里的尸体散发出的尸气聚集在一起后，就会变成阴摩罗鬼。

　　《太平百物语》中记载了这样一个故事，山城国（今日本京都府）的西京住着一个叫宅兵卫的人。一个夏天的晚上，他在寺院里遇到了阴摩罗鬼。

　　当时，宅兵卫正在寺院的走廊里打瞌睡，忽然听到有个声音在喊自己的名字："宅兵卫，宅兵卫……"

　　他吃了一惊，睁开眼睛，只见一只形似鹭鸶、通体发黑的鸟，目光如炬，叫声像人，正拍打着翅膀。宅兵卫急忙离开了那里。他将此事告诉了寺里的长老，长老说："最近有一些尸体被临时安置在寺里，恐怕就是这些尸体的原因吧。《藏经》里说，新的尸体的尸气会化成阴摩罗鬼。"

　　此外，在一本名为《怪谈全书》的书中，记载了在中国宋代的时候，郑州有个叫崔嗣复的人，曾在法堂中见到过这种妖怪。

怪蝾螈

　　在日本和中国，人们认为蝾螈能变成妖怪。蝾螈平时生活在水里。有一天，蝾螈看到了一个漂亮的姑娘，它就变成了年轻的男子出现在姑娘面前，勾引姑娘，还与她发生了关系。没过多久，这个姑娘的行为变得十分反常，家人觉得奇怪，就请了一位法师前来诊治。诊断的结果是"被蝾螈精骗了"。后来，有一位勇敢的武士将蝾螈杀死了。

　　新潟县的佐渡流传着这样一个故事。在一座闲置了数百年的房子里，出现了妖怪。原来是蝾螈变成了一个身高三米多的黑和尚，杀害人类。有一家人刚刚搬来，不幸全部遇害。一天晚上，这家人都已睡熟，忽然出现了一个大和尚，不断向正在睡觉的一家人吹臭气。闻到臭气后，这家人就像喝醉酒一样不省人事。有人发现院子旁的沟渠有问题，打开一看，发现里面竟有六只近两米长的蝾螈。人们当即将这六只蝾螈杀死，据说后来再也没有发生过怪异的事情。

　　或许是为了展示自己的厉害之处，有剧毒的蝾螈身体发黑，腹部通红，十分刺眼。蝾螈平时生活在深山的溪流里，有时也会出现在乡村，在春天繁殖后代。也许是蝾螈的这种样貌和习性激发了人们的想象力。

怪地藏

　　相州小田原的风祭村（今日本神奈川县小田原市），有个叫新七的男人。这个故事就发生在他去早川山拾柴回来的路上。当时，他想抽袋烟，歇歇脚，就在山脚的地藏堂坐了下来。

　　正当他抽得过瘾时，无意间瞥了一眼地藏堂。发现本该待在那儿的地藏菩萨的石像不见了。他正百思不得其解，看到地藏菩萨石像一边吃着烤丸子，一边摇摇晃晃地从对面走了过来。

　　新七怀疑自己看错了。他觉得地藏菩萨不可能自己拿着香火钱去买吃的，一定是天狗或其他东西在作怪，于是他拿起木棍朝地藏打去，怪地藏瞬间消失了。等新七回过神来，已是黄昏。他顿时感到毛骨悚然，急忙赶路回家了。

　　回去后，新七将这件事告诉了邻居，邻居说："这肯定是狐狸，你用木棍打了它，它现在应该已经死在了路上。"于是，新七和邻居一起打着灯笼前去一探究竟。

　　回去一看，果然有一只头被打碎的老狐狸死在了路上。新七和邻居像打到猎物一样，将狐狸带回家做下酒菜了。

　　至于地藏堂里地藏菩萨的石像，新七事后去看了看，石像仍端坐在里面。

海人

　　在一本名为《长崎见闻录》的书中，描绘了一种生活在海中的妖怪——海人。

　　书中这样写道，这种妖怪身体上的皮肤都耷拉下来，看上去就像穿了裙裤。海人长得像人类，但手脚上长有蹼，在陆地上生活几天也不会死。

　　书中将这种妖怪称作"海人"。另外，在一本名为《大和本草》的书中也提到了海人。据书中记载，海人腰部的皮肤和肉都耷拉下来，一片片地晃动着，手指和脚趾上长有类似水鸟脚蹼的东西。它的头发、眉毛和身体其他地方，与人类几乎完全相同。海人听不懂人类的语言，给它食物和水，它也不会吃。

　　有人认为这是在古代已经灭绝的一个种族，不过几乎没有人看到过海人，也就无从考证了。

　　据说，小孩子能看到海人，因此，海人很有可能是某种灵魂。

　　想看看不到，想了解又无从下手，海人似乎处于一种与自然浑然一体的无我状态。

贝儿

　　从前，在女儿出嫁时，母亲都会为女儿准备各种各样的物什家具做陪嫁。以前不像现在这样，东西用旧了就换新的，而是会十分珍惜地一代代传下去。若是高贵人家，从祖上传下来的日用品和家具更是司空见惯，用了一两百年的家具都不稀罕。在这些高贵人家的日常用具中，有一种叫"贝桶"的东西。

　　这种桶用来装玩贝合游戏或贝覆游戏时用的贝壳。作为嫁妆，贝桶多是八角形或长方形，象征着父母希望儿女幸福快乐的一片真心。

　　贝合是一种拼图游戏，在蛤蜊等贝壳的内侧绘上花鸟人物等图案，以上壳为阳，下壳为阴，打乱顺序后，再重新组合在一起，使阴阳合为一体。贝合的贝壳象征着夫妇阴阳调和，是女儿出嫁时必带的嫁妆。

　　但是，年岁久远的贝桶，有时会生出一种叫"贝儿"的妖怪。一种说法是父母爱子心切，他们的执念幻化成了小孩的模样。还有一种说法，小孩玩腻了贝合游戏，备受冷落的贝壳变成了妖怪。

海难法师

在伊豆七岛，每年正月二十四的晚上，会出现一种叫"海难法师"的妖怪。据说这是海难死者的亡灵。人们在这一天清洁身体，闭门不出。

如果在这天晚上看到亡灵，就会有不好的事发生，因此岛上的人们都会躲在家里。

从前，伊豆大岛上有个鱼肉百姓的恶官。村民们无法忍受他的暴行，村里二十五个年轻人便在一天夜里袭击了官府，杀死了恶官。这些年轻人为了躲避追捕，乘坐独木舟逃到了海上，却遭遇暴风雨，二十五人全部溺亡。这一天正好是正月二十四。

在三宅岛地区，人们也将正月二十四视为可怕的日子。这一天，人们会提早收工，待在家中。在这天的深夜，栖息在药师寺里的猫为了供奉海难法师，会一面喊着"借碟子一用，借碗一用"，一面挨家挨户地转悠。人们为了避免听到猫的叫声，都早早睡了。

暴风雨和波涛的声音，听起来就像是壮志未酬者们悲戚的大合唱。

贝吹坊

贝吹坊经常出现在冈山县和气郡熊山城遗址，会发出吹海螺般的声音。不过，没有人看到过它的样子。

在佐贺唐津城的护城河里，出现过一种来历不明的妖怪。看到它的人都会昏倒，所以没有人知道这妖怪长什么样。

有一次，一个叫味地茂兵卫的儒者听到这个传闻后，说："城里有妖怪之说，实乃耻辱。"于是只身一人来到河边，等待妖怪的出现。

虽然是白天，周围却弥漫着恐怖的气氛，茂兵卫耐心等待着。不久，河沟里出现了一只妖怪。

只见妖怪肤色发青，一双大眼睛炯炯有神，站在水面上睨视着茂兵卫。茂兵卫并不害怕，端坐在妖怪面前，与它对视。

结果，这妖怪像冰雪一样融化了，最后完全消失。据说，自此之后，这条河沟里再也没有出现过妖怪。

海妖

　　这件事发生在十几年前。在五月某一天的凌晨一点左右，一艘货船出海了。

　　望风的船员忽然发现前方有一艘巨大的汽船抛锚了，就赶紧通知掌舵人向右转。货船急速右转后，汽船却依然在前面；货船又向左转，汽船还是挡在前面。船员们绝望了，觉得撞船已无法避免。出人意料的是，汽船并没有撞上货船，而是像海市蜃楼一样，消失得无影无踪。

　　船员们仍心有余悸，过了一会儿，他们发现货船的旁边漂浮着一个火球。火球飞到了船的甲板上，船员们逃进船舱，躲在里面观察火球。

　　凌晨四点左右，一名船员战战兢兢地来到甲板上。

　　这时，大火球忽然飞散开来，一下子变成了几千颗小火球，犹如一群萤火虫在飞舞，之后便从海上消散了。

　　天空泛起了鱼肚白，船员们借着光亮环视四周，汽船和火球都不见了踪影。

　　这很有可能是"幽灵船"之类的妖怪。海上有很多这类妖怪。

饿鬼

佛教所说的六道轮回中，有一道被称作饿鬼道。罪孽深重的人死后据说会坠入饿鬼道，变成饿鬼，永受饥渴的折磨。

六道是众生死后进入的世界，分别是天道、阿修罗道、人间道、畜生道、饿鬼道和地狱道，是佛教中的六种轮回之道。

坠入饿鬼道的人，会永远遭受饥饿之苦，哪怕食物进入口中，也会瞬间化为火焰，绝不会吃到。

《因果物语》中有这样一个故事。在江户的石原村，有个非常吝啬的男子，贪得无厌。在他活到七十岁的时候，变成了饿鬼。

他一天要吃四五升米饭，却仍然吃不饱，最后竟活活饿死。在他死后，他的魂魄附到儿媳的身上，儿媳痛苦难耐，嘴里一直喊着："我想吃饭，我想吃饭。"

附近的村民纷纷来吊唁这男子，他的魂魄离开了儿媳的身体，儿媳才恢复正常。

饿鬼附在人身上的现象称作"饿鬼凭"，据说，人一旦被饿鬼附身，就会感到饥饿难耐，痛苦异常。

饿鬼凭

从前，有一个旅人走在从伊势通往伊贺的大道上，忽然被从身后出现的一个男子叫住了。旅人回过头来，这个男子痛苦地说道："我是从大阪来的，感觉自己被饿鬼附身，肚子饿得一步也走不动了。你身上有可以吃的东西吗？"

旅人觉得这人有些奇怪，但还是给了他一些海带丝。男子大喜，当即把海带丝塞进了嘴里。

过了一会儿，男子慢慢恢复了体力，说道："饿鬼这东西，人的眼睛是看不到的。乞丐饿死以后，怨气留在那里不散，就会变成饿鬼附到人身上。一旦被饿鬼附身，就会饥饿难耐，连路都走不动。"

这人还说，为了防备饿鬼，他平时都会带些食物。谁知今天在路上把食物弄丢了，才让饿鬼有机可乘。

关于"饿鬼凭"，我读中学一年级的时候也经历过一次。只要随便吃点什么，三十分钟左右就能恢复正常。因为从医学的角度查不出原因，所以应该是被饿鬼附身了。

隐里

从前，东北的村子里有个贫苦的农民。一日，他正在田间耕作，发现树荫下有位美丽的女子在向自己招手，女子说："我和你有夫妻之缘，请到我家来一趟吧。"

农民已经有了妻室儿女，但他没能抵挡住女色的诱惑，便和这女子一起走了。农民跟着女子来到了一处他从未去过的地方，那里景色优美，风光宜人。女子把他领进了自己的家。

农民在此地生活了两三个月，心里一直惦记着家里的妻子和孩子。女子说已经帮他打点好一切，请他不要担心。但农民还是放心不下，女子便说："如果你发誓不将来到这里的事告诉任何人，我就让你回去。"然后放这个男人回家了。

男子回到家后，发现家运亨通，家人过着幸福的日子。他见到附近的寺庙正在做法事，过去一看，发现竟是在为自己做法事。原来，时间已经过去了三年。

这时，男子的妻子发现了他。妻子问他去了哪里，起初男子还遮遮掩掩，最后还是道出了实情。话音未落，男子突然变得弯腰驼背，又恢复了往日的贫穷，潦倒一生。

隐婆

从前，在兵库县的神户一带，流传着这样一种说法，孩子们在傍晚玩捉迷藏，会有隐婆从天而降，将孩子拐走。因此，当孩子们玩捉迷藏入了迷，到了太阳下山时还不想停下来，大人就会吓唬小孩说："小心让隐婆拐走了。"

隐婆经常潜伏在胡同的角落里，或家中的死角，等待小孩过来。

在岛根县的出云地区，人们将这样的妖怪叫作"子取妖"。这种妖怪抓住小孩后，会将小孩体内的油榨出来，用来烧制器皿。

柳田国男的《妖怪谈义》中也曾提到过这种妖怪，书中说：在东北等地，人们十分害怕这种妖怪，还将其称作"油取妖"。

在长野县的埴科地区，人们将这种妖怪称作"袋担"。据说妖怪会带着一个大口袋，抓住玩捉迷藏玩到很晚的小孩，装进口袋里拐走。

东京地区流传的"人拐子"应该也是这类妖怪。我小时候经常被大人吓唬："傍晚不能出去玩，小心让子取坊主拐走。"现在想来，所谓的"子取坊主"也是拐孩子的妖怪吧。

影女

　　据说，有灵魂寄住的房间里，当月光照进房间的时候，会出现女人的影子。如果家中只有男人，有时就会有"影女"寄住在房子里。

　　从前，一个武士在雨天造访友人。正当他在门前收伞时，窗户上浮现出一张年轻女子的脸。武士便问朋友家中是否有女人，朋友说自从妻子去世后，家中就再没有女人了。但二人把酒言欢时，拉窗上又出现了女人的影子。

　　"看，家里果然有女人吧！"武士指着拉窗说道。结果朋友笑答："那是影女。不过在这种场合，家中有个女人还是很不错的，哪怕是个女妖怪。"

　　这时候，庭院里出现了一位美女，却并不向他们靠近。

　　过了一会儿，二人喝到尽兴之时，武士走到外面，见门前有个十分怪异的老太婆，脖子上挂着钲鼓在附近转悠。

　　武士觉得这老太婆有些奇怪，又回过头去看她，发现那老太婆仍在门前徘徊。

　　或许，这就是影女的本体吧。不过，人们只能看到影女的影子，想看清她的真面目是很难的。

元兴寺

　　敏达天皇在位的时候，有个农民被雷神赐了一个孩子。这个孩子长大后力大无穷，有一次，他在官府举办的大力士比赛中夺魁。这样的大力士却是个农民，实在太可惜了。当时，苏我马子①在飞鸟建造元兴寺，便让他做了寺中童子。

　　当时的元兴寺，钟堂里有灵鬼出没，前去撞钟的童子都被杀死了，因此十分需要一个力大无穷的童子。

　　为了结束元兴寺的灾难，童子决心除掉灵鬼，便在钟堂内等待夜幕的降临。

　　到了深夜，灵鬼现身，它发现是大力童子，就慌忙逃跑。童子一把抓住灵鬼的头发，用力一拽，灵鬼竟挣脱掉自己的头发和头皮逃跑了。

　　这是《日本灵异记》②中记载的一个故事。后来，大力童子一直生活在寺中，用他无穷的力气开荒种地，得到了"道场法师"的称号。

　　很久以前，有些地方将妖怪称作"噶高叽"或"噶高哉"，人们认为这种称呼就源自"元兴寺"的日语读音。

---

①苏我马子（551～626），飞鸟时代的政治家与权臣，官仕敏达天皇、用明天皇、崇峻天皇与推古天皇，前后四朝共五十年。

②药师寺僧景戒所著，约成书于平安时代初期，是日本最早的民间故事集。

累

　　这个故事发生在庆长年间（1596～1615）的下总国丰田郡。

　　一个叫与右卫门的男子和一个寡妇结为夫妻。寡妇与前夫生的儿子叫"助"，长得奇丑无比，与右卫门很是嫌弃。妻子经过一番痛苦的思考后，决定将儿子杀死。

　　不久，二人有了自己的孩子，取名"累"。不过，这孩子的长相却与之前被杀死的孩子惊人地相像，周围人都说："简直就是助脱胎转世。"虽然这孩子叫"luyi"，大家却纷纷叫她"kasane"。①

　　岁月如梭，累的父母去世后，有个男子觊觎累的家产，就入赘做了她家女婿。之后，长相丑陋的累被她丈夫杀死了。累死后，这个男子迅速和自己喜欢的女人结了婚，但生出来的孩子却接连夭折。

　　当时，有一位叫祐天上人的高僧说，这是累的灵魂在作祟。高僧建议这个男子遁入佛门，忏悔自己的罪孽，为累超度。

　　这就是关于"累"的怪谈。如今，在茨城县常总市羽生町的法藏寺里，仍有累和助的坟墓。有人拍摄与"累"有关的电影时，通常都会到此地参拜。

---

① "luyi"和"kasane"分别是"累"在日语中的音读和训读。

伞妖

  浮世绘画师鸟山石燕在《画图百器徒然袋》中，描绘了一种叫作"骨伞"的妖怪。由于未附详细解说，具体情况不得而知。不过鸟山石燕将"骨伞"描绘成了一把破伞的形象，说明当时的人们认为旧伞是能化为妖怪的。

  在民间传说《剪舌雀》中，也描绘了伞妖这类妖怪，或许可以认为器物经过漫长的岁月，就会成精。

  自古以来，伞妖的形象就是独眼，吐舌笑着，看上去十分可爱。

  我小时候读过一个伞妖集体过河的故事，至于出自哪本书，如今已经不记得了。有的画上，伞妖的形象是两只眼睛，浑身长毛。一般来说，伞妖都是夜行的妖怪。

  从前的夜晚，到处都是一片漆黑。古老的器物在夜晚化为妖怪也不奇怪。像现在这样明亮的夜晚，恐怕老鼠都不敢出来。

  鸟取县沟口曾出现过一种幽灵伞，也是独眼独腿的妖怪。据说在刮大风的时候，这妖怪会把人卷到半空中。

锻冶媪

　　从前，土佐的野根（今日本高知县安艺郡东洋町）有个铁匠。有一天，他的妻子去室户收刀钱，晚上迷了路，遭到狼群攻击，被狼吃掉了。

　　从此以后，铁匠妻子的灵魂就附到了狼身上，吃过往行人。有一天，一个叫逸作的乡间武士杀死了一匹白毛狼，自此以后，再没发生过狼吃人的事。

　　这匹被杀死的白毛狼，就是铁匠妻子的灵魂附身的那匹狼，叫作"锻冶媪"。

　　这个故事出自《桃山人夜话》。在室户市的佐喜滨地区，则流传着另一个版本的故事，当地人称这种妖怪为"锻冶嬷"。

　　有一个即将生产的孕妇，傍晚时在装束岭遇到了狼群的围攻。幸好，一位信使路过这里，在信使的帮助下，孕妇爬到树上避险。正当狼群束手无策时，一个声音说道："去把佐喜滨的锻冶嬷叫来。"没过多久，锻冶嬷出现了，要对躲在树上的二人发起攻击。信使挥刀应战，锻冶嬷被砍伤后流着血逃走了。第二天早晨，信使沿着血迹来到了佐喜滨的铁匠家，将实情告诉了铁匠，之后将睡梦中的铁匠老婆杀死了。铁匠老婆现出原形后，果然是一只活了多年的老狼。

火车

　　在出云（今日本岛根县东部）和萨摩（今日本鹿儿岛县西部）等日本西部地区，经常出现一种叫"火车"的妖怪，有时也会出现在日本东部。

　　人们在举行葬礼时，有时候会突然狂风大作，暴雨倾盆，不但会吹散送葬的人群，甚至还会吹起棺材，掀翻棺材盖。人们认为这是"火车附身"，十分恐惧，觉得是一件不吉利的事情。

　　在当地人看来，这是因为死者生前作恶多端，遭到报应，火车来接他下地狱。"火车"原是佛教中的说法，出自《因果经》。类似"被火车抓走"的故事，在中日两国均有流传。

　　不过，随着时代的变迁，作为地狱使者的"火之车"，逐渐变成了在葬礼上出现的类似猫的妖怪。这是因为中国的妖怪"魍魉"在传入日本的过程中，说法发生了变化。因此，魍魉就被人们误认为是抢夺尸体的妖怪。

　　群马县甘乐郡流传着这样一种说法，葬礼结束后，墓地里会出现一种叫作"天丸"的妖怪。鹿儿岛县出水郡则将这种妖怪叫作"挖肝"，应该也是类似火车的妖怪。

饿者骷髅

据说，不幸横死在野外的人的怨念汇集之后，会变成一种叫作"饿者骷髅"的巨型妖怪。这种妖怪白天不会出现，只有到了晚上才会出来，一边走一边发出咯吱咯吱的声音，看到人就袭击。

《日本灵异记》中有这样一个故事，不过其中的妖怪并非饿者骷髅。宝龟九年（778）的一个傍晚，有一个居住在备后（今日本广岛县）苇田郡大山村的男子，在深津的集市上逛完后准备回家，走着走着天就黑了，他便决定在野外露宿。躺下后，他听到附近不知是谁一直在说"眼睛疼"。天亮之后，他四下打量了一番，发现了一具骷髅，眼窝处长出一棵竹笋。原来昨晚喊"眼睛疼"的就是这具骷髅。于是，男子将竹笋拔了出来，并为骷髅供奉了干饭。骷髅向男子讲述了发生在自己身上的事。

"我是被伯父杀死在这荒郊野外的。我的尸体慢慢变成了一具骷髅，时间久了，眼睛里长出一根竹笋，让我疼痛难耐，是您的大慈大悲帮我解除了痛苦。为了报答您的恩情，希望您能在除夕那天到我父母家中去一趟。"

男子准时赴约，骷髅将他请到家中，盛情款待，并赠送了大批钱财后离去。这时，死者的父母回来了，听闻事情的经过，将杀害儿子的真凶抓获。

卡沙宝

在纪州（今日本和歌山县、三重县南部），河童有各种各样的称呼。人们平时称河童为"东格斯"或"嘎奥老"。而在冬季的山里出现的河童，人们会称其为"卡沙宝"。

据说，卡沙宝的头像芥子坊主（只在头顶留有毛发的一种妖怪），身穿蓝色的衣服，模样像六七岁的小孩，十分可爱。另外，它在摇头时会发出咔嚓咔嚓的声音。

卡沙宝通人性，经常到人家附近转悠。如果有谁在家门口撒上一些灰，过不了多久，灰上就会留下一串脚印，这些脚印和水鸟的有些相似。和歌山县熊野流传着这样的说法，有人说，山谷里的卡沙宝每日都会在他家屋外敲石头，告诉他们自己来了。

不过，卡沙宝是一种会祸害牛马等家畜的妖怪。如果有人把马拴在山上，它就会将马藏起来，即使人们找到了被藏起来的马，那马也活不长久。

关于卡沙宝这个名字的由来，有着不同的说法。有人认为可能来自妖怪"火车"，也有人认为是来自方言"胳肢"，总之是众说纷纭，莫衷一是。

风

　　这里的"风"是妖怪的一种，是自然现象的"风"和疾病"感冒"①之外的一种东西。人们认为，只要遇到"风"就会生病。作为一种类似行逢神的邪魔，妖怪"风"在全日本人尽皆知。

　　在九州地区，尤其是在宫崎县，据说人们经常会在同一个地方遇到"风"。只要路过那里，身体就会感到不适。

　　在宫崎县儿汤郡西米良村，人们有给"风"起名字的惯例。一个人用"风"诅咒他人，诅咒应验后，当被诅咒之人病死，周围的人也被感染时，人们就会将"风"取名为"曲风"或"转风"。

　　在长崎县五岛列岛，人们一般将会附身的邪魔称作"风"，将被风附身的现象称作"负风"。

　　在佐贺地区也有同样的说法，当地的人们还发明了一种咒术——吐三口唾沫防止"负风"。据说，如果被狐风附身，请狸猫来念咒，便可恢复正常。至于其中的缘由，据传是因为狸猫比狐更聪明。

　　我小的时候，也曾被逼着吐过唾沫。

---

①感冒在日语中的发音与"风"一样。

火前坊

　　火前坊是浮世绘画师鸟山石燕在《今昔百鬼拾遗》中描绘的一种妖怪。

　　火前坊是一种样貌奇特的妖怪，就像一个被火包围的和尚。它经常出现在京都东山的墓葬场——鸟部山。

　　平安时代的鸟部山是安葬皇族和权贵们的地方，与现在的高档陵园有些类似。在十世纪末，这里曾是法华三昧之地，一位向往往生的高僧曾在此自焚。人们为了一睹这匪夷所思又难得一见的仪式，都来到了鸟部山。

　　尽管鸟部山十分神圣，但每当京都遭遇洪水和瘟疫，死人堆积如山时，这里就成了堆弃尸体的场所，变成了不洁之地。

　　清水寺的"清水舞台"，就是为了往断崖下面丢弃尸体而建造的一块凸出的平台。

　　火前坊是出现在这种地方的妖怪。那浑身是火的和尚，就是修行法华三昧的和尚的亡灵。

　　虽然是为了往生极乐世界才自杀的，但毕竟对红尘还有留恋，所以才会化为妖怪吧。

片脚上腊

　　片脚上腊是一种独脚女妖，经常出现在爱知县南设乐郡凤来町（今日本新城市）的栃之窟到秦梨山一带。

　　凤来町附近的山吉田村阿寺（今日本新城市）有一条瀑布，名为七泷瀑布。瀑布的上游有一个地方叫"抱子石"，那里有很多小石子。据说，无法怀孕的妇女，将这里的石头捡回家，就能够怀孕。但是来这里时，脚上必须穿着用纸草做的草履。而且不知为何，片脚上腊只取两只草履中的一只。

　　有时，片脚上腊会抢夺猎人的猎物。猎人将猎物临时放在某处时，会把猎枪和刀放在猎物上，摆成一个"十"字。据说这样做了之后，猎物就不会被片脚上腊偷走。

　　"上腊"一词是用来称呼高贵女性的，而片脚上腊又名姬女郎，由此看来，这种妖怪很可能是山姥或山女的一种。不过，关于独脚的山姥或山女的传说鲜有听到，因此，片脚上腊也可能是山神的一种。

　　很多地方都流传着独脚山神的故事，在各地也都能见到有人信仰独脚山神。

咔嗒咔嗒桥

飞驒小坂（今日本岐阜县下吕市）有一座小小的板桥。这是一条通往邻村的重要道路，虽是在山里，却也整日车水马龙。一天夜里，家住桥头的金右卫门，听到桥上传来数人说话的声音，以及"咔嗒咔嗒"过桥的声音。

"深更半夜，还要翻山越岭去邻村，这可不是一件容易事。"金右卫门打开门一看，却什么都没看到。从此之后，每晚都会发生这样的怪事。

一天，有些害怕的金右卫门拜访了一位算命先生，算命先生说："你家门前的那条路，是通往越中（今日本富山县）立山的。立山是亡灵的汇集之地，因此，路过你家门前的都是死者的亡灵。"

金右卫门与家人商量之后，觉得这里不适合居住，便搬到了远离板桥的地方。之后，又为亡者做了法事，建了经冢。从此以后，就再也没有发生这种事。不知不觉中，人们便将这座桥叫"咔嗒咔嗒桥"了。

片耳豚

片耳豚是奄美大岛的一种没有影子的小猪妖，在名濑市的市政府附近出现频率最高。

据说，人们在路上行走时，片耳豚会突然从人的胯下钻过。一旦遇到这种事，这个人就会因灵魂被抽走而死掉，或变成傻子。不过，如果立刻两腿交叉站立，就能躲过一劫。

大正十一年前后，很多女子从与论岛来到这里做纺织工人。有一家工厂招了七八名女子。一天晚上，大家被邀请去参加了一场慰劳宴会，事情就发生那天夜里。那晚，天空中的月亮格外漂亮，大家决定到海滩游玩，而最年长的阿锅决定回去。

她走了没多远，发现前面似乎走过来一条黑狗。仔细一看，竟是一头没有影子的小猪。阿锅立刻想起关于片耳豚的传说，顿时毛骨悚然。多亏她那坚强理性的性格，阿锅立刻闭上眼睛，将双腿交叉，停了下来。过了很长一段时间，耳边传来了其他人的声音，她才长舒了一口气，睁开眼睛。此时，片耳豚早已消失得无影无踪。

据说这件事之后，阿锅发起高烧，一直卧床不起。痊愈后，她很少外出了。

帷子辻

平安时代初期，嵯峨天皇的皇后橘嘉智子，因为在京都的嵯峨野创建了檀林寺，又被人们叫作檀林皇后。我要讲的便是与这位檀林皇后有关的传说。

檀林皇后去世时，未能得到安葬，尸体被丢在十字路口。① 她的尸体先是成为野狗和鸟类的饵食，又被蚂蚁和地虫啃食，后又遭风吹日晒，最后尸骨无存。但这件事并未就此结束，之后有人从这里经过时，看到了檀林皇后被犬啃、被鸟啄、被虫子爬满全身的样子。

这里的帷子辻，就是现在的京福电铁的帷子辻车站一带。如今，太秦周边因广隆寺和电影制片厂而热闹非凡。但在平安时代，这里就是魔窟。

当时，人们几乎不敢靠近，因为横死路旁的尸体大多被丢弃到了这里。嵯峨化野念佛寺就因埋葬了很多这种无缘佛② 而著名。也许嵯峨化野的无缘佛与帷子辻的传说之间，存在着某种联系吧。

---

①檀林皇后逝世于嘉祥三年五月，享年六十五岁。死前曾留下遗言，吩咐死后不需安葬，只需在野地曝尸，让人们看到人死后的身体变化而省悟诸行无常的道理。
②无人祭祀的灵魂。

独轮车

　　这个故事发生在宽文年间（1661～1673）。在滋贺县甲贺郡的一个村子，每天深夜都会出现一辆独轮车。

　　有一户人家的女主人半夜里听到声音后，非常好奇，便偷偷地从门缝里窥探。只见一辆被火焰包围的小车驶了过来，停在她家门前。仔细一看，这辆独轮车上还载着一个女人。女人看着她说道："与其在这里窥探我，不如看好自己的孩子。"

　　女主人大吃一惊，急忙回去看自己的孩子，却发现孩子不见了。女主人伤心至极，写下一首和歌"罪责于我，不解小车为何，藏我孩子"，第二天早晨贴在了门口。到了晚上，黑夜中又传来骨碌骨碌的声音，独轮车在门口停下后，高声诵读起贴在门口的和歌，悲切地说："还你孩子。不过，既然你已经看到我的样子，我就无法留在这里了。"说罢，独轮车上的女子将孩子还给女主人后，便径直离去了。

　　从此以后，村里再也没有听到有关独轮车的传闻。

河童

　　河童是水妖中常见的妖怪，在日本各地均有出没。正因如此，各地对河童的称呼也不一样，除了河童，还有河太郎、川童等叫法。不同的地区，河童的样貌也有差别，比如有无甲壳等。

　　各地河童的共同特征，第一点是都喜欢相扑。如果人类赢了它，它会一而再，再而三地要求人们和它比试，直到它赢了为止。因此，人类要适时地输给它。另外，河童喜欢将马拉进河里。

　　心眼坏的河童，会抠掉人的肛门球。肛门球是人们想象中位于肛门附近的一种器官。居住在河边的人都惧怕河童。

　　在日本的中部和关西地区，小孩去河边玩耍时，大人会让他们吃些从佛坛上撤下的供饭，这样一来，河童就不敢靠近了。或者告诫孩子，在河边遇到陌生的小孩时，一定要鞠躬行礼，对方会以礼还之。如果是河童，它在鞠躬时，头顶上盘子里的水会流出来，就无法使坏了。

　　关于河童的原形众说纷纭，一直没有定论。有人说是木匠做的人偶，被丢到河里变成了河童。有人认为它原是水神，因为人们不再信仰它，就变成了妖怪。

河童石

　　人们认为，河童在春天时，会待在村旁的小河中，秋天就会回到山里，而它的中转站就是河童石。在大分县、三重县、和歌山县和熊本县等地，都有河童石。不过，河童石曾被看作是精灵栖息的台座，是人们信仰的对象，有些地方甚至禁止普通人接近。据说，在河童石上玩耍的孩子，如果失足落水，呛水生病，在河童石旁供奉黄瓜，孩子就会立刻痊愈。这岩石原是精灵栖息的圣石，后来灵性慢慢消失了。现在，在很多人看来，它只是一块与河童有关的石头。

　　在大分县流传着这样一个故事。一个男子在河中的岩石旁给牛和马洗澡时，水中忽然伸出一只手，拉住牛和马的尾巴。男子感到奇怪，拼命抓住那只手，竟将对方的胳膊拽了下来。那天夜里，他梦到了一个河童，为白天的事情向他道歉，求他归还那只胳膊。河童承诺会在岩石上放鱼作为答谢。男子可怜它，便答应了河童。次日早上，男子发现岩石上果然放了很多鱼。据说，从那以后，人们就称那块大石头为河童石。

免受河童伤害的方法

日本各地流传着各种各样的免受河童伤害的方法。即使是妖怪，也会有弱点。这是古时候的人们长时间摸索出来的经验。

首先，随身携带河童讨厌的东西。河童不喜欢金属做的东西，因此有人想到，在河里游泳时，在臀部放一个金属物件。

还有一些东西不用随身携带，可以吃到肚子里。事先吃些在佛坛供奉过的米饭，在河里就不会受到河童袭击。因为人们认为，吃了在佛坛供奉过的米饭后，河童会觉得人的眼睛闪闪发光，十分恐怖。

另外，有些地方认为河童讨厌葫芦。人们如果喝了葫芦汁，就不会遭到河童的拉扯。

九州地区的人们认为，过河的时候，如果高唱"莫忘古时之约定，川立男，我乃菅原"，就不会遭到河童的拖拽。之所以这样做，是因为这里流传着菅原道真在九州筑紫的时候，曾捉到河童，加以惩戒后放归河川的传说。似乎每个地方都有各自独特的驱赶河童的方法。

河童凭

　　在熊本地区，人们常常告诫年轻的姑娘，在水边时不要有不检点的行为。因为雄性河童看到后会兴奋，就会附到她们身上。

　　被河童附身的女人，举止轻佻，十分放荡，还会用风骚的声音向人求爱。

　　即使房间的拉门没有打开，河童也能钻到屋子里。屋里的人是看不到河童的，不过发现拉门上糊的纸湿了一块，还破了洞，或是被褥湿了，就证明河童来过。

　　在大分县玖珠郡，这里的河童尤其喜欢附到处女身上。一旦被河童附身，就会变得身心俱疲，浑身无力，不久便会死去。

　　要想驱除附身的河童，所有地方都会用同一个办法，即用粗绳将人绑在柱子上，请人祈祷。祈祷时，一定不能让被附身者和捆绑的绳子沾到水，否则河童会立刻获得神力，切断绳子，被河童附身的女人就会挣脱逃走。

　　对马地区也有河童附身的传说，当河童迟迟不肯离去时，人们会在枕边放河童害怕的剑或镜子，据说这种方法很有效。

河童抠肛门球

　　这幅画收录在亚当·卡巴特的《江户化物草纸》一书中。

　　河童抠肛门球的传说，我从小就有所耳闻。人们认为，河童会在水中伸出手，抠走人类肛门中的肛门球。

　　在岐阜县和长野县等地流传的传说中，如果溺水者突然狂笑，基本就没救了。肛门球一旦被河童抠走，人就会大笑不止。虽然并不清楚是什么原因，不过很可能是河童所施的诡术。总之，人们认为河童是在人看不到的水中，抠走肛门球的。

　　不过，从江户时代的这幅《抠肛门球之图》中可以看到，河童是在水上抠走肛门球的，真是前所未闻。《江户化物草纸》的作者肯定很惊讶，不过我更是惊讶百倍。看到这幅画，我大吃一惊，半天没缓过神来。因为它完全打破了我对河童抠肛门球的想象。这幅画展示的抠法真是太有趣了。

河童火

　　大家都知道河童讨厌火，不过，有些地方却流传着"河童借火"的传说。

　　某地住着一对夫妇。有一天，妻子一个人在家，忽然跑来一个陌生的小孩，模样十分可爱。小孩说："借火。"这位妇人以"小孩玩火危险"为由拒绝了他。于是，小孩就回去了。等到第二天，小孩又出现了，同样说着"借火"。

　　之后，这个小孩每天都来借火。妻子便和丈夫说："这小孩肯定不是人，是河童，给它火吧。"等到小孩再次出现时，妻子说："河童，给你火。"就把火给了他。小孩却说："不不，对不起。"然后落荒而逃。

　　其实，河童说的并不是"借火"，而是"借屁股"。人们误把屁股听成了火，就成了用河童最讨厌的火赶走河童的笑话。

　　在南方，奄美诸岛的"肯门"、冲绳的"吉门""布那噶亚"等河童的同类，却不怕火，不过似乎没有人知道，这些才是真正的"河童火"。

河童文字

　　世上有一种东西叫"河童文字"，看上去就像是人们随意把毛笔丢到和纸上写出来的东西，又叫"致歉函"。不过，上面的意思却没有人能看懂，甚至连是图画还是文字都弄不清楚。"河童文字"的种类也是五花八门，比如一片看似什么都没写的树叶，蘸水后，就能显现出文字。

　　从前，有一个男子赶夜路，要从熊本县八代的日奈久到田浦，他在半路上遇到一个陌生男子，请他帮忙带一封信。

　　"请将这封信送到田浦，有个男子正等着这封信。"

　　陌生男子说完，便将一封既无名字也无地址的信交给了他。男子觉得奇怪，怀疑是河童的书信。他想起将信蘸上水，就能显现出字的说法。偷偷地将书信弄湿后，上面赫然写着"杀死这个人"，男子便将内容改成了"请给这个人一件宝物"。

　　到达指定地点后，如那个陌生男子所说，那里又出现了一个陌生人。将书信交给等在这里的陌生男子后，对方犹豫了半天，之后送给他很多鱼。据说，这个男子将鱼全部卖掉后，大赚了一笔。

　　这就是流传至今的"河童信使"的故事，类似的故事在日本还有很多。

桂男

　　当人们看到月亮上的阴影时，就会说"那是兔子在捣年糕"。童谣中也有"小兔啊小兔，蹦蹦跳跳看什么，蹦蹦跳跳看月亮"，由此可见，月亮和兔子有着很深的渊源。

　　不过，在《桃山人夜话》的记述中，月亮上的影子并不是兔子，而是一种叫"桂男"的妖怪。

　　如果有人一直凝望月亮，桂男就会出现，向凝望者招手。传说被它招过手的人会折寿，所以这是一种很可怕的妖怪。

　　自古以来，就流传着这样一种说法："一直望着月亮看，会有桂男出来招手，人就要折寿。"日本还有很多类似的诗歌，描述人到暮年之后，经常望月发呆，嗟叹时日无多。《桃山人夜话》的著者也曾感叹说，这种心境用纸和笔是很难表达出来的。

　　桂男源自中国。在中国的传说中，月亮上有一座宫殿——月宫，那里有一棵约五百丈（约 1500 米）高的桂树，伐桂树的人就是桂男。

金槌坊

　　熊本县八代市的松井家家传的《百鬼夜行绘卷》中,描绘了一种妖怪——金槌坊。

　　画中描绘了一个脸像乌鸦,挥舞着锤子的妖怪,但无任何文字解说,因此并不清楚究竟是何种妖怪。

　　这幅画创作于室町时代,收录在土佐光信的《百鬼夜行绘卷》中。后来有许多画师参考此书,创作了很多妖怪绘卷。松井家家传的《百鬼夜行绘卷》可能就是其中之一。

　　土佐光信描绘的"槌妖"瞪着大眼,浑身乌黑,手持一把大木槌。它的脚下踩着一个看起来软绵绵的、血红色的来历不明的妖怪。槌妖正抡起锤头砸向脚下的妖怪。

　　土佐光信的《百鬼夜行绘卷》中描绘的妖怪,大多是器物化成的妖怪,即"付丧神"。手持木槌的妖怪,就是"木槌"本身。金槌坊大概是这种妖怪的同类。

蟹坊主

在甲斐国东山梨郡（今日本山梨县山梨市）岩下的乡间，有一座俗称"蟹寺"的寺院，至今仍然存在。

从前，这座寺院没有住持，一直荒废着。因为无论换多少位住持，新住持都会在第一晚失踪。

有一天，一个云游的僧人来到此地，说道："这座寺院有这么奇怪吗？我住一晚试试。"

僧人不顾村民的劝阻，坚持住了下来。到了半夜，睡梦中的僧人被一阵窸窸窣窣的声音吵醒，睁眼一看，只见一个和尚站在屋里。只听和尚说道："两足八足大足两足横行自在两眼大差。"

云游僧立即抄起独钴杵，回了一句"蟹子"，话音未落，便朝和尚猛地刺去。随着一声惨叫，寺院的大地跟着轰鸣起来，怪和尚瞬间逃走了。原来是一只大螃蟹。云游僧穷追不舍，发现了已逃进沼泽的大螃蟹，此时的大螃蟹已经一命呜呼。

从此以后，这位云游僧就成了该寺的住持，寺院也被人们称作"蟹寺"。

金灵

　　很多人喜欢金灵。据说金灵从谁家离去，那户人家就会家破人亡；而迎入金灵的人家，就会家业兴旺。金灵是呼啸着飞来的。相传东京都足立区的一户人家，就曾有金灵飞来，落在了家中的树丛里，从此这户人家逐渐发达起来。

　　在《兔园小说》①中，记载了一个类似的故事。文政八年（1825），房州大井村（今日本千叶县南房总市）的一个农民，在清晨五点时去田里查看，天上忽然雷声大作，有个东西伴着雷声落了下来。他走近一看，是一个亮闪闪的如同鸡蛋的圆球。这就是传说中的金灵。农民高兴地将它带回了家。《兔园小说》中写道，因为这个农民平日里为人正直，所以得到了这样的恩赐。

　　在我五六岁的时候，也曾见过金灵。当时我正在房顶上睡觉，忽然感觉大地在震动，朝天空中一看，只见一个如十日元硬币大小的东西在天上飞舞。自从看见这东西后，我就一直认为，地震的时候会有十日元硬币在天上飞。

　　金灵是一种能让人发财的东西。大家都认为，它是需要精心保护的。

---

①曲亭马琴创作于江户时代的一部奇谈集。

金神火

在伊予（今日本爱媛县）怒和岛，据说每年除夕夜的时候，在供奉的氏族神的后面，会出现一团怪火。这团怪火会发出声音，不断叫喊。看见这东西的人会说："岁德神来了。"人们将这种火称作"金神火"。

据说，九州的天草地区也有类似的怪火，被称作"金主"。如果有人与它比试力气并获胜，就会成为富翁。

这个故事似乎是民间故事"大岁客"的另一种版本。有关"大岁客"的故事，讲的是岁神在除夕夜降临，为人赐福。

岁神的形象，在各地的传说中会有些不同。天草地区的岁神是一副武士的模样，而其他地方则是驮马的形象。

据说，在半夜里点上火把，就会看到数匹驮马走过。倘若捉住最先走过来的那一匹，就能得到马背上驮着的黄金。如若稍有迟疑，捉住的是最后那匹，得到的就是铜钱。即便如此，也会变得非常富有。

锅盖头小僧

锅盖头小僧是留着锅盖头发型，穿着奇怪衣服的小孩。经常出现在下总（今日本千叶县北部、茨城县南部）荒凉的山路上，对着行人喊："喝水，喝茶。"

有人说这妖怪是貉所化。不知为何，这一带的貉都喜欢变成小孩的模样。古书里还记述了这样一个故事。

在上总（今日本千叶县中南部）的乡下，有个叫长太郎的孩子，在和其他小朋友玩翻跟头的游戏时，发现有个小孩竟用衣服蒙着脸，骨碌骨碌地翻跟头。

起初，大家还以为是同村的孩子。但这小孩既不说话，也不露出脸。大家就七嘴八舌地问"你是谁啊"，小孩依然沉默不语。大家就去扒他的衣服，他死活不松手。费了九牛二虎之力，大家才把手伸进他的衣服，拽出来的胳膊竟是毛茸茸的。原来这小孩不是人类。

孩子们吓得四散而逃，听到动静的大人们手持棍棒赶来。妖怪丢下衣服，逃进了树林，原来竟是一只巨大的貉。

獭

　　这里说的獭，是在石川县鹿岛郡和羽咋郡出现的一种妖怪，经常在水边出没。这种妖怪如猫一般大小，浑身发黑，前腿短，尾巴末端很粗。

　　獭会故意熄灭夜行之人的灯笼，有时候还会骗人，故意让人被石头或树根绊倒。有时候，它还会变成十八岁的美女。

　　这种獭主要在夜晚出现。想要捉弄人时，它会跟在人身后，大喊大叫，遇到这种情形，一定要小心。

　　在金泽地区，人们将这种妖怪称作"河獭"。每到夏季，孩子们会在黄瓜上写"河獭大明神"的字样，放在河里让水冲走。

　　獭和河獭都是水獭。在北陆地区，人们认为河獭是一种比狐狸更擅长变化的动物，与河童有些像。

　　给河獭大明神供奉黄瓜的做法，是人们将河獭视作河童的一种佐证。因此，人们会向作为水神的河童，即水獭祈祷，希望不要有水难事故发生。

蟾蜍

　　自古以来，有很多关于狐狸和狸猫作怪的传说。除此之外，蟾蜍也会作怪，古书上就记载了很多相关的故事。

　　当马厩里有蟾蜍栖息时，马会逐渐衰弱，骨瘦如柴。同样，家中的地板下出现蟾蜍时，这家人就会日益憔悴，最后患病。

　　曾经有个人住在一处古宅，忽然患上了疾病，一直查不出病因，身体日渐衰弱。

　　有一天，落到走廊上的一只麻雀，无意间钻到了走廊下，却再也没出来。病人觉得奇怪，就观察了一段时间。他发现，就连经过走廊的猫都被吸了进去，下落不明。这种情况持续了很久。

　　病人思来想去，决定让人打开地板一探究竟。打开地板后，下面的坑洼里竟住着一只巨大的蟾蜍，旁边散落着毛发和白骨。毫无疑问，凶手就是这只蟾蜍。人们把它打死后，将地板下清理干净，病人的身体也日渐康复了。

　　关于蟾蜍怪的故事，大多与此类似。

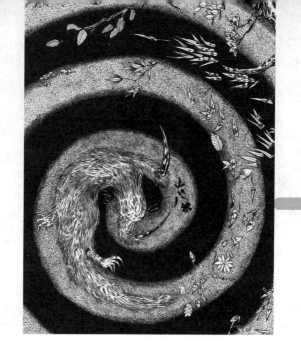

镰鼬

有个男子走在路上，忽然"嗖——"地刮过一阵风，却什么事都没发生。待男子回到家后，妻子突然大叫起来"你怎么了？你的伤……"

男子低头一看，发现自己的脚正在汩汩地流血。

这种事在以前就时有发生。人们认为这是镰鼬在作怪。镰鼬乘着旋风出现，它的爪子像镰刀一样锋利，被它抓伤也感觉不到疼痛。

在美浓和飞驒（今日本岐阜县）的山区，也经常有镰鼬出现。据说，人们所说的镰鼬是三位神仙，第一位神仙往上扑，第二位神仙用利刃砍，第三位神仙在伤口上敷药止血。因此，人们不会感到疼痛。

另外，新潟县的弥彦山与国上山之间，有一处叫"黑坂"的地方，这里也经常有镰鼬出现。黑坂的镰鼬十分凶残，在山路上将人绊倒后，会向人发动袭击。从这里路过的人，都十分小心，以防摔倒。人们认为鼬本身就是一种妖兽，所以才会有"镰鼬"这一称呼吧。

发鬼

　　头发是展现日本女性之美的重要部位。据说，女人的怨念会聚集到头发上，所以有时候，头发也是一种可怕的东西。

　　而附在头发上的妖怪，或妖化的头发，就是发鬼。

　　发鬼一天能长几寸长，无论怎么剪，也无法阻止它疯长。不仅不断地生长，头发还会做出怪异的事情。

　　有一个女子，因为嫉妒邻家女人有一头美丽的黑发，平日里对那女人百般刁难。后来，据说这邻家女人抑郁而死，而刁难她的女子也得到了报应，被发鬼附身。这个女子的头发开始变得乌黑亮丽，她还暗暗窃喜，却不知是被发鬼附身。

　　还有一些说法认为，如果人们平时不信佛，却渴望拥有一头美丽的秀发，还假仁假义地做善事，就会有发鬼出现。

发切

　　发切会在不知不觉间，将人的头发剪掉。

　　明治七年（1874），日本曾发生过一件怪事。有个人在厕所被剪掉了头发，这事还登上了当时的报纸。

　　这件事发生在三月十日晚上的九点多，在东京本乡三丁目一户人家的宅院里，女佣阿银去院子后面的公共厕所如厕，突然感觉自己脖后发凉，接着头发就散了下来，梳好的头发变成了一头乱发。阿银受到惊吓，尖声大叫，慌忙逃到附近的另一户人家，昏了过去。

　　这家人惊讶万分。在他们的精心照料下，阿银醒了过来。细问缘由，这才知道阿银是在厕所里被突然剪掉了头发。人们立刻到现场查看，发现阿银的发髻被整个剪了下来，丢在了地上。

　　后来，阿银患上了病，在父母家疗养。据说，知道了这件事的人们，再也不敢去那个厕所了。这就是妖怪"发切"在作祟。

纸舞

据藤泽卫彦的《妖怪画谈全集·日本篇（上卷）》记载，"纸舞"这种妖怪只出现在神无月（即十月），会以纸片飞舞的形式出现。明明没有风，纸片却翩然飞舞。

神无月可能与传说中的神灵齐聚出云（今日本岛根县）一事有关，不过至今仍不清楚。

据说，有纸舞出现的人家，不仅是纸，连笔、墨和砚等也会飞舞起来，甚至叠好的衣服、衣带等都会跟着飞舞（难道这是一种骚灵现象）。

还有一些说法认为，当贪婪的高利贷者盯着字据打算盘时，字据就会一张张飞到空中。

我小时候也看到过纸舞，摆放整齐的纸突然齐刷刷地飞了起来。

这应该是一种特别的风吹起来的，而人们看到纸自己飞了起来，不由得十分惊恐。古人将这种纸张飞舞的奇异现象，称作"纸舞"。

瓶长

这是浮世绘画师鸟山石燕在《画图百器徒然袋》中描绘的一种妖怪。虽然是妖怪，却与其他妖怪有很大的不同。据鸟山石燕介绍，虽然瓶长长着一张凶神恶煞的脸，但实际上，它是一个装满福的缸，而且里面的水永远也取不尽。

既然是瓶妖，就是付丧神的一种。不过，付丧神中居然有赐人幸福的妖怪，着实令人意外。瓶妖不止这一种，在其他地方还能找到相关的记载，《今昔物语集》中就记述了一个油瓶杀人的故事。

一天夜里，右大臣藤原实资^①走在大宫的街上，忽然看到自己前面有个蹦蹦跳跳的油瓶。实资觉得奇怪，便尾随其后，发现油瓶在一户人家的门前跳个不停。油瓶似乎是想从门上的钥匙孔钻进去。神奇的是，过了一会儿，它竟真的从钥匙孔钻了进去。后来，实资派人打听那家人的情况，得知那户人家的女儿被邪魔附身死了。

这个故事里的瓶妖，不像是瓶长的同类，更像是板鬼的同类。

---

①藤原实资（957～1046），平安时代的公卿，藤原齐敏的四男，后成为祖父实赖的养子，继承了小野宫流。

龟姬

　　会津的猪苗代城中，有一个叫"龟姬"的妖怪，能够预言城主的寿命。

　　这件事发生在宽永十七年（1640）的某月。有一个奇怪的小孩，出现在城主的家老①面前，说道："城主仍未拜谒龟姬公主。"

　　家老刚要训斥小孩无礼，小孩继续说道："居然连姬路的长壁姬和猪苗代的龟姬都不知道，看来城主命数已尽。"说完便消失了。

　　次年正月的一个早上，城代②准备去大厅拜见城主，发现大厅的壁龛上放着葬礼用具。到了傍晚，壁龛上传来捣年糕的声音。

　　到了一月十八日，城代的身体突然感到不适。二十日早上，就气绝身亡了。人们都说，城代做了城主的替死鬼。

　　那年夏天，一个武士遇见一个身长两米多的大入道。武士砍伤了大入道，发现竟是一只老貉。奇怪的是，从此以后，龟姬便消失了。

---

①江户时代幕府或藩中的职位。家老一般有数人，采取合议制管理幕府和领地的政治、经济和军事活动。在幕府或藩中地位很高，仅次于幕府将军和藩主。
②城代是日本战国时代，对负责在战时留守或平时管理城池的管理者的称呼。

蚊帐吊狸

在德岛县美马郡三岛村舞中岛（今日本美马市），曾有一种叫"蚊帐吊狸"的妖怪出没。

深夜，有人走到僻静处时，就会看到路中央吊着一顶蚊帐。

蚊帐本是家中使用的东西，却被吊在路上。而且，如果不从蚊帐中钻过，就无法前行。

如果有人钻了进去，就会发现前面还吊着一顶蚊帐，再钻过去，前面又出现一顶，就这样一直没有尽头。

当人们感觉情形不对，想掉头返回时，却发现背后也吊着无数顶蚊帐，怎么钻也钻不出去，只能在里面徘徊一个晚上。

据说，被蚊帐吊狸困住时，如果能够平心静气，将力量聚集在丹田（下腹一带），然后去钻蚊帐，就能在钻过第三十六顶蚊帐时逃出来。

在德岛县，关于狸猫的传说有很多。虽然不清楚蚊帐吊狸的原形，不过，从名字也可以知道是狸猫在作怪。

乌天狗

身体是人形,背上长有羽毛,脸像乌鸦,人们将这样的天狗叫作"乌天狗"。乌天狗擅长剑术,手上经常拿着刀或枪。

在爱媛县的西条一带,流传着这样一个故事。

一年夏天,西条一带的一个村民带着六岁的儿子爬石锤山。到了山顶,这个人把孩子从背上放下来休息,一不留神,孩子不见了。他到处寻找,也不见孩子的踪影,又叫了几个人帮忙寻找,最终也没能找到。

无奈之下,村民回到家中,发现自己遍寻无果的孩子已经回来了。村民又惊又喜,询问缘由。孩子说,在山顶的神社后小便时,忽然出现一个黑脸的大个子男人。男人和蔼地说:"不许在这里小便,你闭上眼睛,叔叔送你回家。"当他睁开眼睛时,发现已经回到了家里。

那个男人就是乌天狗,是它把孩子送回了家。

不只是乌天狗,穿越时空是所有天狗都拥有的能力。

噶喇帕

　　噶喇帕是栖息在奄美大岛、吐噶喇列岛等南部群岛的一种河童。它们身体纤细，长手长脚，坐下时膝盖高过头。

　　噶喇帕的头上长有一个类似碟子的东西，口中不停地流口水，臭不可闻。

　　噶喇帕春天生活在河边，秋天住进山里。在山里经常捣乱作怪，有时还会附到人身上。如果有人在山里遇到奇怪的事情，比如迷路、头忽然撞到树枝上、突然腹痛难耐、眼里进了脏东西或听到奇怪的声音等等，据说都与噶喇帕有关。

　　在山里不能说噶喇帕的坏话。穿着鞋还好，若是赤脚走路时说它坏话，就会传到噶喇帕的耳朵里，遭到它的报复。

　　不过，如果能和噶喇帕成为朋友，钓鱼时就能获得大丰收。这是南方地区河童的一种共同特征。

　　噶喇帕比日本本土的河童似乎拥有更多的手段和神通，和山神有些相近。这样看来，它更接近原始神灵。

画灵

　　从前，劝修寺宰相家有一架旧屏风，屏风上画着一幅美女图。有一次，穗波殿的侍从派人前来，想借旧屏风一用，劝修寺家欣然相借。从那天晚上开始，每晚都有一个怀抱小孩的奇怪女子，出现在穗波殿府邸附近。有人跟在女子身后，想要查看究竟，发现女子在屏风处消失了。看来是屏风在作祟，穗波家觉得有些恐怖，急忙物归原主，将屏风还给了劝修寺家。

　　从此以后，劝修寺家也发生了同样的事情。"这女人会不会是屏风中的画呢……"有个侍卫灵机一动，在屏风画中的女子头上贴了一张纸条。当天，那个女子头上贴着纸条，出现在院子里。

　　面对如此诡异的事情，宰相找来一群画师到府上察看这屏风。画师们说，此画乃是土佐光起①所画，十分珍贵。于是，宰相派人将此画修缮后珍藏起来，那女子就再也没有出现过。

　　画灵不断出现，就是在警示人们要珍惜自己的画吧。

①土佐光起（1617～1691），江户时代前期画家，画风别致细腻。

川赤子

　　妖怪"川赤子"经常在沼泽或池塘里哇哇大哭。一旦有人误以为是小孩溺水，循声前去营救，哭声就会从相反的方向传来。

　　如果善良的乡下人急忙去相反的方向营救，哭声又会变回原来的方向。

　　若能及早发现是川赤子作怪，就无须惊慌了。不过，由于只有当地的老人才知道这种情况，所以一般人都会惊慌之下一脚踩空，掉进池塘或沼泽里，弄成落汤鸡。这时，川赤子发疯般的哭声就会停下来。

　　这是一种只会发出哭声的妖怪，没有人见过它的样子。尽管有很多人认为，这是池塘或沼泽中的精灵的恶作剧，抑或是河童，但至今仍未有人见到过川赤子的原形。

　　还有一个类似的故事，说是有个人在海边听到"喵喵"的叫声，听上去很像猫叫，声音忽远忽近，很是奇怪。这个人便在附近寻找，却什么都没找到。不过，在这期间，叫声却从未间断，实在是不可思议。这恐怕是川赤子的同类在作怪。

川獭

自古以来，人们就认为川獭能够变化。柳田国男在《妖怪谈义》中曾提到，生活在石川县能登地区的川獭，会变成二十岁左右的姑娘，或是身穿方格花纹衣服的小孩。当人们询问对方是谁的时候，人类一般会回答"是我"，川獭回答的却是"阿拉"。若是继续追问"你是哪里人"，川獭就会回答一句莫名其妙的"卡哇伊"。

在青森县的津轻地区，人们将川獭视为一种奇怪的动物，甚至还流传着川獭变成一颗人头，钻进渔夫的网里吓唬人的故事。据说，被川獭所骗的人会立刻失去精神，仿佛被什么东西附身一样。

另外，宫城县的仙台城下也流传着川獭变成大入道的故事。听说这件怪事的藩主伊达政宗将其降服后，发现竟是一只大如小牛的川獭。

由于川獭是生活在水边的动物，有些地方的人认为川獭与河童有许多相似之处。北陆地区的河獭、水獭等便是例子。

总之，川獭从前一直生活在村落附近，像狐狸一样吓唬人。它的这种把戏对村民们来说也成了家常便饭。

川獭精

从前，加贺（今日本石川县）金泽城的护城河里，有一只成精的川獭，骗人的伎俩十分了得。

一天傍晚，有个好色的年轻人在护城河附近勾搭了一个头戴斗笠的女人。年轻人成功地将女人带回家，却总觉得这女人有些恐怖。于是，男子叫来几个朋友，让大家和她聊天，自己躲到了别的房间。

大家轮番与这女人交谈，但无论如何，她也不肯摘掉戴在头上的斗笠。这女人一直跪坐在那里，无论大家说什么，她只回答："想见他。"

"他有急事，要到深夜才回来。"机灵的同伴回答说。

这女人又说："那我去迎他。"说着，女人边摘斗笠边往外面走。她的脸看上去就像一个六七十岁的老太婆。

大家让那个年轻人睡在另一个房间，为谨慎起见，还派人守在外面。但没多久，只听年轻人一声惨叫。大家大吃一惊，急忙跑过去，发现年轻人已经死了。更令人吃惊的是，他的生殖器被割了下来，放在尸体的旁边。

河爱郎

　　岐阜县揖斐郡地区，有一种妖怪叫"河爱郎"，是河童的同类。

　　据说，河爱郎待在河里时，绝不会让人发现它的行踪。河爱郎从河里出来时，会变成猴子，不过没有后脚跟，因此一看便知是河爱郎。

　　人们认为，白脸黑眉的猴子是河爱郎变的。另外，河爱郎还会变成人们想要的东西，来捉弄人。

　　在武仪郡（今日本关市），人们称这种妖怪为"河一郎"。据说，河一郎经常会变成小孩，与人进行相扑比赛。但是它的胳膊能轻易被人拽下来，人类很容易赢它。

　　河一郎有一个其他同类不具有的特征：头顶上的碟子里有毒物，如果这些毒物掉到河里，河水会变黏。在河里游泳的人，被河水粘住之后无法上岸，在水中挣扎时会被河一郎取走肛门球。

　　河爱郎还有一个名字，叫"主"。在距离岐阜县很近的尾张（今日本爱知县），人们曾有一段时间将河童叫作"主"。

川男

　　说起河里的妖怪，人们印象中似乎只有河童。其实，还有一种叫"川男"的妖怪。

　　川男的长相比河童更接近人类。在《和汉三才图会》中，有对川男的描述：川男的胆子比较小，长着一张人畜无害的脸，性情温和。川男出现的时候，经常是两个一起。

　　江户时代的国语辞典《和训栞》[①]中，对川男也有记载。川男生活在山川中的大河里。在美浓（今日本岐阜县）等地，很多夜间打鱼的人见过川男。川男肤色黝黑，个子很高。从前的人们在形容人个子高的时候，经常会说："个子高得像川男一样。"不过，这话如今已经很少听到了。

　　同为生活在河里的妖怪，与在全国各地都留下足迹的河童相比，有关川男的传说却少得可怜。说得更准确些，只在《和汉三才图会》和《和训栞》中有相关记载。

---

①日本国语辞典，谷川士清著。共三编九十三卷。1777 年到 1887 年刊行。广泛收集古言、雅语、俗语、方言语汇，加以注释，用五十音的顺序来表示用例、出典。

川熊

　　从前，秋田县的雄物川里生活着一种叫"川熊"的妖怪。有一天，秋田的一位大人在雄物川打猎时，水中突然伸出一只长满黑毛的手，一把抢走了他手中的火枪。

　　"无礼之徒！"这位大人大怒，立即命家臣夺回火枪。家臣当即潜入水底，费了好大的力气，终于从川熊手中夺回了火枪。从此以后，人们称这杆火枪为"川熊火枪"，并一代代传了下去。

　　另外，在雄物川下游的河边郡川添村椿川（今日本秋田市雄和），流传着"川熊之手"的故事。有一个船夫将船拴在了雄物川的岸边，夜深人静时，只听水中哗啦一声，有个东西将两只手搭在了船舷上。船夫吓了一跳，当即用劈刀砍断了那两只手。到了第二天早晨，船夫发现被砍断的那两只手就像猫爪一样。

　　川熊这种妖怪在新潟的信浓川也曾出现。每当洪水决堤，人们就说"是川熊在作怪"。虽然名字里有"熊"字，却与普通的熊完全不同。

河虎

享保年间（1716～1736），对马的仁位村有位叫新九郎的武士。

一天傍晚，新九郎在河边散步时，忽然听到什么东西跳进了水里。新九郎感觉是河虎，就大喝一声，随手捡起一块石头扔进河里，然后径直回了家。

当晚由于要值夜，新九郎在雨停后出了门。走着走着，他感觉自己每迈一步都很费劲，就像有东西缠住了自己的脚。不过新九郎并未在意，继续赶路。

到了第二天晚上，新九郎发现自己的肚子上长了一个梅干大小的瘤子。他想将瘤子割掉时，那瘤子竟动了起来。新九郎好不容易抓住了瘤子，他用左手按住瘤子，突然想起了昨天的事情，就说道："河虎，看我怎么治你。"

说着，便拿起身旁的锥子，直接扎在了瘤子上。只听"咻——"的一声，新九郎松开手急忙查看，发现瘤子已经不见了。他又让家人从头到脚检查了一遍，也没有找到。看来河虎逃掉了。

这个故事出自《乐郊纪闻——对马夜话》[1]。

---

[1]作者为中川延良，主要记述了对马地区的奇闻异事。

川猿

　　静冈县榛原郡一带，有一种叫"川猿"的妖怪，有时会变成童子骗人。它浑身散发着一股鱼腥味，弱点是大腿和眼睛，如果用箭射中这两个部位，便能一击致命。人类如果不慎与川猿厮打起来，全身的皮肤和肌肉都会被它抓破，身受重伤。川猿非常胆小，能够记住曾帮助过它的人，并且永远不会忘记。

　　川猿可能是河童的近亲。不过，川猿的头顶上没有盘子，而且嗜酒，这样看来，倒与川獭有些相像。而河童的体型和性情，都与猴子有些相像，实在是匪夷所思。

　　不过，猴子与河童自古以来就是冤家。在九州地区，曾有个耍猴的艺人在过河时，他的猴子与河童打了起来，愚蠢的猴子最后被河童抠了肛门球。不过，在一般情况下，都是猴子活捉河童。

　　有一种说法认为，河童只能潜在水里十二个小时，而猴子却能坚持二十四小时，因此猴子比河童更厉害。

　　川猿似乎是猴子、河童与川獭的结合体。

水獭

　　四国宇和地区的水獭生活在水边或水中，经常会附到行人身上，还会搞各种恶作剧。

　　水獭的体型接近较大的猫，毛色发灰，走路很快，人类无法追上。俗话说："水獭千只同行。"由此可见，水獭是群居的。

　　有一次，有个人半夜路过海边，听到一阵叫声。他在黑暗中仔细寻找，发现一群水獭。水獭们一会儿叠罗汉，一会儿排成一队，一会儿又互相挤来挤去。这个人被吓坏了，屏住呼吸，急忙逃走了。

　　据说，水獭有一种奇怪的爱好，喜欢和人类比身高。"有这么高吗？有这么高吗？"水獭每问人类一次，个头就会大上一圈，最后变得像入道一样大。如果有人这时候说上一句"我早就看透你了"，水獭就会迅速缩小，最后消失得无影无踪。

　　宇和地区还流传着这样一句话：虽是水獭前来挑衅比个头，人类也不要和它计较。

川太郎

在岩手县雫石川地区，人们将河童称作"川太郎"。

在南部太田村（今日本盛冈市），有个叫助八的人，他的家里经常出现川太郎。川太郎不会害人，而且乐于和孩子一起玩耍，每天都会来。它和孩子玩相扑，或者和孩子追逐打闹，就像是孩子的保姆。不过，有大人过来时，川太郎会立刻藏起来，还告诉孩子不要把和它玩的事情说出去。

有个孩子不小心和父母说了这件事。"要是它把孩子拐走就糟了"，于是，孩子的父母再见到川太郎时，就用镰刀狠狠地砍了过去。川太郎躲闪着逃走了。

次日，孩子们正在一起玩耍，伤痕累累的川太郎出现了，说道："你们食言了，太过分了。如果再这样，我一定会召集北上川和其他地方的同伴来报仇！"

大人们听说后都十分害怕，从此以后，即使看到孩子和川太郎一起玩耍，也会装作没看见。

川天狗

　　如果有人在夜里去神奈川县津久井郡的河里打鱼，会看到一个巨大的火球在黑暗中滚来滚去。这火球就是川天狗。此时，看到川天狗的人要立刻在河滩上找一块石头擦干净，将捕捞到的鱼供奉上，火球就会停止滚动。

　　捕鱼人撒网时，有时会看到不远处有一个人影，也在做撒网的动作，只是看不清模样。据说，这也是川天狗。

　　东京的川天狗似乎会在人类面前现身。

　　小河内村（今日本奥多摩町）的多摩川，有一处巨大的深渊，叫"大畑渊"，里面栖息着一个川天狗。川天狗并不害人，经常坐在岩石上，一副若有所思的样子。

　　一年秋天，川天狗娶了一位美丽的姑娘为妻。之后，人们便经常看到二人在岩石上亲密私语的身影。

　　有天晚上，川天狗的妻子到一户人家借碗筷，这家人借给了她。第二天早上，碗筷被还了回来，碗里放着蚯蚓，还附了纸条，写着"患热病时服用"。于是人们将蚯蚓煎好后，让患有热病的人服下，病就神奇地好了。

川者

　　在大分县，人们有时会将河童叫作"川者"。当地人都知道，川者能够附到人身上，被附身的人会生病。

　　因为是妖怪附身导致的生病，普通的医生是无法治愈的。当地有一种专门医治此病的法师，必须要请法师来诊治，驱除川者。法师用币帛擦拭病人的全身，然后装入纸袋里烧掉，之后病人就会恢复正常。看起来很简单，却只有法师才能做到，普通人是无法将附身的妖怪赶走的。

　　一般来说，被河童附身的多为女性。女性一旦被河童附身，就会做出父母兄弟都无法直视的媚态。

　　另外，在大分县中津市新鱼町的自性寺里，还流传着一份河童写的致歉信。这是曾附身在某女子身上的河童离去时留下的。日期为天明六年（1786）六月十六日，署名"剑引太郎"。

　　这封致歉信的真伪暂且不论，在如此久远的时代，就流传着人被河童附身的故事，着实令人吃惊。

川姬

在福冈县筑上郡的部分地区，传说有一种美女妖怪——川姬。据说，如果有人看到川姬后动了心，就会瞬间被吸走精气。

有一天，村里的一群年轻人聚集在水车场。不知什么时候，水车的后面站着一位美女。这就是川姬，看到它的人必须脸朝下，屏住呼吸。一般情况下，如果有年长者在场，会偷偷提醒大家。

四国的琴平地区也有一种美女妖怪，但不是川姬，而是一种叫"川女郎"的妖怪。这妖怪并不会作恶，只是在发洪水、大坝要决堤的时候哭喊："房子要被冲走了……"在香川县的仲多度郡就有"今晚川女郎哭了，又要发洪水"的说法。

与河最有渊源的妖怪，要数河童。河童甚至被人类看作是水神或河神。而川姬却总会让人联想起活人祭品等悲惨的传说，尤其是四国的川女郎，更让人觉得是悲剧的主人公。

川萤

　　川萤是流传在千叶县印幡沼的一种妖火，可能与新潟县的蓑虫火、滋贺县的蓑火是同一种东西。虽然是火，但并不热，颜色和萤火虫一样是青色的，因此得名。

　　川萤多出现在夏秋之交的雨夜里。如果用力拍打，可以将川萤拍碎，被拍死的川萤黏糊糊的，还有一股腥臭味。

　　有一天，一个夜钓的男子在船上看到一个火球状的东西，摸起来并不热，但怎么赶也赶不走。不知不觉中，火球的数量越来越多。男子心里发慌，在船上束手无策，只好不停地用手驱赶。不久，夜晚的帷幕渐渐收起，火球也神奇地消失了。

　　许多人都曾见到过川萤，甚至还有人用渔网去抓它，结果川萤在渔网中变成了青火。有人认为这是狸猫或黄鼠狼在作祟。根据《利根川图志》^①记载，川萤是亡者的阴火，可能是死者的灵魂化成的火球。

　　让人费解的是，川萤从不会附到木匠和石匠这两种人身上。

---

①成书于安政年间，作者是赤松宗旦，主要介绍了利根川中下游地区的名胜古迹、特产、风土、习俗等，并配有插图。

岸涯小僧

顾名思义，岸涯小僧生活在岸边。捉到鱼后，总是先"吧嗒吧嗒"地吃掉鱼头。它的名字又可以写成"雁木小僧"。雁木指的是一种圆形的带有锯齿的齿轮，因为这妖怪张开的大嘴很像雁木，因此得名。

猫和狗啃鱼头时，总是发出"吧嗒吧嗒"的声音；川獭也会发出这种瘆人的声音。因此，这些东西都有可能是岸涯小僧的原形。

二战后，我去往所罗门群岛，曾看到当地人捕鱼的情形。当时，作为向导的船长拎起一条四十多厘米长的鱼，从鱼头开始"咔哧咔哧"地吃了起来，令我十分惊愕。岸涯小僧发出的大概就是这种声音吧，牙齿好，声音也很悦耳。

以前的人不经常吃点心，拥有一口像岸涯小僧那样的牙齿也就不足为奇了。

贯奇

　　在山梨县南都留郡道志村，从小善地到大栗的汤本一带，曾有一种叫"贯奇"的妖怪出没。

　　贯奇具有河童的一些特征，后背长有一副龟甲，披头散发，脸色青黑，样子像乌天狗。贯奇总是寻找人的屁股，经常恶作剧。在水里时，它的力气相当大，即使被人反推一把，也能立刻翻身。

　　从前，小椿有一位长相丑陋的老婆婆，领着十岁的小女孩去挖蕨菜。两人来到河边，正准备过独木桥时，小女孩一直说："河对面有个小孩。"但是，这位丑婆婆并没有看到，也就没有在意，从独木桥上走了过去。

　　当小女孩走到一半的时候，河对面的小孩突然消失了，小女孩也同时掉到了河里，被激流吞没。丑婆婆吓了一跳，连忙跳进河里去营救，但已经晚了。

　　后来，小女孩的尸体浮出了水面，肚子里已经空了。据说，贯奇会将纤细的手伸进人类的肛门，将内脏掏出来吃掉。

干津女

　　这个故事发生在一百五十年前的奄美大岛。

　　有个叫干津女的姑娘给一户人家做女佣。她非常勤劳，做农活时十分卖力。有一天，她和一个叫岩加那的男子相识，之后二人便相恋了。

　　但是，这家主人却不同意，还残忍地折磨干津女。最终，干津女被折磨死了。

　　得知消息的岩加那如五雷轰顶，几近发疯。他每晚都去曾与干津女幽会的地方，靠弹三弦度日。

　　看到岩加那的样子，人们都说："他是在梦里与干津女相会呢。"并将岩加那所唱的歌称作"干津女小调"。

　　从此以后，只要在酒宴上唱起"干津女小调"，热闹的宴会就会安静下来，还会有一个脸色苍白的姑娘出现，悄悄地站在众人中间。

　　人死之后，灵魂可能会升华，成为神或佛，被人崇拜。对岩加那来说，干津女已经不再是人，也不是亡灵，而是一种近似于神的存在。

关东的尾崎狐

在埼玉县、茨城县和栃木县，流传着"尾崎狐附身"的传说。尾崎狐的个头比家鼠略小，体形像黄鼠狼，毛色多为茶色、橙色、灰色，或茶灰混合色等，从头部到尾部有一条黑线。被尾崎狐附身的人，饭量大得出奇，还会用前牙咬东西。

尾崎狐通常都是成群活动。有一些人家会饲养尾崎狐，这种人家被称作"尾崎狐屋"。

昭和二十年，群马县邑乐郡某女性被尾崎狐附身一事，曾引起轰动。那年夏天，这位女性突然精神失常，极度亢奋，一直喊着："尾崎狐来了，尾崎狐来了。"家人手足无措，只得将其监禁在屋内。这种精神错乱的状态持续了大约半年后，她就恢复了正常。由于她家附近有一户人家饲养尾崎狐，因此，大家都说肯定是被那家的尾崎狐附身了。

在五六十年前，这种事情时有发生。

龛精

　　龛指的是装死人遗体的棺材。在冲绳县的今归仁村，曾有一种妖怪会变成牛或马袭击人，据说就是龛精。

　　有人即将去世时，他家门口会传来脚步声或挑扁担发出的吱嘎声，这是因为龛精正在这户人家门前徘徊。

　　葬礼上，抬棺材的人走进棺棚时，必须要安抚好龛精，出来时则要恶语相加。否则，龛精就会出现，夺人性命。

　　关于龛精的传说还有很多，比如葬礼上，如果有人穿红衣服或系红带子，就会被龛精夺走魂魄；在葬礼上用手指棺材，手指就会断掉。如果不小心用手指了棺材，据说只要将手指放进嘴里含住，转七圈就没事了。

　　在冲绳地区，自古以来，人们就认为做棺材用的旧木板会化为妖怪，必须烧掉。在今归仁村，还流传着做棺材用的旧木板化为美女，与男子交媾的故事。

加牟波理入道

　　加牟波理入道是厕神。据说，除夕夜去厕所时高唱"加牟波理入道子规"，一年之内厕所里都不会出现妖怪。

　　厕神又可写作"紫姑神"，《古今百物语评判》里记述了这样一个故事："唐朝有个人叫李景，他的妻子在正月十五这一天，将他的情人杀死在厕所里。此后，李景每年正月都会祭祀他的情人，并为其取名紫姑神。"

　　自古以来，很多地方的厕神都是夫妻人偶的形象。

　　在秋田县，人们用泥人偶，并放在厕所的角落里。在出云（今日本岛根县），人们用玉米做一对男女神，以驱除厕所的不洁之物。还有些地方会在搁板上放几个泥人偶，将其称作"闲所神"。这些都是加牟波理入道的同类，是为了让孩子夜间上厕所时不再害怕的守护神。

　　如今的厕所用的都是抽水马桶，并没有那么恐怖。从前的厕所都是搭两块木板，木板下面是深深的粪坑。夜深人静时，有一只手从黑乎乎的粪坑里伸出来也不奇怪。

　　加牟波理入道的职责，就是消除人在厕所里产生的不安。

鬼击病

　　《医心方》①一书是由针博士丹波康赖所撰，并于永观二年（984）献给了圆融帝。在此书第十四卷的第三篇中，记述了"治鬼击病"的事情。

　　当无形之鬼直接接触人体，或用工具击打人体时，人们就会罹患此病。鬼击病的症状表现为胸腹部绞痛，犹如针扎一样。如果用手按压疼痛部位，就会吐血、流鼻血，或便血。

　　如果病情较轻，疼痛一会儿便可痊愈；若是病情严重，就可能会死亡。被鬼附身的原因，往往是由于本人气血虚弱、精魂衰微。

　　不过，鬼击病是有办法治疗的。葛洪（东晋初期的道士）所著的《葛氏方》中记载："将上等苦酒吹入两鼻孔，或于人中施灸一壮，即愈。"

　　另外，《新录方》和《千金方》中也记载了治疗鬼击病的方法。

---

①日本现存最早的医书，荟集中国医学典籍达204种，集当时日本汉医之大成。丹波康赖系东汉灵帝之后入籍日本的阿留王的八世孙，他医术精湛，被赐姓丹波，累迁针博士、左卫门佐。

喜如那

　　喜如那是冲绳独有的一种妖怪，又叫"赛马""布那噶亚"等。当地人认为它是老榕树的精灵，体形如婴儿般大小，全身有毛，喜食鱼蟹，吃鱼时只吃一只眼睛。人们晚上打着灯笼走路时，有时会被喜如那抢走灯笼。如果在出门前，先从灯笼上跨过去，就能防止这种事情发生。

　　相传旧历的八月十日是妖怪日。在这一天，所有妖怪都会倾巢出动。喜如那会在这一天变化出许多火焰，很多人都会去观看"喜如那之火"。喜如那与火颇有渊源，一些原因不明的火也被人们称作"喜如那火"。这火在谁家的屋顶升起，就是死亡之兆。喜如那还擅长捕鱼，能看到它在海上发出的许多火球。

　　在首里一带，如果人们在喜如那藏身的树上放一些白薯，一周左右就能和喜如那成为朋友。不过，如果放喜如那讨厌的章鱼、热锅盖等东西，或是将喜如那藏身的老树烧掉、往树里砸钉子，喜如那就会与这个人绝交。即使是在很远的地方谈论这种事，也会立刻遭到它的报复。

鬼女

　　有个从信浓（今日本长野县）前往京都的旅人，走到木曾时，天色已晚。旅人迷了路，幸好在山中发现了一户人家。旅人央求主人借宿一晚。这户人家的主人是位五十来岁的老太婆，她欣然答应。这位老太婆似乎是一人独居，家中并无旁人。旅人放松后，忽然闻到一阵阵香气从地炉那边飘来。

　　"能不能给我些吃的呢？"旅人忍不住问。老太婆不耐烦地说："这不是人吃的东西。我丈夫马上就回来了，我煮好了在等他。"

　　旅人无意间看到老太婆的脸，发现她的嘴咧到耳根，十分吓人。原来是个鬼婆。再往锅里一看，煮的那些东西不正是人的头颅和手脚吗？旅人吓坏了，破门而逃。鬼婆哪儿肯放过他，大喊着追了上来，"你往哪里跑！"

　　旅人躲进路边的一座小庙，蜷起身子，屏住呼吸。鬼婆很快就追了过来，它四处搜寻，没发现旅人的踪影，只好悻悻地咒骂着，像风一样离去了。旅人庆幸自己捡回了一条命，急忙踏上了赶往京都的路。

鬼女红叶

　　伴善男因京都应天门纵火冤案被流放至伊豆。在他的子孙当中，有一个生活在奥州会津（今日本福岛县），叫笹丸。笹丸向第六天魔王求子，之后与妻子生下一个女孩，取名吴叶。吴叶慢慢长大，长得越来越漂亮，还弹得一手好琴。不过，拜魔王所赐的吴叶却是一个野心家。她从一个富农的儿子那里骗走了一大笔钱，后逃到京城，改名红叶，寻找出人头地的机会。

　　红叶凭借美貌与超群的琴艺，被源经基所知，于是源经基迎娶红叶为侧室。红叶深受源经基的宠爱，却企图除掉源经基的正室。不料事情败露，红叶被流放到信浓的户隐山。从此以后，红叶洗心革面，为当地村民传授京都文化，并用法术为村民治病。后来，她的邪恶之心再次苏醒，成了一伙盗贼的头领。

　　不久，红叶的恶行传入京都。朝廷任命平维茂为信浓守，讨伐红叶。化身为鬼女的红叶拥有了可怕妖力。平维茂向别所北向观音祈祷，得到观音的庇佑后，一举歼灭了红叶这伙盗贼。

　　虽然红叶化为了鬼女，但村民对她的敬仰之情却并未消失。在十月二十日（或是临近的星期日）这天，仍有很多人聚在一起，缅怀她的在天之灵，举行热闹的"红叶节"。

鬼神

　　传说，东大寺东坊南侧的第二个房间里有鬼神出没。别说在这里居住，连敢靠近的人都没有。因此，这里被人们称作"荒室"，顾名思义，就是让它荒废下去。

　　东大寺有一位十六岁就出家的僧人，法号"圣宝"。

　　起初，他在元兴寺学习三论法文，后来又到东大寺兼修法相与华严两宗。由于年纪尚轻，一直没有固定的住房。

　　因此，圣宝索性住进了"荒室"。故事就发生在他住进去的那天晚上。

　　到了夜里，鬼神们以各种形态现身，想要捉弄圣宝。

　　它们甚至还在圣宝眼前上演了一出龙蛇与佛决斗的好戏。但是，意志坚定的圣宝却毫不畏惧，将当天的经文全部念完。

　　鬼神们拿他没办法，便纷纷离去。从此以后，荒室就成了可以安心修学之处，这里渐渐成了同一宗门的僧人居住的地方。

狐凭

古时候，如果有人举止反常，满嘴胡话，就被认为是"狐狸附身了"。这种狐狸和普通的狐狸不一样，人们看不到它。它会突然附到人身上，霸占人的灵魂。还有这样一种说法，有的家族代代都有被小狐狸附身的人。据说，这种狐狸体型和黄鼠狼差不多，而且只是一张皮而已。

从前，家住江户本所的某个人被狐狸附身，性格突然变得非常暴躁。正当家人一筹莫展时，有位老人推荐了一种能赶走狐狸的药。家人将药研成粉末放入汤中，附身狐狸喝了一口后，大吃一惊："糟糕，上当了。"紧接着满地打滚，然后就昏倒了。被附身的男子醒来后，狐狸已经逃走了。

江户近郊的千住，也有个男子被狐狸附身，一直跳个不停，一刻也不消停。家人便请来了一位武士，想要将这狐狸吓走。未曾想到这种方法根本镇不住它，还遭到了它的嘲笑。武士动了怒，想要一刀杀死它，于是狐狸仓皇逃走了。

狐风

佐贺县流传着这样一种说法，如果有人背了狐风，就会精神失常。"背风"指的是罹患恶疾，就是被附了身。

遇到旋风也被称作"背风"。据说，遇到旋风时，吐三口唾沫即可化解。

佐贺县还有一种习俗，人们捉到狐狸后，会请周围的人来分享狐狸的舌头，让大家吮吸生的舌头。因为这里有一种说法，吮吸了生的狐狸舌头，就不会被狐狸迷惑。不过，无论狐狸的舌头被切得有多小，一旦放入嘴中咀嚼，就会逐渐变大，最后胀满整个嘴巴。

另外，狐狸即使幻化成人，也只能发一种声音。因此，如果在路上有人打招呼，对方不回应的话，就可能会被怀疑是狐狸精。

大致说来，在人们的信仰中，自太古的"蛇崇拜"之后，就是"狐崇拜"了。

《日本灵异记》中记载了相关的故事，不过，当时的狐狸似乎没有什么法力。

狐祟

　　这个故事发生的时间距今已有近一百年了。有个叫治郎兵卫的农民，在山里发现了一只死野鸡，就捡回了家。

　　当天傍晚下起了大雪。到了半夜，雪中出现一只狐狸，一边悲戚地叫着，一边在治郎兵卫家附近转悠。

　　治郎兵卫猜想，这狐狸大概是想让自己将野鸡还给它。黎明起床后，治郎兵卫说道："既然你这么舍不得，那我就还给你。"

　　说着，就打开门，将野鸡扔给了狐狸。怎料狐狸已经在他家门前断了气。

　　不久之后，治郎兵卫家接连发生不幸，最后家破人亡。

　　村里的老人说："那只野鸡是属于狐狸的，得到美味的狐狸本想宴请亲人，却被治郎兵卫抢走了，狐狸觉得很没面子。它在治郎兵卫家附近徘徊，就是想让他将野鸡还给自己，却因大雪送了命。狐狸死后，就在治郎兵卫家作祟。"

　　食物引发的恩怨真是太可怕了。

狐狸娶亲

　　小的时候，下太阳雨时，人们就会说这是"狐狸娶亲"。当地的老人说："下太阳雨的日子，是出云或伯耆的狐狸嫁女儿的日子。"因此，每逢遇到这种天气，人们便暂缓出游的计划，躲在家里沉浸于狐狸出嫁的幻想中。

　　不同的地方，狐狸出嫁的传说也略有不同。在熊本地区，人们认为天空出现彩虹时，是狐狸嫁女儿的日子；在爱知地区，人们则认为天空下霰时，狐狸出嫁。另外，在福岛地区，阴历十月十日的傍晚，人们如果头戴擂钵，腰插擂槌，站在黑枣树下，就能看到狐狸出嫁的队伍。

　　从前，上州（今日本群马县）有个烟草商人，曾见到过狐狸出嫁的情形。黄昏中，只见三百多盏灯笼从远处飘来。商人还以为是哪位大名的队伍路过此地，便爬到高处瞭望。这些灯笼离自己越来越近，他却发现灯笼上没有家纹，只映出了红彤彤的灯笼火。此外，轿夫、侍从、随从等一应俱全，完全是一支真正的娶亲队伍。这就是伴有狐火的狐狸娶亲。

狐火

　　从前，一个住在长崎平户城下的武士，看到燃烧的狐火，便和一群年轻人将火包围起来。结果，狐火却越过年轻人逃走了，还发出"咕咚"一声。仔细一看，这狐火好像是人骨。

　　人们认为，狐狸会通过互相打尾巴来点火，或是用骨头、宝石来点火。据说，狐狸呼出的气息也会发光。

　　从前，有个少年在黎明时看到一片类似火把的怪火，以为是狐火，便上前查看。只见稻田小道旁的小庙前，有一群狐狸正在嬉戏，大约有二三十只。少年看到的火竟是狐狸呼出的气息，狐狸跳动时，口中会冒出火光来。这火在离狐狸嘴巴二三尺（约60～90厘米）远的地方发光，但不会持续发光，这就是狐火的真相。

　　狐火一般出现在冬季，而且是在深夜。正冈子规[①]还留下了"狐火映湖天益寒"的和歌。

　　另外，狐火有时会成群出现。一位目击者说，狐火比萤火大，一会儿是无数团火连成一片，一会儿这些火又忽然变大，看上去十分恐怖。

---

①正冈子规 (1867～1902)，日本歌人、俳人。本名常规，别号獭祭书屋主人、竹之乡下人。

鬼童

　　源赖光和麾下大名鼎鼎的四大天王（坂田金时、渡边纲、卜部季武、碓井贞光），是平安时代有名的捉鬼敢死队。源赖光因降服酒吞童子而名闻天下，不过，这位武将与"鬼童"还有着一段故事。

　　源赖光有一次去弟弟源赖信家时，发现弟弟在院子里捉住了一个鬼童。

　　源赖光对弟弟说："得用更粗一些的绳子绑紧才行。"当晚，源赖光决定住在源赖信家里。夜深人静，鬼童割断绳子，悄悄爬上屋顶，心里想着：源赖光，都怪你多管闲事，让人用粗绳子使劲绑我，害得我费了半天劲才逃脱。我非杀了你不可。

　　鬼童偷偷爬到源赖光的床头。源赖光早已有所察觉，他立刻喊来随从，大声命令道："明天去参拜鞍马。"鬼童决定先下手为强，便往鞍马赶去，在半路上杀死了一头牛，自己藏进了牛肚子里。

　　源赖光识破了鬼童的诡计，故意让渡边纲用箭射牛。这时，鬼童一下从牛肚子里钻了出来，挥刀砍向源赖光。源赖光冷笑一声，"这厮休要聒噪！"手起刀落，一刀将鬼童斩杀。

绢狸

众所周知，狸猫吃饱后，会像敲鼓一样敲打自己的肚子，而绢狸却喜欢拍打衣物。

绢狸就是狸妖，人们一般看不见它。

绢狸会将八丈岛出产的上等丝绸——黄八丈（又名黑八丈）所制的衣物裹在身上，然后拍打。

人们洗衣服时用搓衣板，绢狸就是在模仿这种声音。

恐怕没有人亲眼见过绢狸（至今为止，我也未曾听说有谁见到过），因此，从前的人们只是通过声音凭空想象。在日本的妖怪中，像这种只有声音的妖怪并不在少数。

狸猫是一种能够附到人身上的动物幽灵，人们都十分怕它。因此，听到绢狸的声音是一种不祥之兆。

大家都知道狸猫能够幻化成人形（能幻化成人形的不止有狸），所以如果有个身穿黄八丈的美女在夜里散步，就会被怀疑是绢狸。

木子

　　木子是生活在兵库县山区的一种妖怪，模样长得像小孩。

　　木子的个头和三四岁的小孩差不多，身上不穿衣服，而是裹着树叶，由此得名"木子"。而实际上，木子就像影子，似有似无，飘忽不定。

　　不过，据说樵夫和在山里干活的人，经常看到木子，因此木子并非罕见之物。有时候，稍不留神就会被木子偷走午饭，这时要挥着木棒追赶。

　　住在山里、长得像孩子的妖怪，大多是河童的同类，木子也不例外。这样看来，和歌山县的卡沙宝、九州地区的塞可等，也都是木子的近亲。

　　在岐阜县飞騨地区的山中，有一种人称"山童"的妖怪，有时会偷偷爬到樵夫背的东西上。等樵夫察觉到重量增加时，食物已经被它偷走了。不过除此之外，它并不害人。

　　按照当地人的说法，与木子一样，山童也是一种喜欢搞恶作剧的可爱的妖怪。

马魔

　　马魔又叫"颓马"，是一种专门祸害马的妖怪。

　　有时候，马走在路上，会忽然刮过一阵风，一个身穿绯红色衣服、骑着玉色小马的魔女从天而降，将马抱住。只见一条细线般的红光直插进被抱住的马的马鬃里。被袭击的马向右转三次后，一声哀鸣摔倒在地。之后，魔女会笑着消失。这就是马魔。

　　再看倒在地上的马，肛门像是被人用粗木棒捅过一样，洞口大开。

　　如果马夫或骑马者有对付马魔的经验，会立刻拔刀朝马的前方砍去，马魔就会自行离开，不再袭击马。

　　另外，朝南拴马时，会经常遭到马魔的袭击，因此，有经验的马夫都不会朝南拴马。

　　马是马夫的命根子。从前，马夫赶路时都会在发髻里插一根"避马魔"的驱魔针。一旦马遭到马魔袭击，向右打转时，马夫要拼命往左拉，并将驱魔针插到马尾巴上，就能保住马的性命。

穷神

　　泷泽马琴的《兔园小说》中，有一个关于穷神的故事。

　　文政四年（1821）前后，江户番町一位武士的下人去下总（今日本千叶县北部、茨城县西南部）办事，途中在草加的驿站遇到了一位法师。法师的年纪四十有余，身材瘦削，身披旧衣衫，头戴白菅斗笠，肩背头陀袋。

　　"法师这是从哪里来，要到哪里去？"下人问道。

　　他冷笑一声，答道："番町某府，去往越谷。"

　　下人听闻，甚是纳闷。"你说的那户人家，正是我家主人的府上啊……"

　　法师笑答："哈哈，贫僧便是你们所说的穷神。你主人家是不是一年到头都有人生病，灾难连连？就是因为我的缘故。"

　　下人大吃一惊，法师继续说道："不过，我已经决定换到另一家去了。从今往后，你主人就会时来运转。你不用担心。"

　　下人与法师就此作别。等他办完差事返回武士的府里后，过了些时日，果真如法师说的那样，府里又兴旺起来。

旧鼠

　　文明年间（1469～1487），有位乡下武士叫那曾和太郎。他家马厩中一直住着一只老鼠，由于并不作恶，也就听之任之了。

　　这只老鼠每天晚上都来主屋，并和猫成了好朋友。尽管是一只老鼠，却一直与猫相安无事。不久，猫生下了五只小猫，自己却误食毒药死掉了。自此之后，这只老鼠就夜夜出现，精心哺育小猫。

　　后来，这只老鼠消失了。这件奇事被一个叫曾良的人知道了，他觉得俳谐师芭蕉见多识广，就和他说了这件事。

　　据说，听完此事的芭蕉说："我曾听说过猫养育老鼠的事，相反的情况也会有吧。"

　　另外，旧时大和（今日本奈良县）信贵地区，有一只黑白赤的三色旧鼠，经常捕猫而食。由此看来，无论猫还是老鼠，年岁久了，都会化为妖怪。

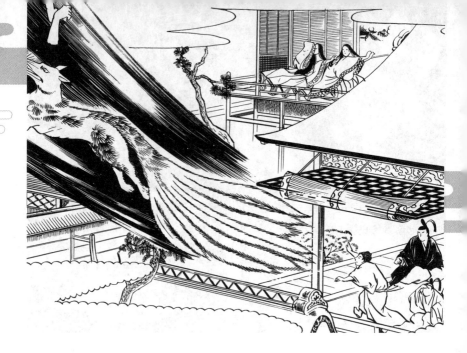

九尾狐

　　很久很久以前，天地初开，世间一片混沌，一团上升的阴气聚集到了一起，幻化成了一只妖狐。经历了漫长的岁月后，妖狐拥有了不死之身，它全身长着金毛，长长的尾巴分成了九股。人们将其称作"金毛九尾狐"。

　　在中国的商朝，九尾狐幻化成一个绝世美女，魅惑商纣王，做尽坏事。周武王兴兵推翻了商纣王。之后，妖狐去了印度，化身为摩竭陀国斑太子的王妃华阳天，惑乱朝政。

　　后来，九尾狐幻化成少女，搭上了从中国返回日本的遣唐使吉备真备的船。到了日本后，它幻化成弃婴，被一名武士收养。由于天资聪颖、美貌绝伦，不久便入了宫。

　　九尾狐自称玉藻前，企图接近天皇，被著名的阴阳师安倍泰成识破。真面目曝光后，它变回原形，飞到天上逃走。泰成利用神镜的魔力，将它击落在那须（栃木县内）荒凉的原野上。九尾狐被赶来的军队包围，最终被除掉。据传，它的尸体化为了"杀生石"。

　　杀生石会释放硫化氢和二氧化碳等气体，至今仍危害着人类和动物的安全。

狂骨

鸟山石燕介绍说，狂骨就是井中的白骨。

也许是自己掉进井里淹死的，或者是被人投进井里的，不管是哪种原因，狂骨都是一种怨气冲天的妖怪。

在谚语和一些地方的方言中，"狂骨"用来形容很疯狂或很激烈的事情，因为一旦被狂骨附身，就会对别人产生强烈的怨恨。

正如京都的六道珍皇寺中，小野篁通往冥界的水井——六道之辻，自古以来，人们就认为井是阴间与阳间的通道或出入口。

死于井中之人的灵魂由于无法超脱，一直在阴间与阳间的夹缝中徘徊，慢慢化为一种类似地缚灵的妖怪，之后附到残留在井中的白骨上，从而拥有实体。

有时候，被抛弃在荒野的骸骨、骷髅等，遭受侮辱后，就可能会变成妖怪来报复人类。

经凛凛

　　信誓阿阇梨自幼受持法华经，日夜诵读，从不懈怠。但是有一天，他忽生一念，觉得如果自己一直活下去，就会在不知不觉中积累罪业。如果是这样的话，还不如早早死掉。于是，他决定自杀。

　　阿阇梨先是服毒自尽，却没有死。他十分绝望。

　　不久之后，瘟疫流行，阿阇梨与父母都被感染，一家人卧床不起。苦恼的阿阇梨的梦中，出现了几个鬼神，要将他们带往阴间。其中一个鬼神却制止说："不能带走阿阇梨，他是法华经的修行者。"阿阇梨从梦中醒来，发现自己已经痊愈，父母却去世了。他悲痛欲绝，只得静心诵读法华经，之后又做了一个梦，梦见法华经的第六卷从空中飞来，上面写着"看你这般诚心地诵读法华经，祈盼父母重生，这次就为你父母延寿，让他们返回阳间"。

　　阿阇梨从梦中醒来后，父母起死回生。阿阇梨欣喜若狂，将事情的来龙去脉讲了一遍，大家听后都泪流满面，敬佩法华经的威力。

　　据说，飞到空中的那部经书，就是"经凛凛"。

清姬

　　从前，奥州白河（今日本福岛县白河市）有位修行者，叫安珍。他每年都去纪州熊野权现^①参拜，并且每次都会住在真砂庄司^②的家里。庄司有个女儿，叫清姬。

　　有一年，安珍对清姬开玩笑说，要娶她为妻子，并将她带到奥州去。安珍是个美男子，清姬一直很迷恋他，便要求安珍赶紧娶了她，带她走。但是，安珍是修行者，不允许有妻室。一句玩笑竟被对方当了真，他很是苦恼。

　　无奈之下，他只好连哄带骗地逃走了。清姬发现后，立刻去追他。安珍渡过切目川时，清姬差点就要追上他。安珍使用咒语，企图阻止清姬。清姬突然变成了蛇，仍紧追不舍。安珍走投无路，逃进了道成寺，藏在一口巨大的吊钟里。化为蛇的清姬，将身体在大吊钟上缠了七圈，用痛苦的爱情之火将安珍和大吊钟烧为灰烬。

　　像清姬这样，因为对男子的爱恋之情过于浓烈而化为蛇的故事有很多。

---

①佛教语，谓佛菩萨为普度众生而显现化身。
②庄司即村长。

切笼灯笼

　　每逢盂兰盆节的时候，人们就会点燃迎魂火，恭迎祖先的灵魂。江户时代的一本书中，描写了祖先的亡灵们是如何生活的。

　　根据书中的描述，祖先们的亡灵成群地聚在一起，在盆棚上休息。

　　他们每天都大摆宴席，服侍他们的是一种叫"切笼灯笼"的妖怪。

　　因为每一代的祖先都聚到了一起，因此切笼灯笼十分忙碌。它会不断地劝酒说："吃好喝好。"

　　在祖先们的亡灵中，也有未成年即死去的孩子的亡灵，母亲们照顾着他们吃饭。

　　还有前妻的亡灵和后妻的亡灵见面，大吵大闹。

　　寿终正寝的婆婆在灵界也会唠叨不停，大家都敬而远之。

　　根据这本书的描述，尽管祖先们的容貌与生前不同（毕竟已经变成了幽灵），不过，吃饭的样子却与生前没什么两样。

金鱼幽灵

江户时代的一部小说中，有这样一个故事。有个叫藻花的女人，被人用绳子捆起来后，将头塞进金鱼缸里溺死了。藻花的怨恨便附到了金鱼缸里的金鱼身上，化成了金鱼幽灵，报复杀害自己的龚文太和他的妻子。

怨恨附到金鱼身上，这个想法很有趣。不过仔细想来，或许真的有可能。

比如，战争的时候，战士们一起壮烈牺牲倒还好，若是孤身一人死在荒郊野外，就会死不瞑目。而怨恨就会在人咽气的时候，附到头枕的石头或草丛上。

像藻花这样，头被塞进鱼缸溺死后，怨恨附到金鱼身上，也并非完全不可能。

我曾受邀参加过一个"灵会"。当时，一位"大师"告诉我说："树木虫鱼皆有灵，死后会在空中游荡，和人的灵魂混在一起，数都数不清。"而这些各种各样的灵，也只有特殊的人才能看到。不过我什么都没看到，所以也是半信半疑。

金长狸

　　这个故事发生在天保年间（1830~1844）的阿波（今日本德岛县）。染坊主大和屋茂右卫门的院子里，出现了一个直径十五厘米的洞。大家猜测是狸猫洞，就商议着用热水把狸猫烫死或打死。

　　宅心仁厚的茂右卫门制止他们说："狸猫懂得知恩图报，只要善待它，它就会让这个家繁荣昌盛。"于是，他每天都在洞口供奉饭团和油炸豆腐。

　　有一天，家里有个叫万吉的工匠对茂右卫门说："我叫金长，今年二百零六岁。因为前阵子发洪水，所以才避难到此。承蒙主人的款待，我代表家人向您表示感谢。为报答您的恩情，我会努力让您的生意更加兴隆。"

　　万吉表现出被狸猫附身的样子。人们就让万吉帮忙占卜或看病，十分灵验。

　　之后不久，金长外出修行，一年后回来说："这次我必须要和一个叫六右卫门的狸猫决战。"说罢便离开了万吉的身体。

　　据说，金长虽然在对决中获胜，但受的伤很严重，最终还是死去了。

管

　　管又叫管狐。据说，有些人专门饲养这种狐，并装在竹筒内随身携带。"管狐"一名由此而来。

　　在山梨县、长野县、静冈县和爱知县等地的民间传说中，有很多与管狐有关。人们认为，管狐的体型比猫和黄鼠狼要小一些，和豚鼠比较接近，否则就无法装进竹筒里随身携带了。

　　将管狐装进竹筒，并对其进行操控的人叫"管使"。他们原本是修行的道士，在金峰山修行时，会被传授此术。这像是一种杂耍，先对着竹筒念一通咒语，接着向管狐发问，管狐就会在竹筒内一一作答，主要用来占卜吉凶。

　　这样看来，管狐似乎并不会害人。不过，在信州一带提起管狐，人们认为这是一种依附在家中、和姻缘嫁娶有关的神明。当它繁衍到七十五只时，这户人家就会兴旺发达。不过，一旦怠慢了管狐，就会家道衰落。信州地区又将管狐叫作"管鼠"。据说，有很多人看到过管鼠被猫捉住的情形。管鼠的样子就像是身上夹杂着黑色皮毛的豚鼠。

件部

　　江户末期，越中（今日本富山县）的立山出现了一种叫“件部”的怪兽。它的样子就像长着人脸的牛，腹部两侧还长着眼睛。

　　件部曾出现在一群登山人的面前，像人类一样说话，并做出了一个预言："四五年之内，人间将爆发一种原因不明的瘟疫，会有很多人死亡。只有看到我的模样的人，才能得到拯救。除此之外，将我的画像贴在家里，全家也能幸免于难。"

　　江户末期政局不稳，因此这预言迅速传播，席卷全国。

　　件部似乎和曾在中国出现过一次的神兽“白泽”[①]是同类。鸟山石燕的《百鬼夜行拾遗》末卷中也收录了“白泽”。根据中国的神话传说，黄帝曾将一万一千五百二十种妖怪和鬼神的性情与特征教给人们。

　　作为一种向人们传授知识、使人免受恶鬼妖魔侵扰的神兽，白泽已被人们视为中医药的守护神，还成了一些地方民众信仰的对象。件部在越中出现，恐怕也与富山县的药物销售不无关系。

---

①中国古代神话中昆仑山上著名的神兽。传说它浑身雪白，有翼，能说人话，通万物之情，很少出现，除非有圣人治理天下，才奉书而至。

件

　　小的时候，父亲曾告诉我："有一种妖怪叫'件'，是从牛肚子里生出来的。它刚出生时就能预言，而且十分灵验，很是厉害。"

　　"件"的意思似乎就是"如上所述"。不过，件做出预言后不久就会死去，实在是难以琢磨。以前我去体验别府地狱巡游①时，就曾看到过"件"的标本，让我十分震惊。

　　我当时认为，也许"件"这种妖怪并不是人们凭空想象出来的。当然，这并不代表我认为那件标本是真的。

　　"件"是出现在九州、四国等地区的一种妖怪。有个农户家里生了一头小牛，小牛刚出生时突然说："三日之内，必有火灾。"看到小牛会说话，家人都十分惊讶。不料，正如小牛所说，那户人家在三日之内发生了火灾。但那头小牛做出预言后就死掉了。

　　农民便去询问附近的老人，老人说："生出来的不是牛，而是一种叫'件'的妖怪。"农民这才恍然大悟，原来是妖怪啊。

---

①别府以温泉产业而闻名，泉眼之多和泉质之丰富全世界也屈指可数。别府最著名的旅游观光路线是"别府地狱巡游"，包括海地狱、鬼石坊主地狱等八大地狱温泉。

裂口女

　　一个脸上戴着大口罩的女人站在昏暗处，有行人路过时，她就会回过头来，对行人说："喂，我漂亮吗？"说罢就摘下口罩，只见一张大嘴裂到耳根。

　　裂口女出现在昭和五十四年（1979），出现后迅速传遍全国。当时有很多人都说自己看到过裂口女，说法也是千奇百怪。"她只是狰狞一笑，然后就消失得无影无踪。""她会用那裂到耳根的血盆大口把行人吃掉。""会把人带走的。"各种传言真假难辨。

　　关于对付裂口女的方法，各地流传的说法也不一样。比如，有些地方的人说，遇到裂口女时，连唱三声"发蜡"；还有的说给她一块水果糖，她就不会害人；或是歪头问她一句："为什么？"总之是五花八门。

　　就在裂口女把世界搅得天翻地覆之时，她却忽然销声匿迹。也许是觉得自己待久了会遭人厌恶吧。裂口女是一种现代的妖怪。

沓颊

　　历史上，中国瓜州的瓜田里曾出现过一对妖怪。

　　南宋时，一位来自杭州灵隐寺（云林禅寺）的僧人听说此事后，便用护符将妖怪赶走了。从此以后，瓜田里再未出现妖怪。

　　人们看到驱赶妖怪使用的护符时，发现上面写有"李下不正冠"五个字。"瓜田不纳履，李下不正冠"出自中国的《文选》等处。

　　经过瓜田时，不可弯腰提鞋，否则便有偷瓜的嫌疑；经过李子树下，不要举起手来整理帽子，否则就有偷李子的嫌疑。这句诗的意思是说，要注意自己的行为，避免招惹无端的怀疑。

　　鸟山石燕参照这句诗，在《画图百器徒然袋》中描画了一对妖怪，一个是在瓜田里偷瓜的妖怪，是鞋所化；另一个则是在李子树下偷李子的冠妖。

　　沓颊是付丧神，石燕栩栩如生地为我们描绘了它们的形象。

库乃摇

　　"库乃"是秋田地区的方言，有"树篱"之意。库乃摇是一种专门摇晃树篱的妖怪。

　　在秋田县仙北市角馆町，这里的人都说，这种妖怪常出现在妖怪小豆淘的旁边。不过，却没有人亲眼见到过。

　　在几十年前的乡下，有很多古老的树篱。各种植物编织成的树篱中，经常会有蜘蛛网、伯劳带来的风干的青蛙，甚至还有蜗牛和蜜蜂等。树篱简直就是各种动物的巢穴。

　　在我五六岁的时候，每天都到树篱中去探险。有时会遇到树篱不停晃动的情况，就像是库乃摇出现了。也许是蛇或鼹鼠在动吧，不过树篱上爬满了爬山虎等植物，根本看不清是什么东西。

　　每到这个时候，我只好赶紧回家。树篱常给人一种有妖怪生活在其中的感觉，我想，库乃摇就是人们想象出来的一种妖怪吧。

首啮

　　如果生前见到饥饿的老人却不救助，或是未施舍食物给饥饿的旅人，任其饿死，这些因饥饿而死的人的亡灵就会化为首啮。等到这些见死不救的人死去之后，首啮会出现在他们的墓地，挖出他们的脑袋吃掉。

　　另外，如果没有做水陆道场（一种为亡者提供食物的佛教活动），或是供品很少，这些饥肠辘辘的鬼怪就会肆意妄为，将坟墓中死者的头挖出来吃掉。

　　说起在墓地挖死尸吃的妖怪，除了首啮之外，还有魍魉。不过，因为首啮只吃人头，所以与魍魉是不同的妖怪。

　　这或许是在警示人类不要罔顾人情，唯利是图吧。

　　从前的时候，多实行土葬，想来应该会有猫狗之类挖出死人的脑袋啃食。遇到这种事的时候，人们就会认为是首啮在作祟。

　　据说，欧洲有一种生活在墓地、专门吃尸体的鬼，叫"食尸鬼"。首啮与食尸鬼倒是很相似。

缢鬼

从前，有一群消防员经常聚在一起喝酒聊天。在这群人当中，有一个很会讲故事的人。

有一天，当这群消防员聚会时，那个会讲故事的人却没有出现。过了一会儿，他出现在门口，说道："因为今天有急事，就不讲故事了。"

队长给他倒上酒，强迫他喝了好几碗，然后让他讲故事。男子喝醉了，忘了自己刚才说过的话，便眉飞色舞地讲了起来。

过了一会儿，门外有人上吊。队长听闻后说道："好了，要附到你身上的缢鬼离开了。你刚才和它做了什么约定？"

男子回答："我觉得自己做了一个梦，其他的都记不清了……之后就想要上吊自尽。"

缢鬼是一种能够附身的邪魔，是河中溺水者的亡灵。据说，在河边的人有时会有自杀的冲动，也是缢鬼在作怪。

蜘蛛火

奈良县矶城郡缠向村（今日本樱井市）出现过一种怪火，人们叫它"蜘蛛火"。

蜘蛛火是由数百只蜘蛛组成的一团火焰，在空中飞行。一旦遇到这种火，只有死路一条。

蜘蛛火不是一年中任何时候都会出现的。只要见过的人，都会被它吓得不轻。有一年夏天的傍晚，曾发生过这样一件事：

几个年轻人到野外纳凉时，南边的天空忽然出现一团火，以极快的速度向他们飞来。不知是谁喊了一声："蜘蛛火！"一群人慌忙躲进一户人家，关紧门窗。

火球撞到了院中的大树，掉了下来。大家将拉窗偷偷打开一条小缝，观察外面的动静，却发现火球消失了。大家走到院中，借着月光到处查看，在离大树约一米远的地方，发现了一块橘子大小的烧焦的土块。

有个人听说了这件事，认为蜘蛛火很可能就是陨石。据说，蜘蛛火飞来的时候，还拖着一条尾巴，发出咆哮般的声音。

海月火玉

从前，加贺大圣寺（今日本石川县加贺市）有位武士，一天深夜从全昌寺后面经过，突然刮过一阵温热的风，对面飞来一个火球，在空中飘忽不定。

火球飞到了武士身旁，武士立刻拔刀砍去，却感觉像在砍空气一样，但火球被一刀劈成了两半，掉到了武士的脸上。武士感觉脸上像是抹了胶水，赶紧用手去擦，却发现那东西黏糊糊的，像松脂一样。

武士十分担心，叫醒附近的一户人家，点亮灯后仔细检查，还是不知道那东西是什么。第二天整整一天，武士的脸上还是黏黏的。

武士向一位老人询问，老人说："海里的海月①有时被风刮得四处飞，在黑夜里看上去就像火球一样，你看到的很可能就是这种东西。"

原来如此。武士想了想，感觉那东西确实有一股腥味。

"海月火玉"实在是一种匪夷所思的现象，不过，从所有事物都有灵魂的角度看，海月化为火球也是有可能的。

---

①海月即海蜇或水母。

仓棒子

在日本东北地区的仓库里，经常出现一种长得像小孩的妖怪，人们叫它"仓棒子"或"仓童"。

仓棒子不会作恶，只是经常在仓库里弄出一些动静。不过，一旦仓库里的仓棒子消失了，这户人家就会家道中落，因此不能怠慢了仓棒子。

长得像小孩的仓棒子很少现身，人们都是通过动静来判断它是否存在。

远野有一户人家，主人叫村兵。他会将稻壳撒到地上，如果上面留下了一串串小孩的足迹，他就知道仓棒子还在。

另外，在远野一日市町，古屋酒屋家的仓棒子会和进入仓库的人打招呼。听到过的人都说，仓棒子的声音确实很像小孩。

在日本东北地区，说起出现在家中的妖怪，最有名的当数座敷童子。出现在铺有榻榻米的房间的叫作"座敷童子"；在泥土地的房间周围爬来爬去的，叫作"野赐子"，看来座敷童子也有很多种。从"如果仓棒子消失，家运就会衰落"的特征来看，仓棒子应该是生活在仓库里的座敷童子。

久罗虫

久罗虫人面蛇身，浑身长毛，生活在茂密的草丛里。附近有人路过时，它就会蹿出来袭击人。

从暗处看，久罗虫很像一条蛇，但若仔细端详，又会发现它身上长着毛，实在是奇怪。当路人还没有反应过来的时候，长着头发的久罗虫早已露出牙齿，扑了过来。

久罗虫在江户时代流传最广，被认为是"人面蛇"。

像长着人脸的小牛"件"，由在坛之浦全军覆没的平家武士的怨灵所化、甲壳上长有狰狞的人脸的"平家蟹"等，自古以来，人们便将这些长有人脸的东西视为妖怪。即使到了现代，人们依然对长有类似人脸纹路的树木和鱼等异常关注。江户时代的人们，更是对那些长着人脸纹路的动物极为好奇，甚至还为它们取名"人面某某"等。

久罗虫明明是蛇，但名字中却有"虫"，这实在令人费解。不过，从前的时候，人们曾一度将蛇叫作"长虫"，叫"久罗虫"也就不足为奇了。

鞍野郎

　　源义朝的家臣镰田正清，与主人一同来到源氏的领地关东，以居住地镰仓龟谷为大本营，在关东构筑势力，将关东十五国都纳入了势力范围。

　　平治元年（1159）十二月九日，源义朝和藤原信赖发起了"平治之乱"，后来败走关东，逃到尾张国内海庄司长田忠致门下。主君义朝与女婿正清受到了热情接待。

　　但是，长田忠致却在密谋一项暗杀计划。他将喝醉的正清杀害，又在义朝入浴时杀了他。

　　也许是被正清的怨恨附身，正清所骑的战马的马鞍变成了妖怪"鞍野郎"。

　　或许是武士的亡魂在作祟，鞍野郎总是手（看起来像手的部位）持竹竿，摆出一副战斗的姿势。

　　那个时代的武器装备，都是与它们的武将主人同生共死的。人死物存，才会产生这样的妖怪吧。

黑发切

元禄（1688~1704）初年，常有走夜路的行人被剪去头发的怪事发生。被剪者毫无察觉，直到被人提醒时才发现。倘若原路返回，会发现被剪掉的头发还保持着原来的样子留在地上。

在文化七年（1810）四月二十日的早晨，江户下谷的一户人家中，有个叫小岛富五郎的下人。他早晨起床后正要开大门时，忽然觉得自己的头分外沉重，接着头发就掉了下来。

在此之前的文化六年，在一处名为"小日向七轩屋敷"的地方，也发生了一起头发被剪的事件。当时，受害人正在打盹，头发忽然被剪掉了。这件事记录在江户时代的《半日闲话》中。不知为何要剪人的头发，还趁睡觉时下手，连面都不敢露，这种做法着实可恨。

有人说这是一种叫"发切虫"的妖怪在搞鬼。也不知是谁想出来的办法，说是在门前贴上一段咒语"恶魔之风异国来，伊势神风吹回去"即可。据说将咒语缠在簪子上也可以，不过好像并不管用。

黑玉

　　夏天睡觉的时候，蚊帐里有时会钻进一种黑球一般的妖怪，这就是妖怪"黑玉"。

　　黑玉先是停在人的脚上，然后慢慢往上爬，爬到人的胸膛后，开始折磨人。这时，睡觉的人察觉到黑玉，睁开眼睛，它就会立即逃走。如果没有察觉，它就会爬到脸上，让人呼吸困难。痛苦难耐的人睁开眼，却发现眼前什么都没有。

　　有人怀疑这是一种幽灵。从前，人们认为幽灵出现时，都是先出现一个白球（可能就是人们所说的"鬼火"），之后幽灵的本体才会现身。"黑球"恐怕也是幽灵出现之前的一种征兆吧。

　　夏夜睡觉时，很多人都会遇到莫名胸闷、无法睁开眼等情形。人们认为这是黑玉所为，笔者也曾有过同样的经历。

　　这种在睡觉时身体无法动弹的情形被称作"金缚"，人们认为是"灵"在作祟，说不定就是黑玉在搞鬼。

库洛坡可人

　　据富山县东砺波郡利贺村细岛（今日本南砺市）的老人们说，很久很久以前，五固山的山顶上，生活着一个叫"库洛坡可人"的小人族。

　　库洛坡可人个头很小，成年人的身高也只有一米左右。据说，他们会在地上挖出适合自己身材的洞穴，作为自己的房子。

　　他们尤其喜欢朝南的平坦地区，如同生活在石器时代，他们用弓箭来猎捕飞鸟和野猪等动物，以获取肉食，还会采集新鲜的野菜和栗子、通草果实等。

　　不过，现在肯定没有人见过库洛坡可人，甚至连他们的痕迹都找不到了。

　　库洛坡可人和北海道流传的"款冬人"很有可能是同一类。款冬人是阿伊努族传说中的身材矮小的神灵，是生活在款冬叶下的小人族。库洛坡可人与款冬人的日语发音也十分相似。

　　据说，款冬人不仅生活在北海道地区，在千岛群岛和桦太地区也有分布，分别被称作"托伊塞克切克木"和"托伊塞乌索库尔"。

黑手

从前，能登的户坂村（今日本石川县金泽市）有个叫笠松的人。一天夜里，他的妻子上厕所时，被什么东西摸了一下屁股。笠松十分生气，想要杀死这家伙，就穿着妻子的衣服在厕所里等。果然有东西伸了出来。他手起刀落，将对方的手砍了下来，却发现那只手既不是人的，也不是狐狸的。

也许是妖怪的吧，笠松就把那只手放进了箱子里。过了四五天，家中来了三个行脚僧。笠松便将发生在厕所的怪事告诉了他们，想让他们帮忙祈祷。笠松把那只怪手从箱子里拿了出来。第一个僧人说道："这是一种叫黑手的妖怪，生活在厕所里，一般人看不到。"

说完便将怪手交给第二个僧人，第二个僧人将其交给第三个僧人。"这正是我的手！是你砍掉的！"第三个僧人大叫一声，站了起来，瞬间变成一个三米多高的恶鬼，破门而逃。笠松立刻拔刀追赶，恶鬼却没了踪影，剩下的两个僧人也消失了。

事情过了一个月，有一天，笠松走在路上，天空中忽然飘下一个被子状的东西，把他卷到了两米多高的半空中。笠松很是纳闷，不由得摸了摸怀里，发现斩掉黑手的那把短刀已经不见了。

黑坊主

　　黑坊主这种妖怪，经常出现在秋田县、岩手县和宫城县等地。

　　一天深夜，有个人正在睡觉，感觉睡在旁边的另一个人有点不对劲，透过灯光一看，发现一个黑乎乎的东西趴在那个人的身上。

　　初看这个东西，就像是一团黑雾。再仔细一看，发现还长着一张脸。这个大家伙正把脸贴在熟睡者的嘴和鼻子上。熟睡者每呼吸一次，大家伙就微微地蠕动一下，熟睡者气喘吁吁，冷汗直流。

　　这其实是黑坊主在吸取人的睡息，将人的精气吸走。

　　黑坊主专挑身体羸弱的孩子和病人下手。由于体力不济，这些人很容易被黑坊主缠住。

　　另外，经常在城中内宅等地出现的妖怪"黑入道"，似乎也是黑坊主的一种。

　　黑入道是一种飘忽不定的东西，会压在熟睡者的身上，将其绑起来。而更令人头疼的是，被绑的人会留下手和后背疼痛的后遗症。

毛羽毛现

据说，毛羽毛现会趁着没人的时候，从厕所旁潮湿处的地板下爬出来，偷喝洗手盆里的水。它专门挑阳光照射不到的中庭等地，趁着四下无人的时候出现。

家中一旦有毛羽毛现出没，就会有人生病，或是精神萎靡不振。或许，这个妖怪是为了提醒人们要多晒太阳，注意健康吧。

日本的国语辞典里有"稀有怪讶"这个词条，解释为"十分珍奇，极少能够遇到"的意思。另外，还有"稀有怪讶的面相"这一说法。

欧洲也有一种软绵绵的像白毛球一样的妖怪，这种妖怪不会害人。不过，人们遇到时，难免会吓一跳，因此也十分有趣。毛羽毛现也会突然从地板下钻出来吓人一跳，想想也很有意思。

日本房屋的地板下会给人这样一种感觉，似乎里面出现任何东西都不足为奇。所以，即使从下面钻出了毛羽毛现，也相当正常。

血块

　　人们认为，血块是产妇生产时出现的东西。一旦让血块钻进地板下面，就会危及产妇的性命。据说，在埼玉县的浦和地区，产妇生产时，人们会在房间里围一圈屏风，防止血块钻到走廊的地板下面。

　　在神奈川县足柄上郡三保村（今日本山北町），这种怪物出现后，会爬到围炉上方用来吊挂茶壶的自在钩上。因此，这个地区的人家都会事先在钩子上绑一把勺子，等血块爬到钩子上的时候，将它打下来。

　　长野县下伊那郡有一种叫"开开"的怪兽。据说，开开也是产妇生产时出现的，所以很可能也是血块。

　　另外，据日野严所著的《动物妖怪谭》记载，著者在小时候，曾在观看杂技表演时看到过血块。据说，表演者当时带了一只大小和小猫差不多的灰色动物，还不时在观众面前让它喝奶。表演杂技的人还强调说，那东西是人体内的血汇集而成的，有一红一白两条舌头，还特意让观众们欣赏。后来，著者对这个名为"血块"的动物进行了一番调查，发现是南洋的夜行性猴子。

该盗

　　山阴地区的西部有户人家，被人们叫作"该盗之家"。主人是个财主，却十分抠门，甚至连孩子的学习用品都不给置办齐。

　　故事发生在一年秋天的秋收时节。有个人偷了"该盗之家"的一点稻米。不知为何，偷盗者后来变得精神异常，嘴里不停地说着那家人的名字，还大喊"该盗要咬俺了，救命啊"之类。有时候在床上睡得好好的，却忽然间醒来，嘴里喊着"那家的该盗来了，咬我、咬我"，然后就大吵大闹，拼命地往仓库或窟窿里钻。

　　家人十分担心，问他"该盗"是何物。他说那东西和猫差不多大小，黑褐色。看起来，当事人能够看得一清二楚。

　　从那以后，人们便议论纷纷，"只是偷了那家一点稻谷，就被'该盗'附身，弄得痛苦难耐。"之后，人们就把那户人家称作"该盗之家"，敬而远之了。

下度柿的妖怪

　　长崎县福江岛的二本楠与玉之浦荒川之间，有一个叫下度柿的地方，此地自古以来就有妖怪出没。

　　从前，玉之浦中须有个叫丑松的孩子。一天夜里，这孩子忽然哭得厉害，父亲训斥说："再哭就让下度柿的妖怪把你吃掉。"话音未落，窗外就传来一个很大的声音："既然这样，那就让我吃了吧。"

　　本想吓唬孩子的父亲，反被吓了一跳，急忙说："等孩子长大之后，再让你吃……"

　　后来，丑松渐渐长大，长成了一个有模有样的小伙子。一天，丑松路过下度柿的时候，一个妖怪忽然向他扑来，嘴里还说着"你父亲答应把你给我了"。丑松也很有力气，就与妖怪搏斗。虽然当时丑松成功逃脱，不过这妖怪却不依不饶，后来又袭击了丑松。丑松最终被妖怪吃掉了。人们若是欺骗妖怪，有时就会落得这种下场，所以还是小心为妙。

外法头

据《续日本纪》①记载，称德天皇神护景云三年（769）五月，县犬养姊女为诅咒称德天皇，偷走了天皇的一缕头发，之后将头发放进在奈良的佐保川捡到的一具骷髅里，带进皇宫，做了三次厌魅之术。但是，事情很快败露，姊女被判巫蛊之罪，遭到流放。

厌魅之术是在佛教传入日本的飞鸟时代，从中国传来的一种咒术，平安时代曾十分流行。诅咒者用人偶代替诅咒的对象，并在人偶的身上写上对方的名字，然后在人偶的眼睛和胸部等处钉上钉子，埋在土里。

厌魅之术基本都是用人偶，有时也会像县犬养姊女那样使用骷髅（头盖骨），这样的骷髅头被叫作"外法头"或"骷髅神"。

据《增镜》②记载，因为太政大臣藤原公相的头颅很大，入土之后，想要实施厌魅之术的人就掘了他的坟墓，将他的头颅割下来，做了外法头。

头越大，这个人的身份可能就越高贵，做外法头效果就会越好。作为一种用来击败竞争对手的阴谋手段，外法头是一种很强的诅咒物。

---

①日本古代继《日本书纪》之后的第二部敕撰编年体史书，为"六国史"中的第二部。全书四十卷，记载了文武天皇即位至桓武天皇治世共九十五年，九代天皇治世的历史。
②记述镰仓时代史实的史诗，与《大镜》《今镜》《水镜》一起并称"四镜"。

倩兮女

　　年轻女性的灿烂笑声，会给听者留下美好的印象。但并不是所有的笑声都像人们想象的那样美好，有时还会有不吉利的笑。

　　柳田国男曾写道："笑对于被笑者来说是恐怖的。"倩兮女便是这样一种让人觉得笑很恐怖的妖怪。

　　一个人走在寂静的路上时，心里总有莫名的不安。心里想着，千万不要在路上遇到什么东西。就在这时，不知从什么地方传来女人悦耳的笑声。心里顿时咯噔一下，回头一看，只见一个巨大的女人正看着自己大笑。见此情形，人们往往会再次受到惊吓，急忙逃跑。之后，笑声又传到耳边，让人受到第三次惊吓，一些胆小之人甚至会当场晕倒。

　　倩兮女的笑声通常只能被一个人听到，这样一来，听到笑声的人回家后如果谈起这件事，反而会遭到别人的嘲笑。

　　倩兮女很有可能和那种躲在空房子里、会"汪"地叫一声吓唬人的妖怪是同类。

水媪

　　水媪又叫"水姥"，主要出现在鹿儿岛县奄美群岛，是河童的同类。水媪和冲绳的妖怪喜如那很像，生活在榕树林里。

　　水媪头顶上的碟子里盛着油，晚上可以点着火来到海边。一旦油洒了出来，水媪就会死。水媪喜欢相扑，经常找人类挑战，输了也不会复仇。水媪的眼睛十分锐利，脸色发红，个头和五六岁的孩子差不多。

　　在加计吕麻岛（鹿儿岛县），老人常将水媪叫出来让孩子看。在二战期间被疏散到这座岛上的人中，很多人都看见过水媪。有时候虽然看不到水媪，却会发现它的恶作剧。人们在树下躲避空袭时，家里煮好的粥不知不觉中少了很多，这是被水媪吃掉了。人们看不到水媪的身影，却能听到它吃东西的声音。另外，人们在走夜路的时候，水媪还会变成人的模样，走着走着就忽然消失了。

　　有人认为，水媪是古时候从南方游荡至此的一种神。

小池婆

　　云州松江（今日本岛根县松江市）有一个男子，在一户姓小池的武士家做下人。有一天，这个男子在山路上遭到狼群袭击，便爬到大树上避难。狼群像叠罗汉一样堆了起来，眼看着就要够到这个男子了，但最后还是差了一截。

　　"叫小池婆来。"上面的狼一声怒吼。不久，有一只大猫敏捷地从狼梯爬了上来。男子决心抵抗，拔刀朝大猫的眉间猛地砍去。伴随着一声金属落下的声音，大猫和狼群瞬间消失了。天亮之后，男子朝树下看了看，发现地上有个茶釜盖。再一看，居然是主人家用的茶釜盖。

　　男子拿着茶釜盖回到府里，发现主人母亲的额头上受了重伤，府里乱作一团。据说，府里还丢了一个茶釜盖，有人正在四处寻找。男子觉得蹊跷，便将事情的经过告诉了主人，并将茶釜盖拿给主人看。主人听后连连点头，之后走进内室，仔细观察了母亲的样子后，当机立断将其斩杀，结果竟是一只大猫。

　　被狼群唤作"小池婆"的就是这只老猫，真是一个可怕的故事。

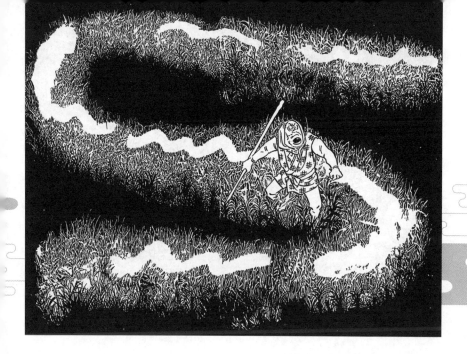

小右卫门火

　　从前，在奈良县的河堤附近，经常出现一团阴火，如手提的灯笼般大小，飘浮在离地面约三尺高的地方。在小雨淅沥的夜晚，阴火出现的几率更高，从一座墓地飞到另一座墓地，大约有四公里的距离。

　　有一天，松塚村（今日本大和高田市）一个叫小右卫门的农民，想要弄清这怪火的真面目。他顺着河堤向北走时，怪火正好迎面飞来。眼看就要撞上了，怪火却飞过小右卫门的头顶，接着又恢复到原来的高度飞行，还发出流星划落时的声音。

　　还有一种说法认为，小右卫门曾用手杖击打这团火。结果，怪火化作数百团火，将他包围。小右卫门十分害怕，拼命用手杖驱赶，算是逃过了一劫。

　　当天夜里，小右卫门发起高烧，不久就病死了。从此以后，当地人便将这火称作"小右卫门火"。随着岁月的流逝，"小右卫门火"逐渐变小，后来便很少出现了。

虚空太鼓

在山口县大岛郡大岛町（今日本周防大岛町）小松的海域，周防滩的大田、濑户一带，每年阴历六月的时候，每晚都会传来敲鼓的声音，也不知是谁在敲。

站在大田，感觉这声音是从小松方向传来的；在小松听，这声音又似乎是从笠佐岛方向传来的。人们一直无法弄清楚这声音究竟是从哪里传来的。如果离开了濑户，就听不到这声音了。当地人将这奇怪的声音称作"虚空太鼓"。

很久以前，有个杂技团要回安艺的宫岛，当一行人乘船到达大田、濑户海域时，海上狂风大作，船只无法航行。加之又是深夜，四周一片漆黑，无人搭救。

狂风暴雨之中，一行人拼命地敲打着手中的鼓，还有人吹起笛子，希望海岸上的人能够听到。但一切都是徒劳，他们最终被巨浪吞没。

从此以后，每到杂技艺人们遇难的时节，海底就会传来哀怨的"虚空太鼓"声。

古库里婆

从前，有座山寺里住着一个奇怪的老太婆。她藏在寺院的厨房^①里，专门偷信徒供奉的钱米。不仅如此，她还会将刚下葬不久的尸体挖出来，拔光毛发，剥下人皮。用毛发编织衣物，将尸体当作食物。

这个老太婆已经老得看不出年龄了，据说她是该寺的第七代住持曾经深爱的妻子。

有一天，一个僧人迷了路，来到这座古寺前，请求开门。老太婆出来后见到僧人，说："我是个罪孽深重的女人，无法超度。"

僧人说道："非也，施主能够认识到自己罪孽深重，便可超度。有何罪孽，可与贫僧道来。"

"我来到这寺院之后，就开始掘墓，吃掉里面的尸体。尝过一次之后，就再也无法忘记那种滋味了。"

僧人说："你就是传说中的古库里婆？"

老太婆回答："是的。"

当天晚上，古库里婆将僧人杀死后吃掉了。因此，她至今仍无法被超度。

---

① "库里"即寺院的厨房。

小雨坊

　　这件事发生在江户时代。一个旅人在路上遇到了倾盆大雨。他一早从旅店出发，到了山里已是中午。此时雨小了很多，天空中还能看到微微的光亮。

　　男子舒了一口气，加快了脚步。当他经过一片松树林时，忽然出现了一个和尚，对男子说："赶路的人，能否给我一点小米？"

　　男子的行囊中正好有些小米，就分了一些给他。但他不清楚对方是什么人，便问他："你看起来像个和尚，你是什么人？"

　　和尚笑着回答："我是小雨坊，专门在雨天向山中的行人讨小米。"

　　这种事情时有发生，所以旅人在天要下雨时去山里，就会提前备好小米。

　　穿成和尚的样子，向人讨施舍，从这些特点来看，小雨坊很有可能是参拜途中横死在山里的僧人的亡灵。

克春普

从前，北海道北见的斜里有个叫伊帕兰开的女人，她的丈夫从海里捕到一头色彩斑斓的海豹，却不知这海豹是妖怪克春普所变。丈夫被克春普附了身，从那天起，丈夫觉得伊帕兰开十分碍眼，开始虐待她。

面对丈夫的这种变化，伊帕兰开认为他是被邪魔附身。一天晚上，她守在家门口，到了夜半，有个人要闯入家中。她抡起手中的板斧，劈了下去。她感觉砍中了那个人，一看，发现地上有一只女人的胳膊。第二天晚上，一个美女出现在了伊帕兰开的梦里，这个美女就是附在丈夫身上的克春普。克春普哭泣着要她归还自己的胳膊，说："今后我一定会让你过上幸福的生活，请把你的丈夫让给我吧。"

伊帕兰开从梦中醒来，发现自己藏好的那只胳膊消失了。不久，年纪轻轻的丈夫就死了。不过，伊帕兰开却如克春普所说，过上了幸福的生活。

克春普分为善恶两种，有时会成为所钟情男子的凭神，给对方带来一生的好运。

瞽女的幽灵

这个故事发生在享保年间。北方有个叫穗津美官治的武士，在赶往江户的途中，住宿在一家旅店。正在旅店休息的时候，武士发现一个瞽女^①的嗓音十分动听。

武士猜测这位瞽女一定也姿色动人。等到夜深人静，瞽女睡熟后，武士便偷偷溜进了她的房间，二人共度一夜良宵。

武士心满意足。天亮后，他又看了看这个女人，发现居然丑得吓人。武士嫌恶至极，但这个女人却开心地要追随他。于是，武士在途中的山崖上，将瞽女推了下去。

武士继续赶往江户，过了一年，他在回程的路上再次路过此地。武士借宿在一座山寺。到了夜里，出现了一个女幽灵，说："你是不是把去年秋天的事忘了？你不仅玩弄了眼睛看不见的我，还将我杀死。"

说完便朝武士的喉咙咬去。据说，武士当晚便气绝身亡。

——————————
①日本对女性盲人卖艺者的称呼。

古战场火

　　古战场火又叫"战场火"。那些古战场如今都已经成了辽阔的原野，但在战争年代，那些地方是让成千上万的人失去性命的地方。

　　那些鲜血和被杀之人的怨念，化为了火，在曾经是战场的地方飞来飞去。这就是古战场火。

　　在一本名为《宿直草》①的书中，记述了这样一个传说，在大阪夏之阵中阵亡的将士的亡魂，在战场旧址化为熊熊燃烧的火。据说，在这些地方，地上会冒出几团一米多高的火焰，忽燃忽灭，就像是大海的波涛。

　　有一些死于非命的人，对这个世界还心存眷恋，无法超度，就会给现世的人们带来灾难。不过，古战场火却只是在空中飞舞。在一些地方，人们还看到一些无头武士骑着无头战马，全身沾满鲜血，四处寻找自己的头颅。

　　在古战场或是曾发生过战争的地方，人们至今仍会听到幽灵出没的传说，也算是夏季应景的风物。不过，这些地方残留着死者的怨念，最好不要踏足。一不留神，就会被亡魂附身。

---

①作者不详，江户时代前期的怪谈集，共五卷。

嘀咕岩

从前，备前的御津郡圆城村（今日本冈山县加贺郡吉备中央町），有一块叫"嘀咕岩"的岩石。夜里，有人从这块岩石旁经过时，会听到石头发出嘀嘀咕咕的声音。这块石头有一点五米高，据说里面住着一个石精。

这种会说话的石头，日本很多地方都有。新潟县西颈城郡的旧小泷村（今日本系鱼川市），就有一块叫"物岩"的石头。

从前，有个叫山岸七兵卫的男子，经常和人打官司，有个人对他恨之入骨，就计划将他骗出来杀死。当七兵卫路过物岩时，岩石突然说："你要是去了就会被杀死。"七兵卫因此捡回了一条命。

奈良的松山(今日本高市郡高取町)流传着一个"梆梆地藏"的故事。从前，当人们深夜路过废弃的法场时，亡灵会发出"梆梆"的声音，这里的地藏也被人们称作"梆梆地藏"。

虽不清楚到底是石精作怪，还是人的亡灵在搞鬼，不过，岩石"发声"的情形并不是没有可能。

小袖手

　　故事发生在庆长年间，京都知恩院前住着一个叫松屋七左卫门的商人。有一天，他在旧衣铺里给自己的独生女儿买了一件十分华丽的衣服，但是自从女儿穿上这件旧衣服之后，就一病不起。

　　一天七左卫门做完生意回来，一进家门，发现一个脸色发青的女人站在家里，身上穿的衣服正是自己买给女儿的那件。正觉得不可思议，女人忽然消失了。为谨慎起见，七左卫门打开衣柜，发现那件衣服整齐地叠放在那里。

　　他心里有些害怕，想卖掉这件衣服，将衣服从衣柜里拿出来后，挂到了一旁的衣架上。过了一会儿，有一双女人的手从这件小袖①的两个袖口里伸了出来。家人都吓了一跳，觉得这小袖实在诡异，决定解开一看，这才发现衣服的肩部破了一个大口子，似乎是被人斜肩砍了一刀。大家都面面相觑，胆寒不已。

　　这很可能是一个在武士家做下人的姑娘，不知因何惹怒了主人，被主人杀死，而这件衣服正是姑娘被杀时所穿的。七左卫门将这件衣服送到菩提寺，为其祈祷冥福，女儿的病很快就痊愈了。

---

①日本传统服装之一，一种窄袖便服。

五体面

　　妖怪"五体面"长得像人头，没有身体，四肢直接长在头上。正如它的名字，它"五体"（头与两手两足）俱全，还有一张脸。

　　在一些大名、小名，或是贵族的府邸里，为接待来客，主人会专门设一间客厅。据说，客厅里有客人时，五体面有时就会出现。

　　五体面属于腹出妖，能够在酒宴上表演腹出奴①，逗客人开心。

　　一般人可能会被五体面奇怪的样子和搞笑的表情逗笑。不过，武士和贵族却不同，他们身份高贵，自尊心强，感情淡漠，所以很少有人会笑。

　　这样一来，五体面就十分生气，由着性子大发脾气。将客厅弄得一片狼藉后，就泄了气，躺在地上睡大觉。

　　五体面因为自己的表演得不到赏识而十分愤怒，甚至还会流出眼泪。

---

①歌舞伎的角色之一，通常露着红肚子。

木灵

　　木灵是树木的灵魂，并非每棵树都有，只有一些特定的树木才会有。有一些大树，看起来和其他树木并没有什么不同，但将它伐倒之后，不止是伐树之人，全村人都可能会遭遇灭顶之灾。

　　八丈岛的深山里有一棵大树，树中就有木灵。至于这棵大树的树龄，没有人知道。

　　我们的祖先将巨大的树视为神圣之物，认为树中有灵。即使在今天，仍能看到有人在老树上挂稻草绳，我认为，这就是那些相信木灵存在之人的一种守护树木的行为。

　　我去新不列颠岛的深山中时，曾强烈地感受到树中确实有灵魂存在。岛上山清水秀，让人流连忘返，我沉浸其中，不断向山的高处爬去。心情格外舒畅的我不由得产生了一种错觉，仿佛自己完全融入了这无尽的绿色之中。

　　当时，我忽然想起曾在一本外国小说中读到的一个故事。一个男人被森林里的树木所吸引，最后自己也变成了一棵树。想到这里，我急忙折返。人变成树的感觉大概就是这样吧。我至今仍心有余悸，在渺无人烟的山上，一定有一些超越人类认知的东西（魔力或灵力）存在。

点头仙

昭和四十八年（1973）前后，"点头仙"游戏曾风靡日本的中小学。这个游戏的名字又可以写作"狐狗狸"，顾名思义，这是一种召唤狐灵、让其告知自己想知道的事的仪式。据说，也有狐灵附到人身上预言吉凶的情况发生。

玩点头仙时，要先准备一张画有鸟居的纸，写上日语的五十音、数字，以及用作回答的"是""否"等。然后在纸上放一枚十日元的硬币，三人用食指按住硬币，齐唱："请点头仙降临，请点头仙降临……"之后，狐灵就会附到十日元硬币上，分别为三人解答问题。

事实上，点头仙在明治二十年（1887）就曾十分流行，当时是用绳子将三根竹子绑成一个三叉形，然后在上面放一个饭盒的盖子。

否认妖怪存在的井上圆了博士认为，因为这种装置是倾斜的，就像人在点头，因此被称作"点头仙"或"御倾"。另外，这种游戏起源于静冈县的下田。明治十七年（1884）前后，有一艘帆船在下田的海上失事，当时的美国船员曾将"桌灵转"（通灵盘）教给当地的人们，之后便在日本流传开来。

五德猫

　　五德是一种放在地炉上、用来支撑水壶和锅的火撑子。五德猫就是头戴五德的猫，它的尾巴分成两股，证明已经修炼了很久，是猫又^①的一种。

　　猫和很多动物一样，都怕火，但五德猫非但不害怕，还会自己生火，技术相当娴熟。

　　除了五德猫之外，其他猫妖很少有能在地炉上生火的，虽然有些猫妖能够变成火球。有人说五德猫的眼睛像火焰一样通红，五德猫与火之间似乎存在着某种关联。地狱的使者——火车，也被认为是猫妖，这一点也能印证五德猫与火之间的微妙关系。

　　不过，至于五德猫为什么要戴五德，个中缘由尚不清楚。

　　室町时代的土佐光信所画的《百鬼夜行绘卷》中，就描绘了一只手持吹火竹筒、头戴五德的妖怪。从外形来看，并不是猫妖，不过，与五德猫也许有些关联。

---

①又可写作猫股，是日本传说中的妖怪，通常分为生活于山中的猫又与由极老的家猫变化而成的猫又。

琴古主

鸟山石燕在《画图百器徒然袋》中，描绘了琴古主这种妖怪，看起来是古琴的付丧神。

古琴是一种历史悠久的乐器，在神话中也经常出现，经常放置在一些古老的陶器上，是一种传统的乐器。

我们在逛古董店的时候，经常会看到古琴。从前的古琴都是用木头或竹子做成的，看起来有点脏兮兮，给人一种历史的沧桑之感。而且，有些古琴还留有前主人的痕迹，如此一来，即便是上好的佳品，也不会让人产生想要购买的念头。有时，这种古琴甚至会让人觉得有一种迫人的鬼气，担心半夜里会变成妖怪。

琴古主或许就是曾经的主人的意念，附到了古琴上，在没有人弹奏的时候，为了不让人们忘记琴的音色，让古琴自行演奏。

室町时代的《百鬼夜行绘卷》中，也描绘有琴妖。由此可见，自古以来，人们就认为古琴能够化妖。

儿啼爷

　　荒无人烟的深山中，有时会传来婴儿"呱呱"的啼哭声。

　　路过的人想着，这种地方怎么会有婴儿呢？然后抱起正在哭的婴儿，他就会立刻抓住你不放手。

　　如果你想逃走，他的重量就会突然增加到五十贯（约188千克）或一百贯，让你动弹不得，最终被这个东西夺走性命。这就是德岛县深山里的儿啼爷在作祟。

　　这种妖怪又被称作"呱呱啼"，经常"呱呱"地啼哭着在山里游荡。有人说它是"一本足"，它一哭就会发生地震。

　　还有一种叫儿啼婆，样子很像婴儿，却长着一张老太婆的脸，被抱起来后身体也会变重。据说，有个老人不费吹灰之力，轻轻一提，就将儿啼婆抓了起来，带回家放进锅中用火一煮，居然变成了南瓜。

　　这种在山中发出婴儿啼哭的妖怪，还有爱媛县宇和岛的"野弃子"，传说是被抛弃在山中的婴儿变成的妖怪。也许，儿啼爷与野弃子之间还有些联系。

子生弁天之大入道

　　从前，在茨城县鹿岛郡旭村子生（今日本铧田市）供奉有弁财天的严岛神社，每晚都有大入道出现，致使参拜者一度绝迹。

　　有一天，一位六部[1]来到这个村子，准备借宿在村长家。村长说家中没有空房，将他带到了子生弁天神社的小屋。六部早就听说这里有大入道出没，却毫不胆怯，很高兴地解下了行囊。当天夜里，外面传来敲打板窗的声音。一个大入道堵在门外，叫道："招呼都不打，就敢住进我家，真是太过分了。不过，你若能答应我的要求，我便饶了你。"接着又说："你跟着我到神社大殿走上三圈，我就让你住下。"

　　六部一口答应，便摸黑跟着大入道走了起来。

　　"今夜初次见面，三生有幸。非飘落灵四天宝……"大入道边走边说着莫名其妙的话。六部抓住机会，抡起金刚杖朝大入道的脑门打去。随着"当"的一声，大入道消失得无影无踪。次日清晨，六部来到大入道消失的地方，看见一个大葫芦碎在地上。原来，这个大入道的原形竟是一个大葫芦。

---

①游历各地，逐个参拜寺庙神社的人。

木叶天狗

　　从前，有人曾在静冈县的大井川看到天狗。这个人在深夜向河坝的上空看，发现河面上空有五六只像老鹰一样的大鸟在展翅飞翔，它们忽上忽下，正在捕鱼。这些大鸟的翅膀展开后足有两米多长。根据《诸国里人谈》[①]的记述，很可能就是木叶天狗。

　　木叶天狗又叫"境鸟"，有喙，脸似人，眼睛长在正面，两手两足似人类，掌有五指，肩生双翼，尾有羽毛。黑色喙的天狗被视为上等天狗。

　　说到天狗，人们可能会立刻想到高鼻梁的修行僧的形象。不过，这是近世天狗的形象，从前的天狗，是《诸国里人谈》里所描述的那种。

　　在一些地方，人们并不认为天狗是高鼻梁。即使去看鸟山石燕的画，也会发现天狗的鼻梁并不高，而是比较像鸟。

　　平田笃胤[②]等人认为天狗是超自然的存在，还记录了各种关于天狗的有趣内容。

---

①作者为菊冈沾凉，记录了江户时代各地的各种奇闻异事。
②平田笃胤（1776～1843），日本思想家、理论家、复古神道领袖。

小坊主

爱媛县宇和岛地区有一种妖怪，叫"小坊主"，与出现在东北地区的座敷童子十分相像。

有个上山劳作的人回家时，发现有人在自己的家里。光线有些昏暗，他依稀看见有四五个小孩在地炉旁烤火。

他觉得奇怪，打开门一看，几个小孩就偷偷摸摸地钻进地板下不见了。

有人认为，这是一种剃着和尚头的小孩，是"小人"的一种，不会危害人类。并不是人人都能看到这些小孩，只有某些特殊的人才能看到，因此，具体情况并不清楚。

我十八岁的时候，在山下的草地里曾看到过一种好像"小人"的东西，连续寻找了两三天，也没有找到。

我想，欧洲的小人恐怕也是人们想象出来的吧。

护法童子

护法指的是守护信佛的修行者的鬼神或神灵。护法的长相多是孩子的模样，因此又被称作"护法童子"。

在《今昔物语集》和《宇治拾遗物语》中，出现了护法童子。它长着红色的头发，眼神恐怖。护法童子虽然神通广大，有时却会做出一些残忍之事。

护法童子的法力与它跟随的修行者有很大的关系，修行者的道行越深，护法童子的法力就越强。

醍醐天皇（897~930）治世的时候，信贵山（位于大阪与奈良的交界处）有位高僧，叫命莲。天皇生病时，命莲就会把自己的护法童子——剑护法派到天皇身边，为天皇治病。在《信贵山源起绘卷》中也能看到护法童子的形象。

不过，护法也不都是童子的形象，有时也会是神灵或动物。护法有时会变成恶灵，附到人身上。护法是作恶还是行善，一切都由修行者的心来决定。

小法师

　　在三重县鸟羽市国崎有这样一种说法，每到阴历六月十四的天王日（牛头天王）这一天，如果有人下海游泳，会被小法师抠掉"银宝"（肛门中的球，可能是肛门球）而淹死。

　　小法师应该是在海中出没的一种河童，在近畿、东海等地区广为人知。

　　在志摩郡志摩町布施田，人们称小法师为"尻小法师"。在天王祭的日子下海游泳，就会被尻小法师从肛门里抠走内脏。

　　在志摩的渔女之间，流传着这样一种说法，如果有人在海里遇见龙宫大人（尻小法师），就必死无疑。如果有人溺水而亡，人们也认为是尻小法师在作怪。

　　根据渔女们的说法，头上扎着有五芒星与九字（两者都是辟邪的印记）的头巾，或是将花椒树的树枝用线绑起来，挂在脖子上或放在胸前，就能避免遭到尻小法师的袭击。

可宝奇

可宝奇是一种类似黄鼠狼的动物。在静冈县旧磐田郡的山村，人们认为它是管狐的一种。可宝奇栖息在山谷或胡颓子林里，会捉弄路过的行人，或是附到行人身上。

可宝奇有时会附到病人身上，借病人之口讲述人们看不到的远方或未来的事，仿佛长了一双千里眼。

在远江地区，人们认为可宝奇是一种出现在山中的小孩模样的妖怪，它的原形可能是修道多年的河童。它不只会捉弄人，还会附到火上，或是附到病人身上，讲各种人们不知道的事情。

据说，远江地区的可宝奇有时还会邀人一起游泳。有个女人就差点被可宝奇拖到水中。

人在山中被动物欺骗的情况时有发生，被骗的人一般都不记得当时的情形。因此，很难弄清骗人之物的原形是什么。并且，"灵"这种东西是没有形的（可宝奇很可能是一种动物灵），因此很难形容。

狐狸之战

　　从前，佐渡岛有个妖狸的头领，叫二岩团三郎。它禁止狐入岛。

　　听说此事后，善于变化的狐向正在云游四方的团三郎发起挑战，比试谁的变化本领大。

　　团三郎技高一筹，它对狐说，自己能变化出大名的仪仗队列。

　　于是狐便说："哼，那你变一次给我看。"

　　团三郎忽然消失了，过了一会儿，有一列华丽的队伍从狐面前走过。

　　"团三郎，没想到你这么厉害。"狐十分佩服。它凑到大人的轿前，立刻被一群随从包围，并被活捉。

　　那其实是一列真正的队伍。

　　就这样，虽然狐与狸的变化决战不时上演，不过，狐从来都没有战胜过团三郎。

　　佐渡的关寒户、重屋源助、德和善达等妖狸，都曾与前来挑战的狐比试过，每次都会获胜。它们在佐渡建立了一个狸猫王国。

古笼火

　　从前，上之山藩松平家有个叫田村诚一郎的武士，搬到一座古宅。他打扫完房屋，正和家人吃晚饭时，院子里的旧灯笼忽然亮了起来，家人都十分吃惊。

　　住在附近的老人说："那可能是妖怪古笼火。"

　　根据山田野理夫[1]在《东北怪谈之旅》中的记载，古笼火会自己发出精气。到了夜里，四下无人时，灯笼就会发出朦胧的光。

　　我小的时候，院子里曾有一盏旧灯笼。盂兰盆节期间，奶奶还曾点上蜡烛。于是，院子就变成了一个我以前从未见过的梦幻世界。这种旧灯笼会给人一种回到远古的错觉，因此，它在无人的夜里变成妖怪也就不足为奇了。毕竟它在我出生之前，就已经在院子里了……

---

①山田野理夫（1922～2012），日本小说家、诗人，著有怪谈集《东北怪谈之旅》。

款冬人

款冬人是阿伊努族流传的一种妖怪，顾名思义，这是一种生活在款冬叶下的人。

说是妖怪，其实只是些小人而已，既不捉弄人，也不作恶，性格十分温顺。

他们赤身裸体，在阿伊努人附近过着群居的生活。据说刺青就是它们教给阿伊努人的。总之是小人一类的东西。

生长在北海道原野上的鬼款冬，每片叶子都很大，可以当作雨伞，叶子下能躲进好几个款冬人。

他们原本和阿伊努人和平共处。有一次，有个阿伊努人搞恶作剧过了头，款冬人一气之下就消失了。

在阿伊努人来到北海道之前，款冬人就已经生活在那里了。

学者坪井正五郎[1]认为，款冬人可能是日本人的祖先。

---

[1]坪井正五郎（1863～1913），日本人类学家。

狐者异

狐者异是一种贪婪的馋嘴妖怪。无论在什么地方，只要它出现，食物都会遭殃。它甚至会吃尸体。

据江户时代的《桃山人夜话》记载：所谓"狐者异"，指的是固执吝啬的人。这种人活着时不遵纪守法，以自我为中心，天不怕地不怕。因为对很多事都非常执着，死后并不会到阴间，而是变成一种奇怪的东西。佛都会对这种东西避而远之。

佛典中将这种人比作"狐"，所以名字中才会有"狐"字。据说，形容世上可怕的事情时，使用的"こわい"① 一词就出自这里。

吃尸体的妖怪有很多。大正末年，有个男子喜欢吃人的粪便。此人是驻扎在吴② 的海军中的一名二等兵。少年时吃过一次人的粪便后，就无法忘记那种滋味了，所以一直瞒着他人偷吃。自从成为海军之后，他无法经常吃到人的粪便。这反倒伤害了他的身体，后来他就疯了。这样看来，他已经妖化了。变态到这种程度，也真够"こわい"的。

---

①日语，可怕之意。
②地名。

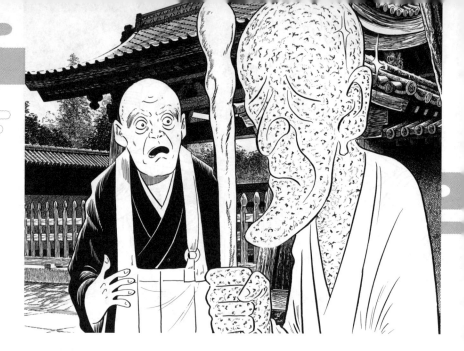

蒟蒻坊主

　　从前，纪州（今日本和歌山县、三重县南部）的山里有一座古寺，寺里住着一个和尚。

　　故事发生在一年冬天。有个云游和尚来到古寺，请求借宿一晚。寺中的和尚日子过得很无聊，便欣然应允，还为他烧好洗澡水。云游和尚问洗澡水中是否放了灰。古寺和尚说没有。云游和尚这才洗了起来。洗完澡后，二人闲聊起来。

　　第二天早晨，云游和尚自称要去化缘，早早地出了门。到了晚上，云游和尚回到古寺，想要再住一晚。之后，这云游和尚就在古寺里住了下来。奇怪的是，他每次洗澡时，都要问洗澡水中有没有放灰。

　　一天，古寺的和尚起了坏心眼，想要捉弄云游和尚，便偷偷地在洗澡水中放了些灰。当天夜里，云游和尚一直没有从澡盆里出来。古寺和尚十分担心，前去查看，发现澡盆里漂着一些蒟蒻球。

　　原来，云游和尚竟是蒟蒻的化身。据说，蒟蒻与灰一起煮会凝固。

蒟蒻幽灵

　　奈良县天理市的稻叶与嘉幡之间有一座石桥，人称"蒟蒻桥"。据说，这座桥的名字与一个奇怪的幽灵有关。

　　从前，稻叶有个卖酒母的人，叫孙兵卫。一天，他外出做生意，回来时有些晚了，走到蒟蒻桥的时候，天已经黑了。

　　只要过了桥，就到家了。孙兵卫却突然不敢向前走了。一个女幽灵出现在他面前，嘴里还叨着一块蒟蒻，用怨恨的眼光瞪着孙兵卫。

　　孙兵卫吓了一跳，全身战栗，拼命双手合十，念诵佛经。等他念完第九十九遍时，女幽灵消失了。

　　据说，女幽灵生前因一块蒟蒻与丈夫吵架，并因此而丧命。这件事之后，人们便把这座桥叫作蒟蒻桥。

牛蒡种

　　牛蒡种是在飞驒、美浓（今日本岐阜县）和信浓（今日本长野县）等地流传的一种能附身的妖怪。被附身的人如果带着恨意怒视别人，对方就会发烧、头痛，然后变得精神异常。如果憎恨的程度没有那么强烈，能在数月之内自行恢复；如果怀着强烈的怨恨，对方就会痛苦难耐，甚至死亡。

　　被牛蒡种附身的人，不论年龄和性别，都会拥有这种能力。不过在被牛蒡种附身的人之间却没有效力。即使将人折磨至死，被附身的人也毫发无损。

　　从前，美浓的一个村子，有个女人被牛蒡种附身，当她朝丈夫发脾气之后，丈夫就变得萎靡不振，还承担了洗衣、缝补衣服等家务活，就像妻子的佣人。

　　这对男人来说太凄惨了。不过，牛蒡种的这种能力对郡长、村长这类人却不管用。看来，牛蒡种的能力也是有限的。

啼石

上州吾妻郡伊参村（今日本群马县吾妻郡中之条町）的农田里，有一块四米多高的三角形大石头。

从前，中国地区有个男人，为了给父母报仇，游走各地寻找仇人。当他来到上州，到了伊参村时，天色已晚。周围没有人家，无奈之下，他决定露宿一晚，就躺在了啼石上。

到了半夜，男子被一个声音吵醒了。这声音似乎是从石头里发出来的。他仔细一听，石头正讲述着自己多年来四处寻找仇人的事情。最后，这石头还告诉了他仇人的下落。

男子觉得是神佛怜悯自己，才特意告知。天还没亮，他就起程了，沿山路赶往石头说的那个地方，最后成功复仇。

此后，这块石头不断发出人声，人们便管它叫"啼石"。村民们都十分敬畏它，还为它建了一座小神社，尊它为"啼石之神"。

有一天，有个路过的旅人无意间听到石头发出的声音，错愕不已，拔刀砍掉了石头的一角。从此以后，石头再没有说过话。

逆女

被人倒着投进大海或水井里的女人，死后的亡灵也保持着被杀时的姿势（即倒着）出现，这样的亡灵就是"逆女"。

逆女在夜深人静的时候出现，偶尔会在院子里现身。据说有一次出现在了一户人家的厕所里。

那户人家的一个女佣半夜上厕所时，逆女突然出现，吓得她当场昏了过去。其他人赶到时，逆女已经消失了。

还有一个与逆女有关的故事。一天傍晚，父子二人正坐在院子里的走廊上，逆女突然出现，吓得父子二人急忙躲了起来。逆女什么都没做，待了一会儿便消失了。

逆女又叫"颠倒的幽灵"，她的出现是为了报仇雪恨。还有一种说法认为，逆女是那些执念无法超度的女人，掉入颠倒的地狱造成的。

江户时代曾有一幅画，描绘一位在人迹罕至的海边为逆女专心祈祷的僧人。

逆柱

　　木工在做柱子时，如果没有按照树木自然生长的方向竖起柱子，而是颠倒了，这种柱子就会成为"逆柱"。逆柱会在夜深人静的时候发出吱呀声。自古以来，人们就认为逆柱会引起火灾、家鸣等不吉利的事情，一直为木匠所忌讳。

　　日光的阳明门有一根十分有名的逆柱。这根柱子在阳明门门口左侧，柱子上雕刻的纹也是颠倒的。还有一种说法认为，这根逆柱是人们故意竖在这里，用来消灾避难。此外，有些柱子因被倒立而产生的怨恨，会化为柱妖或叶妖。

　　从前，小田原一个商户办喜事时，忽然传来一个声音，说："我的头好痛。"仔细检查后，发现这声音是从客厅的柱子里发出的。因为柱子被放倒了，所以才如此痛苦吧。

　　面积不大的房子里，夜里去厕所时，总会感觉有某种奇妙的东西存在。在过去没有电的时代，只是看一眼深宅大院中那些古老的柱子，就很容易产生有什么东西存在的感觉。如果没有这种感觉，人们也就不会创造出这么多的妖怪吧。

马首垂

　　在冈山县邑久郡，一天夜里，一个男子独自走在路上。经过一棵老朴树时，明明没有风，树枝却沙沙作响。男子觉得奇怪，抬头往树上一看，却吓了一跳。只见树上垂下一颗马的脑袋，还张着嘴"咴——咴——"地叫着。男子吓得魂不附体，跌跌撞撞地跑了。

　　虽不清楚为什么会有一颗马头从树上垂下来，不过，马首垂在九州地区的很多地方都曾出现。

　　在熊本县玉名郡南关町，有条路的尽头有一棵大柿子树，树上就曾出现过马首垂。在熊本县玉名市的一棵大朴树上，也出现过马首垂。看到马首垂的人，都会患上热病，因此村民们都很害怕。马首垂一般出现在朴树等大树上，出现的地点也比较固定。

　　据说，福冈县还有会垂下马腿的地方，与马首垂似乎有着某种关联。

佐仓总五郎之灵

　　江户时代前期，下总佐仓（今日本千叶县佐仓市）的农民不堪重税。交不上税的人会被抓起来，家里的女孩甚至会被卖掉。村长们反复向藩里请愿，领主却理都不理。

　　迫不得已，趁将军家纲到宽永寺参拜时，公津村（今日本成田市）的村长佐仓总五郎拦住了将军，将情况直接反映给他。

　　虽然他的请求被将军知晓，却因此事触怒了领主堀田正信。总五郎夫妇被处以磔刑[1]，四个孩子则被斩首。

　　怀着对领主的复仇之心死去的总五郎化为了怨灵，威吓家臣，还杀了领主的妻子。他手拿上诉状，哭诉着农民的艰辛……

　　这就是佐仓传说中的义士"佐仓总五郎"。当时，即使不做义士，也有很多人因生活困苦而含恨死去，化为怨灵现身也不足为奇。更何况有勇气告御状之人，这种人死后的意念也会比别人强很多。

---

①在日本,类似十字架的刑具称作"磔"。用该刑具执行的死刑被称为磔刑。与中国所说的磔刑不同。

海螺鬼

　　万物在经历漫长的岁月后，似乎都会妖化，或是拥有某种灵力。海螺鬼就是其中之一，活了三十年的海螺就能够化为妖怪。

　　海螺鬼生有躯干和手足，平时栖息在大海深处，十分温顺。到了月明之夜，海螺鬼会浮上海面，随波起舞。

　　纪州（今日本和歌山县、三重县南部）流传着一个关于海螺鬼的可怕故事。

　　在一个叫波切的地方，曾驻扎着一群海盗。有一次，一个海盗救了一个落水的女子，并将她带了回来。这个女子十分美丽，海盗们都觊觎着她。而这个女子则有求必应，将身体献给了每一个海盗。

　　不幸的是，这群海盗都被女子取走了睾丸。

　　有人说，好色的女子被投进海里，会变成海螺，过不了多久就会变成海螺鬼。后来，海盗头领请求海螺鬼归还睾丸，并为此支付了大量黄金。"金换金"①是日本单口相声收场的一种方式，说的就是发生在波切的故事。

---

①金换金指的是黄金换睾丸。

座敷坊主

　　天龙川中游的深山里，有个叫门谷的村子。村中有户人家出现了妖怪"座敷坊主"。夜里人们睡觉的时候，会出现一个和尚，挪动人的身体，或翻枕头。

　　传说这是从前借住在这里的一个和尚，被人杀死之后的怨灵；还有人说，和尚平安地出门后，被埋伏在半路上的人杀死。无论哪种说法，都与那个和尚有关。

　　根据佐佐木喜善的《远野的座敷童子与蚕神》记载，出现在门谷的座敷坊主又叫"座敷小僧"。书中还写道，座敷坊主的样貌与五六岁的小孩无异，每次都出现在固定的地方。如果有人睡在那里，就会被它按住，无法入睡。虽然座敷坊主的名字里有和尚之意，但和座敷童子十分相似，是出现在家中的一种小孩妖怪。

　　座敷童子的同类经常会翻枕头，所以座敷坊主也很有可能像佐佐木喜善说的那样。

　　至于杀和尚之类的传说，很有可能夹杂了其他的故事。

座敷童子

　　座敷童子经常出现在东北地区的一些人家，长得十分像小孩。家里如果出现了座敷童子，就会家业昌盛；如果座敷童子离去，则会家道衰落。

　　凡是有座敷童子出现的人家，人们睡觉时，就会出现枕头被翻过来或是睡觉的位置改变等现象。半夜里听到什么奇怪的声音，人们也会认为是座敷童子在作怪。

　　关于座敷童子的传说有很多。比如它很少现身，家中的主人都很少能见到它。不过，座敷童子现身后，就预示着它要离开了。曾经有户人家，主人在家中看到一个陌生的小孩，之后，这户人家就变得一贫如洗。

　　座敷童子是出现在家中的妖怪。但是在明治四十三年（1910）的夏天，岩手县远野（今日本远野市）土渊村的小学里，却出现了座敷童子和孩子们一起玩耍。不过，只有小学一年级的孩子才能看见。有孩子说："那儿有个小孩。"但年龄大的孩子和老师都看不到。座敷童子有很多种，如果说肤白貌美的"调皮罗子"是上等种族，"捣白子"和"诺塔巴里子"就是下等种族了。

悟

从前，富士山麓的大和田山的森林里，住着一个叫"思"的妖魔，拥有读取人心的奇特力量。一般来说，如果有人遇到它，最后都会被吃掉。

有一天，一个樵夫在大和田山的森林里砍树时，这个妖魔突然出现，把樵夫吓坏了。思说："你刚才是不是吓坏了？"

樵夫脸色苍白，浑身发抖，心想，我肯定要被吃掉了。思又说："你刚才是不是在想，肯定会被我吃掉？"

樵夫死了心，只得听天由命。思继续说："你是不是死了心，准备听天由命？"

无奈之下，樵夫继续砍树，思则寻找机会吃掉他。正在这时，一块木片朝思飞了过去，正好扎进了它的眼睛。料事如神的思丢下一句"意外之事比意料之中的事可怕多了"，就逃走了。樵夫因此捡回了一条命。

"思"这种妖魔也被叫作"悟"。

寒户婆

岩手县远野市有个叫寒户的地方，每到刮大风的时候，就会出现一个老太婆，人称"寒户婆"。据说寒户婆是当地人，还没等到出嫁就失踪了。过了三十多年又回来了。

她回来时和大家说："久违了，我是从六角牛（远野三山之一，山岳信仰之山）回来的。"她衣衫褴褛，已经成了山姥。从那以后，每当刮风的时候，人们就会说："今天是寒户婆回来的日子。"

这个故事收录在《远野物语》中。《远野物语》的讲述者是远野人佐佐木喜善，由民俗学者柳田国男执笔记述，主要记述了远野地区流传的民间故事和传说等。不过，人们一般认为，远野地区并没有"寒户"这个地方，有可能是误将"登户"写作"寒户"。

乡下的女人突然消失，某天又突然从山里回来。《远野物语》中收录了好几个类似的故事。柳田国男对这样的故事似乎很感兴趣，并将这些人与山姥或山人联系在一起。

顺便补充一下，佐佐木喜善所著的《东奥异闻》中，这个故事的名字叫"登户的茂助婆"。

皿数

江户番町曾住着一个叫青山主膳的旗本。他的府里有个女佣，叫阿菊。一天，她不小心打碎了主人珍藏的十件套鲙皿，这是中国来的舶来品。青山主膳和他的夫人杀人如麻，将苦苦哀求的阿菊扔进井里溺死了，对外则宣称是病死。恐怖的是，那年五月，夫人生下的男孩右手少了一根中指。

主膳的府里蒙上了一层阴影。到了夜里，阿菊溺死的那口井里会出现阴火，同时还有一个女人说话的声音："一个、两个、三个、四个、五个、六个、七个、八个、九个……真遗憾……"声音凄凉，为少了一个而悲叹。下人们十分害怕，纷纷辞职。

主膳想要招些新的下人，但没有人敢前来。不久，事情败露，主膳受到了处罚。

这个故事出自《怪谈番町皿屋敷》，像这种从井里冒出阴火，并伴有数盘子声音的东西，被人们称作"皿数"。

猿鬼

　　石川县能登岛有个地方叫向田。从前，这里出现了一种叫"猿鬼"的怪物，一度让居住在附近的人们十分烦恼。

　　猿鬼是一种长得像猴子的怪物，头上生有一根角，会祸害人和牲畜。人们遵照氏神伊夜比咩神社的神灵的天启，恳请天皇派英勇善战的左大将义直公消灭猿鬼。

　　被消灭的猿鬼的角，至今仍被珍藏在伊夜比咩神社。

　　石川县柳田村（今日本能登町）当目的岩井户神社，也有一个降服猿鬼的传说。有趣的是，那里还有一些神社祭祀着猿鬼的灵位。

　　据说，"当目"这一地名源自轮岛市三井的女神——神杉姬用筒箭射中猿鬼眼睛的传说。同样，"黑川"这个名字源于死掉的猿鬼的黑血化为小河的故事。

　　另外，还有一个叫"大箱"的地方，据说，名字源自被射中眼睛的猿鬼用车前草[①]来洗眼睛的传说。

---

①车前草与大箱的日语发音相同。

猿神

　　从前，有一个村子，每年秋收时节，村里就要送一个年轻的姑娘给山神做供品，否则田地就会被暴雨冲毁。

　　有一天，一位云游的僧人路过此地。他听一个农民说要送自己的女儿去做供品的事情后，就说道："神灵是不可能吃人的。我替你女儿去，看看究竟是何方神圣。"

　　僧人便登上了神社所在的那座山，躲进了松树洞里。到了夜里，有一些东西聚集在一起，还唱着奇怪的歌。"所有事情都不能让他听到。不要让近江国长滨(今日本滋贺县长滨市)的悉平太郎听到。否则竹篮打水一场空……"

　　僧人听到后，便悄悄地去近江的长滨寻找悉平太郎，发现悉平太郎竟是一只壮如小牛的大犬。僧人将悉平太郎带了回来，一起藏进衣箱，然后让人放到了山上。

　　到了夜里，妖怪们照例聚集在一起，围着箱子。这时，悉平太郎忽然跳出来冲向妖怪，僧人也跟着杀了出去，这才发现妖怪竟是一群猿猴。其中最大的那只猿猴被悉平太郎咬断喉咙死掉了。之后，村子恢复了往日的平静。这就是家喻户晓的"降服猿神"的故事。

吒

尚穆王（1739~1794）在位的时候，冲绳县石垣岛（今日本石垣市）有个村子叫野底村。有一天，村里的三个渔民打了很多鱼。正当他们高兴之时，又捕到一个很重的东西。三个人齐心协力将它拖了上来，发现竟是一个半人半鱼的生物：下半身是鱼，上半身是个美女。

"是吒。真是上天赐予我们的礼物。"

渔民们喜出望外，吒却流着泪说："我在陆地上是活不了的。请把我放回海里，让我回家吧。"

三个渔民互相交换了眼神，就将吒放生了。为了表示感谢，吒告诉渔民说，这里不久会发生海啸，然后就消失在了大海里。

三个人急忙上岸，通知村民们上山避难。但是，附近白保村的人却根本不理会他们的警告。

当天傍晚，躲到山上的野底村的村民们，看到一片巨大的乌云从海面上向岛屿这边涌来，白保村的人四处逃散。顷刻间，海上掀起巨浪，排山倒海般袭来。这就是明和八年（1771）的大海啸。

三吉鬼

　　从前，秋田出现了一个来历不明的男人，在村中的酒馆一番豪饮后，没付酒钱就要离去。他扬言说，如果非要酒钱，他必定会报复酒馆。因此，酒馆的老板也只能忍气吞声，让他白喝。不过，到了第二天，酒馆的门口堆着一堆木柴，价值是酒钱的十多倍。

　　这件事传开后，当那个男人再次出现时，人们就让他白吃白喝，到了半夜，门口就会堆满木柴。

　　不知从何时起，人们管他叫"三吉鬼"。有人想要他帮忙把某座山上的大松树移到院子里，就会准备一桶酒。一夜之间，酒桶里的酒就喝光了，那棵大松树也移到了院子里。人们都"三吉鬼""三吉鬼"地叫他，将他奉为神明。

　　据说，这些故事都源自秋田县太平山的三吉神。当地人将作为神灵的三吉鬼称为"三阳神"，以人的样子出现时则称为"三吉"。

三尺坊

远州（今日本静冈县）秋叶山的三尺坊，有人说它是天狗，有人说它是神灵。

这件事发生在宽延年间。有个叫长谷川右近的物头（足轻大将）从纪州来到秋叶山，替主人上山参拜。参拜的前一天晚上，他在山脚下的旅店住了一晚，让老板为他做雉鸡吃。老板一再劝阻说，最好参拜之后再吃，还说山上有各种妖怪，今晚最好斋戒。但右近却十分坚持，说："我是替主人参拜的。三尺坊既然是神，就不该忌讳吃荤的人吧。"

老板无奈，只好照办。他们主仆十六人大快朵颐了一顿。

第二天，一行人即将登到山顶的时候，忽然起了一团浓雾，连前方一寸的地方都看不清。大家踟蹰不前，突然，一行十六人全被从山上扔了下来。当大家醒来时，发现自己躺在离秋叶山山顶五六里远的山坡上。虽然没有人受伤，不过大家却不敢再往上爬了。如果是品行不端的人登秋叶山，一定会遭到神明的阻挠。

山精

　　樵夫和猎人经常能在山间小屋中遇到山精。对山精来说，盐是不可或缺之物。它们经常躲在小屋外，伸进手来，有时甚至会直接进来向人要盐。

　　对于生活在山中的人来说，盐是十分宝贵的东西。但是，出于对山精的惧怕，人们还是会乖乖把盐给山精。拿到盐的山精高高兴兴地离去。第二天，门口就会放着一些河蟹或山鸟之类的猎物。这大概是山精的谢礼。

　　山上有各种各样的妖怪，其中不得不提的是山神。山神是统治山的神明，但凡有山的地方都会有山神。

　　山中有一些禁忌，某些日子是不能进山的。一旦有人违反了这些禁忌，就会惹怒山神。因此，进山的人都会十分小心，以免触怒山神。

　　山神会因人的行为时善时恶。这里的山精就是山神的一类，还礼的行为是山神高兴的证据。

山中的幽灵宅

我读小学三年级的时候，曾经和弟弟，还有一个同班同学结伴去岛根半岛的山中。出发前，奶奶一再提醒："千万不要被山里的狐狸迷惑。"因此，我们一路走得特别小心。这时，有个秃头的老人笑眯眯地从后面赶了上来。老人热情地为我们讲解这里的情况，还掏出年糕给我们吃。

我感觉这老头是狐狸精，肯定是想把我们骗走吃掉。他越热情，我就越怀疑。走到山中，发现了一间大茅草屋，老人招呼我们说："进去喝杯茶吧。"

我感觉妖精来了，便拉上同学和弟弟一溜烟地跑了。那个老人孤独地望着我们，我却觉得终于从狐狸精那里逃了出来，长舒了一口气。

曾听到这样一个故事。从前，有两个男子翻越箱根山时，眼前忽然出现了一座气派的院子。二人受到院子里的人的邀请，进去后发现是一座幽灵宅。我总觉得自己的经历与这个故事很相似。

后来，我因事又去了那座山，发现那座荒废的茅草屋仍矗立在那里。或许是我看到的幻象吧。

山本五郎左卫门

　　备后国三次（今日本广岛县三次市）的比熊山，有一棵人称"天狗杉"的老杉树。当地人说，如果碰了这棵树，就会遭到它的报复，因此谁都不敢靠近。有个叫稻生平太郎的男子却用这棵树来试胆量。从此以后，平太郎的身边接连发生了许多蹊跷的事。比如，一张巨大的老太婆的脸出现在天花板上。

　　一天傍晚，平太郎独自待在屋里，拉窗对面忽然出现了一个高大的男子。平太郎挥刀去砍，却什么都没有。伴随着可怕的笑声，一个声音对平太郎说："把刀收起来吧。"

　　平太郎问："你是谁？"对方回答道："我是山本五郎左卫门。由于你刚毅无惧，妨碍了我的修行。我决定到九州去，今后一切怪事都将停止。"

　　对方继续说："如果遇到困难，就使用这个。"说罢，留下一个木槌后就消失了。

　　山本五郎左卫门就是盘踞在比熊山上的大魔王，它留下的木槌被收藏在广岛的国前寺。

山灵

从前，有个小吏准备爬神奈川县一带的山。他正在山脚下的茶馆休息时，有两个男子结伴前来。时间已经是傍晚。二人一副很着急的样子，都顾不上歇一歇脚。店主和小吏打招呼说："天都黑了，现在进山可不好，肯定会出事的，最好明天再进山。"

但二人却不听劝阻，坚持说："今晚必须赶路，明天才能登上山顶。"说罢，就向山里走去。他们离开不久，天空中电闪雷鸣，下起了大雨。

不久，雨停了。茶馆里的人觉得这二人可能会出事，便于次日上山查看。果然如他们所料，二人的衣物都挂在了途中的树上，人却不知所踪。

大家都吓坏了，认为是遇到了山灵。

这个故事出自松浦静山的《甲子夜话》，书中还强调，这是当时在场的小吏亲眼所见。

黑眚

　　有记录显示，黑眚在一四七六年曾出现在明朝的京城，它是一种既像狸猫又像狗的怪兽。

　　据说它行走如风，会抓伤人的脸，咬人的手脚。它出现的时候，身上总是环绕着一团黑气，因此得名。

　　日本的和歌山县、广岛县和山口县，也流传着黑眚的传说。人们认为它是一种会伤害牛的怪兽。有人说，它其实是一种叫山岚的动物，也有人认为它是类似猿猴的兽类。被它盯上的牛，都会被吃掉。据说，人们在赶牛的时候，经常会说一句"唏唏"①，意思是"你后面有黑眚哦"。

　　另外，还有一些疑似黑眚出没的记录。元禄十四年（1701），大和国（今日本奈良县）吉野郡的山里曾出现一种怪兽。和中国的黑眚一样，这里的黑眚也疾走如飞，会抓伤人的脸和手脚，身上有黑白和黑红的纹。

　　像风一样快速伤人，与镰鼬十分相似。镰鼬在岐阜县和新潟县的山区经常出现。也许这是刮风形成的真空对人造成的伤害，被人们想象成是妖怪在作祟。

―――――――――――

①黑眚的日语发音类似于唏。

地黄煎火

　　江州水口（今日本滋贺县甲贺市）的驿泉绳手，有一棵叫膝头松的大树。从前，这里有个男子以卖地黄煎①为生。

　　有一天，这个人遭贼人所杀，钱财也被抢走。也许是死不瞑目，他的执念化为了火，在膝头松附近徘徊。

　　从此以后，人们把这火称作"地黄煎火"。火并不热，是阴火。

　　怨念、执念没有化为亡灵、幽灵或怨灵出现，而是化作了阴火，很是稀奇。

　　阴火与鬼火不同，也不是火球。

　　不同的人死后，所化成的东西也不一样，这究竟是什么原因造成的呢？

　　是生前的问题，还是死亡的方式有问题？抑或说由本人临死前的意志所决定？这实在是一个有趣的问题。

---

①往谷芽粉中掺入一种叫地黄的药汁后熬成的东西。——原注

盐之长司

从前，加贺（今日本石川县）的盐浦有个富翁，人称"盐之长司"。他的家中饲养了三百多匹马。这个富翁喜欢吃一些奇怪的东西。有马死掉的时候，他会将马肉用酱油和盐腌渍后食用。

一日，腌渍的马肉吃光了，他就挑了一匹老马杀掉吃了。之后，那匹老马一直出现在他的梦中，咬向他的喉咙。

从那天起，每当杀马的时候，老马的灵魂就会出现，钻进富翁的嘴巴，撑得他疼痛难耐。这样的日子一直在持续。

灵气钻入腹中的感觉极其痛苦，经常疼得他恶语相加，甚至还将自己做过的坏事全都说了出来。

盐之长司不断请人为自己诊治和祈祷，用尽了一切办法，但毫无效果，最终像一匹不堪重负的马一样死掉了。

这其实是一个马灵附到人身上的"马凭"的故事，出自江户时代的《桃山人夜话》一书。

式王子

　　高知县香美郡物部村（今日本香美市），有一些信奉伊弉诺流阴阳道的祈祷师（太夫），会驱使一种叫"式王子"的灵化解因缘，或诅咒他人。据小松和彦^①所著的《凭灵信仰论》记载，式王子是一种危害人体健康的诅咒之神。诅咒者会让它附到纸人或动物上，送给被诅咒的对象。

　　有这样一个传说，昭和初年，由于土地所有权纠纷，曾发生过诅咒事件。诅咒者让式王子附到小鳟鱼的身体里来害人。

　　有人患上原因不明的疾病，或是突遭不幸时，人们会请来伊弉诺流的太夫进行占卜。经过占卜，发现是有人在诅咒时，太夫会将这种诅咒返还到诅咒者身上，人们将这叫作"诅咒返还法"。诅咒返还法会让式王子威力倍增，一旦诅咒者拼命反抗，就可能会危及亲人朋友。因此，人们对此都十分忌惮。

　　式王子与中世的阴阳师们所驱使的式神，应该是同一种东西。

---

①小松和彦，生于1947年，日本文化人类学者、民俗学者。专门研究妖怪论、巫术、民间信仰。

式神

　　源于古代中国，于奈良时代传入日本的阴阳道，是一种以神秘科学"阴阳五行说"为基础的学问（思想）。平安时代，人们用阴阳道来辅佐政治，阴阳师们除了占卜之外，还会驱使一种叫"式神（识神）"的鬼神（精灵），用它作为诅咒的媒介。

　　人们认为，式神是一种普通人看不见的灵。当阴阳师令式神现身时，它多以阴阳师身边的童子的形象出现，容貌似鬼。有些阴阳师还会让式神变成人或鸟，或是让它附到动物或人身上，式神能够控制附身对象的行为，侵害肉体，将其诅咒至死。

　　阴阳师会使用一种叫"式盘"的道具进行占卜。有人认为，式神原本是式盘上所示的十二地支的守护灵。

　　日本地位最高的阴阳师安倍晴明[1]，就很擅长驱使式神。连开关门等日常琐事，都是式神来做。

---

①安倍晴明（921～1005），平安时代有名的阴阳师，创立了从镰仓时代至明治时代初期统辖阴阳寮的土御门家。

敷次郎

　　人们都认为，像伊予（今日本爱媛县）别子铜山这样数百年来一直在采挖的矿山里，肯定会有一种叫"敷次郎"的妖怪。

　　敷次郎看起来像是普通的矿工，因为常年生活在井下，脸色苍白，走路时发出和人一样的脚步声，不过无法与人交流。敷次郎还会发出采挖矿石的声音，以及打水的声音。

　　井上圆了所著的《妖怪学》中，记载了这样一个故事。有个人一心想要看看敷次郎长什么样，在备中（今日本冈山县）小泉铅山的时候，终于看到了。

　　这座山上的敷次郎经常向人要食物，如果不给，它就会咬人，妨碍人们工作。被敷次郎咬伤后，普通药物是无法治疗的。可以从打敷①或袈裟上剪下些布片烧成灰，用油调和敷在伤处，方能治愈。

　　敷次郎出现是有征兆的，人们会感到两脚的脚趾要掉了，或是浑身起鸡皮疙瘩。

　　这样看来，敷次郎更像是一种幽灵。

----

①覆盖在佛前桌上的桌布，又称打布、内布、桌围、卓布。

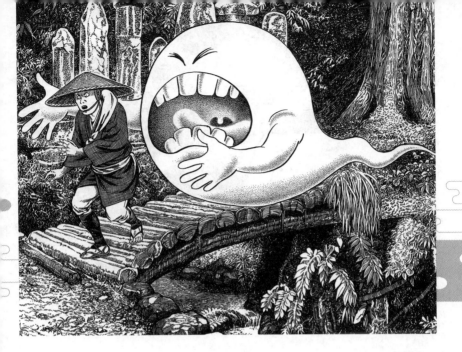

食取

柳田国男认为，食取是一种会抢夺食物的妖怪。也就是说，这是一种会附到人身上，以吃人的食物（包括人体内的养分等）为生的妖魔。

在爱媛县的宇和地区，当人们在山中忽然感到饥饿，四肢无力的时候，就有可能是"被食取附身了"。

这时，哪怕只吃一粒米也能恢复。宇和地区的人们每次出远门的时候，都不会把便当吃得一干二净，一定会留下一点，哪怕只是两三粒米。

食取生活在山中人迹罕至的地方，肚子饿的时候，就会附到路人身上。

在一些山区，人们将食取奉为山神。他们有一种风俗，在山上吃东西的时候，为了不让山神觉得饿，都先拿出一些饭粒供奉山神。

人们认为，被食取附身后，食物就会被夺走。因此无论食取是神是妖，只要让它填饱肚子即可。于是人们想出了各种对策，最后在食取经常出现的地方，塑一尊石佛或建一座石祠，将它作为神来供奉。

静饼

静饼是栃木县益子地区流传的一种只有声音的妖怪。

夜里，如果有"咯噔咯噔"地捣静饼的声音从远处传来，老人就会说："如果声音是由远及近，就是捣到了静饼中间，会时来运转的。反之，如果声音越来越远，是从静饼的中间向外捣，就会倒霉运。"

听到捣静饼的声音的人，如果将簸箕拿在背后，就会财源广进。

但是，这种声音并不是所有人都能听到，有的人能听见，有的人听不见。

民俗学者柳田国男在《妖怪谈义》中写到，这种妖怪又叫"隐之里的捣米怪"，听到这种声音的人会变得十分富有。

我小的时候，在万籁俱静的夜晚外出时，常常能听到一种奇怪的不可捉摸的声音，虽然不是很清晰，仿佛进入了一个异次元世界。

不难想象，妖怪静饼恐怕就是人们这种感觉形象化以后产生的。

次第高

　　次第高是出现在山口县厚狭郡、阿武郡的一种妖怪，经常在路上出没。人们越是仰望它，它就变得越高；反之，如果是俯视它，它就会越变越小。

　　类似的妖怪在日本各地都有，如见上入道、高入道、入道坊主等，都和次第高是近亲。

　　关于这些妖怪，见诸文字的很少，多是口口相传，就像传话游戏一样，因此叫法也会发生微妙的变化。

　　岛根县流传着妖怪"次第坂"的故事。人们说，去往三瓶山的路上，"经常出现一种叫次第坂的东西"。它会越变越高，感觉永无止境。

　　这就是其中的一个例子。在某些地方也有类似的传说，只不过大多没有名字。

　　遇到这种妖怪的时候，眼睛绝不能往上看，要向下看，这种妖怪就会不断变小，直到消失。次第高长得像入道，它的这种能力真是奇怪。

舌长婆

一天，两个旅人从越后（今日本新潟县）去往武藏国（今日本东京都、埼玉县、神奈川县的一部分），走到谏访的千本松原时，天色已晚。二人寻到一户人家，请求借宿一晚。主人是一个七十岁左右的老太婆，欣然答应了二人的请求。

两个旅人十分放松，其中一人很快进入了梦乡，另一人却闭着眼睛，久久无法入睡。

老太婆忽然伸出一根一米多长的舌头，贪婪地舔着熟睡旅人的脸。醒着的那个人十分害怕。紧接着，屋外传来一句："舌长婆，舌长婆，我是谏访的朱盘。如果不顺利的话，我来帮你一把。"

说着，有一个人破门而入。旅人一看，竟是一个脸有两米多长的红脸大和尚。旅人挥刀斩去，朱盘顿时消失。老太婆趁机抓起熟睡的那个人往外跑。那座破房子眨眼间消失了，只剩下一片荒凉的草地。

逃出来的旅人在大树下坐了一夜。天亮后，他发现同伴躺在不远处，只剩下一堆白骨。

七

　　冲绳县冲绳本岛的山原地区，有座叫"刻尔克山"的小山。人们在山中行走的时候，有时会遇到一个黑乎乎的东西挡住去路，让人无法前行。

　　这是一种名叫"七"或"七恶魔"的妖怪在作祟。这种妖怪和福冈县远贺地区的"涂壁"，以及出现在长崎县壹岐岛的"涂坊"十分相似。

　　根据岛袋源七[①]所著的《山原的风俗》记载，"七"是一种模糊无形的幽灵，能像风一样从门缝中自由出入。它有时会附到人身上。被附身之人会被带到意想不到的地方，迷失方向，一两个星期都走不出来，有时候还会被关进墓穴中。它虽然不会作恶，却给人带来无尽的麻烦。

　　遇到"七"时，男人要解下兜裆布，女人脱下裙裤使劲挥舞，然后戴在头上。不过，现代人已经不穿这种东西了。这种情况下遇到"七"，可以抓住地上的植物，静待黎明鸡叫时，"七"就会自动离开。

---

①岛袋源七（1897～1953），日本民俗学者。《山原的风俗》是一本民俗杂志，主要介绍了冲绳本岛北部国头郡的民俗。

七人同行

　　七人同行是香川县流传的传说中的一种行逢神。一旦遇到七人同行，必死无疑。人的肉眼是看不到七人同行的，不过从牛腿之间能够看到，耳朵会动的人也能看到。似乎动物对七人同行比较敏感。

　　有个人牵着牛走在路上，来到十字路口的时候，牛忽然停住不动了。赶牛人觉得有些奇怪，就从牛腿之间向对面一看，看到七人同行正在列队前行。

　　在香川县，还有一种叫"七人童子"的妖怪，多出现在十字路口。据说，仲多度郡有一处十字路口，人们从来不会从那里经过。关于有人目击到七人童子的传闻少之又少，但名字中有"童"，应该是孩子的形象。

　　高知县有叫"七人海角"的妖怪。传说是海中溺亡之人所变，即七个淹死之人变成的妖怪。

　　七人同行总是七人结伴而行，如果新加入一人，最前面的一人就可以等待被超度。如果不能诱杀七个人，大家都无法超度。因此，这七个溺死之人为了超度自己，就需要牺牲另外七个人。

七本鲛

三重县志摩郡矶部町（今日本志摩市），有一处人称伊势神宫别宫的伊杂宫。旧历的六月二十四、二十五这两天，是矶部的"御祭日"。据说，每年的御祭日，龙宫使者都会从海上来参拜。

使者是一种人称"七本鲛"或"矶部使者"的形似鲨鱼的神使。到了六月二十四这一天，它们会从海上穿过的矢湾，途经神岛等地，之后进入矶部的海湾，然后再沿河逆流而上，参拜伊杂宫。次日，它们会顺流而下，回归大海。它们在海中是鲨鱼的样子，进入矶部的河流后，就会变化为蟹或蛙的样子。不知从何时起，七本鲛只剩下了六只。对于其中的缘由，各地流传着不同的说法。

坂手村（今日本鸟羽市）流传的说法是，有个叫上村三藏的渔夫，和儿子一起去采海参时，儿子不慎被恶鲛吃掉。三藏为了报仇，做了人偶当诱饵，捉住了一条鲛鱼。三藏剖开鲛鱼的肚子，却没有找到儿子的尸体。原来那不是恶鲛，而是七本鲛之中的一个。三藏担心遭到报复，就到鸟羽的光岳寺祈祷谢罪。不久后，三藏一家就家道没落了。

信浓的别界

从前，信州松本的领地上，有个猎人追捕一只鹿时，追进了深山。山上突然滚下一块大石头，他躲闪不及，一脚踏空，跌落到谷底。但神奇的是，他并未受伤。他想要爬上山崖，却发现四周的岩壁陡直得像屏风一样，无比险要。他只好绕行，步行了五六里后，发现了一片田野。

又走了一会儿，眼前出现几户人家。猎人敲开了其中一家的门。一个老人走了出来，看清楚猎人的样貌后，显出十分惊讶的表情。

"这里是人世间之外的另一个世界，没有通往外面的路。山谷中的井水是我们仅有的食物。这里有一个规矩，外来者一律要被打死。趁没有人发现你，赶紧逃走吧。"

猎人听后，便遵从老人的忠告，准备逃走。他翻山越岭，一刻都没停歇。到了第三天傍晚，终于回到了故乡松本。他究竟去了哪些地方，又是如何回来的，自己已经完全记不起来了。

筱崎狐

宽政年间（1789～1801），武州的筱崎村（今日本东京都江户川区）有四只恶贯满盈的大白狐。

某年夏天的一个早上，村里有个卖咸鱼的小贩，发现这几只白狐正躺在草丛上睡觉。想到白狐平日里的所作所为，他决定报复一下。他悄悄地靠近它们，大喝一声。几只白狐被吓得狼狈逃窜，小贩高兴地离去了。

当天傍晚，卖咸鱼的小贩路过一个熟人家时，赶上女主人去世，当时正准备出殡。男主人对他说："我去送葬，麻烦你帮我看会儿家。"然后就出门了。小贩一个人留下来等着。这家女主人的幽灵忽然出现，猛地咬向小贩的胳膊。小贩一声哀号，浑身是血地往外跑。

有个筱崎村的村民刚好路过，看到熟识的小贩浑身是血地大喊大叫，觉得是那些狐狸在作祟，急忙往他头上泼了一盆冷水。过了一会儿，小贩恢复了神志。

小贩担心日后还会遭到狐狸的报复，便煮了小豆饭，放了一些油炸豆腐，带到白狐们睡觉的地方谢罪。

芝右卫门狸

从前，淡路（今日本兵库县）有个叫芝右卫门的农民。有一只老狸猫经常来他家里讨些残羹剩饭。见老狸猫可怜，芝右卫门每天也会特意给它留一些。有一天，他对狸猫说："你若是能变化，就变成人让我看看。"

第二天，狸猫变成了一个五十多岁的老人。这只老狸猫对古代的事情十分了解，每天都会给芝右卫门讲一些故事。时间久了，芝右卫门长了很多见识，在当地也小有名气。

当时，有个叫"竹田出云"的戏班从难波（今日本大阪府）来到淡路，演了十天的戏。

那只老狸猫也化为老人前去看戏，却不幸被恶犬咬死。老狸猫道行不浅，死后半个多月也未现出原形。人们都以为它是人。过了二十四五日之后，老狸猫才现出原形。

村民们议论纷纷，说这家伙死后还披着幻化出来的皮囊，真是个会演戏的老狸猫。

据说，洲本城天守阁附近至今仍有一座小庙，里面供奉着芝右卫门狸。

柴搔

柴搔是出现在熊本县玉名郡南关町的一种妖怪。

人们在走夜路的时候，有时会遇到有东西朝自己扔石头，却看不清是什么。

柳田国男在《妖怪谈义》中介绍说，柴搔可能是一种能发出类似扒柴草的声音的妖怪。

类似这种在路边扔石头的妖怪，在日本各地都有流传。比如扔石头的天狗砾、扬沙子的沙挂婆、撒沙子的沙撒狸等，它们应该都是同类。

还有一类不在路边扔石头，而是专往别人家里扔石头的妖怪，也流传很广。

这究竟是何原因，人们一直没有弄清楚。倒是有传闻说，某户人家的女佣因为想要回家，就向院子里扔石头。

柴搔可能就是人们恶作剧的结果，这种情况也是存在的。因为人们不知道是什么东西在作怪，就认为是妖怪了。

芝天

芝天又叫"芝天狗"，是四国土佐地区（今日本高知县）出现的类似河童的妖怪。芝天身高一米左右，有点像小孩，和河童一样喜欢相扑，但不一定生活在河中。

据一个老人讲，他少年时在一条乡间小路上遇到了芝天，芝天说："和我玩相扑吧。"

"这么小的个子，还敢说大话！"说着，他就与芝天摔了起来。原本以为玩上一两个小时就行了，谁想到芝天却玩上瘾了，摔了整整一天。回家时，这个人的身上和衣服上沾满了泥巴，十分狼狈。土佐地区还有一种有别于芝天的河童，叫猿猴。这种妖怪生活在山中的河里，也喜欢相扑。

土佐郡土佐山村（今日本高知市）的人们认为，芝天会在旧历六月七日的祇园日这一天，跳进河里变成猿猴。

曾流传着这样一种说法：河童进山后，会变成山童；入河后，又会变为河童。芝天与猿猴的关系也是如此。因为猿猴与河童是同类，所以，芝天应该更接近山童。

死人凭

从前，因幡（今日本鸟取县）岩美郡有个农民，常年有病在身，有一天去世了。当家人等着僧人前来做法超度时，死者竟忽然站了起来，在房间里蹦来跳去。它的力气相当大，几个人都按不住。

它还在家中大吃大喝，昼夜不眠。因为是夏天，这样过了两三天之后，尸体的眼睛和嘴巴中开始有液体流出。妻子认为肯定是被什么东西附了身，变成了死人凭。于是请来僧人做法，却不见效，死者仍旧像个疯子一样。家人无奈，只好搬到外面去住。

他们不时过来查看屋里的情况，发现死者十分癫狂。幸亏门窗关得严，死者出不去。到了第二天，死者已倒地不动。人们赶过来将它匆匆埋葬。

过去的人们相信，死人的灵魂最容易作祟。亲人们聚在一起守夜，就是为了保护死者的灵魂。出殡时，要打碎死者生前使用的茶碗，意在将灵魂一起送走，以免回到家中。

岛原的船幽灵

在长崎县岛原半岛,有三个渔民一起外出打鱼。到了深夜,他们一无所获,于是决定返航。

就在这时,伴随着一阵有节奏的划船声,一艘船朝他们驶来。三个渔民觉得奇怪,就开始使劲摇桨,但船却丝毫不动。这时,那艘船已经向他们靠了过来。

奇怪的是,那艘船似乎只有一半,船舱里还闪着火光。在火光的映照下,浮现出十来条腿,还传来"嗨哟!嗨哟!"的声音。渔民们想赶紧离开,就拼命地划船。

终于,声音和船影消失了,三个人也即将靠岸。突然间,船四周的海面变成了浑浊的白色,三个人的身体渐渐变轻,远处的海面上有一团火掠过。这时,他们才明白是遇到了"船幽灵"。

船幽灵在各地的渔村都有出现,出现时会说:"借舀子一用!"然后用舀子把海水舀进船中,让船沉没。像岛原出现的这种船幽灵——船只有一半,还出现人腿——实在是罕见。

蛇骨婆

　　日本各地都有叫"蛇冢"的地方，其中有一处里面封印着一条叫蛇五右卫门的怪蛇，蛇骨婆就是蛇五右卫门的妻子。为了守护这座蛇冢，她右手持青蛇，左手持赤蛇，吓唬过路行人。

　　至于埋葬着蛇五右卫门的蛇冢究竟在哪里，又是哪一座，至今仍不清楚。关于蛇冢，还流传着这样一个故事。

　　在东京日暮里一带还是一片农田的时候，有个农民在田里发现了一条白蛇。农民将白蛇打死后，接连遭遇不幸，庄稼连年欠收。

　　"可能是被打死的白蛇在作怪。"农民自言自语道。那天晚上，白蛇出现在他梦中，哭泣着告诉他："我想投胎转世。"农民害怕它继续作祟，决定为它建一座冢，以求它的谅解。从此以后，农民就开始好事连连。

　　据传，白蛇是神灵的使者，是万万不能打死的。

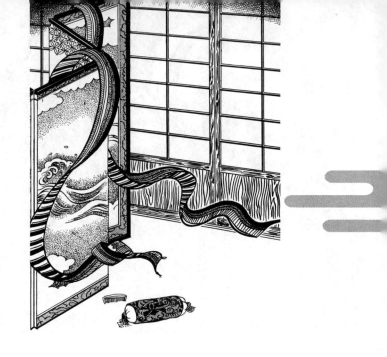

蛇带

从古至今，女人的嫉妒心一直被称作"邪（蛇）心"，人们经常将这种执念比作蛇。

最广为人知的要属道成寺的清姬了。一个叫安珍的修行者说了句"娶你为妻"的玩笑话，清姬信以为真，追赶逃走的安珍。追着追着，她竟变成了一条大蛇。清姬就是因为邪心，身体变成了蛇身。

不过，不只是女人会变成蛇，就连女人身上的衣带都能变成蛇，叫作"蛇带"。蛇带不是一般的蛇，而是毒蛇。

据说，在人睡觉的时候，邪心会附到解下来的衣带上。然后，衣带会变成一条能缠绕七圈的毒蛇，去攻击所嫉妒的对象。衣带的主人是控制不了它的，因为它已经变成了妖怪，按照自己的意志行动。

蛇带行动的时候，衣带主人睡得很深。不过，有一些说法认为，看似睡得很深，其实灵魂早已出窍，因此衣带上很可能附着女人的灵魂。

邪魅

  根据鸟山石燕的《百鬼夜行》记载，邪魅属于魑魅一类的妖邪恶鬼，不过，这种说法有点模糊不清。邪魅看似像野兽，身体却隐而不见，所以不知它整体的样子。

  "邪"字有"邪恶"或"有害"之意，"魅"字有"妖怪"或"蛊惑"之意。顾名思义，邪魅是一种类似恶灵或邪鬼的东西，是不受人类欢迎的妖邪之物。

  邪魅并不像行逢神那样，误打误撞地附到人身上，而是更接近怨念所化的犬神。犬神是一种目不可见的小动物，受人所使，危害他人。在香川县等地，犬神多被作为神社的若宫①祭祀，据说会财运亨通。不过，这应该只是特例。

  从前的人，经常会将各种来历不明或不可思议的东西叫作"邪魅"，甚至有些动物也被看作是邪魅，比如猫或黄鼠狼之类所干的那些勾当，就被人们称作"邪魅"。

---

①神社中主祭神的分灵，一般会单独祭祀。

三味长老

正如乐器古琴的付丧神是琴古主一样，三味长老很可能就是三味线[1]的付丧神。三味长老并不是古老的三味线化成的妖怪，而是人的意念附在上面后变为妖怪的。

古时候有句谚语"沙弥无法成长老"。沙弥指的是虽已出家，却未成为真正的僧人的少年或男子。所谓"沙弥无法成长老"，意思是说沙弥、喝食是不可能一下子成为长老的，要有先后的顺序。

正如谚语中所说的那样，乐师使用了多年的三味线才有可能化为三味长老。如果用僧人作比的话，即相当于长老之位。这样的三味线一旦被人丢弃，前主人的意念与乐器相互影响，就会化为妖怪。

毕竟是存在了多年的三味线，就像是沙弥修行多年后成了长老。

---

①日本的一种弦乐器，是在四角状的扁平木质板面上蒙上皮制成，琴弦从头部一直延伸到尾部。

锵锵火

　　这种怪火在奈良县被叫作"锵锵火"，不过各地都曾出现。它飞舞时会发出"锵锵"的声音，因此得名。

　　这种怪火出现的时候，都是两团火在一起飞舞。据说，怪火出现时，人是不能抬头看的。

　　奈良县大和郡山市附近的佐保川上，有一座桥叫打合桥。从前，每到六月七日这一天的夜晚，这里就会举行一场叫"锵锵火"的舞会。各村会选出二十名年轻男女，在桥中央的音头橹附近跳舞。

　　这里还流传着一个传说，从前有一对年轻的男女死在了此处。因此，每年六月七日的夜里，会有两团巨大的鬼火飞来，在桥上缠绵，发出"锵锵"的声音。

　　村民们之所以在这里跳舞，是为了安慰这对青年男女的鬼火。

　　我认为这种鬼火或妖怪，都是广义上的"灵"。人在世的时候是有形的，死后皮囊不复存在，就以另一种形态存在。

集团亡灵

　　昭和三十年（1955）七月二十八日，在三重县津市的海边，发生了一件令人痛心的溺水事件，三十六名女中学生全部溺亡。

　　根据一名幸免于难的女生的回忆，她当时看到一团黑乎乎的东西在水面上摇晃着向她们游来。

　　后来发现是几十个女人，她们头戴吸满水的防空帽，下身穿劳动裤，拼命想要抓住那些准备逃跑的女生，她们的力气大得惊人。

　　据说，在与这名少女同时获救的九人中，有五人看到了这些亡灵。当时在岸边的几个学生也看到了这些亡灵。

　　据当地人说，这里十年前曾发生过一件事。美国空军大规模空袭后，有二百五十多位市民被炸死，无法火葬的尸体就草草地埋在了海边。

　　女中学生看到的应该就是他们的亡灵。两次事故牺牲了这么多人，简直是人间悲剧。

　　古时候，在战争中丧生的武士以及死于战争的士兵们的亡灵，经常会集体出现，我也听到过相关的传说。

十二神将

　　平安时代的阴阳师安倍晴明，曾在京都的鬼门位置修建府邸，役使人称
"十二神将"的十二式神。

　　所谓十二神将，是安倍晴明让代表着十二干支（子、丑、寅、卯、辰、巳、午、
未、申、酉、戌、亥）的十二位神，寄居在他制作的人偶中。平日里，晴明
让它们待在府内南门的梁上，有需要时会加以差遣。

　　晴明会让十二神将占卜吉凶，做些杂活。

　　但是，因为十二神将的相貌过于丑陋，晴明的老婆对此颇有微词。无奈
之下，晴明让它们住到了府邸附近的一座戾桥。

　　后来，每当有需要时，晴明便会将十二神将从桥上叫来。需要占卜的时候，
晴明会亲自到桥上向它们咨询。据说，十二神将会借助过桥行人的嘴来回答
晴明的问题。

　　晴明去世后，这座戾桥就成了一处占卜场所，至今仍然存在。

执念之鬼

赤松则祐的下臣中,有一个叫小室鬼八郎的男子,此男杀人如麻,恶贯满盈。

一天晚上,他在爱妾的家中过夜时,房间的角门忽然打开,出现了一个鬼一样的人,一把抓住他爱妾的头发,拖到了门内。鬼八郎又怕又怒,他想打开那扇门,门却关得紧紧的。数十人合力将门打开后,他的小妾和那个鬼却都不在里面,早已不知所踪。

人们在背地里说,一定是被鬼八郎杀死的人的执念化成了鬼来报复他。

这个故事收录在一本名为《绘本小夜时雨》的古书中。本该被千刀万剐的鬼八郎安然无恙,他的爱妾却做了替死鬼被抓走,不知所踪。

被害之人的执念,没有直接杀死鬼八郎,而是采取了另一种手段,从他最爱的女人下手,可见这被杀之人的怨恨还是极深的。如果一狠心将鬼八郎杀死,他就没有机会反省,也无法体会到心爱之人被夺走的痛苦了。

出世螺

深山中有法螺贝，在山中修炼三千年，在乡里修炼三千年，再到海中修炼三千年，就能变化为龙，人们将其称作"出世螺"。

在远州（今日本静冈县）今切的老渡口和静冈县的沼津市，都曾发现法螺贝的踪迹。据传，如果吃了法螺贝的肉，就能长生不老。修行者吹的法螺贝和这里所说的是同一种东西。至今为止，还不曾听说有谁吃了法螺贝的肉后长生不老。

人们经常将"撒谎"说成"吹海螺"，就是出自这个故事。

从前有个文人，他在院子中发呆时，忽然发现竹篱附近冒出白气，并在瞬间升到一丈多高。他看了看附近的石头，明明是晴天，那些石头却湿漉漉的，就像下过雨一样。他有些纳闷，细细查看后，发现冒出白气的竹篱中爬出一只蜥蜴。

他终于明白了原因，蜥蜴、蛟和出世螺等算是同类，因此会有白气升腾，即使不下雨，石头也是湿润的。

朱盘

　　奥州会津（今日本福岛县）诹访的神社里，有一种可怕的怪物出没，叫"朱盘"。一天傍晚，一位年轻的武士经过诹访神社时，想起了关于这怪物的可怕传闻，便不由得加快了脚步。这时，一位与他年纪相仿的武士赶了上来，二人结伴而行，边走边聊。

　　"听说这里有一个很有名的怪物出没，你可曾听说过？"年轻武士问后来的武士。

　　对方答道："你说的那怪物，想来应该是这个样子吧？"

　　说罢忽然转过头来。只见一张如朱漆涂就的赤红大脸，额生独角，毛发似针，一张大嘴咧到耳根。武士见状，当场昏了过去，醒来时发现已经回到了家里。妻子见他神色异常，担心地询问缘由。武士将刚才的事情说了出来，妻子十分惊讶："原来是遇到了可怕的东西……那个叫朱盘的东西，是不是这个样子的？"

　　那张可怕的大脸又出现在武士眼前，他再次昏了过去。不过，这次是真的被吓死了。

树木子

    大量吸食人血的树木，会变成一种叫"树木子"的妖怪。因为是以血为养分生长的，所以总是对血充满渴望。如果有人从树下路过，它会伸长树枝，像张开的手臂一样捉住行人，吸干人血，将人杀死。这种树简直就是吸血树。

    这种树多生长在尸横遍野的战场，以及很少有人经过的地方。

    即使是无机物，被灵寄附后也能化为妖怪。具有生命的树木，因某种机缘巧合化为妖怪的可能性还是很大的。

    植物也是生物，即便是靠吸血生长，也没什么奇怪的。

    从前，我爬一些荒山时，经常会被爬山虎等植物缠住或绊倒，无法动弹，让我感觉自己快要变成树了。

    进深山的时候，常会产生一种自己要被树木吃掉的错觉。比如，在新几内亚的森林里，似乎有许多吃人的树木。树木子大概就是人的错觉产生的吧。

小鬼

　　北条时政①执掌天下后，他的梦里经常出现一个小鬼，企图杀死他。由于小鬼出现得太过频繁，时政做了各种祈祷，但毫无效果。一天夜里，一位手挂拐杖的老翁出现在他梦中，说道："我乃你所佩太刀之灵。虽有心杀退妖怪，怎奈身上有不净之物，十分污秽，因此力不从心。若能尽早为我清洁，我定能为你早日杀退妖物。"

　　老人说完后，时政醒来。他十分惊讶，立刻命刀匠清洁太刀，然后放在床边。

　　次日，下人为时政端来火盆，太刀忽然倒向火盆，斩断了火盆的一个脚。时政觉得有些蹊跷，命人将小鬼的模样铸在了火盆所缺的那只脚上，等待时机。

　　果然，小鬼当晚就出现了，床边的太刀自己出鞘，只见一道寒光闪过，小鬼被一刀斩杀。此后，小鬼再也没有出现过。

　　这可谓是灵与妖的一场对决。

---

①北条时政（1138～1215），日本镰仓幕府的第一代掌权者。通称北条四郎，远江守。

正吉河童

　　从前，丰后（今日本大分县）日田郡有个叫白系嘉右卫门的相扑手。他有个儿子叫正吉，这个孩子和他很像，力气也很大。

　　一年夏天，正吉在三隅川洗澡时，忽然感觉脚下有东西在拉自己。正吉潜入水中，教训了那东西后就回去了。到了晚上，正吉又想洗澡，就来到河边。这时，有两三个小孩从水里冒了出来，说："你既然是相扑手的孩子，肯定也擅长相扑吧，来和我们比试一下。"

　　正吉这才明白它们是河童。他想办法打败了两个，却又出现了十多个河童，将他围了起来。他只能拼命抵抗。

　　这时，担心儿子的父亲找了过来，发现正吉独自一个人在那儿发狂。白系嘉右卫门将正吉带回家中，正吉仍眼睛盯着门口，大吼大叫。

　　白系嘉右卫门请了一位法力高强的修行者做法，才让正吉恢复了正常。

　　正吉那种发狂的状态，又叫"一人相扑"。

精螻蛄

　　精螻蛄是一种在庚申日出现的鬼。在庚申日这一天，待人们熟睡之后，三尸虫①会从人的身体里爬出来，升天而去，然后将该人的罪过奏闻上帝，减其禄命。因此，在庚申日这一天，人们不会睡觉，一直熬到天亮，就是为了不让三尸虫从身体里出来。

　　为了对付三尸虫，人们还创造了一种咒语："精螻蛄来我家，我不睡，我装睡，我装睡，我不睡。"据说，念诵了这种咒语，就能避免三尸虫带来灾难。

　　从咒语中可以看出，精螻蛄似乎是三尸虫的一种。从熟睡之人的身体里溜出的精螻蛄，会在升天之前，从天窗上窥探房间里的情况，然后再离去。

　　我乡下老家的厨房里就有一个天窗。奇怪的是，天好的时候，不怎么想看天窗，到了下雨的时候，却总想看天窗。看着天窗的时候，虽是枯叶飘落，却总觉得像是有人在扔东西。到外面一看，发现什么都没有。或许，人们的这种心理为精螻蛄的出现创造了契机。

---

①三尸虫指寄生在人体内的三种虫子。——原注

钲五郎

人们念佛时所用的圆形青铜钲鼓所化的妖怪，叫"钲五郎"。

鸟山石燕在《画图百器徒然袋》中说，淀屋辰五郎曾斥资百万铸成"黄金鸡"。

淀屋的第五代传人——淀屋辰五郎，是江户中期大阪的大富商，他的积蓄如果折算成银两，估计超过一亿两（今天算来，大约有十几万亿日元）。人称"淀屋之宝"的"黄金鸡"，象征着淀屋一门的荣耀。不过，辰五郎穷奢极欲、桀骜不驯，引得人们怨声载道。

宝永二年（1705），幕府以其拥有的财富与身份不符为由，将淀屋的资产全部没收，并将辰五郎处以三都流放之刑，彻底击垮了淀屋一族。

可怜的辰五郎在失意之中，于享保二年（1717）十二月二十一日病死他乡。

人们认为辰五郎的亡灵是身份高贵者的怨灵。他的怨灵附到钲鼓上，化为钲五郎，告诫人们不要像自己一样骄傲自大。

精灵田

在横跨岐阜与长野两县的乘鞍群峰山顶上的千町原，一个向导曾在这里看到几十个身穿白衣服的男女，在沼泽里争相喝水。

他问道："你们在干什么？"

其中一个人似乎吓了一跳，转过头看他。

只见那人额头上系着一块三角形的白布，散着长头发，两眼通红，极其吓人。

向导立刻静心念佛。过了一会儿，他睁开眼睛，亡灵已经消失。

千町原又叫"精灵田"。自古以来，这里就流传着一些传说，美浓和尾张地区的亡灵在前往富山县立山地狱谷的途中，会在这里喝水。那个向导亲眼目睹了这一传说。

立山是有名的亡灵汇集的灵山，汇集于此的亡灵一般都是三五成群活动。

飞驒小坂的"咔嗒咔嗒桥"，也位于亡灵去往立山的途中。

精灵风

　　长崎县五岛地区，在盂兰盆节的十六日早上，会吹起一种魔风——精灵风。传说被这种风吹到的人，会患上疾病，卧床不起，因此这一天也不宜扫墓。

　　民间流传着这样一种说法，人死后，灵魂有时会随风而去。

　　无人祭祀的死者的亡灵会危害人世，这种观念根深蒂固。对农作物造成伤害的旱灾、暴风、稻虫等，人们都认为是这些亡灵在作祟。因此，在盂兰盆节的精灵祭中，除了祭祀祖灵之外，人们还会设恶鬼灵台和无人祭祀者的灵台，祭祀那些为害人间的亡灵和无人祭祀的死者。

　　一方面，人们认为那些无人祭祀的游荡的亡灵会化为风，恶鬼会刮起魔风；另一方面，人们又认为风是神灵的坐骑。

　　人们将三月中旬吹拂的南风称作"神风"，便是因为神灵们会乘着这种风，启程赶赴十月初在出云的神灵集会。同样是风，神灵乘行的风被称作"神风"，而原因不明的风就被视为妖怪作恶的"魔风"。

络新妇

　　络新妇是一种雌性的大蜘蛛妖怪，一般会记作"女郎蜘蛛"。

　　从前，作州高田（今日本冈山县真庭市）有个乡下武士，叫孙六。有一天，孙六在侧院睡觉时，半睡半醒之间，一个陌生的老女人出现在他面前，说："我的女儿爱慕您。"

　　说完，便将他带至一处馆舍，里面有一位美丽的小姐。小姐说："小女一直仰慕您……"

　　这位美丽的小姐要孙六与她成婚。孙六第一次见到这个女人，觉得她貌美如花。若是旁人，肯定会答应这个女人的要求。但孙六是个耿直之人，他冷冷地拒绝说："我已有妻室。况且初次见面，不要说成婚，连一夜之欢都无法从命。"

　　紧接着，馆舍消失了。他看了看周围，发现自己就在自家的侧院里。武士觉得奇怪，询问身边的随从："我刚才一直在这儿睡觉吗？"

　　随从说："是的。"孙六认为是女郎蜘蛛化为女人，出现在他梦中，便让随从将家中的蜘蛛网全部清除。之后再没有发生过类似的事。

白发山的怪物

弘化三年（1846），土佐（今日本高知县）有位名医，叫松井道顺。

有一天，道顺为寻找制作长生不老的灵药"贵精香"的原料，走进了人迹罕至的白发山。他苦苦寻找了很久，却一无所获。这时，一个满脸通红、眼睛像闪烁的星星的怪物，出现在他面前。道顺吓得趴在地上，怪物开口说起话来："我的职责就是让那些在世上苟延残喘的人生病，早日把他们送往阴间。你是一位名医，一直妨碍我的工作。不过，你的志向令人敬佩。我想把能治百病的方法告诉你，因此才特意现身。"

怪物说完，递给他一本秘籍：

"想必你也听说过一些长生不老的故事。中国的东方朔活了三万八千年，西洋的诺亚活了九百五十年，日本的武内宿祢①也活了三百年……"

怪物滔滔不绝地说了很久，道顺战战兢兢地接过秘籍后，怪物就消失了。之后，道顺名声大震，甚至传到了天皇的耳朵里。

---

①据《古事记》和《日本书纪》记载，武内宿祢是大和王权初期的一位大臣。他历仕景行、成务、仲哀、应神、仁德五朝，为大和王权栋梁之臣，人称"大臣之祖"。关于他逝世时的年龄，有二百八十岁、三百零六岁、三百六十岁等多种不同的说法。

不知火

　　在肥前（今日本佐贺县、长崎县）和肥后（今日本熊本县）地区的海上，夜间会出现一种怪火——不知火。每年七月，在肥后的八代和宇土一带，男女老少会在天黑前聚集到海边，等待不知火的出现。

　　夜幕降临后，寂静昏暗的海上会出现一点火光。接着，火光变成了两点、三点……数量逐渐增加，在海上绵延数里。黎明时分，天空开始泛白，这些火又慢慢消失了。

　　如果有人想看得更仔细一些，乘着小船向火的方向驶去，火就会自动后退。如果继续向前划，火就继续后退，总之是无法靠近。附近的村民又将不知火叫作"龙灯"，认为是海中的龙神点的灯。因此在不知火出现的夜晚，是禁止船只航行的。这一夜，渔船也不能出海。

　　关于不知火的原形，井上圆了博士认为，不知火可能是水母，或是地热温泉喷出造成的。不过，如果说是温泉的话，每年都在固定的日子出现，这也相当稀奇了。

白幽灵

从前，我去爱媛县宇和岛时，曾遇见一个九十二岁老翁，他自称见到过白幽灵。老翁红脸膛，嗓音洪亮，蓄着白胡须，给我留下了深刻的印象。

谈到妖怪的事情时，老翁忽然提高嗓门，给我讲了起来。

老翁说，大概七八十年前，还有很多这种东西。有一天他乘船出海，海面上突然出现了一个巨大的东西，像白色的面条一样，在船周围转来转去。它并不害人，颜色发白，似乎还泛着绿光。也不知道这东西从哪儿来，出现的时候看起来轻飘飘的，眨眼间就变得巨大无比，以飞快的速度围着船转圈。老翁断定这是妖怪，不过，也有可能是夜光虫之类的东西。

转着转着，这东西就消失了。

人们把这东西称作"白幽灵"。二战时我在南方生活，有一次，为躲避敌人的追击，我曾在夜间跳进海里，当时看到过同样的东西。有一片发光的白色东西围在我身体周围，犹如面条。听了老翁的故事之后，我才知道这东西叫白幽灵。

尻目

　　传说，尻目是出现在京都的一种妖怪，它时常出现在有人行走的路上。

　　有一位武士走夜路时，忽然被一位男子"喂，喂"地叫住。武士问："你是什么人？"

　　武士做好防御的姿势。对方却脱掉了衣服，赤身裸体，然后朝武士撅起了屁股。武士一看，只见那屁股上长着一只大眼睛，还闪着光。

　　"啊！"武士吓得撒腿就跑。不过，尻目也只是让人看一看它屁股上的眼睛而已，并不做坏事。

　　俳人芜村素来喜欢妖怪，还留下了一卷《芜村妖怪绘卷》。尻目也在其中。

　　尻目是无颜怪的一种。普通的无颜怪，会用一张没有五官、看起来十分光滑的脸吓人。而尻目不是普通的无颜怪，它的屁股上还长有一只眼睛，更是吓人。

　　无颜怪以吓人为乐，这一点在尻目身上表现得十分明显。

化为亡灵的狸猫

　　播州（今日本兵库县）龙野有个商人。一天夜里，他和家人都已经睡下，楼上突然传来声音，似乎有人在走动。

　　商人正纳闷时，听到有人下楼的动静。他屏住呼吸，悄悄查看，发现下楼的是前几年去世的一位老人。

　　家人惊恐万分，急忙躲了起来。毕竟出现的是亡灵，普通人都会害怕。

　　深夜里发生这种事，家人都不知如何是好。过了一会儿，亡灵就消失了。

　　此后，这个亡灵经常出现。因此，商人请了一位勇士，将亡灵捉住，发现是一只老狸猫。

　　狸猫能千变万化，变成一个死人更是小菜一碟。

　　有人说，狸猫变化成死人只是为了吓人；也有人说，狸猫为了吃东西，有时会变成那户人家的家人，吃饱喝足后离去。所以这老狸猫变化成死人也就不奇怪了。

亡灵森林

岩手县远野地区，有几个地方是小孩从不敢靠近的，土渊的龙森就是其中之一。即使在白天，这片森林也显得阴森恐怖，经过的大人都有点害怕。

据说，人们绝不能捕杀生活在这片森林里的东西，所以大家也很少来这里。不知是什么原因，有个人踏入了这片森林，在森林中看到了前几年去世的一个女人，样貌与生前无异。

还有一位老人深夜时路过此地，看到两个陌生的姑娘安静地站在树下，就像幽灵一样。

据柳田国男的《远野物语》记载，从前的远野地区，每个村子至少都有一处会发生灵异现象的地方。远野的土渊更是有熊野森林的水沟、横道洞、大洞的兼冢等几处。

人称"莲台野"的台地，就是一处亡灵经过的地方。如果是男人的亡灵经过，就伴随着牵马的声音和歌声；若是女人的亡灵，则会传来抽泣的声音。

这里所说的亡灵森林，应该也是亡灵经过或聚集的地方。

白容裔

　　有一个男子在旅途中赶路，天色渐晚，他发现了一座空房子。附近再无人家，他便决定在此住一晚。

　　他推开朽坏的门，走进屋子。忽然，一股恶臭袭来，不知什么东西缠到了他的嘴上，黏糊糊的。令人作呕的恶臭和强烈的恐惧感让这个人晕倒在地，失去了知觉。

　　这就是白容裔。放在厨房等处的抹布如果长时间置之不理，任凭雨淋水浸，灰尘堆积，时间长了就会发出恶臭，化为妖怪白容裔。

　　白容裔多出现在废弃的房屋或空置的院子，夜里会独自飞行，缠住行人的嘴。一般人都会被这种污秽的味道熏倒。因此，它的出现很可能是提醒人们，一定要注意厨房的卫生。

　　从前的人们认为，会化妖的旧抹布是一种恶心的东西。平常人家的旧抹布尚可以忍受，而废弃的房屋或垃圾场里的旧抹布，就脏得让人无法忍受了。这样的旧抹布一旦化为妖怪，飞来飞去，缠住人的脖子或嘴巴，叫人如何忍耐？

白猿

　　筑前国鞍手郡山口村（今日本福冈县宫若市）有个叫菊地保平的男子。有一天，菊地保平有点急事要去邻村，急急忙忙地走在山路上。这条山路两侧灌木丛生，光线昏暗，行走十分不便。

　　保平走到山谷中，稍稍松了一口气。这时，路旁的松树后面晃晃悠悠地走出一只雪白的野兽。野兽身高四尺有余，貌似猿猴，浑身雪白。保平大叫一声，吓倒在地。野兽可能是因为碰到人而受到惊吓，朝山岭方向跑去。

　　虽然野兽已经离去，但保平吓得浑身无力，瘫坐在地，也无心再去邻村。过了一会儿，他站起身来，逃回了家里。

　　和妻子说完自己的遭遇后，保平发起高烧，卧床不起，过了五六天才好起来。只因为看了一眼怪兽，就感染恶疾，可见这怪兽有多厉害。

　　这件事发生在明治十六年前后，至于那怪兽，至今仍不清楚究竟是何物。

白坊主

　　白坊主是在大阪府南部的和泉地区出没的一种妖怪，属于无颜怪的一种，也有人说是狐狸所化。不过，当地的老人却坚称，此物绝不可能是狐狸所化。因为这一带的狐狸出现时，都穿着蓝色条纹的衣服。因狐狸而闻名的信太森林，这里的狐狸甚至有一种有趣的礼法规定，实在令人惊叹。

　　那么，白坊主的原形到底是什么呢？目前还不清楚。白坊主会伤害人，因此人们都非常怕它。

　　走夜路时，遇到白坊主——很多人都曾有过这种经历。

　　在静冈县富士郡芝富村（今日本富士宫市），也曾出现一种叫"白坊主"的妖怪。人们在新年里做一种叫"动动烧"的烧烤料理时，白坊主就会从白鸟山方向发出"嚯嚯"的吼声。因为害怕，长贯的村民都不再做"动动烧"了。这里的白坊主来历不明，不过，应该是一种白色的妖怪。

蜃

  蜃是一种众人皆知的幻兽,它能吐气,并形成海市蜃楼。龙的种类有很多,蜃可能是其中的一种。

  蜃原本是中国的一种幻兽,中国的古书《本草纲目》中,对蜃做了如下记述:"其状似蛇而大,有角如龙状,红鬣,腰以下鳞尽逆,食燕子,能呼气成楼台城廓之状,将雨即见,名蜃楼,亦曰海市。"[1]书里还记述说,将蜃的油脂放到蜡烛里点燃,香气四溢。

  其他一些古书中还记载说:蜃是由蛇与雉鸡交配所生。

  蛟也是龙的一种,常年生活在山中的洞穴里,从洞穴出来后,会潜入大海。

  日本人有时会把蜃与蛟混为一谈。尽管都是龙的一种,却有很多的不同。

---

①出自明代李时珍所著的《本草纲目》鳞部第四十三卷。

心火

　　据说，被人杀死之后，死者的身上会冒出心火，钻进凶手的怀里。在被杀者化为幽灵出现之前，心火会自行燃烧起来。

　　有时会听到一些杀人者被幽灵或亡灵困扰的传闻，这并不是凶手自己的心理作用，很可能是心火所致。

　　与鬼火不同，心火是从死者的身体里出来的，很可能是受害人的怨恨或意念，完全有可能附到凶手身上。

　　被人杀死，对于受害者本人来说，恐怕是最不希望的一种死法。

　　因此，死者要发出心火，让对方悔过，这应该是心火出现的原因吧。

　　江马务①在《日本妖怪变化史》中提到，心火在江户时代的文献中仅有为数不多的几处记载，因此知道的人并不是很多。

---

①江马务（1884～1979），日本历史学家，日本风俗史研究奠基人，编撰有《日本妖怪变化史》，从人性角度对妖怪进行研究。

神社姬

　　文政二年（1819）四月十九日，九州肥前国（今日本佐贺县、长崎县）的一处海边，有个叫八兵卫的渔民遇到了一种异形的妖鱼。妖鱼约六米长，人面，头上有角，自报家门道："我乃龙宫派来的使者神社姬。"

　　之后它继续说道："从今年起，连续七年，你们每年都会大丰收。七年之后，这里会爆发一种叫'虎狼痢'的疾病。只要将我的样貌绘成画供奉起来，就能躲过这场灾难。"

　　就这样，七年后的夏天，这里果然爆发了虎狼痢，死了不少人。

　　虎狼痢是霍乱的别称，发病时会严重腹泻，并伴有高烧。不及时治疗的话，三天后就会死去，因此得名"虎狼痢"。

　　根据加藤曳尾庵[①]的《我衣》记载，当年爆发虎狼痢的时候，江户附近的市面上曾出现过神社姬的画像。不懂治疗方法的人们，各家各户都描摹了它的画像，视如珍宝。

　　神社姬可能是尼彦等能够预言的妖怪的同类。

---

①加藤曳尾庵（1763～？），江户时代后期的文人、医生，著有随笔集《我衣》。

人面犬

平成元年前后，人面犬这种妖怪在中小学生中十分有名。

有人说自己曾在某地的火车站看到人面犬，还有人说在某条隧道有人面犬出现。全国各地都有关于人面犬的传说，版本五花八门，从中可以看出人面犬的大致特征：人面犬是一只长相丑陋的小型犬（类似柴犬），长着一张充满怨气的老人脸，有些是中年男性的脸。

有人曾目击到人面犬以时速八十公里的速度奔跑，跳跃起来的高度大概有六米。人面犬遇到人时，会不屑地冷笑，或是说出类似"怕什么""随便你""吵死了""原来是人啊"之类的话。

关于人面犬的来历，各地的版本也不太一样，大约有这几种：遗传基因实验说，人的灵魂附身说，犬流产的死胎说，还有人类转世说等。

人面犬是继裂口女之后的又一种现代妖怪，尽管当年曾广为人知，不过现在似乎很少有人知道了。

人面树

这种树生长在深山的山谷里，花开的样子像人头，不会说话，只会一直笑个不停。据说，有时候笑过了头，花就会掉落下来。

根据江户时代的百科全书《和汉三才图会》记载，人面树长在南方，结的果实叫"人面子"，秋天成熟，吃起来有一种酸甜的味道。果核两面皆如人脸，眼、耳、鼻、口俱备。喜欢吃这东西的人并不多。

从前的时候，因为人面树看起来像是结了许多人头，因此，人们会用"人面树"一词来形容很多人爬到树上看热闹的情景。

人面树原本是中国的一种妖怪，似乎与能够结出小女孩头的、在印度和波斯流传的"哇哇树"有某种关系。

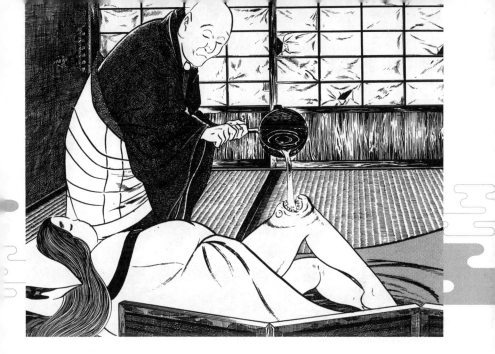

人面疮

　　人面疮是一种妖怪，它给人带来的精神折磨更甚于肉体折磨。起初，人面疮看起来就像是普通的疖子，但无法治愈。之后逐渐化脓，伤口开裂后，变成一张人脸。不管切除多少次，还会重新长出来。到了夜里，疮口还会开口说话。

　　人面疮会索要水和食物，像正常人一样吃饭。

　　喂它酒喝，它就会面红耳赤，像喝醉了一样；喂它吃饭，它也会像人一样咀嚼，一副津津有味的样子。即使喂它许多药物，它也会全部吃下。

　　如果喂一种叫"贝母"的药物给它，它会立刻皱紧眉头，闭上嘴巴。将贝母研成粉末，强迫它吃下后，会见到它一副愁眉苦脸的样子。之后，脸的模样开始变化，五六天后就会消失得无影无踪。这个故事见于《御伽婢子》^①一书。

---

①江户前期僧侣浅井了意所作，记载奇人异事、神怪之谈。

水蠆

在德岛县三好郡的山区，人们将犬神之类的妖怪称作“水蠆”。

水蠆比老鼠略大一些，会到地炉旁取暖。据说水蠆会附到人身上，如果是女性就会附两只，男性只附一只。

被水蠆附身之人，如果憎恨其他人，水蠆就会附到被憎恨之人身上，对方的举止会变得像狗一样，并患上疾病。

被水蠆附身后，都会请太夫（女巫或祈祷师）来驱除。如果是被两只水蠆附身，当其中一只控制了人的意识时，另一只就处于无意识状态。将处于无意识状态的那只捉住后烧死，然后让被附身之人服下烧焦的水蠆的灰烬，另一只水蠆就会离去。

我认为这种附身的妖怪是一种“灵”，人的肉眼看不到它的“形”。

有形的妖怪更容易被人类所认识，因此，人们才会想象出妖怪的模样。也有可能是人们去某些地方时，能够感受到它们的存在。

总之，灵是看不见的。这种肉眼看不见的东西，附身到人或物上并操控他们时，就更加难以分辨了。

水虎

　　水虎的体型应该是河童中最大的了，人类很难见到它。

　　据说，水虎生活在海中或河里。它会将人诱入水中，吸干精血，再将尸体拖回原处。这样的事每年都会发生一次。

　　那些被水虎杀死的人，人们不会为他们举行葬礼，而是在田里搭一个简易的草屋，将尸体直接放到板子上，放在草屋里。据说，这样一来，在尸体腐烂期间，吸过这个人精血的水虎也会腐烂而死。尸体腐烂期间，水虎会在草屋周围转来转去。不过，人们看不到它，只能听到声音。

　　水虎深谙隐身之术，死之前是绝不会现身的。尸体开始腐烂后，水虎会倒地死去，在这时才现出原形。

　　水虎存在于九州的筑后川和滋贺县的琵琶湖一带，它会在深夜敲门捣乱，或是附到人身上。

　　如何防备水虎呢？据说，在门口挂一把镰刀即可。还有一种方法是在屋外撒一些麻秆或豇豆，水虎就不会来了。

水虎大人与水神大人

在青森县岩木川沿岸的平原地区，为防止孩子溺水身亡，人们会祭祀一种神，被称作"水虎大人"。

根据民间传说，水虎大人是龙宫的使者。为了得到龙王的赏识，水虎大人会诱骗孩子下水，然后让其溺水而亡。水神大人是水虎大人的家臣，水神大人为了得到水虎大人的提拔，也去诱骗孩子。这样一来，水神大人的家臣河童，也会诱骗孩子。

据说，孩子在被河童诱骗溺亡之前，是有征兆的。如果人们认为孩子受到了水神大人的诱骗，就会请本地的民间宗教人士"神人"来占卜。确定孩子受到诱骗后，再请"神人"消灾解难。

遭到水神大人诱骗的孩子，眼睛会一直盯着水看。发现孩子遭到诱骗后，神人会通过巫术询问水神的要求，并将黄瓜投进河中作为供品。此外，人们还会祭祀水神的首领——水虎大人，祈求它不要诱惑自己的孩子。

水释大人

　　在宫崎县高千穗町和岩户的马生木村，人们信仰着一条叫"水释大人"的蛇。

　　从前，在马生木村与水之内村的交界处，有一片草场，一对蛇神夫妻生活在这里。有一次，妻神（雌蛇）即将临产，夫神（雄蛇）便去请求村民暂缓播种荞麦之前的烧荒。但是，村民们拒绝了它。最后，妻神与腹中的孩子一起被烧死。

　　不仅妻子丢了性命，还失去了家园，夫神就化为怀着怨恨的蛇灵，惩罚不讲道理的人类。每当有人经过这附近，它就怒目而视，满怀恨意。

　　雄蛇的怨念越来越深，导致马生木村的庄稼无法生长。尤其是荞麦，更是颗粒无收。渐渐地，村子陷入了极度贫困的境地。

　　雄蛇的怨恨一直没有消散，马生木村与水之内村的人们商量后，决定在大岩场上修建一座小庙，将蛇神作为水释大人祭拜。之后，蛇灵便不再作祟。

　　时至今日，这座小庙仍静静地伫立在那里。

水精翁

一年夏天，有个人住在阳成院宫殿的后面。一天夜里，他在西边的厨房睡觉时，忽然出现了一个陌生的小老头，一直摸他的脸，男子忍着不敢动。过了一会儿，老头在池塘附近消失了。人们听说这件事后都有些害怕，纷纷猜测这老头很可能是从池塘里出来的。有一位武士自告奋勇："我去把他抓回来，看看到底是什么东西。"

夜幕降临，武士埋伏在湖边。到了深夜，他忽然觉得有东西贴到了自己的脸上，又黏又凉。妖怪果然出现了，他立刻用绳子将其绑了起来。武士用灯一照，发现是一个身穿浅黄色礼服的小老头。老头哀怨地说："能给我盛一盆水吗？"

武士拿来一个盛满水的水盆，放到老头面前。他高兴地伸长了脖子，看着盆中的影子说："我是水精啊。"说完就一头扎进了水里，之后消失不见了，只留下那根绳子。武士将盆里的水倒进了池塘。小老头可能是就此安心了，后来再也没有出现过。

菅原道真的怨灵

　　藤原氏权倾朝野的时候，藤原一族之外被提拔为右大臣的只有菅原道真一人，这招来了藤原一族的憎恨。菅原道真后来被扣上了谋反的罪名，左迁至太宰府，最后抑郁而终。

　　菅原道真死后不久，他的灵魂出现在比叡山延历寺。当时的住持尊意僧正询问菅原道真的来访之意。菅原道真说："我得到天神的许可，要去京都的皇宫复仇。请不要阻拦我。"

　　尊意僧正回答说："此事关乎天皇性命，恕老僧难以从命。"

　　菅原道真勃然大怒，他口含石榴籽，吐出的气息化作烈焰。不一会儿，皇宫的清凉殿上空电闪雷鸣，这正是菅原道真的怨灵。之后，藤原一族接连遭遇各种疾病和事故，不断有人死去。人们都十分恐慌，认为这是菅原道真在作祟。

　　尽管菅原道真的怨灵曾一度胡作非为，不过被封为天神后，他的怨气就渐渐平息了。

砚台精

从前，有个人住在一家客栈。深夜里，隔壁的空房间里传来一阵声音，似乎是有人在讲《平家物语》的内容，到后来甚至还听到了作战声和呐喊声。这个人慌忙叫醒店主，点上灯进入那个房间，却发现里面连个人影都没有。

不过，看到赤间关砚台中的水在波动，他才明白原来是砚台精在作怪。赤间关是下关的古称，是平氏一族灭门的地方。此地出产的砚台十分有名，有人认为平家人的怨灵附到了砚台上。

提到器物化为妖怪，人们可能会立刻想到付丧神。不过，砚台精并非是用了多年的砚台化成的妖怪，而是人的意念聚集到一起后化成的妖怪，与付丧神略有不同。

顺便说一下，下关一带有一种蟹，叫"平家蟹"。据说平家人的怨灵附到了这种蟹身上，它后背的纹路酷似愤怒的武士脸，因此被称作平家蟹。

也许，在人们的心中，怨恨强烈之人的灵是能够附到任何东西上的。

甲鱼的冤魂

至今仍有很多餐馆用甲鱼做菜。在江户时代，关于甲鱼的奇闻异事有很多。在将新潟地区的民间传说汇集成书的《北越奇谈》中，便记述了这样一个故事。

新潟有一个男子，叫龟六，世代以做甲鱼为生，餐馆的生意十分兴旺。他每天都要购进数百只甲鱼。一天晚上，龟六感到身体不适，觉得身体好像泡在水中，有些发凉。他想要发出声音，却喊不出来。幸好手还能动，他用手在周围摸索，摸到一种冰凉的东西。甲鱼！居然有数百只甲鱼爬到了被子上。龟六大叫一声。担心丈夫的妻子急忙起来查看，却什么都没发现。这样的事每晚都会发生，龟六说道："虽然咱们是为了做生意，但杀生毕竟是一种罪过。"

于是，龟六出家成了僧人，忏悔自己的罪孽。

人们为了活下去会杀生。这些被杀死的生命如果得不到超度，就会出来作祟。寺院的角落里有鳗冢等供养塔，原因就在于此。

甲鱼幽灵

江户时代的人认为甲鱼肉可以治痔疮，因此很多餐馆都做甲鱼。

名古屋有三个男子，喝酒时总要用甲鱼做下酒菜。他们并不是为了治痔疮，只是因为喜欢甲鱼的美味，甚至到了痴迷的程度。

一天，三人中的一人去买甲鱼，发现甲鱼店的老板竟长着一张甲鱼脸，那个人吓了一跳，再看看那个老板的脚，居然也特别长。

男子像见了幽灵一样，吓得赶紧跑回了家。他躲进被炉里瑟瑟发抖，两三天仍未从恐惧中摆脱出来。后来，这个人就不再吃甲鱼了。

甲鱼咬住人之后是绝不会松口的，人们认为甲鱼是一种执念很深的动物。

于是有人猜测，如果吃甲鱼太多，说不定它们就会化为幽灵出现。

崇德院（白峰）

被流放到四国后死去的崇德院，由于极度的悔恨，死后都无法超脱，化为了冤魂，在世间挑起内乱和战争。

西行法师拜访白峰时，来到崇德院的墓前。这时，黑暗中刮起一阵狂风，一团鬼火中出现了崇德院的模样。

"崇德院，不要再执迷不悟了，超度吧。"听法师这样说，崇德院怒吼道："西行，我要让朝廷和世人都知道，我的怨恨有多深！我如今已是驾驭天狗的白峰山的魔王。不久就会在这世上掀起一场大乱，等着瞧吧！"

不久之后，将天下一分为二的源平合战①便拉开了战幕。

现在，京都市上京区的白峰神宫里祭祀的就是崇德院。庆应四年（1868），明治政府军攻打奥羽越诸藩同盟军之际，为避免灾难发生，明治天皇命人修建白峰神宫，特意将崇德院的灵从白峰御陵请到这里。

崇德院是直到近代都一直被人所敬畏的怨灵。

---

① 史称"治承·寿永之乱"，指日本平安时代末期，1180 年至 1185 年的六年间，源氏和平氏两大武士家族一系列争夺权力的战争的总称。

撒砂婆

　　撒砂婆是出现在奈良县和兵库县的一种妖怪。它通常会潜伏在神社附近人烟稀少的密林深处，向过路行人扬撒沙子，吓唬行人。不过，从来没有人看到过它。

　　撒砂婆似乎主要集中在近畿地区，家住京都市的一位读者就曾给我来信，讲述了她的遭遇。

　　这位读者在信中说，她参拜完神社回家时，有人在树丛中向她撒沙子。她抄起一根竹棍，勇敢地跳进树丛，大喝一声："什么人扬的沙子？"

　　但四周静悄悄的，连个人影都没有，也无人答话。

　　她无意中看了看脚下，发现横着一块直径一米多的石头。

　　"不会是这块石头扬的沙子吧，这种恐怖的事还是第一次遇到。"

　　以上就是这位读者的经历，她遇到的无疑就是撒砂婆。

　　在妖怪越来越少出现的今天，这样的经历十分宝贵。

胫擦

　　有一名男子为了办急事赶夜路，不巧天却下起雨来。如果避雨就无法按时赴约，他只好选择冒雨赶路。忽然，一群像狗一样的东西缠住了他，让他差点摔倒。

　　这狗真够烦人的！他往脚下看了看，却发现根本没有狗。他以为是自己的错觉，就继续赶路。这时，又有东西缠住了他的脚，让他无法走路。

　　男子惊恐万分，将自己要办的事都抛在了脑后，在路上没命地跑了起来。

　　这就是缠腿妖怪"胫擦"。下雨的夜里，在狭窄的小路上匆匆赶路时，就会遇到它。从前的冈山县一带经常出现这种妖怪。

　　类似这种缠腿妖怪的故事，日本各地都有流传。

　　总之，人们赶夜路时，如果心里想着"千万别遇到些什么"，扰乱人心的胫擦就可能会出现。

无脸坊

在津轻弘前（今日本青森县弘前市）的乡下，有一个叫兴兵卫的男子，歌唱得特别好。有一天，日近黄昏，他抄近道走山路回家。他一边唱着"断然抛却五合斗，了却今生舍尘途"，一边晃晃悠悠地走到半山腰。忽然，他听到附近有人唱着同样的歌，而且嗓音比自己还好。

兴兵卫听得入神，便忍不住问了一句"谁啊"，耳边却传来同样一声"谁啊"，然后就出现了一张没有五官、像蛋一样的脸，头上还长着头发，这就是无脸坊。

兴兵卫惊吓过度，一声尖叫，转身沿着原路往回跑。他敲开邻村一个熟人家的门，将刚刚发生的事情讲了一遍。结果对方皱着眉头说道："还有如此奇怪的事发生？那无脸坊的脸是不是这样子的？"

说着，突然把脸凑了过来，竟然和刚刚看到的无脸坊一模一样。兴兵卫"哇——"的一声大叫，仰面倒地，当场昏死过去。

精灵

    根据《日本国语大辞典》的解释，精灵是万物之源，一种神奇的"气"。

    在欧洲的传说中，精灵与人类略有不同，拥有超自然能力。

    在古代日本，除了天津神、国津神①等人神之外，自然中还有山与河之类的"荒神"，这些荒神也可以看作是精灵。

    另外，死者的灵魂，尤其是那些横死的无法获得超度的灵魂，有时候也会化为精灵。日本的妖怪"产女"就是其中之一。

    当然，并非所有的精灵都是死者的灵魂所化，多数精灵是神灵降格而成的。

    妖怪中也有与精灵类似的，土俗神中也有直接变成妖怪的，因此，它们之间的界限十分微妙。

---

①天津神与国津神是日本神话中对于诸神的分类。譬如大国主、少彦名等在天孙降临之前治理苇原中国的神祇称作"国津神"，天照大神等居住于高天原的神祇则称作"天津神"。

石塔飞行

　　武州多摩郡本乡村（今日本东京都中野区），住着一位叫"西心"的修佛之人。

　　有一天，他在田间散步时，看见东边的小山丘上飞来一个像灯笼一样的发光物，消失在田间。

　　直到晚上，那个东西也没有再出现。不过后来，又有好几个人见到了这个奇怪的发光物。

　　一群血气方刚的青年在西心的带领下，想要查清这发光的东西究竟为何物。于是一天夜里，众人潜伏起来等待它出现。

　　到了半夜，山丘的树林中果然飞出了一个很大的发光物。西心急忙用准备好的斗笠盖了过去，光芒一下消失了，随后有什么东西落在了田里。众人前去查看，发现是一座古老的石塔。

　　从那以后，这石塔被供奉在西心的佛堂中，不过，石塔飞来的原因至今也没能弄清。

　　曾有石塔化为别的东西吓唬人的传闻，像这样飞行的石塔却鲜有耳闻。

石塔磨

　　文政十年（1827）九月，江户麻布、赤坂、芝、浅草、十条等处的寺庙，出现了一种奇怪的东西，人称"石塔磨"。无论什么样的墓碑，被它碰到都会被磨坏。被它磨坏的墓碑越来越多，各处寺院里被磨坏的墓碑少则七八座，多则三十座。

　　白天的时候一切正常，因此石塔磨应该是在夜间出来活动的。它悄悄潜入寺院的墓地，将素不相识之人的墓碑磨坏。这究竟是何物，又为何要做这种事呢？江户城的人们议论纷纷，甚至官府都介入了调查。

　　但是，却一直抓不到真正的凶手。后来，还出现了一群人自称见过石塔磨。有人说那是一对身穿白衣的男女，还有人说是一个可怕的女人……随着各种流言的传播，人们对石塔磨的认识也发生了变化，从认为是有人故意毁坏墓碑到认为是妖怪作祟。

　　这一令人费解的现象一直没能查清楚，随着时间的推移，与之相关的流言也渐渐无人说起。到了天保元年（1830）七月，关于石塔磨的传说再次流行起来。这次是从武州岩槻（今日本埼玉县岩槻市）开始，遍布越谷、草加一带各寺，寺中的墓碑在一夜之间被磨坏。

石妖

　　从前，伊豆（今日本静冈县）的山中有一处采石场。有一天，几个石匠休息时，忽然出现了一个美丽的少妇。她走到石匠身边，对他们说："你们终日劳作，肯定都累了吧。我给你们揉揉肩如何？"

　　说罢，她立刻为一位石匠按摩起来。石匠觉得舒服无比，那种感觉十分美妙，他慢慢就睡着了。就这样，这几个石匠被少妇按摩后，都昏睡过去。

　　有个石匠躲在一旁看到这一幕，认为这女人肯定是妖怪，便悄悄离去。他在路上碰巧遇到一个猎人，便将事情的经过告诉了猎人，猎人也觉得奇怪。于是，二人返回那里。那个女人看到二人后，准备逃跑。猎人用箭射中了她，她就消失了，地上出现了一块四分五裂的石头。

　　果然是石妖。再看看那些昏睡之人，一个个犹如被石头划过一样，背上全是一道道的伤痕。这几个人之后都大病一场，在医生的治疗下，总算捡回一条命。据说在这之后，石妖也曾出现多次。

势子

　　势子是出现在九州山区和岛根县隐岐各岛的一种山童。

　　势子的模样和两三岁的小孩差不多，它们会在山中模仿人类的动作，有时还会拉扯女人和小孩，做恶作剧。但势子从不会进入人的家里。

　　势子在山中有自己出没的路径，如果有人把房子建在这条路上，房子就会摇晃，让人在夜里无法入睡。不过，势子十分讨厌沙丁鱼头，只要说一声"给你沙丁鱼"，势子就不再捣乱了。

　　在熊本县上益城郡，夜里或下雨天会听到伐木声或砍竹子的声音。据说，这是势子在作怪。很多猎人进山打猎时都曾被势子骗过。猎人一般会循着野兽的叫声开枪，势子会故意模仿这种叫声来迷惑猎人。猎人发现上当后，只要说一句"今天是我错了"就没事了。

　　另外，也可以开枪吓唬它或念经，这些都是有效的办法。

濑户大将

　　头是酒壶、身体是烫酒锅，全身都是由濑户物组成的濑户大将，是濑户物的付丧神。"濑户物"一词如今已被用来指代所有陶瓷器，但它原本指的是爱知县濑户市及其周边生产的陶器。

　　平安时代后期出现的濑户物，到了江户时代中期就没落了。唐津烧等其他陶瓷器取而代之，在社会上成为主流。但到了文化元年（1804），濑户物再次流行起来。这样一来，旧时的陶器被称作"本业烧"，再次成为主流的濑户物被称作"新制烧"。

　　濑户大将是为濑户物的复兴做出了极大贡献的妖怪。濑户大将曾大战产自佐贺唐津的唐津烧。因此，他总是一副手持酒壶枪，身披濑户物甲胄的装扮。在与唐津烧的大战中，濑户物获胜，因此濑户物才会再次流行起来。

　　最近，塑料似乎取代了濑户物，成了主流。不过，说不定这濑户大将正在某处进行一场大战呢。

禅釜尚与虎隐良

　　禅釜尚是釜妖，即付丧神。说起釜妖，当属茂林寺的"文福茶釜"最为有名。不过，它是狸猫变成的茶釜，并非器物变成的釜妖。这样看来，禅釜尚才是釜妖的鼻祖。

　　人们都知道，时间久了，器物就会化妖。釜在器物中属于神圣的东西，正如古话"吉备津之御釜占"所说的那样，从古时候起，釜就被用于占卜。

　　在这幅画当中，禅釜尚的前方还有一只妖怪，叫"虎隐良"。这是一种手持武器的妖怪，武器看起来像熊掌。

　　关于虎隐良名字的由来，现在还不清楚。它的模样十分奇怪。这两只妖怪同时出现，会给人一种噩梦般的震撼感。

　　它们动作舒缓，步伐看起来像是在跳舞。比起其他器物妖，感觉它们更像是人做出来的玩偶。

　　不过，这只是图画给人的印象。说不定这两只手持武器的妖怪正向人类袭来。

仙北神北

在越中东砺波郡利贺村（今日本富山县南砺市），有人家办丧事时，草席帘下就会出现一种妖怪，叫"仙北神北"。

它会在这户人家停留三周，到了第四周时，就出发前往墓地。由于它的模样和蟾蜍一样，这个地区又将蟾蜍称作"点点神"或"疮神"，因此仙北神北可能也是神的一种。

蟾蜍深谙让昆虫飞入自己口中之道，因此，当人们面临生命危险时，可以向"点点神"祈祷，有时就可以借助蟾蜍的法术获救。

过去一到除夕，孩子们都不睡觉，走家串户，听老人讲述仙北神北的故事。

从前乡下的葬礼，有一种独特的气氛，让人感觉好像来到了阴间。如果蟾蜍这种极为沉稳的动物出现在那里，就会给人一种阴间使者的感觉。

袖引小僧

傍晚在外面散步时，有时会感觉什么东西在后面拉自己的衣袖。如果置之不理，它就会更用力地拉扯。

这就是袖引小僧，虽然喜欢恶作剧，但并没有什么害处，样子也不吓人，看起来十分天真。

从前，袖引小僧经常出现在埼玉县川越地区。这个名字似乎是川越地区特有的称呼，类似这种扯袖子的民俗神，其他地区一般都称作"挽袖神"。

袖引小僧似乎与挽袖神有着某种联系。

明明周围什么都没有，袖子却被拉动了，任谁都会觉得奇怪，心想"是什么东西呢"。这样一来，妖怪的目的似乎就达到了。

卒都婆小町

　　"卒都婆小町"讲述了歌人小野小町[①]的晚年生活，她的和歌家喻户晓。

　　在原业平外出游历时，曾在奥州八十岛的一处荒地，听到有人半夜在吟咏和歌："每逢秋风过，亡人眼欲穿。"但四周是一片荒无人烟的草地，地上只有一具骷髅。

　　第二天，在原业平便询问路人，路人答道："有位叫小野小町的人曾来到此地，最后死在了这里。这骷髅便是小町的遗骸。"

　　在原业平仔细端详这具骷髅，发现眼窝处长了一株芒草。每当有风吹过时，就会发出"眼欲穿……"的声音。业平心生怜悯，便为昨夜的那首和歌续了一句："小町今不在，但凭芒草生。"

　　从那以后，人们便将这里称作"小町"。

　　小野小町是真实存在的人物，作为一位才貌双全的歌人广为人知。有人说，她晚年穷困落魄、化为骷髅的故事纯属虚构。

---

①小野小町，生卒年不详，是平安时代早期著名的女歌人，是"六歌仙"和《古今和歌集》收录作者中唯一的女性，著有《小町集》。

空神

　　在纪州地区，自古以来，人们就将天狗叫作"空神"。

　　西牟娄郡岩田村（今日本上富田町）住着一个叫万藏的人。一天，他与妻子大吵一架后，冲出家门，遇到一个看起来像是修行者的人和他打招呼，待他走近后，那个人说："我来背你。"

　　万藏趴到他的背上，这个人飞了起来，将万藏带走。

　　家人左等右等，始终不见万藏回来，便请村民帮着四处寻找，却始终没有找到。大家都担心不已。到了第三天，万藏回到家中，看起来十分疲劳。他足足睡了两天，醒来之后，家人问他发生了什么，万藏却支支吾吾，不肯回答："我不能说，一旦说了，就会受到空神的责罚。"

　　于是，家人便问他回来干什么，他回答说："空神告诉我，你妻子和村民都在找你，所以你回去吧。以后再有不顺心的事，可以随时叫我。"

　　后来，万藏去农田耕作，总会时不时地仰望天空。他说是空神在此经过，还屈膝礼拜。不过，其他人却什么都看不到。

算盘坊主

　　算盘坊主是从前出现在丹波国（今日本京都府中部、兵库县南部）的一种妖怪，又叫"算盘小僧"。

　　有时候，在僻静的道路上，明明周围没有人，却听到树后传来噼里啪啦打算盘的声音，很是奇怪。

　　行人觉得蹊跷，绕到树后去查看，声音就消失了。不过，那声音又从对面的方向传来。

　　据说，算盘坊主只会发出声音，从不会在人前现身。

　　只有声音，却看不到形体的妖怪，确实有一些。不过，发出打算盘声的妖怪却很少见。

　　在繁华城市里，听到打算盘声，人们也许会觉得很奇妙。算盘坊主可能就是为了吸引人们的注意，才会发出打算盘声的吧。

　　算盘坊主的原形应该是某种灵，或许是想要传递什么信息吧。

孙蔓

伯耆（今日本鸟取县）有一户人称"孙蔓"的人家。"蔓"原本是枝节之意，这里则是指一种类似蛇的东西，世代依附在这家人身上。

有人猜测它的模样与蛇或蚯蚓十分相似，但没有人亲眼见到过，具体情况也就不得而知了。

一般来说，妖邪附身时，绝不会让人看到它的模样。孙蔓会侵入到人的皮肤和肌肉中。

当人们询问被附身之人："你的身体在哪里？"妖邪就会回答："在某棵茶树的树荫下放着呢。"

据说，狐狸会将皮囊挂在篱笆上，只让灵魂附到人身上。所以，像狐狸与蛇，当它们附到人身上时，附近都能找到它们的身体。

大鱼恶楼

　　大鱼恶楼这种妖怪在《日本书纪》《古事记》等古书中均有记载，是日本古代的一种幻兽。

　　根据书中记载，日本武尊[1]平定了九州地区的熊袭后，在返回的途中，又在吉备国（今日本冈山县）的穴海消灭了恶神。

　　这恶神便是大鱼恶楼，它能够一口吞掉过往船只。据说，日本武尊英勇地骑到大鱼恶楼的背上，挥起引以为傲的剑。

　　这个故事与须佐之男命击退八岐大蛇的故事，可以称作是双璧。

　　除了消灭吉备穴海的恶神之外，日本武尊还在其他地方消灭了很多恶神。这些传说中的幻兽的真身，想必大家也都很想知道。

　　大鱼恶楼指的并不是某一类的妖怪，而是单独的个体。它既不群居，也不洄游，总是栖息在固定的地方。非要找个代表的话，多年的鲔科鱼类即是。

---

①日本神话人物，《古事记》作倭建命，《风土记》作倭武天皇，本名小碓尊，另有日本武、大和武等称号。

大光寺的妖怪

　　大光寺是某位公卿祈神的地方。有一天，一个叫田龙光雄的武士因故躲到了大光寺。

　　大光寺在乡下，那天晚上，田龙光雄挂好蚊帐后就睡下了。他睡着后，感觉蚊帐被掀开了。半夜三更的，会是谁呢？他睁开眼睛，看到一个脸色铁青的高个僧人正目不转睛地看着他。田龙光雄十分勇敢，他拔刀而出，朝僧人砍了两三刀，僧人就消失了。第二天早上，他将昨晚发生的事情告诉了寺里的僧人，僧人说："我忘了提醒你。"

　　田龙光雄询问缘由，僧人接着说道："如果不关寺中书院厕所的门，到了夜里，那妖怪就会出现。"

　　"降妖捉怪对你们僧人来说，不是小事一桩吗？"田龙光雄说道。

　　僧人回答说："无论我们怎样祈祷都没用。"

　　那妖怪到底是什么，为什么要以僧人的模样出现，这些问题直到现在都没弄明白。

大山的狐神

  一个叫应纯的男子从云州（今日本岛根县）回家途中，在米子这个地方住了一夜。不料却染上疾病，回到位于大山的丸山的家中，已经是十天之后了。应纯回到家中的当天晚上，米子的一户人家，有个女人也患了同样的病，嘴里说着"我看到枕边站着大山明神的使者"之类的胡话。家人急忙请来稻荷祠的神官。

  神官一来，那个女人就跳起来，粗暴地说："把应纯投宿的那家旅店的店主和医生叫来。"

  家人急忙叫来了那两个人。那女人又说："我是大山明神的使者。前几天，我护送应纯来到此地，应纯突然病倒。在应纯治病期间，店主用不洁之火烧饭，玷污了神明，让我无法回到神界！"

  听了她的话后，神官、医生和店主再三道歉，终于得到使者的原谅。那女人不久就恢复了正常。

  虽然是狐神，不过也是一种肉眼无法见到的妖邪。

松明丸

松明丸是鸟山石燕在《百器徒然袋》中描绘的一种妖怪。

松明丸的样子像鹰，身体上冒着熊熊燃烧的火焰，爪子像两支火把。

鸟山石燕说："虽然叫松明，却是栖息于深山幽谷中的天狗施法降下的飞石所发出的光芒。"

在山中，有时会碰到这种事情，周围没有人，却会有石子落下来。人们认为这是天狗所为，被称作"天狗砾"。

松明丸正是天狗降下的飞石发出的光芒。

现在，人们脑海中天狗的形象，是一位高鼻梁的修行者。但是在从前，人们认为天狗是一种猛禽。

松明丸之所以是鹰的模样，可能与此相关。

高女

　　高女是一种专门在妓院二楼偷窥和游荡的女妖。据说，它是由嫉妒心强、不受男人喜欢的丑女化成的妖怪，也有人说高女是一种鬼。

　　和歌山地区流传着一个女鬼的故事，这个女鬼人称"高女房"。

　　有个木材店的老板，他的妻子干起活儿来比男人都厉害。而实际上，他娶到的却是一个妖怪。

　　木材店老板的两个孩子、雇佣的三十多个工人，都被它吃掉了。

　　这个妖怪平时看起来是个正常的女人，一旦发怒就会现出原形，变成一个七尺（约 2.1 米）多高的女鬼。

　　夜间，它赤身裸体地跳进井里，全身湿漉漉地出来。它的下半身会变得特别长，直接从井底伸出来。木材店老板好不容易才逃脱了这个妖怪的魔掌。

　　高女房和高女究竟是不是同一种妖怪，现在还无法确定。不过，高女房的下身也能够伸得特别长，从这一点来看，高女房很可能是高女的一种。

高须的猫妖

　　有一天，鸟井丹波守的家臣高须源兵卫家养了多年的猫突然不见了。与此同时，源兵卫的母亲像变了一个人似的，不愿见人，连早晚饭都要独自一个人吃。家人偷偷观察她的举止，发现她吃饭的样子就像动物一样，根本不像人。

　　源兵卫越发疑惑，和家人们商量后，大家一致认为那不是源兵卫的母亲，而是猫妖。源兵卫决定用弓箭将其射死。

　　猫妖变成了母亲的模样，源兵卫一度有些畏惧。到了第二次，他横下心来，向母亲射出了箭。母亲想要逃走，但还是被箭射中，倒在了庭前。仔细检查后，发现死的真的是自己的母亲，源兵卫深知自己罪孽深重，决定切腹自尽。

　　家人们阻止了他，让他再等一天。一夜之后，母亲的尸体变成了家里走丢的那只猫。

　　为谨慎起见，源兵卫仔细检查了母亲的房间，将榻榻米掀了起来，把地板拆开，在下面发现了母亲的尸体，他悲恸不已。

高入道

　　天明（1781～1789）末年，京都御幸町五条的北边有妖怪出现。

　　有个叫钱屋九兵卫的人住在这里。一天夜里，月光皎洁，他举目凝望，天空却忽然阴沉起来。还没等他反应过来，眼前已黑得伸手不见五指。

　　九兵卫有些纳闷，定睛一看，眼前站着一个身高一丈（约3米）有余的高入道，正用眼睛瞪着自己。

　　九兵卫吓坏了，随手捡起一块木片扔向它。高入道消失了，月亮仍像刚才一样皎洁明亮。

　　这是江户时代《绘本小夜时雨》中的一个故事。人们都认为高入道是高坊主、见上入道等妖怪的同类。

　　京都出现的高入道似乎是大坊主或大入道的近亲。

高桥六兵卫狸之附身

德岛县美马郡有一座高桥，高桥附近栖息着一只叫"六兵卫"的狸猫，它经常附到人身上。

有一次，半田町有个女人被六兵卫附身，无论如何都不肯离去，家人只好请修行者来驱除妖怪，方式就是问答。修行者一番祈祷之后，开始了问答。

"既然你落到了我手里，我是绝不会饶你的。"

"休要说大话。"

女人（狸猫）说罢，修行者趁机用准备好的狸猫的头盖骨按在女人身上。女人连连喊痛，不停地挣扎。

"知道痛就赶紧离开，怎么样？"

"我马上离开，你不要再按了。"

"既然这样，速速离开。"

"今夜之内便离去。"

狸猫保证说，自己离去之时，会事先在路口放一块大石头。到了第二天，家人去路口一看，果然有一块大石头。不久，那个女人就痊愈了。

高坊主

　　香川县木田郡和德岛县山城谷一带流传着妖怪高坊主的故事。高坊主一般出现在路上，越是仰视它，它就会变得越高。

　　这种妖怪在长野县、冈山县、长崎县壹岐等地被称作"见越入道"；在岩手县远野地区被称作"乘越入道"；在爱知县南设乐被称作"入道坊主"；而在四国，则会被称作"高坊主"。虽然叫法不同，但都是同一种妖怪。

　　这种妖怪一般出现在十字路口。晚上经过路口时，眼前会突然出现一个高到顶天的和尚，吓人一跳。

　　据说，人越是抬头看它，它就会变得越高。只要稳住心神，故意俯视它，它就会越变越矮。

　　在德岛县，这种妖怪多会在小麦抽穗的时节出现。

　　鉴于四国的地理情况，我总觉得这事与狸猫脱不了干系。德岛市新滨本町有一种叫高坊主狸的妖狸，经常会变成高坊主，因此，将这笔账记在狸猫身上似乎也没有冤枉它。

达奇

　　达奇是出现在佐贺县镇西町（今日本唐津市）加唐岛的一种女妖，是会取人性命的可怕妖怪。在宫崎、大分两县，"达奇"一词原本是"断崖"之意，因此，这种妖怪很可能生活在悬崖峭壁之上。

　　有一天，东唐津的一个渔夫带着两个孩子，把船划到断崖下，登上海岸生起了火。忽然，一个陌生的女子走过来说：

　　"给我鱼。"

　　生活经验丰富的父亲立刻明白了是怎么回事，于是他命令两个孩子：

　　"去把船上的鱼给她拿来。"

　　其实船上根本没有鱼，两个孩子在船上大喊找不到。父亲说不可能，自己也跳到了船上。他立刻砍断缆绳和锚索，划船逃到了海中。上当的妖怪后悔没要了他们的命，连喊"哎，让他们逃掉了"。

　　这就是达奇。从此以后，东唐津的船即使来到加唐，也只是放下船锚，并不拴船缆。

　　人们认为，达奇很可能是矶女或濡女的一种。

拓郎火

在广岛县东部的海岸，很久以前曾出现拓郎火。

濑户内海是一条重要的航路，在沿岛海域，小船可以轻松航行。那些经常乘坐小船在濑户内海航行的船员们，都知道拓郎火这种火妖。

拓郎火出现的时候，是两团火并排着漂浮在海面上，因此在一些地方又叫"比火"。

拓郎火出现的原因到现在还不清楚，不过，似乎与远古时代的神灵有关。

在广岛县中部的沿海地区，则流传着两个女幽灵的故事。有两个女人凄惨地死去，不知不觉中，这两个女人变成了并排在一起的两块石头，一块被称作"京女郎"，另一块被称作"筑紫女郎"。据说，她们的灵魂变成了拓郎火，每晚漂浮在海上。

这个古老的传说现在已经很少有人知道了，就连当地的老人都不知道，只能在古书上看到只言片语。死得凄惨的人和无法超度的灵魂，会变成怪火四处游荡，类似这样的故事有很多。冲绳地区将这种火称作"遗念火"。

不可思议的是，这种火极少会引发火灾。

竹切狸

    深夜，有时会从竹林里传来一阵"咔嚓咔嚓"砍竹子的声音，再过一会儿，就会听到竹子根部被砍断后倒下的声音。第二天早晨去竹林查看，却找不到竹子被砍倒的痕迹。

    这其实是狸猫在作怪。从前，京都府保津村就经常出现这种狸猫，当地人称之为"竹切狸"。

    狸猫不但擅长变化，似乎还能发出各种奇怪的声音。

    除了江户有名的狸囃子①之外，各地也流传着很多狸猫鼓腹的故事。

    说到能够在山中发出伐倒树木的声音的妖怪，最有名的是天狗。这种现象常被人们称作"天狗倒""空木倒"等。不过，一些地方的人们并不认为这是天狗所为，而是狸猫或山童在作怪。

    比如，在鸟取县八头郡，狸猫会发出砍树般的巨大声音。但不知为何，如果有男人抽烟，声音就会立刻停止。

    虽然竹切狸发出的不是砍树声，而是砍竹声，不过与各地流传的"天狗倒"却很相似。

---

①指狸猫鼓腹奏乐。

但马的骚灵

江户时代，但马国（今日本兵库县）有一座很有名的鬼宅。一天，有个叫木户刑部的浪人为了展示自己的胆量，就住进了这座鬼宅。

到了深夜，四周一片寂静，突然，整座房子开始哗啦哗啦地震动起来。他以为是地震，但外面什么事都没有，只有房子在摇晃。到了第二天，这样的事情再次发生，木户刑部一直没能查清原因。

这时，一位与木户交情颇深的僧人来到此地，和他一起住在这里，想要一探究竟。

那天晚上，房子准时晃动起来。僧人一动不动，眼睛直勾勾地看着地上不断晃动的榻榻米。过了一会儿，他将匕首直插在波动起伏最高的地方。这时，震动一下停止了。第二天早晨，僧人掀起榻榻米，发现地板下有一块刻着"刃熊青眼灵位"的墓碑。

木户向附近的村民打听，村民说从前这里住着一个男人，曾经猎杀了一只熊，由于害怕招致灾祸，便建了一座墓。死去的熊的灵魂想要报仇雪恨，便附到了这个男人身上，然后将其杀死。

木户这才明白，原来鬼宅里的怪异现象其实是熊的灵魂在作祟。

叠叩

叠叩又叫"吧嗒吧嗒"，是一种会在半夜发出敲打榻榻米的声音的妖怪。这种妖怪在四国、中国、近畿等地区经常出现，而在和歌山地区，这种妖怪只在冬天的夜里出现。

在广岛，这种声音则在冬夜刮北风的时候出现，在六丁目七曲一带就能听到。这附近有一块石头，人称"吧嗒吧嗒石"，如果有人碰到就会得疟疾。

从前，有个男人想要查清"叠叩"的原形，便竖着耳朵听这声音，后来发现声音是从村中竹林里的一块石头中传出来的。

男子在石头前悄悄等待，过了一会儿，有个小矮人从石头里走了出来，还不断发出声音。男子靠近后，小矮人就钻进了石头里。

这个人把石头带回家，想要继续研究。从那天开始，他的脸上就长了一颗痣。痣一天天变大，一直长到和带回来的石头一样大。男子觉得肯定是什么东西在作祟，于是将石头放回原地，之后脸上的痣就消失了。

从此以后，人们就认为这"吧嗒吧嗒"的声音是石精在作祟。

祟物怪

祟物怪是从死去的婴儿口中冒出来的一种灵魂，它先是在山中游荡，然后进入森林，最后附到猫头鹰的身上。猫头鹰"呜——呜——"地叫着，就像婴儿的哭声。作为婴儿死后的归宿，有婴儿死去的人家都会善待猫头鹰，尤其是在日本东北地区。

以前，我去岩手县看座敷童子的时候，那家的主人曾告诉我：

"看到河岸旁的那条小路了吗？传说那一带会有鬼火出现。凡是从那里经过的人，都会被石头绊倒。村里的青年们将道路挖开，竟挖出一具婴儿的尸体。"

"什么意思？"

"就是祟物怪啊。也不知道婴儿是被过去住在那里的人杀死的，还是自己死去的。因为没有举行葬礼就草草掩埋了，就变成了祟物怪。"

这是那个人亲口告诉我的。虽然叫作"祟物怪"，却很难给它下定义。也有人说，座敷童子也是家中死去的婴儿所变。另外，还有一些地方认为祟物怪是"赖在家里作祟的灵"。

纵缲返

　　走夜路的时候，有时会遇到一个手杵般的东西扑通扑通地滚过来，这就是出现在高知县幡多郡的妖怪"纵缲返"。它碰到人时，会将人绊倒，因此，如果察觉到纵缲返，在被它碰到之前将身子一闪，就没事了。它和野猪一样，不会突然调转方向。

　　在香川县大川郡的管岭，据说会有一种像粪桶的东西朝人滚来，人称"担桶"。有时候，它会从山坡坍塌的地方滚下来。不过，白天是看不到它的，只有晚上才会出现。

　　在中部地区的山中，有一种叫"土转"的妖怪，专挑翻越山岭的旅人下手，从旅人的身后滚来。虽然土转并不做什么坏事，但还是会吓人一跳，以为是遭到了袭击。不过，也有人认为这是山中被祭祀的神灵在滚动，是"岭神"。这里所说的"纵缲返"，很有可能就是这种被人遗忘的神灵。

狸凭

关于狸猫的妖怪故事有很多，而狸猫附身的故事主要集中在四国，尤其是德岛县（我一直无法理解）。

据说，人一旦被狸猫附身，就会饭量大增，肚子胀得很大，身体却越来越虚弱，最后丢掉性命。要想驱走狸猫，除了请修行僧，别无他法。

在香川县，也有人会喂老狸食物，请求它到自己的仇家去作祟。狸猫也很讲义气，就会跑去那一家。

这种事在当地叫作"动物（兽）作祟"。

不过，这种情况还是很少出现的。一般说来，狸猫附身多数是因为本人曾捉弄过狸，或是将狸猫从住处赶走。被附身之人往往会说漏嘴，人们也就知道了狸猫附身的原因。

狸的婚礼

　　"狐狸嫁女"的故事十分有名，不过，在德岛县还有一个"狸的婚礼"的故事。

　　从前，德岛县的德岛町住着一位叫森平马的武士。狸的婚礼就是在他家走廊的地板下举行的。

　　婚礼庄严隆重，与人类的结婚仪式丝毫不差。不过，大人是看不到的，只有小孩才能看到。尽管如此，地板下面举行的"狸的婚礼"，还是传遍了整个镇子，吸引了很多人。

　　这件事还传到了城主的耳朵里，他便派差役前来调查。但由于大人是看不到的，差役们一时也难辨真伪。

　　"狐狸嫁女"在下雨时能够看见，而"狸的婚礼"只有小孩才能看到，这一点既神奇又有趣。

　　我认为，这很有可能是动物的灵的结婚典礼。因为小孩纯真，没有邪念，所以才能看到。

　　狐狸和狸猫不仅会迷惑人类，还会像人类一样举行各种仪式。

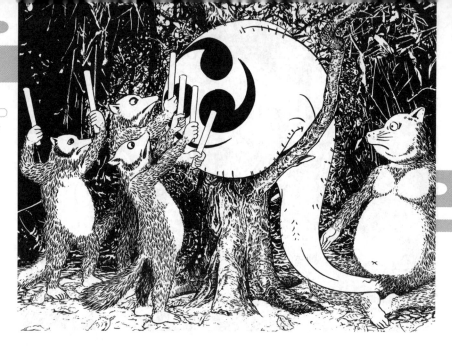

狸腹鼓

　　深夜，有时候不知从哪里传来一阵阵太鼓声，人们将这种现象称作"狸腹鼓"。在东京甚至还被列为番町（千代田区西部）和本所（墨田区南部）的七大不可思议之一，十分有名。根据柳田国男的《妖怪谈义》记载，石川县的山中温泉一带将这种现象称作"山神乐"或"天狗囃子"等，新潟县还有一座山以此取名为"御神乐岳"。总之，这都是一种狸腹鼓。

　　从前，有个文人要在筑紫（今日本福冈县）的一座寺院借住一晚。寺中的住持对他说："今夜月光皎洁，狸也会聚在一起打腹鼓。"

　　他侧耳倾听，果然听到了。据住持说："山坡的对面有一片竹林，没有人家，狸会聚集在那里敲打腹鼓。"

　　第二天，文人去那片竹林查看，只发现狸居住的洞穴，此外什么都没有。

　　有关狸腹鼓有几种说法，一说是狸为了迷惑人类，另一说则认为是狸自娱自乐。还有人认为是雌狸与雄狸交配时相互嬉戏，肚子碰到一起发出的声音。

狸火

　　这是发生在明治二十三年秋天的事情。家住德岛县三好郡的一位男子，深更半夜前往国境附近的一个偏僻村庄。忽然，山顶上出现了一盏灯，转眼间变成两盏、三盏，不久就变成了十多盏，在山上自由自在地飘来飘去。

　　男子看着灯火，却没有发现持灯者。

　　他觉得这很可能是传说中的狸火，并想起了遇到狸火时的护身之法。

　　自古以来就有这样一种说法，遇到狸火时，只要冲着狸火的方向小便，或是在手心写一个"犬"字，然后按在自己的膝盖上即可。

　　男子此时有了尿意，便朝着狸火的方向痛快地撒了一泡尿。

　　过了一会儿，刚才还飘来荡去的灯火都消失了。

　　这与其他地方传说的狐火类似。狐火是狐狸口中吐出的火，而且狐火并不是一只狐狸吐出来的，而是很多狐狸同时喷火。

　　所以，狸火很可能是很多狸聚在一起，同时点起的灯火。

魂盖

在冲绳地区，人们将鬼火称作"费魂"或"魂盖"。人们相信，人死时，灵魂会变成一团奇怪的火赶赴墓地，而且，火球升起的地方近期必会有人死去。

在冲绳本岛的有铭地区，人们将八月八日至十五日的这八天时间称为"八日"，在此期间，人们能够看见"魂盖"。

为了仔细观察这种妖火，人们会爬到树上或山上等视野开阔的地方，搭建人称"魂盖屋"的简易小屋，住在里面进行观察。观察者多为热衷新鲜事物的青年男子。由于有妖火升起的人家不久就会发生不幸，为防止不幸发生，人们会祭拜神坛，或是请"三世相（算卦人）"判断运势。

在平良，人们同样认为"八日"期间会有不吉利的事情发生。在墓地或荒废的村落，会有"魂盖""火玉""遗念火"之类的妖火出现。

魂濑

在千叶县因旛郡川上村（今日本八街市），据说魂濑（人魂）会来到与已故之人生前交情很深的人家，猛烈撞击窗户，发出很大的声音。而这声音并不是全家人都能听到，只有与故人有交情的人才能听到。

魂濑是一团黄色火球，飞行时拖着一条三米多长的蓝色尾巴，擦着房屋的横梁和墙壁飞行，时快时慢。据说这与亡人的年龄有关，年轻人快，老人则慢。

尽管魂濑发出的声音只有特定之人才能听到，但所有人都能看到魂濑。有个人少年时曾看到过三次。据他描述，魂濑的大小比人头略小，按照抛物线飞行，飞过几条街后就消失了。

一般来说，人魂不一定是在人死后才飞出来的，弥留之际的人的魂魄也会飞出家门。在岐阜县武仪郡洞户村（今日本关市），据说人魂能够预测人的寿命。如果人魂飞过河流，人就能再活上一年；如果翻越山岭，人就会立刻死去。

堕落子

在长崎县南高来郡，从古至今，人们登温泉山时都要带着饭团和梅干，以免被一种叫"堕落子"的恶鬼附身。"堕落子"是饥神的一种方言称谓。

有个学生暑假回老家，途中遇到一个被堕落子附身的男子。

男子倒在路上，奄奄一息，看到学生后，用微弱的声音说："堕落子。"然后艰难地向学生讨了些饭粒。

这个学生知道堕落子的故事，便给了他一个随身携带的饭团，男子才慢慢缓了过来。

听这个男子说，他走山路经过这个地方，突然觉得腹中饥饿，手脚发麻，一步都走不动了。正当他进退不能时，正好遇到路过的学生。

以前，也有个经过这里的人被堕落子附身。当时没有人经过，他就费尽力气爬到山岭上的一家茶馆，捡回了一条命。

堕里

　　饥神、饿鬼在日本有各种各样的叫法，从中部地区到东海、近畿地区，人们都用"堕里"这一称呼。

　　一旦被饿鬼附身，就会突感腹中饥饿，寸步难行，头晕眼花。

　　这种情况多发生在山里，不过，在乡村的十字路口等处也曾发生被饿鬼附身的事情。

　　如果发现自己被饿鬼附身，不管手里有什么食物，先放进嘴里再说。

　　另外，堕里不只会附到人身上，有时候还会附到动物身上，伤害动物。

　　三重县饭南郡森村（今日本松阪市）有个叫"饿坂"的地方，据说路过那里的牛曾被堕里附身。

　　和人类一样，被附身的牛无法走路。但是牛并不会说"肚子饿得走不动"，所以也无法弄清楚其中的原因。

　　现代医学将这种所谓的饿鬼附身或堕里附身的状态，解释为低血糖。

单黑林

据说，如果柿子不摘下来，而是一直长在树上，就会变成一种叫"单黑林"的妖怪。

从前，宫城县仙台的二十人町有户人家，家里有五六棵柿子树。因为家中只有老人，柿子树上结了柿子也不摘下来，而是听之任之。

一天傍晚，有个出家人模样的陌生男子出现在镇上，袖子里装满了柿子。再仔细看，他走路时从袖子里不停地滚落出柿子。

一个路过的人觉得有些可怕，就躲在房子后面暗中观察，只见陌生男子走进了有五六棵柿子树的那户人家。那个人尾随在他身后进了门，发现他消失在柿子树前。

那个人捡起一个落下的柿子，边吃边去找镇上的老人讨教。一位老人说："如果柿子一直不摘，就变成一种叫单黑林的妖怪，在街上晃来晃去。"

还有人说，柿子会变成一个红脸的"柿男"，在晚上敲打窗户。

力持幽灵

　　从前，在能州（今日本石川县）饭山的山谷入口，有个叫神子原的村子，村里有个农民娶了一个两腋下长有鳞的女人为妻。这个女人力气特别大，抵得上四五个男人。

　　这个女人病死后，在第十七日化作幽灵，把丈夫杀死了。

　　村里有个叫"作藏"的人，听说死人的坟墓上如果有洞，就一定会有幽灵出现。他决定去那个女人的坟墓查看一番，不出所料，坟墓上果然有洞。他立刻召集人手，往洞里填了很多土石，将洞填埋起来。从那晚开始，女幽灵就开始出现在作藏家中。

　　作藏苦恼万分，他听说邻村有一把名刀，便把刀借来辟邪，幽灵就消失了。可是，将刀还回去之后，幽灵又出现了。

　　一天，作藏背着木柴走在山路上，忽然有人从后面将他拉住。他回头一看，女幽灵一把将他抓了起来，径直扔进了十多米外的一条深谷里，作藏当场昏了过去。

　　过了一会儿，作藏醒了过来。从此以后，那个幽灵没有再继续纠缠他。

　　那个有鳞的女人原本可能就是妖怪吧。

千千古

从前，城下町出现过一个球状的东西，一会儿飞到天上，一会儿落到地上，忽高忽低，忽东忽西，飞的时候还会发出一种奇怪的声音。

这在江户时代的怪谈书《太平百物语》中有记载，实际上就是千千古，并非妖怪。

据传，有一座城的城门前，每晚都会有妖怪出现，路过的行人都十分害怕。有一天，一位叫小河多助的年轻武士想要一探究竟，就在夜里来到城门口。

小河多助看到了传说中的千千古，它一边发出声音，一边随意地飘动。多助瞅准时机，拔刀砍向千千古。

他仔细一看，发现真是一个球。球里有一个小铃铛，两端还系着绳子。

原来是有人在搞恶作剧，他们拉着球两端的绳子，在夜晚看起来就像是妖怪。这些人和现在所说的"愉快犯"① 差不多吧。

①以犯罪为乐的人。

地神

　　这件事发生在天安二年（858），大纳言安倍安仁为驾崩的文德天皇选定皇陵位置后，一行人准备返回京城。途中，一名叫滋岳川人的阴阳师脸色大变，对大纳言说："我们从未犯过错误，但这一次却失败了。地神正在追赶我们。大人与我都要承担责任。"

　　大纳言听闻浑身发抖。地神又叫"土公神"，会取人性命。大纳言让其他人先走一步，自己与阴阳师留了下来。

　　夜幕降临，阴阳师念起遁甲咒语，二人躲在田间的稻草后面。过了一会儿，就听到大队人马的脚步声，还有七嘴八舌的议论声：

　　"那群人在这儿消失了，就是掘地三尺也要把他们找出来。"

　　这声音听上去并不是人类的。一个像是头目的人说："除夕那天非把他们找出来不可。"然后扬长而去。

　　到了除夕这一天，大纳言和阴阳师藏到了京城大觉寺的阁楼里，阴阳师念起咒语，大纳言诵读三密，这才躲过一劫。这个故事记载在《今夕物语集》中。

茶袋

　　在高知县幡多郡的某个村子里，传说在一条阴森森的小路上经常有茶袋挂在树上。据说如果遇到这种东西，就会患上各种疾病，因此大家走夜路时都十分害怕。

　　在土佐郡土佐山村高山（今日本高知市），也出现过悬挂着的茶袋。乳母会在雨夜里给所有的坟墓都挂上茶袋。但那里没有"人遇到茶袋会染病"的说法。

　　茶袋虽然是一种来历不明的妖怪，不过应该和各地经常出现的"牵拉妖怪"是同一种东西。

　　冈山县的马头挂在朴树上的"马首垂"、长野县的"水壶吊"等妖怪广为人知，但茶袋似乎只有高知县与和歌山县的印南町一带的人知道。

　　印南町称其为"茶之袋"，经常在印南川沿岸出现。只是出现的茶袋不仅仅是挂在那里，还会漂在河上或在天空飞行。

　　顺便说一句，所谓的茶袋，指的是煎茶时使用的一种袋状的布。

宙狐

在备前（今日本冈山县）地区，人们将空中看到的怪火称作"宙狐"。宙狐又叫"中狐"，和其他地区所说的狐火是同一种东西。

根据明治时代的妖怪专家井上圆了的观点，飞得高的狐火叫"天狐"，在低空盘旋的叫"中狐"。据说这是一种行逢神，遇到这种火，就会身体不舒服。

从前，出云（今日本岛根县）一带曾有人遇到过这种火。有个人突然发起高烧，就请附近的医生来诊治。来者虽说是医生，本行却是种地的农民，副业是倒卖马匹。只不过他曾经做过修行僧和算命先生，所以有降妖除魔的事情，人们也会找他。这个医生查看了病人的病情后说：

"他这是遇见了宙狐。"

在场的人问什么是宙狐，医生敷衍道："宙狐就是宙狐。"

也许以他的水平，没有能力给大家解释清楚什么是宙狐吧。

蝶化身

在山形县的藏王山，传说人死后会化蝶。

从前，在藏王山山麓，有个疲惫的旅人发现一座破房子。他想进去休息一下，便上前敲门，却没有人回应。旅人推开房门走了进去。一进门，他就惊呆了。屋里竟然有成千上万只蝴蝶。

为了看清楚这些蝴蝶，他打开了窗户。一开窗，蝴蝶纷纷张开翅膀，像一道彩虹一样从窗户飞了出去。地上只剩下一堆女人的头发和骸骨。旅人惊恐至极，忘记了旅途的疲劳，跑到了附近的村子，将刚才发生的事情告诉了村里人。人们告诉他：

"以前，那家的女人喜欢蝴蝶，经常追着蝴蝶玩。但不知从什么时候起，她的身体越来越差，有一天就断了气。死后也没有人发现。她的尸体一直放在那里，身上生了许多毛虫，变成了蝴蝶。"

旅人听后心想，一定是那女人死后化成了蝴蝶。

直到今天，还有很多人认为蝴蝶是死灵的化身。在冲绳地区，人们认为蝴蝶在夜里飞舞是不吉利的，那是死者的灵魂来到了这里。

提灯阿岩

　　这幅《提灯阿岩》是葛饰北斋所作，收录在《东海道四谷怪谈》[①]中。

　　阿岩的故事因鹤屋南北创作的歌舞伎《东海道四谷怪谈》而广为人知。

　　杀害阿岩的伊右卫门因不堪阿岩所化的幽灵的骚扰，逃进了蛇山的庙庵。但是，阿岩的幽灵又出现在那里。点亮的提灯上浮现出阿岩的面孔，阿岩的幽灵就登场亮相了。

　　《东海道四谷怪谈》是根据发生在四谷的真实事件创作的。这个叫阿岩的女人也是真实存在的人物。阿岩性格倔强，年幼时因病成了独眼，不过因为家境富裕，有个浪人觊觎她家的家产，入赘做了女婿。不喜欢阿岩的浪人用巧计将阿岩骗去做女佣，自己则与另一个女人结了婚。阿岩得知真相后，下落不明，但陷害阿岩的人却接连离奇死去……这就是这个故事的大致情节。

　　东京四谷还有一座与阿岩有关的田宫神社，如果公映与《东海道四谷怪谈》有关的喜剧或电影，相关人员都会到这里参拜，否则就会发生不吉利的事。

---

①日本最有名的古典怪谈之一，原作者是鹤屋南北。

提灯妖怪

　　从前，有一个男子深夜有急事要去邻村。

　　当他走到村口时，乌云遮月，忽然刮起风，提灯也跟着晃悠起来。男子有些害怕，就在这时，手里的提灯突然生出一对翅膀，从男子手上挣脱，啪嗒啪嗒地拍打着翅膀飞了起来。

　　"妖……妖怪！"

　　男子吓呆了。提灯围着他飞来飞去，长出眼睛和鼻子，还张着嘴笑。

　　男子吓瘫了，浑身颤抖，双手合十叩拜。

　　过了一会儿，提灯笑着飞走了。男子也顾不上去办自己的事情，急忙回到家里，之后就卧床不起了。

　　虽然很多人都看到过提灯妖怪，但流传下来的故事并不多。说起与提灯有关的妖怪，如本所七大不可思议之一的送行提灯、狐狸点的提灯火等，都是火妖。而作为灯具本身的提灯妖怪，却不被人知晓。

提灯小僧

  从前，有个武士晚上提着灯笼走在仙台城的外城。天空中下起了小雨，他加紧脚步赶路，这时，从后面走来一个陌生的小孩。

  好奇怪的小孩，武士有些纳闷。眼看着小孩超过了他。武士以为小孩会继续向前走，他却停下来等着武士。武士越发奇怪，就超越了小孩，结果小孩又快步赶了上来。

  "真是个奇怪的小孩……"

  武士不想服输，一边说着，一边又快步拉近了与小孩的距离。他想看看这是个什么样的小孩。仔细一看，小孩的脸通红。武士惊讶得停住了脚步。过了一会儿，小孩倏地消失了。

  次日，武士把看见红脸小孩的事告诉了朋友，朋友说：

  "那是不是一个脸像红灯笼的小孩？我也曾在下着小雨的夜里遇到过。那是一种叫'提灯小僧'的妖怪。"

  据说，提灯小僧经常在人无辜被杀的地点，或下着小雨的夜晚出现。

提灯火

　　从前，在田间小路等地方经常会有火冒出。因为不清楚是什么原因，人们便称其为"提灯火"，认为这是狐狸所化。

　　在四国德岛附近，有位村长曾在一个雨夜里看到数十个提灯火在飞行。村长以为出了什么事，跑过去一看，发现什么都没有。

　　提灯火的特征是，只要有人靠近就会消失，人会有一种"上当"的感觉。

　　同样是在四国的某个村子，村里有两棵松树，相距两三百米远。在这两棵松树之间出现了提灯火，像一串灯泡一样，时而排成一队，时而又像在跳舞。

　　因为经常出现，附近的人便将这两棵松树叫作"罩灯松"。

　　那些来历不明的火，总是被人们称作"提灯火"。

　　提灯火并不会将周围点燃，这样看来应该是阴火。

蝶幽灵

秋田县仙北郡有个叫"石堂"的地方。这里从前曾发生过投石大战。

松山城城主阿部氏的家臣中，有个人叫秋元备中。他在投石大战正激烈的时候，脚底一滑，掉进了沼泽里，窒息而死。

不久，秋元备中的尸体化为蝶，至今仍在沼泽之中。每到深夜或阴天的时候，就会从沼泽里出来，在天空中飞行。

据目击者称，因为水的缘故，蝴蝶的翅膀熠熠生辉，十分美丽，世间罕见。

在这一带，人们将蝴蝶称作"别蝶"，沼泽被称作"别蝶沼"。

蝴蝶被认为是死灵的化身。在神奈川县，如果有蝴蝶飞进屋内，人们就会认为是灵魂回来了。

除了蝴蝶，在天空飞翔的昆虫似乎都被看作是灵魂的化身，或是灵魂的坐骑。因此，有一些蝴蝶或蜻蜓被人们称作"精灵蝶"或"精灵蜻蜓"。

长面妖女

　　加贺（今日本石川县加贺市）大圣寺的府中，有个叫津原德斋的人。一天夜里，他走在福田川附近的耳闻山松林里，不巧的是提灯的灯火灭了。因为离家不远，他决定摸黑前行。忽然，他看到前面有灯火。真幸运！他急忙走上前去，看见一个女人提着灯正赤脚前行。

　　感觉这个女人与自己同路，他就放心地跟在后面。

　　津原德斋的家就在小路的拐角处，旁边是邻居家。墙边有一棵大朴树，被人从离地三丈（约9米）高的地方砍断了。那个女人走到大朴树旁时，朝他转过身来。津原德斋觉得奇怪，仔细一看，那个女人忽然变得巨大无比，一边抚摸着大朴树的断口，一边笑着俯视津原德斋。女人的胸部以下都在树后，脸有一丈多长。

　　津原德斋看到这一幕，吓得魂不附体，"哎呀"一声跑进了家里。

　　他叫起家人出来查看，那个提灯的女人早已不见了踪影。

猪口暮露

　　有种喝酒用的小杯叫"猪口"。将猪口戴在头上，口吹着牙签般大小的尺八[①]，样子像虚无僧的妖怪，叫"猪口暮露"。据说它们会撞破箱子，徐徐前行。

　　暮露指禅宗的一个流派——普化宗的化缘和尚，也叫梵论师或虚无僧。

　　虚无僧不着僧衣，头戴天盖，口吹尺八，颈挂袈裟及方便囊，行乞四方。虽被称作禅僧，却不坐禅修行，而是云游四方。

　　江户时代，虚无僧被赋予了特权，可以在各国间自由往来。因此，有些犯了罪的武士会偷偷扮作虚无僧，云游各国，逃避惩罚。一些想报仇雪恨的浪人也会伪装成虚无僧。

　　长长的尺八就相当于武士的刀，可以用来防身。

　　兼好的《徒然草》中就记载了一个暮露团体在宿河复仇的血腥故事。

　　总之，猪口暮露虽小，但很可能是一种危险的妖怪。

---

①一种日本传统乐器。

尘冢怪王

有一句谚语叫"积土成山"，不过据说，灰尘积多了会生出一种叫"尘冢怪王"的妖怪。但这并不是提醒人们要注意卫生的妖怪。

鸟山石燕在《画图百器徒然袋》中也描绘了这种妖怪，还解释说："夫森罗万象，凡有形者，无不有长。倘麟为兽之长，凤为鸟之长，尘冢怪王即尘积所生山姥之长。"

意思是说，鸟兽都有自己的王，而堆积的尘土变成的尘冢怪王，则是山姥中的王。

尘冢怪王是山姥这种说法倒很有趣。

会不会有这样一种意思，修炼多年的山姥一年四季身上都积满了灰尘。

庆奇路里

防州岩国（今日本山口县岩国市）有个男子，叫加藤。故事就发生在他从西宇治返回岩国的途中。

太阳已经落山了，当他越过道祖岭时，四周已是一片漆黑。走着走着，他忽然发现身后有个人，那个人还说："加藤阁下庆奇路里。"

加藤是个很有胆量的人，立刻回话道："你才庆奇路里。"

两个人一路上说着同样的话，来到了加藤的家。加藤走进家门，转身关门时发现屋檐下站着一个小和尚，冲他微笑。

这就是刚才一直和他说话的那个人。小和尚说："你真厉害！"然后便消失了。

在岩国，当一个人不服输的时候，就会说一句"你才庆奇路里呢"，这句话就来自这个妖怪故事。

冲立狸

从德岛县美马郡胁町（今日本美马市）去往毗邻的新町的路上，会路过高须。据说，那里从前出现过冲立狸。

深夜从那里经过时，路中央会竖起一块巨大的屏障，挡住人的去路。一般人都会被吓得当即折返，勇敢的人则会一鼓作气猛冲过去。据说这样就会毫不费力地通过。

不过，这样的人还是很少见的，一般人都会非常害怕，夜里几乎没有人敢从那里经过。附近的人商量后，决定在这里念诵四万八千遍"光明真言"（佛教咒语之一），并立了一块巨大的石碑，将冲立狸封印。

从此以后，冲立狸再也没有出现，也没有任何怪事发生。

这块石碑是用一块高约一丈（约3米）的绿片岩的石板做成的，二十年前还竖立在高须的路边，后来不知被谁用卡车盗走了，再也没有出现。

付丧神

　　正如人有灵魂一样，动物和植物也有灵魂。同样，器物在历经百年后也会有灵寄生，这种东西就叫"付丧神"。

　　当然，并不一定要一百年，只要年月久了，器物都会拥有化妖的能力。付丧神有时也会被写作"九十九神"。

　　室町时代最有代表性的妖怪绘卷《百鬼夜行绘卷》中，就描绘了很多付丧神。如武器妖怪、乐器妖怪等，基本上描绘了所有器物妖怪。

　　从前，人们将珍惜并长期使用器物视为一种美德，如果不珍惜器物，而是随意破坏，当器物化为付丧神时，就会报复使用的人。

　　为了避免付丧神的报复，从前的人们对器物都十分珍惜，还会举行一些活动预防器物化妖。

　　扫舍便是这样一种活动，大多在立春前进行，不过，这并不是简单的清扫灰尘那么简单，还有一种清除附着在器物上的"污秽"的意思。

辻神

　　这是一种徘徊在岔路口的恶魔，通常被称作"辻神"，经常出没于鹿儿岛县屋久岛和淡路三原郡沼岛（今日本南淡路市）的十字路口。

　　古时候，人们相信道路交叉的地方容易出现魔物。有一种解释说，这是因为十字路口是阴阳两界的交界处。

　　人们把房子建在十字路口或丁字路口的路冲处，辻神就特别容易进到家中。

　　住在这种房子里会不断有人生病，接连发生不幸，因此，这些地方是绝对不能建房子的。

　　如果建在了这种地方，就要在路冲处立起一块"石敢当"。"石敢当"是冲绳或九州地区的一种辟邪物，是一块刻有"石敢当"字样的长方形石头。

　　总之，十字路口是危险地带，在这种地方建房时一定要注意。在冲绳的住宅区的丁字路口，都立有"石敢当"。

土蜘蛛

土蜘蛛是一种善于使用各种妖术的大蜘蛛妖。

从前，源赖光患上了疟疾，用尽一切办法都不见效，请法师祈福驱除也没有用，每天都受着头疼和发烧的折磨，苦不堪言。

一天深夜，以平井保昌为首的四大天王从源赖光的屋里退了出去。这时，微弱的烛光中，出现了一个身高七尺有余的大法师，迅速走到源赖光的枕边，向他投出无数根细丝。

猛然惊醒的源赖光大喊一声"妖怪"，抽出放在枕边的名刀"膝切丸"，朝妖怪砍去。

听到动静的四大天王赶来一看，只见烛台下有一摊血。顺着血迹一路追踪，来到了一座巨大的古冢前。

大家将古冢挖开，发现里面有一只巨大的土蜘蛛。土蜘蛛朝他们投出无数细线，却被大家联手斩杀，这只拥有魔力的土蜘蛛终于断了气。

土转

　　土转是从前经常出现在中部地区山岭上的一种妖怪。旅人走在山岭上，有时会感觉有东西在后面跟着自己。如果惊慌失措地跑起来，那东西会抢在人前滚下山去，在下面等着。如果旅人想要避开这条路，就会在山中迷路。

　　这就是妖怪土转在作怪。它的形状就像一个打草槌，在地上滚来滚去，并不做什么坏事，只要毫不畏惧地走过去就可以了。

　　还有这样一种说法：土转是居住在山岭上的神明，会保护过往旅人。

　　在九州的一些地方，人们认为土转是一种浑身长毛、形似打草槌的妖怪，如果有人通过时就会滚下来。不过，这似乎是与另一种叫"野槌"的路怪混为一谈了。

　　野槌是一种形似短槌的蛇，据说会从路上滚下来袭击行人。

　　在中部地区的山里，人们经常在山路上遇到野槌。不过，我想这也应该是一种虚构出来的妖怪吧。

槌蛇

　　顾名思义，槌蛇是一种形似木槌的蛇妖，据传在很多地方都曾出现。不同的地方，叫法也不太一样，如"槌头蛇""槌子""槌蛇""横槌蛇""野槌"等等。在昭和四十年（1965）引起轰动的槌子，似乎也是槌蛇的一种。

　　槌蛇在古时候被叫作"野槌"，在《古事记》和《日本书纪》都能找到相关的记载。

　　槌蛇一般会从山坡上滚下来吓唬人。不过，据说槌蛇带有剧毒，因此不能说它是无害的。

　　在一本名为《北国奇谈巡杖记》的古书中，记载了一个叫"槌子坂"的故事。

　　在石川县金泽市小姓町（今日本小将町）的槌子坂，有一处白天都让人害怕的地方。有个人在雨夜里路过槌子坂时，忽然有个东西滚了下来。他仔细一看，发现是一个像捣米臼用的槌子似的东西在滚动。然后，那东西呵呵一笑，闪过一道光，就消失了。从古至今，有很多人都看到过这个妖怪。据说看到它的人会被毒气侵袭病倒，过两三天才会好。

　　槌转应该就是槌蛇的同类。

恙虫

　　恙虫是江户时代的《桃山人夜话》中记载的一种虫妖。

　　齐明天皇（655～661）在位的时候，石见国（今日本岛根县）的深山中出现了一种叫"恙"的虫子。每天夜里，这种虫子就会来到人类居住的地方，吸食人的鲜血。

　　有些人还因此丧命。当地人请来一位学者消灭了恙虫。后来，人们便将平安无事称作"无恙"。

　　虽不清楚与这里所说的恙虫有无关系，不过，现在大家所说的恙虫主要指的是分布在新潟县、山形县和秋田县的一种蜱虫。

　　恙虫会在夏天出现在雄物川、最上川、信浓川、阿贺野川等河边。一旦被恙虫叮咬，就会出现类似伤寒的症状。这种病被称作"恙虫病"，是由恙虫的幼虫携带的立克次氏体引起的急性传染病。

　　在这些地方还会举行盛大的"送虫"活动，来驱赶这种恶虫。

常元虫

　　近江的别保（今日本滋贺县大津市）有一座寺院，叫西念寺，寺内的西北角有一块空地，这里一直没有建房子。据说，如果在这里盖了房子，就会有灾难发生，人们把这里叫作"常元宅"。

　　从前，这里有个叫南蛇井源太左卫门的强盗，烧杀抢掠，无恶不作。老了之后，南蛇井源太左卫门在别人的劝说下出了家，成了一名僧人，改名常元，过上了正常人的生活。

　　庆长年间，各地的奸贼悉数被抓，常元是罪大恶极之人，被处以斩刑。

　　常元的尸首葬在柿子树下，不久，他的坟墓上生出大量奇怪的虫子。这种虫子的外形是一个被绑起来的人，之后会化成蝴蝶飞去。而且，这种虫子每年都会出现，世人认为这是常元的亡魂，将其称作"常元虫"。

　　亡魂化为虫子的故事还有很多。认为虫子和树木拥有灵魂的想法也是十分自然的。

角盥漱

　　角盥是一种洗脸用的、两边有着像角一样的手柄的涂漆小盥，一般在洗手或女子染黑牙齿时使用。用于漱口的角盥，叫作角盥漱。

　　平安初期，女歌人小野小町作为六歌仙、三十六歌仙之一，被世人称颂。

　　小野小町有个死对头，是同为六歌仙之一的大友黑主。一天，大友黑主偷听到了歌会对手小町创作的一首和歌，便对外人称这首和歌是自己所作，还被收录进《万叶集》。小野小町为了证明是自己的作品，便将写有那首和歌的草纸放进了角盥漱里，神奇的是，写在上面的和歌消失了，黑主因此被问罪。

　　鸟山石燕的《画图百器徒然袋》中，记载了那一时代的洗脸用具所化的角盥漱。只见角盥漱身穿和小野小町一样的宫廷礼服"十二单"，面部是一个角盥，两只手柄犹如鬼的犄角一样。

　　石燕似乎是在暗示人们，歌仙小町对和歌的执念附到了她自己使用的角盥上。

冰柱女

　　这个故事发生在秋田。一个暴风雪的夜晚，有人敲响了长助夫妇家的门。长助打开门，只见一名皮肤白皙的年轻女子站在门口。

　　"我去姐姐的婆家做客，只顾聊天而误了时间，结果途中遇上暴风雪。希望能在此借宿一晚。"

　　长助夫妇欣然应允。到了第二天，雪还没有停，姑娘也无法继续赶路。过了几天，姑娘与夫妇俩逐渐亲近起来。

　　一天，长助烧好洗澡水，让姑娘洗澡，姑娘却一直推脱拒绝。在长助的一再劝说下，姑娘愁容满面地走进了浴室，她的皮肤像雪一样白。

　　姑娘过了很久都没出来，长助有些担心，对妻子说道："会不会晕倒在浴室了？"

　　"姑娘还年轻，总要好好打扮一番啊。"

　　话虽如此，但听不到一点水声，妻子也有些不安，就走到浴室门口，问了句话。却无人回应。她打开门进去一看，发现浴缸里没有人，水上漂着曾插在姑娘头上的簪子。浴室里的水蒸气都凝结成了一根根冰柱。长助这才恍然大悟："原来那姑娘是冰柱女啊！"

钓瓶落

钓瓶落又叫"钓瓶降"。因为会突然从树上垂下来，所以有些吓人。钓瓶落主要出现在近畿、四国、九州等地区，但京都似乎最多。

曾我部村（今日本龟冈市）的法贵有一棵椎子树，据说，这棵树上曾有钓瓶落出没。钓瓶落从树上垂下来的时候，还会说："赶夜工，放钓瓶，嘎嘎。"因此，夜里没有人敢从这棵树下经过。

京都人则认为，钓瓶落会将人吊在树上，然后吃掉。

据老人们说，它吃掉人后，两三天之内不会再出现，因为已经吃饱了。等到饿了之后会再次垂下来抓人吃。

从前的夜晚都很黑，人们借着提灯微弱的光小心地走在路上。如果上方突然掉下什么东西，肯定会吓得尖叫："啊，来了！"这就为钓瓶落的出现创造了条件。

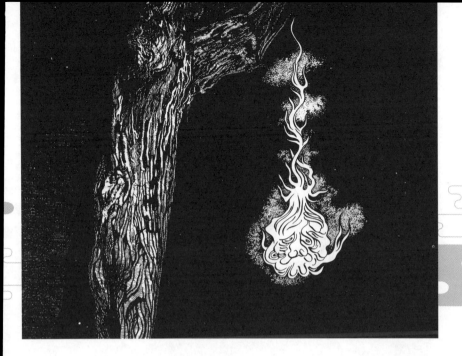

钓瓶火

夜晚，走在寂静的山路上，有时会突然从树枝上垂下一团东西。

这是一团青白色的火，在那里摇曳着燃烧。如果是普通的火，树枝早就被点燃了，不过这种火却不会，只是幽幽地发着磷光。这种可怕的火，从前到处都能看到。

在江户时代一本叫《古今百物语评判》的怪谈书中，记述了京都西院的一棵大树上出现钓瓶火的故事。据书中记载，钓瓶火多出现在雨夜，因为这种火是阴火。阳火会引燃物品，用水能浇灭，而阴火则相反，非但不会引燃物品，而且越浇水燃烧得越旺。

有些地方还流传着钓瓶火从树上掉下来的故事，看来钓瓶火也有很多种。

在岛根县鹿足郡津和野町笹山的足谷，有一棵用来祭祀大元神的神树和一座小庙。据说，如果砍伐这附近的树木，就会有火把一样的火球落下来，烧伤人。这很可能也是钓瓶火的一种。

洗手鬼

在古代，从香川县的高松到丸龟的海湾，有一种妖怪能够跨越绵延三里（约12公里）的山峦，到大海里洗手，人们称其为"赞崎的洗手鬼"。

根据《桃山人夜话》的记载，洗手鬼是大太郎坊（大太法师）的手下。书中还记述，它之所以要跨越三里的山到大海去洗手，也许是做了什么坏事。

"洗手鬼"这个称呼只在《桃山人夜话》中出现过。在赞崎地区，流传着一个关于叫"大人"的巨人的传说。据说，它曾一只脚踩在饭野山，一只脚踩在青野山，去喝濑户内海的水。饭野山的山顶至今都能找到它当时留下的足迹。

所谓的洗手鬼，似乎就是巨人。顺便说一下，由于饭野山的形状很漂亮，又被称作"赞岐富士"。

大太法师的故事主要流传在以九州为中心的地区，这是一种能够创造高山和湖沼的无比巨大的巨人。

手负蛇

　　自古以来，蛇就被人们看作是一种可怕的动物。大概是因为蛇那特殊的外形容易让人产生不好的感觉吧。

　　人们还认为，蛇是一种执念很深的动物。因此在动物之灵中，蛇的灵是最让人害怕的。

　　据说，最恐怖的事情就是奄奄一息的"手负蛇"作祟，即俗称的"半死蛇"。被这种蛇灵盯上的时候，可以用含有铁气的东西或菖蒲来防备。含有铁气的东西主要指铁针或铁浆，菖蒲则主要来自五月端午的供物。

　　有个农民在地里发现了一条蛇。他听说向蛇扔马蹄铁，蛇就会生气。他很好奇这是不是真的，就朝蛇扔了马蹄铁。蛇愤怒地向他发起攻击。他急忙用锄头打，竟一下将蛇头打飞。到了第二年春天，早已将此事忘记的农民，因事再次来到杀死蛇的地方时，忽然有个东西朝他飞了过来，正好打在咽喉的位置。农民连忙脱下蓑衣，发现一个蛇头死死地咬在上面。原来是自己去年杀死的那条蛇来报仇了。幸亏他穿了蓑衣，才侥幸逃过一劫。

手形伞

从前，有座寺院正在举行葬礼。当和尚超度亡魂时，突然狂风大作，乌云压顶，电闪雷鸣，众僧和丧主都十分恐慌。

一位和尚登上佛塔诵经，一只大手突然从云中伸了出来，想要抓和尚。和尚的力气似乎更大，一把将怪物从云中拉了下来。怪物被和尚制伏，动弹不得。

过了一会儿，周围平静下来。云已经消失，怪物回不去了，只好求和尚饶命。和尚说："如果你能保证今后葬礼时不再电闪雷鸣、刮风下雨，我就饶你一命。"

面对和尚的要求，怪物一口答应。

"空口无凭，立字为据。"

但是，怪物却不会写字。

"既然这样，那你就在这把伞上按个手印吧。"

在和尚的命令下，怪物只好在伞上按下手印。从此以后，每当这座寺院举行葬礼的时候，人们就会撑开这把伞。因为这件事，这位和尚的威猛力量被全国称颂，人们尊称他为"朝比奈和尚"。

这个怪物很可能就是葬礼时出现的"火车"的同类。

铁鼠

　　这件事发生在平安时代。白河天皇的皇后一直没有怀孕，天皇为得后嗣，便叫来三井寺的赖豪阿阇梨，命他念经祈祷，祝皇后早日怀孕。天皇许诺，如果成功，会满足他的任何要求。赖豪用心祈祷了一百天，皇后终于怀孕，诞下一名皇子。

　　天皇大喜，命人叫来赖豪，问他有什么愿望。赖豪提出想在三井寺修建一座戒坛（为僧侣举行受戒仪式的地方）。赖豪并不看重金钱和个人的功名利禄，只希望佛法兴隆。

　　但是，势力强大的延历寺却横加干涉，天皇以"如果满足你的愿望，会引发山门（比叡山）与寺门（三井寺）的争斗"为由，拒绝了赖豪的要求。

　　赖豪十分痛恨比叡山和天皇，说"要将那皇子带入魔道"，然后绝食而死。

　　如赖豪所说，皇子不久也去世了。但赖豪的怨恨并未就此罢休，最后化成一只长着铁牙的大老鼠出现在比叡山，率领无数老鼠咬坏了很多佛经佛典。

天奇

　　天奇又叫"天子"或"天子女"，这种妖怪生活在八丈岛，会让人失踪或整晚在山中迷路。

　　不过，这种妖怪也并非只做坏事。与它熟悉之后，据说它会帮人割马草并送到家门口。

　　曾经有个小孩在山中走失。过了二十多天，被人发现时仍然活着，有人说是天奇照料了这个孩子。

　　天奇浑身长疮，乳房长且下垂，有时会被她搭在肩膀上。虽然看起来不是讨人喜欢的妖怪，但其实并不坏。

　　天奇很可能是一种类似山姥的妖怪。八丈岛的山姥是一种独腿、挂着竹杖在山里转悠的妖怪。

　　生活在八丈岛的人将山神附到人身上的情形称作"天奇剌"，因此，天奇可能具有山神的某些特征。

　　天奇的别名是"天子"，与一种孩童妖怪"天子"同名，两者之间或许有着某种联系吧。

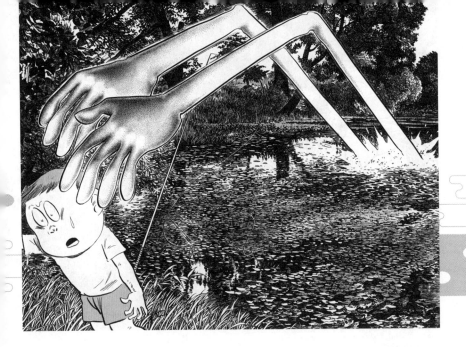

手长婆

　　手长婆是千叶县北部和茨城县传说中的一种妖怪，它生活在水底，人们认为它是一个可怕的白发老太婆，不过它出现时只有两只长长的手。如果有小孩在水边玩耍，它就会从水里出来，吓唬小孩说："小心我把你拉进水里。"它也会警告在井边或池边等危险地方玩耍的小孩，真是个爱护孩子的妖怪。

　　虽然都叫手长婆，青森县三户郡田子町出现的则是完全不同的妖怪。

　　田子町北边有座山，叫贝守岳。很久以前，山顶曾住着一个手长婆，整天望着远处的八户海，肚子饿了就会伸手捞海里的贝类吃。

　　据说，山顶有一片岩石很多的地方，至今仍有手长婆扔掉的大量贝壳。

　　青森县的手长婆是一种巨人，与东北地区的"足长手长"很有可能是同类。东北地区的"足长手长"一说是足长人和手长人搭档，还有一种说法是像大太郎法师那样独自行动的巨人。据说它坐在山上，一伸手就能够到大海。

手目

　　有一次，一个盲人要穿过一片荒无人烟的草原。突然，一伙恶徒围了过来，不仅砍伤了盲人，还抢走了他身上仅有的一点财物。

　　无辜的盲人悲惨地死去。但正所谓"诓盲人七辈遭殃"。死去的盲人无法超度，每晚都会出来游荡，要找杀死自己的恶徒报仇。

　　但遗憾的是，他的眼睛看不见。他只能用手摸索，强烈的执念让他的手掌上长出了眼睛。

　　此后，每到月圆之夜，他手心的眼睛就会睁开，借着月光寻找仇人。

　　被杀死的人是很难找到安息之地的。怨灵有时会化为火四处游荡，这种手目也是怨念所生的妖怪。

　　总之，怨念是一种可怕的东西。虽然大家很少提起，但只要有人的地方，就会有怨念，这一点至今都没有变。

手目啮

　　从前，京都七条河原一带有一处墓地，人们说这里有妖怪出没。有一天，一群年轻人决定去墓地比试胆量。一个年轻人来到墓地，在地上钉上一根木桩做标记，上面还贴了一张纸。正当他准备回去的时候，一个身高两米的怪物出现在他眼前。乍一看，这个怪物像是一个老人，脸像炭一样黑，它伸出的手掌心里长了一只眼睛。

　　"妖……妖怪啊！"

　　妖怪看到年轻人，立刻向他跑了过来。年轻人逃进附近的一座寺庙，藏到柜子里。僧人有些纳闷，觉得情形不对，也找了一处隐蔽的地方躲了起来。

　　过了一会儿，妖怪来了，开始四下寻找。僧人一看，这个长得像老人的妖怪露出两颗奇怪的板牙。僧人吓得直发抖。之后，他听到柜子附近传来嘎嘣嘎嘣的狗嚼骨头般的声音，还有年轻人的惨叫声，接着妖怪便离去了。僧人打开柜子，只见年轻人已经死掉了，而且骨头都被剔除，只剩下一张皮。

　　这很可能就是手目啮。

寺突

　　鸟山石燕的《今昔画图续百鬼》中有这样一个故事。物部大连守屋不喜佛法，被厩户皇子（圣德太子）所灭，其灵化为一只鸟，欲破坏寺中的堂塔伽蓝，人们将其称作"寺突"。

　　物部氏是神武东征以来的名门望族，最后一代的首领为守屋。当时正处在飞鸟时代，佛教传入日本，苏我氏想将佛教推为国教。物部氏则一直推崇神道，因此与苏我氏对立。

　　用明天皇病死后，围绕着皇位继承的问题，守屋与苏我马子兵戎相见。厩户皇子站在了苏我马子一方，守屋战败而死。后来，物部氏迅速衰落，为了以儆效尤，苏我马子又没收了守屋的部分土地，用作修建四天王寺（荒陵寺）的用地。

　　守屋死后，他的魂魄仍想破坏佛法，便化作一种叫"寺突"的鸟，成群地飞到四天王寺，啄食寺院的屋檐，破坏寺院。为防止恶鸟带来更大的灾难，人们在寺内建了一座守屋堂，祭祀守屋等人，辟邪镇祟，四天王寺才能保存到今天。

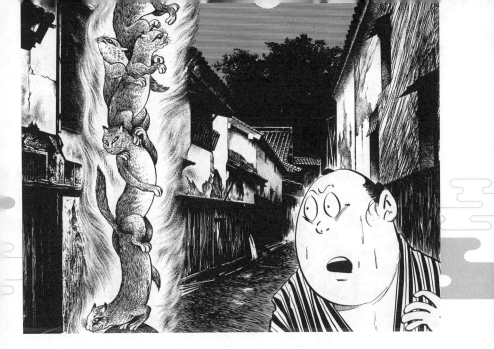

貂

貂的体型比鼬大，毛色黑黄而富有光泽，头部圆长，嘴小而尖，圆眼睛，小竖耳，短腿，尾巴粗长。貂生活在山里或堂舍等处，与鼬十分相似。

无论在哪里，貂都不受欢迎，它的出现被视作一种不吉利的象征。

东北地区有一种说法，早晨在山中打猎时，如果有貂从眼前跑过，这一天就会空手而归。

在三重县的伊贺则有"狐七变，狸八变，貂九变，吓人吓人"的说法，意思就是说貂骗人时会有九种变化。看来这里的人们认为貂比狐狸还要技高一等。

貂很聪明，能够一个个摞起来爬到高处，这是狗和猫都无法做到的，因此貂被人们看作是一种比狐狸和狸更善于变化的动物。

《和汉三才图会》中记述说，人的眼睛里进了脏东西，弄不出来时，用貂皮擦拭即可。由此可见，貂在人们的心中是一种神奇的动物。

天火

在肥前（今日本佐贺县、长崎县）地区，天空中有时会降下火球，当地人把这叫作"天火"。天火落地之后，会在地上到处滚动，不知道会停在何处。如果一边念着佛经一边去追，或是穿着竹皮屐、手持向日葵追赶，天火就会旋转着逃走。

如果把它赶到郊外，天火会钻进草丛，不会进入房屋引起灾害。如果人们见到它后置之不理，它就会滚入人家，将房屋烧毁。

江户时代一本叫《笔之游》的古书中，记述了一个肥后人的房子被天火烧毁的故事。其中还提到一段提交官府的诉状：

"此次火灾全由落至某人房屋上的天火所致，他用竹皮屐将天火赶至我家，引起火灾。即火灾的原因全在某人，因此恳请让某人赔偿我修建房屋的费用。"

如果诉状所说的内容是真实的，那说明天火并不罕见。

天狗

　　从前，中国地区将流星称作"天狐"，这是关于天狗的最早记载。据天狗研究专家说，天狗为日本所独有，国外是没有的。

　　从东北到九州，天狗都有分布。可以说那些被修验者奉为灵山的山上，都祭祀着天狗。比较著名的有鞍马的大僧正、京都爱宕山的太郎坊、秋叶三尺坊等，根据江户中期成书的《天狗经》记载，全日本共有四十八种、十二万五千五百多个天狗。

　　天狗在人们的印象中，一般都是红脸、高鼻梁。但从前的人们却认为，天狗的模样与老鹰十分相似，会各种幻术，还能附到人身上，会与修行佛法的人作对。

　　被纳入修验道①的信仰中后，天狗与山的关系得到了强化。因此，山中的怪事大都被认为是天狗在作祟，天狗的样貌也变成了修验者的形象。

　　即使是现在，有些地方还将天狗作为山神来祭拜，还会举行各种祭礼。

---

①日本古来的山岳信仰受外来的佛教、中国的道教等影响形成的宗教。修验道的实践者称为修验者或山伏。

天狗倒

　　在山里干活儿的人，如樵夫和烧炭者，经常会遇到奇怪的妖怪——天狗倒。

　　深夜里，有时会传来大树倒下的声音。人们在第二天早上前去查看，却发现没有树倒下，就会有一种被戏弄的感觉。

　　这似乎是一种"音怪"，有人认为是天狗在作怪。很多地区称其为"天狗倒"，但在宫城县刈田郡宫村远刈田（今日本藏王町），这种现象被称作"唐木返"，据说会在傍晚或阴天时听到它发出的声音。

　　在福岛县田村郡和曾津郡（今日本南会津郡以及会津若松市），人们称其为"空木返"。人们能够听到斧头声和树将要倒下的声音，但听不到树木倒地时的"咕咚"声。

　　另外，天狗倒在福岛县西白河郡叫"切木坊"，在岩手县远野地区叫"天狗鞣"。

　　我在南方的森林中，也曾经历过这种情形。在森林里半夜传来树木哗啦哗啦倒下的声音。原以为是有大树倒下了，但次日清晨去看时，却发现没有树倒下。实在是不可思议。

天狗凭

这件事发生在鸟取县。有个姓太田的姑娘，到了出嫁的年纪还一直没有合适的对象，每天待在家里。一天深夜，这个姑娘忽然开始疯言疯语：

"我是天狗，近来武道衰落，我甚为感叹，因此借此女之身，传授神术。"

第二天早晨，一个男子前来拜访，说：

"我昨夜梦见一天狗，它告诉我'我授你秘术。你明日须携长刀和木刀到太田家'。"

男子便全副武装，来到太田家。家人有些纳闷，姑娘闻声从房间里出来，说："我便是授术于你的天狗。"说着，她将男子引入屋内，闭上眼睛，随即取过男子携带的长刀挥舞起来，招式如武功深厚的剑客般完美。但这个姑娘明明没有碰过剑。

家人很是担心，待男子回去后，便苦苦哀求天狗离开姑娘的身体。天狗说了一句"去也"。不过，姑娘恢复正常已是数月之后了，人们向她询问当时的情况，她却说什么都不记得了。

天狗砾

在深深的山谷中，有时会忽然刮起一阵魔风，紧接着地动山鸣，大石头四处乱飞。这就是"天狗砾"。

从前，在丰后国杵筑（今日本大分县杵筑市），一群年轻人晚上进山打野鸡。他们走在一条山路上，忽然有石头从左右两边落了下来。

同伴中有人知道是天狗砾，便喊道：

"大家不要出声，都坐下。"

大家都害怕地坐了下来。只见大石头不断从头顶飞过，感觉就要砸到自己身上了，声音也十分吓人。过了一会儿，没了动静，大家才松了口气，站起来继续赶路。

"那就是天狗砾。"男子说道。

如果被这种石头砸中，肯定会生病，而且遇到天狗砾时，一定打不到猎物。但是，好不容易上山一次，就这么空手而归，实在是心有不甘。于是大家继续寻找猎物，但直到第二天清晨依然一无所获，只能空手而归。

据说，之所以有石头飞来，是因为天狗会经过这里。

天狗火

从前，在远州（今日本静冈县）等东北地区的沿海，曾出现一种叫天狗火的怪火。

当地人非常害怕遇上这种怪火。据说，一旦遇到，要立刻趴到地上，绝不能看它。遇到这种怪火的人，肯定会生病。

即使是在远处看到，也不能声张，否则怪火会立刻飞过来。

有这样一个故事。一年夏天，一个住在箱根客栈的男子，正与同伴乘凉饮酒，对面的山上忽然升起一团火。其中一个同伴看到那团火在天空中飞舞，就说了句"那是什么"。只见那团火变成两团，转瞬间又汇集到一处，接着又变成几团火焰，向他们飞过来。大家一片哗然。

这时，客栈里的一个男子闻声赶来，让大家赶紧进屋。他一副十分恐惧的表情，说："那不是什么好东西。"然后急忙将窗户都关上了。

天子

　　天子是一种生活在八丈岛的洞穴中的妖怪，长得像小孩。因为它自己太孤单，所以还曾拐过小孩，和小孩在洞里玩了六天。到了第七天时，那个小孩才被岛上的人发现。据说，人们当时看到的天子有十四五岁的模样，还系着绳带。

　　从前的夜晚，山上护林员的小屋里经常出现天子，它们会揪护林员的耳朵，或掐护林员的腿，做各种恶作剧。如果护林员醒来大声呵斥，天子就会哈哈大笑着离去。

　　有一年，八丈岛大旱，护林员在小屋里忍受着饥饿。到了夜里，只听"扑通"一声，有人往小屋里扔进了东西。护林员一看，地上散落着很多山药和野葡萄。

　　"天子大人，多谢您，这下我有救了。"

　　护林员朝外面拱手感谢，天子哈哈大笑着返回了深山。多亏天子送的食物，护林员才不至于被饿死。

　　天子有可能是山童的同类。

天井下

　　天井下是鸟山石燕在《今昔画图续百鬼》中描绘的一种妖怪。

　　这是一种会忽然从房屋的顶棚上掉下来的妖怪。从《今昔画图续百鬼》中"并非美女"的介绍来看，天井下是一种女妖。

　　它的样貌丑陋，体毛浓密，披头散发，浑身赤裸，表情似乎是在冷笑。

　　这妖怪虽然偶尔会出现，但并不害人。因为没有相关的故事流传下来，具体情况也就不得而知了。

　　自古以来，顶棚就被视作是存放尸体或监禁女性的地方，是家中的"异界"。天井下很有可能就是这种异界中出现的一种魔物。

　　从前的顶棚常会有一些污垢和虫穴，给人一种有妖怪存在的感觉。现在老房子已经很少了，人们也不再妖魔化房屋的顶棚。

　　天井下很可能就住在这种顶棚里。

天井尝

有一种妖怪叫"天井尝"。人们可能会认为，天井尝能够将平时打扫不到的天花板舔干净，但事实并非如此。天井尝的确会舔天花板，不过却是越舔越脏。

它会趁没人的时候出现在宅院或厅堂里，用长舌头舔天花板，把天花板弄脏。它不仅舌头长，身体也很长，而且很瘦。

过去的人们认为，如果发现天花板上有污垢，肯定是天井尝在作怪。

在我小的时候，家附近有一位很懂妖怪的婆婆，经常住在我家。有一次，这位婆婆看到我家天花板上的污垢，就说：

"瞧，那就是妖怪夜里出来弄上的污垢。"

我仔细一看，天花板上果然有一些神奇的污垢，是那种看起来只有妖怪才能弄出的形状。

从前的人们用的是油灯或电灯，光线都很暗。因此，昏暗的天花板就会给人一种有妖怪的感觉。

天吊

在山梨县北巨摩郡（今日本北杜市）一户姓进藤的人家，曾出现这种"天吊"。

听说，这户人家的天花板上经常有像婴儿一样的东西在深夜里落下来。

它或许与妖怪天井尝是同类。

但是，天井尝会舔舐天花板，将天花板弄脏，天吊却什么都不做。

话虽如此，但即使是一只蜘蛛掉下来都很吓人，更何况是这种东西从天花板上落下来，进藤家的人想必也都吓坏了吧。

妖怪中有很多像这样什么都不做，但经常出现在家中或其他地方，让人受到惊吓。

它们不会做什么坏事，正所谓人畜无害，不过，看到的人总会吓一跳。

正是因为让人类惊讶，妖怪才被赋予了生命，具有了存在感。这或许可以归结为人类"想知道真相"的心态吧。

天女之宿

江州（今日本滋贺县）神崎郡有个人叫长谷太丸。尽管家里很穷，太丸仍与妻子，以及七个孩子早晚诚心礼佛。一天晚上，太丸被一阵敲门声惊醒。他打开拉窗，看到外面站着一位天女，身边簇拥着几个童子。天女微笑着说：

"能否在此借宿一晚？"

太丸诚惶诚恐地说：

"我家这么贫穷，而您这么高贵，实在无法让您留宿在此。"

天女继续说道：

"不必推辞。你若留我一晚，你的七个孩子必将成为富贵之人。"

太丸有些怀疑，天女笑着说："不信让你看看我的奇术。"说着便进入太丸家，化作了一条白蛇。太丸夫妇急忙叩拜白蛇。

从此以后，太丸家中的井水就变成了酒，院中的梧桐树上结出了金果实，太丸成了富翁。据说，当地人后来将太丸当作神来祭祀，尊为"宇贺大明神"。

关于天女的故事，在日本各地都有流传，比较有名的要数静冈三保松原的羽衣传说。

豆腐小僧

　　天空中飘着小雨的时候，竹林里会出现一个头戴大斗笠的小孩，手里拿着托盘，托盘上放着一块豆腐，这就是豆腐小僧。虽然豆腐看起来很好吃，不过，如果有人不小心吃了，身体就会发霉，因此要特别小心。

　　没有人知道豆腐小僧来自哪里，不过在过去，曾出现过豆腐突然出现在路上的怪事。

　　这件怪事发生在萨摩（今日本鹿儿岛县）的今和泉。一天早上，家家户户的门前都放着十到二十块豆腐。如果只是一两家倒也罢了，但家家如此，城里开始骚动起来。开始时，人们还有些害怕，不敢去碰豆腐，但豆腐从早上直到天黑也没什么变化，大家这才放下心来，各自将豆腐拿回家煮熟吃了，后来也没有出现任何异常。

　　之后，人们到附近的豆腐店去打听，也没有发现哪一家豆腐店卖出去很多豆腐。这件怪事的原因最后也没能弄清。

东方朔

八百比丘尼因吃了人鱼肉而长生不老，活了八百年的故事人尽皆知。在岛根县平田市（今日本出云市)，流传着八百比丘尼的朋友——东方朔的故事。

有一次，东方朔热情高涨地磨起斧子来，而且每天都磨。八百比丘尼觉得很奇怪。东方朔便说："我要把斧子磨成针。"

比丘尼说："我活了八百年了，这种事还是头一次听说呢。"

东方朔继续说："我是因为想知道您的年龄，才这么做的。"

自己的年龄被别人知道后，八百比丘尼深感惭愧。东方朔拍拍她的肩膀说："我已经活了九千岁了。"

诚惶诚恐的八百比丘尼不久便消失了。

居然还有人能够超越八百比丘尼。东方朔是西汉时期博学多才、名扬天下的学者，偷食了西王母的蟠桃之后，就拥有了长生不老之身。不知为何，这位中国的人物居然渡海来到日本，实在有趣。

东北的钓瓶落

　　钓瓶落是出现在近畿地区的一种妖怪。据山田野理夫的《东北怪谈之旅》记载，东北地区曾有钓瓶落出现。书中还记述了一个关于钓瓶落的故事。

　　从前，有个商人从奥州白石城（今日本宫城县）到米泽去，要经过七宿街。

　　那天天气很好，一路也很顺利，可当商人经过一处杉树林时，只听咕咚一声，有个东西从树上掉了下来。

　　原来是人头，竟有十多个。

　　这些人头看到商人后，都哈哈大笑起来。过了一会儿，像被吸走一样又回到了树上。

　　近畿地区的钓瓶落会将人带到树上吃掉，而这个商人遇到的妖怪则只是吓唬人而已。

　　据说，钓瓶落最初主要出现在近畿地区。不过，正如流传在白石的故事一样，类似的妖怪在其他地方也会有的。

道毛靠毛

在石川县江沼郡（今日本加贺市）和长野县小县郡等地的民间故事中，"道毛靠毛"是经常出现的一种妖怪。据说，日语中的"道毛靠毛都不行"① 就源于这种妖怪。

从前有两个人，一个叫"道毛"，一个叫"靠毛"，都自诩是日本第一名医。两个人的医术都十分高超。

一天，二人比试本领，都将自己的胳膊砍下来，然后再接上，结果未分出胜负。于是，二人又比起接头的本领。两个人先后将对方的头砍下来，然后再完美地接在脖子上，但仍未分出胜负。他们的技艺之精湛，令人叹为观止。

两个人又商量："我们同时将头砍下来，再为对方接上。如何？"就这样，二人同时将头砍了下来。但是，两个人同时没有了脑袋，就无法为对方接头了。这次真是"道毛靠毛都不行"。之后，两个人都死掉了。后来，便有了"道毛靠毛都不行"这句话。

妖怪"道毛靠毛"似乎与这个民间传说有些关系。

---

① 道毛靠毛在日语中有无论如何之意。

通物

　　这件事发生在享保元年（1716）。有个家住江户四谷的人家中发生火灾，房屋被烧毁，只好暂住他处。

　　一天傍晚，丈夫外出，妻子独自站在走廊上欣赏风景。忽然，刮过一阵清爽的秋风，一个白发老人拄着拐杖，笑着朝她走来。

　　那个老人脸色奇怪，看起来不像是活人，有些吓人。

　　妻子连忙闭上双眼，平心静气后开始念经。过了一会儿，当她睁开眼睛时，风中只有飘零的落叶，那个奇怪的老人已经消失了。

　　没过多久，隔着三四户人家的前面一户人家突然吵闹起来。事后打听，才知道那户人家的主人是个医生，妻子突然精神异常，疯了。

　　这就是通物在作祟。通物专门附在发呆之人的身上，令其精神紊乱。在现代，我们将专门加害普通人的人称作"通魔"，若是按从前人们的想法，这也是通物附身引起的。

鸟取的牛鬼

从前，因幡（今日本鸟取县）汤村有位医生。在一个雨雪交加的夜晚，这位医生路过泽田村的一条田间小路时，身上的斗笠和蓑衣沾满了萤火般的东西。那火很缠人，一直不肯离开，甚是吓人。医生抖了抖蓑衣，火全都掉到了地上。然而，本以为已经抖干净了，其他的火又缠了上来。

这时，对面有个人举着火把走了过来。火把一接近，刚才的火就全都不见了。被雨打湿的蓑衣上，只有水滴不断滴落下来。那个人举着火把过去之后，四周又变得十分黑暗。

从泽田村到汤村有一条两町（约 218 米）远的田间小路，这是牛鬼出现的地方。穿过这里走到汤村后，牛鬼就消失得无影无踪。在晴朗的夜晚，牛鬼是不会出现的，它只会出现在十月之后的寒雨之夜。雨雪交加的时候，这条田间小路上必有牛鬼出现。

虽然叫牛鬼，模样却不像岛根和四国的妖怪那样，是牛的样子。牛鬼是一种怪火，与滋贺、新潟的"蓑火"，以及千叶因幡沼的"川萤"有些相似。

百百目鬼

　　从前，有一个神奇的女人。她的手天生就特别灵巧，而且十分修长。

　　人们一般将那些手脚不干净、以偷窃为生的人称作"手长"，这个女人就会巧妙地盗走他人财物。

　　如果只是这样的话，她无非就是个女贼，但她的神奇之处并不在这里。这个女人偷来的钱会立刻粘到她身上。不仅如此，这些钱还会化为眼睛。这就是百百目鬼。

　　从前，人们将带孔的钱称作"鸟目"，比喻为鸟的眼睛。由此来看，钱与眼睛还有些渊源。

　　根据鸟山石燕的说法，"一说认为，百百目鬼乃东都一地名"。东都指的是栃木县宇都宫市。据说，八幡山附近就曾有个叫"百目鬼"的地方，那里还有关于百目鬼的传说。不过，那里所说的百目鬼是一种长有一百只眼睛的鬼，而不是女贼。石燕根据这个传说，创作了此画。

利根川的火球

很久以前，有五个人结伴去利根川夜钓。忽然，背后传来"啾"的一声。五个人一起回头，发现身后飘浮着一个直径三十多厘米的火球。火球一边发出"啾""啾"的声音，一边飘浮在空中，十分吓人。

不知是谁喊了一声："快跑啊！"大家都扔下手中的鱼竿，撒腿就跑。直到看不到火球后，大家才松了一口气，于是开始讨论那火球到底是什么。

那东西肯定是个火球没错，不过发出的怪声却从未听到过。这时大家想起丢在河边的东西，但都不敢回去。天亮后，大家战战兢兢地回到那里，发现除了自己的东西之外，什么都没有。

五个人同时目击，又都听到了声音，所以不可能是看花眼。碰到这么晦气的东西，大家也无心钓鱼，只好各自回家。

共潜

　　共潜是一种出现在三重县志摩地区海底的妖怪，渔女们都十分害怕。共潜只在阴天出现。如果渔女潜到海底，它就会变成渔女的样子出现在海底。遇见渔女时，它会微笑，还会送鲍鱼给渔女。渔女一旦高兴地收下鲍鱼，就会被共潜拉到海中昏暗的地方。渔女若是觉得奇怪，浮到海面上，会发现海面上除了自己的船之外别无他物。当渔女再次潜到海底时，会看到海底仍有一个同样的自己在朝自己微笑。

　　看到共潜时，必须立刻停工休息两三日才行。附近听到消息的渔女，也会一起休息两三天。

　　如果明知对方是共潜，还收了它的鲍鱼，就要将双手背在后背，背对着共潜。另外，可以在头巾贴近额头的部位，缝上星印或九字（阴阳道的辟邪物）。也可以在捕捞鲍鱼的金属工具上刻上辟邪的印记。

　　还有一个悲惨的故事：有个妇女因为遇到共潜而不敢下海，结果受到丈夫的斥责，无奈之下只好再次下水，结果不幸遇难。

取出

　　在福冈县宗像郡神凑町（今日本宗像市），人们将那些突然被不明物附身，并获得法力之人称作"取出"。至于这不明物到底是什么，人们并不清楚。传说有个老婆婆在山上砍完柴后回家，结果被柴中的神附身，变成了"取出"。据说，"取出"一般都是由女性或正直之人变成的。

　　另外，在佐贺县东松浦郡七山村（今日本唐津市），人们把突然被神附身之人称作"捕出"。

　　《综合日本民俗语汇》将这两个词放在一起进行了解释，并认为九州和四国地区的占卜术"摄出"，也与之有关。

　　据说，用"摄出"可以占卜出被地藏或稻荷附身之人的祸福，还可以治病。在福冈县某地，"摄出"是指"野狐使（能操控附身野狐之人）"。据说，即使是让医生束手无策的病人，只要"摄出"祈祷后，就能痊愈。

　　妖邪附身致病的传说有很多。不过，像"取出"一样，也有一些人会因此获得神力或给人治病的能力，可谓是因祸得福。

泥田坊

泥田坊是从前出现在北陆地区米所的一种妖怪。过去，那里有个贫穷但勤劳的男子。那儿曾是一片荒地，他无论寒暑都辛勤劳作。功夫不负有心人，他终于种出了稻米。

此后，收成年年增加，男子渐渐过上了正常的生活。但好景不长，男子病倒了，还没有过上幸福的日子就死了。

这个男子有个儿子，却是个好吃懒做之人，父子二人完全不同。父亲省吃俭用、辛苦耕作的田地无人照管，成了荒地。不仅如此，他还每天花天酒地。

不久，他沦落到了变卖田产的地步。买到田地的人暗自高兴，"一块良田到手"。一天夜里，买到这块田的人巡视水田时，水田中突然现出一个妖怪，冲他大喊："还我田地，还我田地。"

此后，每到月明之夜，水田中就会传来怨恨的叫声。这个妖怪就是"泥田坊"。根据鸟山石燕的《画图百鬼夜行》的描述，泥田坊是独眼、肤色黝黑的老人。

土瓶神

　　土瓶神与"陶瓶（附身蛇妖）"是同一种妖怪，是一种头下方戴着环的小蛇。因为环是黄色的，又被称作"金环"。这种小蛇大的有筷子那么大，小的则和牙签差不多，腹部为淡黄色，其他部分是淡黑色。

　　有些人家会将这种小蛇放在宅院里。不过，在赞岐（今日本香川县）的乡下，人们有时也会将其装进土制的缸里，放在厨房的地板上，还会喂它们食物和酒。据说，饲养这种蛇可以让家业兴旺。但如果稍有怠慢，它就会作祟，因此也是一种可怕的妖怪。

　　说到妖邪附身，可以分成两种情况，一种情况是人类被某种灵附身后，拥有神力；另一种则是用从前在中国被称作"黑巫术"的"毒蛊"的做法。

　　所谓毒蛊，就是将各种小动物和昆虫放进壶中，令其互相残杀，直到只剩下一只，然后用活下来的这只的灵去诅咒对手。土瓶神似乎与毒蛊还有些关系。蛇、蟾蜍和蜥蜴等，都是人们在做毒蛊时喜欢使用的动物。

蜻蜓一日

　　在京都府中郡三重（今日本京丹后市），人们将七月一日这一天叫作"蜻蜓一日"。据说，在地狱之釜的封盖开启、人们开始准备盂兰盆节的这一天，红蜻蜓会降生到这个世上。

　　将盂兰盆节和蜻蜓联系起来的地方有很多。

　　在盂兰盆节期间，任何地方都禁止杀生，甚至连虫子都禁止捕捉，尤其是蜻蜓。人们认为，蜻蜓是祖先的坐骑，有的地方甚至禁止追逐蜻蜓。

　　九州南部和冈山县就是这样。红蜻蜓被人们叫作"盆蜻蜓"。人们相信，一旦捉到红蜻蜓，盂兰盆就不会来了。

　　奄美群岛的喜界岛，也有一种叫作"盆蜻蜓"的蜻蜓。人们认为祖先会乘着它回来。据说，这种蜻蜓的后背有类似马鞍的图案。

　　关东有一种叫"精灵大蜻蜓"的蜻蜓，也与盂兰盆节和祖先有关。

　　不过，蜻蜓不仅是在盂兰盆节期间回来的祖先之灵的坐骑，也被人们看作是一种神。

长井户的妖怪

从前，佐渡岛（今日本佐渡市）的金泉有个叫八藏的男人，十分喜欢钓鱼。一天，他在长井户钓鱼时，忽然发现海底沉着一个奇怪的东西——一把美丽的蛇眼伞①。八藏忍不住想要得到它，就准备潜入海里去捞。这时，耳边忽然传来一个声音："等一下！"

他有些纳闷，准备再次下水时，伞却啪地一下打开了，变成了一个披头散发的女人。八藏惊慌失措，赶紧划船逃跑。妖怪在后面追着。等船到了岸边，妖怪说："真可惜，让他逃走了！"说罢就回去了。

有一个力大无穷的年轻人叫长吉，他听说此事后说："让我去收拾它！"然后去了长井户。

天空中下起雨来，海上掀起惊涛骇浪，妖怪乘着海浪出现了，想要抓住长吉。力大无比的长吉也无法降服这妖怪，只好逃了回来。

后来，长吉因此一病不起，没多久便死去了。这妖怪很可能是矶女的同类。

---

① 一种伞面为红色或蓝色的伞，中间有一白环，撑开后呈蛇眼状。

长崎的水虎

　　很久以前，长崎港对面的五岛町（今日本长崎市）一带经常有水虎出现。

　　有个女人在海边收拾鱼的时候，忽然看见海里伸出了两只手，要拿她的鱼。这就是水虎。惊慌之中，女人用手中的菜刀将水虎的手臂砍了下来。

　　水虎逃走了，女人将砍下来的手臂交给了丈夫。

　　那天晚上，人们听到从海上传来的悲鸣声，那是水虎在说："请把手还给我。"从那以后，水虎每晚都会哭泣哀求。丈夫于心不忍，便与水虎约定，以后再不许捉弄镇上的人，然后就将手臂还给它了。

　　作为约定的见证，水虎还写下了一封致歉信，用手指蘸上墨水，按下手印。

　　很多人都认为水虎是河童的同类。但鸟山石燕等人却认为，虽然同为水妖，但水虎与河童并不一样。事实上，水虎原是流传在中国的一种水怪，不知从何时起，人们将它与河童混为一谈。

泣婆

　　著名俳人与谢芜村对书画十分精通，他曾留下几幅画有妖怪的画，其中就有泣婆。

　　泣婆曾出现在远州见付之宿（今日本静冈县磐田市），一旦它在谁家门口哭泣，这户人家就会遇到麻烦事。

　　我们平常所说的泣婆并不是妖怪，而是一种专门以哭泣为职业的女性。葬礼上，这些并不是逝者亲人的泣婆会大声哭泣，从而让参加葬礼的人落泪。从前，人们一般会给泣婆三五升米做酬谢。

　　在伊豆的新岛，死者的亲友或父母兄弟会请来专门为死者哭泣的人，他们哭的时候还有固定的台词。

　　若对象是去世的年轻女人，人们就要说"姐啊，你走好"之类；若是老人，就要说"御所大人，您走好"。

　　出现在见付之宿的泣婆，就是在为即将死去的人哭泣，不知这哭声是否会带来不幸。

波切大王

在三重县志摩郡大王町波切（今日本志摩市）大王崎附近的海域，有座小岛叫大王岛，岛上有一个叫"大太郎法师"的独眼巨人。这个巨人大到能直接从小岛跨到陆地上去。它经常出现在附近的镇上，破坏农田，当地的人都很无奈。人们思来想去，想出一个主意。他们准备了一些巨大的草鞋、鱼篓和饵料袋等，晒干后用来吓唬巨人，让巨人觉得村里还有比它更大的巨人。

巨人看到后说："这里好像还有比我更大的巨人，那我可打不过。"然后就逃走了。从那以后，巨人再也没有出现在波切。

人们担心巨人再回来，每年都会制作大草鞋，放到海里去。每年阴历八月申日在波切神社举行的草鞋祭就起源于此。

这种祭祀活动在古时被称作"韦夜祭"。韦夜指的是"韦夜神"，他是击退入侵恶魔的豪杰，人们将他视作保护神，祭祀在波切神社。

锅底狸

　　冈山县阿哲郡熊谷村（今日本新见市）有一种人家，被人们称作"锅底"。这种人家都养着一只狸，新年的时候，家人会穿上礼服迎接狸驾到。很多富人家中都会饲养这种狸，但其中的原因并不清楚。

　　据亲眼看到过这种狸的人描述，这种狸与我们平日里见到的狸不太一样，个头比鼬还要大一些。

　　日本有很多像狐和狸这样能够附身的动物。大致可以分为两种类型：一种是依附在家中，另一种是附到人身上。依附在家中的动物与我们熟悉的附身动物有些区别。

　　锅底狸就属于前者，尽管也是狸，但当地人并未将其视作普通的狸。即使是狐狸，还有管狐、野狐等特殊的狐狸和普通的狐狸之分。

　　而能够附在人身上害人的动物，一般都是在山里游荡的动物。尽管都能够附身，但也有许多不同的种类。

生首

　　府下石滨（今日本东京都台东区）有个村子，生活着一个叫千叶作助的农民。

　　他做梦都想中无尽牌（一种类似彩票的东西）。有一天，他到山谷中的乘圆寺给鬼坊主扫墓。据说鬼坊主有求必应，十分灵验。他在墓前专心致志地念诵南无妙法莲华经，希望自己能中无尽牌。

　　到了夜里十二点，天空中下起雨来。这个时间和地点是妖怪出现的绝佳时刻。风打弱柳，浅草的钟声听上去都有点恐怖。雨越下越大，这时，一团鬼火照亮了卒塔婆。

　　作助有些害怕，他战战兢兢地打量四周，发现前方出现一个四斗樽[①]大小的女人头。人头不断向作助靠近，还伸出红舌头舔来舔去。

　　莫非是自己的诚心让鬼坊主现身了？但无论怎样看，那都是一颗女人头。鬼坊主是不可能有头发的。等到作助反应过来的时候，恐惧感随之袭来，他当场昏了过去。幸好被人及时发现，他才苏醒过来。可能是因为作助一直想要中无尽牌，鬼迷心窍，被狐狸迷惑了吧。

---

①樽是一种较大的盛酒器，四斗樽大约有 60 厘米高。

浪小僧

从前，有个少年和母亲住在远州曳马野（今日本静冈县滨松市）。一天，少年耕完田后在小河里洗脚，忽然听到草丛中有声音。他仔细一看，发现一个拇指大的小孩。

小孩说："请救救我吧。我是家住大海的浪小僧。前阵子下大雨，我不小心来到了陆地上，现在遇到干旱回不了家了。请把我带回大海吧。"

少年心生怜悯，便帮助他回到了大海。

之后，干旱仍在继续，水稻都干枯了。少年走投无路，站在海边发呆。这时，有个人从海里摇摇晃晃地跑了出来。仔细一看，就是之前遇到的浪小僧。

"多谢你上次帮助了我。你为这场旱灾愁坏了吧。我父亲擅长祈雨，我让他下一场雨吧。从今往后，下雨时我会在东南方，雨停时在西南方。我会事先用海浪声通知你。"

浪小僧说完就消失了。过了一会儿，大雨倾盆。从此以后，这里的人们都学会了用海浪声来预知天气。

尝女

　　从前，阿波（今日本德岛县）有户人家十分有钱，家中有个漂亮的女儿。但不知为何，这个姑娘有一种舔男人的怪毛病。

　　附近的年轻人都觉得恶心，没有人愿意娶她。但是这姑娘长得实在太美了，于是一个年轻人勇敢地上门做了女婿。

　　结婚当晚，二人进了洞房。姑娘捉住自己的夫婿，从头到脚舔遍了全身，丈夫有些吃惊。

　　她的舌头很粗糙，像猫的舌头一样。丈夫有些害怕，匆匆逃走了。

　　这是江户时代的《绘本小夜时雨》中的一个故事。这个姑娘并不是妖怪，而是一个性变态的女人。

　　我小的时候，曾被猫舔过脚（大概是因为脚上抹了黄油吧），觉得十分恶心。

　　舔舐成瘾可能就会被看作妖怪吧。

　　不过，即使是正常女性，偶尔也会有这种举动。稍微舔一下就不是妖怪，一旦舔起来没完，可能就成了妖怪吧？

鸣釜

　　骏州志太郡大住村（今日本静冈县烧津市）有个农民。有一天，他从一个石棺中挖出一个茶釜。这个茶釜并不起眼，几次转手之后，就到了京都某住持的手里。

　　住持十分喜欢这个茶釜，泡茶也成了他的乐趣。但是有一天，他发现了一件怪事。水烧开时，在蒸汽的作用下，茶釜的盖子会动。但这个茶釜的盖子动时，有时会发出声音，有时则不响。这位住持一直没有搞清其中的缘由。不过，每逢茶釜盖鸣响的时候，第二天就会下雨。

　　一开始，住持以为只是巧合，但经过一段时间的仔细观察后，他发现这并非巧合。从此以后，这个茶釜就成了能够预知天气的茶釜，轰动一时。

　　这个故事不禁让我想起了上田秋成的"吉备津之釜"。不过，吉备津之釜一开始是被当作占卜吉凶的工具使用的。

　　"汤立"就是如此。巫师在烧着水的茶釜前祈祷，如果水煮沸时，茶釜"噈"地发出一声吼叫，就是吉兆，如果叫声难听则是凶兆。

　　吉备津之釜和鸣釜都能通过声音让人们预知事件。

绳筋

　　香川县有一条人称"绳筋"或"治筋"的路。这是一条恶魔和妖怪通行的小路，又细又长，看不到尽头。

　　昭和十四年前后，当地政府铲除了坂出市川津町连尺水泵厂旁的绳筋路的一部分，修建了一条新路，并在水泵厂建了一处可以住人的值班室。没过多久，这个值班室就发生了怪事。

　　一天夜里三点钟左右，有位职员突然感到胸口痛，喘不过气来。有些迷糊的他看到一个黑脸红嘴的妖怪，正用大手掐他的脖子。据说，这位被自己的叫声惊醒的职员，在黑暗中听到了什么东西离去的声音，既不像人也不像动物。

　　第二天，另一位职员也遇到了同样的事情。据说，当他清醒过来时，听到了一阵小石子敲打玻璃窗的声音。

　　于是，人们在附近建了神龛，请来神主。之后就再也没有发生过这种事。

　　类似的事情，在兵库县、冈山县等近畿地区、四国地区和中国地区都曾发生过。有些地方将"绳筋"称作"那买拉筋"，"那买拉"即青蛇之意。

什么东西

　　千叶县香取郡神崎町有一座神崎神社，神社前有一株人称"什么东西"的大桂树。

　　从前，水户黄门参拜神社的时候，曾站在这棵树前问："这是棵什么树？"

　　当地人没有听懂他的意思，就反问了一句："什么东西？"黄门误以为这便是此树的名字，从此以后，这棵树便被人们叫作"什么东西"。

　　另外，此地的利根川一带有一条规矩，用船运钟经过这里时，必须用箱子或席子将钟包起来。有个船夫没有遵守这条规矩，结果和船一起沉没了。从此以后，每当有船经过沉船的地方时，就会有怪事发生，因此，船夫们纷纷绕行。如果有船不小心从那里经过，会立刻倾覆。在船即将沉没之际，水中会响起钟声，大树"什么东西"会和着钟声唱起悲切的歌。

　　日本各地流传的"什么东西"，基本上都是用来称呼不知道名字的树木。

纳户婆

　　在乡下，人们一般很少出入储藏室^①，放在里面的旧家具往往挂满蜘蛛网，落上厚厚的灰尘。一些简陋的储藏室还会变成猫窝。

　　储藏室里光线昏暗，给人一种有妖怪藏在里面的感觉。因此，纳户婆这种说不清是妖还是神的家伙住在里面也不足为奇。

　　在冈山地区，打开储藏室的门的时候，纳户婆就会从里面出来。

　　如果人们用扫帚抽打纳户婆，它会慌忙逃进走廊的地板下。关于纳户婆的传说并不多，也不清楚它是否有害。

　　香川县东部所传的纳户婆，则像子取婆一样，十分恐怖。它像一个能隐身的老太婆，会拐骗孩子。

　　此外，奈良县、兵库县、宫崎县等地也流传着纳户婆的故事。

---

①纳户即储藏室。

二楼之怪

　　从前，江户西久保（今日本东京都港区）一带有一家榻榻米店。一天夜里，店主正在睡觉，枕边忽然传来一阵音乐，不知是谁在奏乐。他觉得有些奇怪，却什么都没发现，只是在第二天早晨发现吹火竹坏了。他又买了个新的，但当天晚上又坏掉了。店主很困惑，便自言自语道："吵倒没什么，但为什么要弄坏吹火竹呢。还有，这奏乐声什么时候能停啊。"不可思议的是，当天晚上，声音就消失了。但行灯和吸烟盒都飞到了空中，各种怪事接踵而至。不过，由于他并没有受到伤害，也就慢慢适应了。他的女儿在神龛上供奉年糕和水果，祭祀这妖怪。这些供物竟不知不觉中消失了，妖怪大概是高兴了，还留下些香粉。

　　到了年底，他的女儿又在神龛前供奉了一份单层的圆形年糕。谁曾想，年糕竟一蹦一跳地在楼梯上移动，想要到二楼去。可能是因为太重了，结果年糕掉了下来。这个无形的妖怪似乎是用手拿着年糕，看起来十分艰难，估计这个妖怪的体型很小。

　　后来，榻榻米店的店主无法忍受他人的议论，就搬走了。不过，据说这妖怪一直都在。

苦笑

　　熊本县八代市松井家有一本家传的《百鬼夜行绘卷》，里面描绘了很多奇特的妖怪。其中有一种叫"苦笑"的妖怪，样子很奇怪，既不像动物也不像人。明明心里不想笑，还咧着嘴强颜欢笑，这就是苦笑。

　　当人们心情低落，情绪不佳，明明笑不出来还要强颜欢笑、自欺欺人的时候，"苦笑"就会出现。并且，它的说话方式十分令人厌恶，专门说一些惹人讨厌的话语，十分刻薄。

　　据说苦笑的爪子上有毒，如果蛇被它抓住，立刻就无法动弹了。而且它的爪子还很苦，被它的爪子碰到的饭菜，会苦得不能吃。不过，它的爪子偶尔还能帮助人。如果有人腹痛难忍，只要它轻轻抚摸一下，就能立刻治愈。虽然是一只"毒手"，如果使用得当，也能成为人类的良药。

　　虽然讲话刻薄，但从某种意义上说，也许是一种良言和忠告呢。

肉吸

　　从前，三重县熊野的山中住着一个叫"肉吸"的鬼。它会化作美女，笑眯眯地接近人类，然后吸取人的血肉。

　　因此在熊野地区，人们不带灯火是绝不敢走夜路的。如果迫不得已要在深夜赶路，一定要带着灯笼和火绳。肉吸会对路人说："能否借火一用？"然后抢走灯笼，将火熄灭后发动袭击，将人的肉吸掉。

　　据说，如果灯笼被肉吸抢走，要点燃火绳，在空中挥舞。明治时代曾发生过这样一件事：有个邮递员在山上遇到了肉吸。他抢起火绳一阵抽打，肉吸便逃走了。看来，火绳是对付肉吸的有效手段。

　　肉吸在奈良、和歌山县交界的果无山也曾出现。它接触到人类后，会立刻吸掉对方的肉。

　　曾经有一个猎人，用写有"南无阿弥陀佛"的特制子弹朝肉吸开了一枪，肉吸就扑通一声倒在了地上。猎人仔细一看，肉吸原来是一种只有皮和骨头，没有肉的妖怪。

二恨坊之火

从前，在摄津的二阶堂村（今日本大阪府茨木市），每年的三月到七月都会有一种奇妙的火出现，大小有三十厘米左右，会停留在屋顶或树枝上。从近处看，会发现它还有鼻子和嘴巴，就像一张人脸。这种火没有什么危害，所以人们并不害怕。关于这种火，还流传着一个故事。

从前，有个叫"日光坊"的修行僧，经常给人治病。有一天，附近村长的妻子病了，请他去祈祷治病。治好病后，村长却存心刁难，污蔑日光坊与妻子私通，不仅没有道谢，还把日光坊杀掉了。好心好意地为他妻子治病，自己却被杀死了，日光坊的怨恨便化为一团妄火，每晚都出现在村长家的屋顶上，最后将村长杀死了。

不知从何时起，日光坊之火被人们称作"二恨坊之火"。根据一本名为《本朝故事因缘集》的书记载，还有这样一个故事。

过去，这里有个修行僧。他一生怀有两大怨恨，人称"二恨坊"。二恨坊死后坠入魔道，他的邪心妄火便化为火球出现。不过，谁知道这是真是假呢。

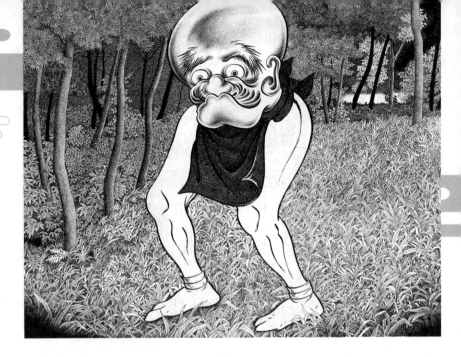

二本足

　　妖怪"二本足"是熊本县八代市松井家家传的《百鬼夜行绘卷》中描绘的一种妖怪。

　　二本足的下半身系着红色兜裆布，看起来就像是正常的人。但它没有躯干，上面直接长着一颗头，使得兜裆布看上去就像个围嘴儿。

　　不知为何，它的脚上还穿着白布袜，感觉很不相称。

　　二本足是做什么的呢？因为没有相关的记载，也不太清楚。不过，从它的样貌来看，很可能是一个四处游走的妖怪。

　　据说，二本足曾在九州地区出现。如此奇怪的妖怪深更半夜地在街上游荡，还是相当吓人的。如果突然遇到，恐怕会被吓昏过去。

　　像这种来历不明的妖怪，多数都是以图画的形式流传了下来。但不知为何，它们都没有相关的故事流传下来。

　　这些妖怪与民间传说中的妖怪应该不是一类。

入道坊主

入道坊主与见上入道是同一类妖怪。

入道坊主曾出现在爱知县作手村（今日本新筑市）。一开始，它只是个身高不足一米的小和尚，渐渐会变到两米多高。这时，如果对它说"早就见识过了"，就会平安无事。一旦让对方抢先说出来，便会丧命。

在福岛县，人们认为入道坊主的原形是鼬鼠。就在它让人产生幻觉，看到一个越变越高的入道坊主之时，鼬鼠已经跳到人的肩膀上。如果仰视入道坊主，就会被鼬鼠咬住喉咙，因此丧命。因此，遇到入道坊主时，要偷偷抬起手，迅速抓住鼬鼠的腿，将它摔在地上，就可以杀死它。

各地都有入道坊主出现的传闻。在岩手县的远野地区，有人曾被入道坊主追赶，吓得不轻。根据这个人的描述，一个三米多高的入道坊主在追自己的过程中，变得比三层楼还要高。

入内雀

　　平安时代中期，京都有位叫藤原实方的人。此人出自名门藤原一族，是一位了不起的人物。正历五年（994），藤原实方就已官至左近中将。他还是一位歌人，被誉为中古三十六歌仙之一，同时，他还是深受圆融院、花山院、一条帝等人宠爱的才子。但是，他的同僚藤原行成却贬低他说："实方的歌虽有趣，人却十分愚蠢。"二人为此生了口角。

　　根据《古事谈》记载，这次争吵甚至吵到了皇宫里，实方一气之下将行成的帽子扔到了院子里，然后扬长而去。一条帝明察秋毫，将实方贬为陆奥守，而行成因为冷静应对，被天皇提拔为藏人头①。尽管实方认识到了自己的错误，却还是对天皇恨之入骨，几年后抑郁而终。

　　实方死后，他的怨恨化作麻雀，飞到京都皇宫内的清凉殿，啄食台盘（放食盘的台子）上的饭粒。人们将这只麻雀叫作"入内雀"或"实方雀"，认为是实方的怨灵在作祟，都很敬畏。

---

①主管皇宫内事务的长官。

乳钵坊与葫芦小僧

这两种妖怪都是鸟山石燕在《画图百器徒然袋》中描绘的妖怪。

图下方的是葫芦小僧，头戴一只大钵（或钲？）的是妖怪"乳钵坊"。

乳钵是用来研药的钵。图中描绘的是在戏剧或盂兰盆舞蹈中使用的一种名叫"摺钲"的打击乐器化为的妖怪。

妖怪中有很多都会两两搭档出现，至于乳钵坊与葫芦小僧的关系，并不清楚。遇到一只妖怪就已经很吓人了，两只一起出现，岂不是更恐怖。

据石燕描述，人们被葫芦小僧吓了一跳之后，还要被乳钵坊的拨子再吓一次。

葫芦一直是人们喜爱的器物，经常用来盛酒或装药。

人们认为葫芦中有灵，这种想法源自朝鲜。因此，葫芦小僧的葫芦里应该也住着某种灵，因此才会化为妖怪。

如意自在

　　如意是僧侣在法会上手持的一种佛具，形状像人们后背发痒时使用的"痒痒挠"。如意自在可能就是如意的付丧神。

　　有时候，后背虽然痒，却怎么都挠不到。这时，这种妖怪就会让人感觉舒服。

　　不过，舒服是舒服，但如意自在的爪子相当锐利，一不小心就会被它抓伤。

　　鸟山石燕在《画图百器徒然袋》中描绘了很多器物妖怪，其中就有如意自在。另外，还有木鱼与达摩合为一体的木鱼达摩、经文所化的经凛凛、拂尘妖怪拂尘守等，仿佛所有的佛具都能化妖。总之，鸟山石燕为我们描绘了各种各样的佛具妖怪。

　　或许佛具与其他器物不同，更容易产生"灵"或"念"之类的东西。

仪来大主

在冲绳及萨南诸岛，自古以来，人们就相信大海的彼岸有一处叫"仪来河内"的乐土，那里有神，人称"仪来大主"。仪来大主有时还会造访冲绳，因此这里每年都会举行预祝丰年的表演活动。

在久高岛，人们将仪来大主称作"乌普主加那志"，并在旧历的二月与十二月举行"乌普主加那志祭"。由于举行祭祀的神职人员在二战后都已不在，现在只在二月举行许愿活动，在十二月举行还愿活动。据说，这些活动主要是祈祷男人健康。

仪来河内与"根国信仰"相通，被认为是死灵的往来之国。还流传着这样的传说：

有个人从海边的一位美女那里得到一只海龟。在回家途中，这个人却被海龟咬断喉咙而死。家人将他安葬好，三天后打开棺材时，却发现里面什么都没有。这时，天空中忽然传来一句神谕"此人已去仪来河内"。

根国与极乐净土应该是同一个地方。仪来河内所在的方位似乎也因时因地而有所不同。

鸡僧

　　一般说来，僧人是不能吃荤的，修行的僧人都只吃素食。不过，还是会有一些想要吃肉的僧人。如果能忍住倒也没什么，但总有些僧人忍不住。

　　某座寺庙里有个僧人，特别想吃邻居家的鸡，实在忍不住了，就在夜里偷偷将鸡捉来吃掉了。目睹了整个过程的邻居将此事告诉了寺里的其他人。

　　住持大惊，将吃鸡的僧人叫来，质问他有没有吃鸡。起初，他还百般抵赖，但过了一会儿，他的屁股和嘴发生了变化，出现了鸡的一些特征，还"喔喔喔"地鸣叫起来，吃鸡的事情最终败露了。

　　从此以后，这个故事一直提醒僧人——如果吃鸡，就会变成鸡。

　　另外，僧人也不能喝酒。寺院的门前经常摆放着刻有戒律的石头，禁止僧人带酒进入。

人鱼

综合前人写的关于"人鱼"的书籍来看，人鱼的嘴像猿猴一样突出，牙齿像鱼般细小，鳞片闪着金光，声音如笛声般悦耳。

人鱼生活在海里，也可以在淡水中生存。它流泪时与人类没什么两样，但不会说话，身体散发着一股芳香，肉味鲜美，据说人吃后会长生不老。在暴风到来之前，比较容易抓到人鱼。不过，人们认为如果杀死入网的人鱼，会有不吉利的事情发生，因此，渔夫即使抓到人鱼也会放回海里。这是从前的渔夫们立的一条规矩。

人鱼有时会漂到海岸上，过去的人们认为这是不祥之兆，要去神社祈祷。镰仓幕府时代，人鱼经常会漂到出羽（今日本秋田县、山形县）的海边，人们认为这是战乱的征兆，纷纷去祈神。

关于人鱼出现的最早记录，是推古天皇二十七年（619）出现在近江（今日本滋贺县）蒲生郡的一条人鱼。当时的人们认为这是吉兆，都十分高兴。由此可见，随着时代的变迁，人们的思想观念也在发生变化，很是有趣。

人鱼一直被人们视为海神的使者。

人偶之灵

　　过去的人们相信，做人偶时，如果赋予人偶灵魂，灵魂就会附在人偶身上。

　　有这样一个传说。从前，有个耍人偶的人，名叫野吕松三左卫门，他不小心从人偶身上跨了过去，惹怒了人偶，向人偶道歉后才得到原谅。另外，人偶也能分清对方是敌是友。江户时代的《桃山人夜话》中，就记载了有人曾在夜里的后台看到人偶争斗的情形。

　　还有这样一个故事。某个山村富农的女儿在观看净琉璃时，喜欢上了戏中的一个木偶，便央求父亲将木偶买下来。拿到人偶的女儿高兴极了，近乎疯狂。

　　不久，女儿到了出嫁的年龄，父亲觅得一桩良缘，双方交换了彩礼。但是在订婚的宴席上，当姑娘端起酒杯时，那个木偶跑了过来，将酒杯打翻在地，还抱住了姑娘的膝盖。姑娘当场昏了过去，现场一片混乱。父亲十分愤怒，就将木偶埋在了地里，之后女儿发起高烧，有一天摇摇晃晃地走出家门失踪了。大家分头寻找，结果在埋着木偶的地方发现了已经死去的姑娘，她的一只手还深深地插在土里。后来，这家人将女儿与木偶葬在一起，并将这座坟墓叫作"木偶冢"。

鵺

　　鵺又叫"鵼"，它的头像猿猴，身体像狸猫，尾巴像蛇，四肢像虎，是一种名副其实的怪物。

　　仁平年间（1151～1154），天皇每晚都会做噩梦，就请高僧施大法，但一直不见效。公卿们反复商议后，认为皇宫上空的一团黑云可能就是元凶，于是效仿源义家扫除黑云的事，命源三位赖政①消灭黑云。

　　赖政奉命消灭黑云。到了晚上，皇宫上空出现了一团奇怪的黑云。赖政发现黑云中有一个可疑的身影，立刻搭弓放箭。于是，那个头像猿猴、身体像狸猫的怪物从天上掉了下来。赖政将怪物放进大船后丢到了河里。怪物的尸体顺流而下，漂到了芦屋的海湾（今日本兵库县芦屋市）。当地的人们害怕招来灾难，就在芦屋川的河口修了一座冢，将它封在里面。

　　实际上，鵺是一种在夜里用悲戚的声音啼叫的鸟。由于人们认为它的叫声不吉利，宫中只要听到鵺的叫声，就会驱邪。所以，赖政消灭的怪物其实并非"鵺"，而是一种叫声酷似鵺的怪物。

---

①平安时代末期，源赖政是源氏在此期间唯一升为从三位（最高官位）的人，所以世称源三位。

鵺之亡灵

　　世阿弥所作的歌谣《鵺》中，提到了曾被源赖政消灭的鵺的亡灵。

　　有个行脚僧要去京都，他经过纪州来到芦之里（今日本兵库县芦屋市）时，天已经黑了。他想找个地方休息一下，这时从黑暗的海边传来一个奇怪的声音。僧人对着暗处大声询问是什么人。对方回答说：

　　"我乃近卫院御宇，是被源赖政射死的那只鵺的亡灵。我会将当时的详细情况告诉你，请为我超度。"

　　说完，僧人的耳边传来鵺悲戚的叫声。为消除鵺的妄念，僧人彻夜专心诵经。

　　不久，有一个脸像猿猴、四肢像老虎的怪物出现，向僧人忏悔，然后转身沉入昏暗的海底。

　　现在，在芦屋市芦屋公园的一角，有一座埋葬着鵺的鵺冢。因为鵺被赖政装入大船投进淀川后，漂到了这里。

肉瘤怪

肉瘤怪又叫"肉瘤坊"，是一种会在夜晚出现在荒废的寺庙等处的肉瘤妖怪。

一天，一个僧人走在荒无人烟的郊外，发现一处废弃的寺庙，准备在此过夜。深夜，忽然传来一阵窸窸窣窣的声音，还能闻到尸臭味。僧人醒来四处查看，发现有个东西正慢吞吞地向他走来。僧人喊了一声："谁？"但对方没有回应。再仔细一看，原来是一团肉，僧人大吃一惊。

没有人知道肉瘤怪在夜间出来有何目的。它从寺里走到街上，漫无目的，看到人们惊讶的表情后似乎很满足。虽然它并不作恶，但想到一团肉走在街上，人们还是会觉得不舒服。

肉瘤并不像无颜坊和无颜怪那样脸上光溜溜的，还能看出一些脸的模样。

中国流传着一些楠树或梧桐等古树化妖的故事，这些妖怪中有很多都长着一张大脸。如果给肉瘤怪穿上衣服，就变成了脸孔巨大的妖怪，看起来有些像无颜怪。肉瘤怪很可能是古树化为的妖怪或无颜怪的亲戚。

沼御前

奥州会津（今日本福岛县）的金山谷有一片名叫"沼泽湖"的沼泽。传说里面住着一个叫"沼御前"的妖怪。

正德三年（1713），有个叫山谷三右卫门的胆大的猎人来到这里打野鸭。他发现沼泽对岸站着一个二十岁左右的美女，腰部以下全浸在水里，正忙着染铁浆（染齿）。三右卫门觉得奇怪，就偷偷观察，发现这个女人的头发有两丈（约6米）长。他觉得这个女人肯定是妖怪，于是立刻用火枪瞄准，开枪射击。子弹径直穿过了女人的胸口，她沉入了水中。

之后，水底发出一阵雷鸣般的响声，天空黑云低垂，偌大的沼泽掀起巨浪，水汽遮住了天空。胆大的三右卫门被吓坏了，急忙逃走，所幸之后没有遭到报应。

以前，我去会津金山町的时候，曾在沼泽湖的湖畔看到过一座叫"沼御前神社"的神社，当时非常吃惊。正如一位实证研究型民俗学者说的那样，有些东西是真实存在的，但由于无法用科学手段来证明，无奈之下，只好说成是妖怪了。

滑头鬼

滑头鬼是妖怪的大首领，具体情况不详。

傍晚时分，人们都忙得不可开交的时候，滑头鬼便不请自来，走进家中，坐在客厅喝茶。家里人寻思是谁坐在那里，但因为太忙并未在意，没能看清它的真面目。

这种妖怪的特征就是专挑这种时候出现，它抓住了人类的心理漏洞，实在是聪明。有时候，它还会溜进有钱人的大房子里，拿起主人的烟斗吞云吐雾，随后又消失了。

粗心之人是不会发现它的。人们也不清楚它到底要做什么。它有时像僧人，更多时候则是一副商人的打扮，走起路来不紧不慢，有一种大家风范。

冈山县的备赞滩有一种妖怪，也叫"滑头鬼"。

海上有时会漂浮着人头大小的圆球。如果有人将船靠近去捞，圆球就会沉入海底，然后又砰地浮上来。据说，这个圆球会沉沉浮浮好几次，似乎是在捉弄人。它很可能是海坊主的一种。

涂壁

根据柳田国男的《妖怪谈义》记载，涂壁曾出现在筑前（今日本福冈县）远贺郡的海岸。走夜路时，有时眼前会突然出现一堵墙壁，挡住去路。据说用木棒横扫下方，墙壁就会消失，如果在上面挥舞，则没有任何效果。

第二次世界大战中，我曾在南方遇到过同样的情况。

由于被偷袭，我独自一人在黑暗的森林里摸索前行，走着走着，到了某个地方后却怎么也走不过去了。我用手一摸，好像摸到了凝固的柏油。我想从左边或右边走过去也不行。前方一片漆黑，什么都看不见。我仍想往前走，却怎么也走不动。

"走投无路"一词说的就是这种情况吧。于是我坐下来休息了一会儿，之后再次试着向前走。神奇的是，这次竟不费吹灰之力就走了过去。幸亏我休息了一会儿。

涂壁似乎是一种在人惊慌失措时出现的妖怪。

涂坊

  涂坊是长崎县壹岐岛等地经常出现的一种妖怪，会突然出现在山崖等处。用木棒之类的东西横扫几下，或是坐在石头上休息一会儿，抽一袋烟，涂坊就会消失。因此，涂坊与涂壁有相似之处，但涂坊的具体模样却不清楚。

  像涂坊和涂壁这样妨碍人走夜路的妖怪，日本各地都有。德岛县有"屏风狸"之说，人们认为是狸猫在作怪，高知县则有"野衾"，都是前方出现墙壁般的东西。

  在山口县的岩国地区，人们则不称其为"壁"，而是称作"铁丝网"。

  在一个月明之夜，岩国有个人要去一处叫小濑的地方。当他走到关户岭的时候，月光突然消失，四周一片黑暗。他向前看，只见一道铁丝网般的东西横在前方。他非常纳闷，左右张望，只见前后左右，甚至连天上都张起了一张铁丝网，让他动弹不得。他觉得有些不对，便盘腿打坐，平心静气。过了一会儿，等他睁开眼睛时，铁丝网已经消失了，皎洁的月光又出现了。

  这种不可思议的事情是真实发生过的。

涂佛

从前，每家每户都会供奉佛坛，因为这是家人们的精神寄托。发生火灾时，人们最先想到的也是将佛坛搬出来。

不过，这当中也有不信神佛、怠慢佛坛的人。佛坛大多都包有金箔和涂漆，不小心呵护就很容易损坏，而那些不信佛的人却疏于保养。这样，祖先的亡灵们就会不安和发怒，甚至会亲自收拾佛坛。这便是涂佛。

在小泉八云①收集的故事中，就有这样一个故事。一个信佛之人将狸猫所变的佛像当作真佛来供奉，后来被一个虽不信佛却拥有一颗孩子般纯真心灵的猎人识破。

另外，还有一些故事讲到狸猫经常会变成已经死去的人出现，吓唬家人。尽管狸猫变成佛像吓唬人的情况时而有之，不过，涂佛与狸猫并无关系。

---

①小泉八云（1850～1904），日本小说家，出生于希腊，原名帕特里克·拉夫卡迪奥·赫恩，1896年归化日本，改名小泉八云。

涂涂坊主

从前，鸟取县米子附近有个粗壮有力的男子，喜欢业余相扑。

一次，他到米子的镇上办事，夜里很晚才往回赶。忽然，他发现海面上有一个星星般闪耀的东西，逐渐向他接近。他仔细一看，发现竟是一个体围二尺（约60厘米）有余、形似木桩的东西，还长着两只眼睛，很是奇怪。

那个东西在海上一起一伏，缓缓移动。正当那男子想看个究竟时，那东西上了岸，朝他靠了过来。

这位大力士立刻抱住它，想将它推倒，但这个家伙全身都黏糊糊的，根本抓不住。不过，男子还是设法将它按倒，用自己的衣带将它拖回了家，绑在门口的树上。

第二天早晨，村民们都来看热闹，但没有人知道这个东西叫什么。只有一个老人说："这东西可能是海坊主的一种。只要看到人就会靠上来，想必它身上一定很痒。"

濡女子

　　在长崎县的对马，每到下雨的夜晚，就会有一种浑身湿漉漉的女妖怪出现。这种妖怪叫"濡女子"，壹岐地区也曾出现。濡女子通常以一副浑身湿透的女人的模样，从大海或沼泽里出现。

　　另外，在伊予（今日本爱媛县）的怒和与二神岛，濡女子会湿着头发从海里出现。在宇和地区，虽然人们并不认为濡女子是从海中出现，但它也是一副湿着头发的模样。濡女子会朝人微笑，所以又叫"笑女子"。

　　有女子冲你微笑，如果你回她一个微笑，说不定会出大事的，可能会一辈子被她缠住。

　　在鹿儿岛县屋久岛田尻的一处海角，祭祀着一个叫"高濑惠比寿"的财神爷，这里也曾出现濡女子。

　　濡女子是矶女或濡女的一种。矶女主要出现在海边有很多岩石的地方，濡女则在海边各处都可能出现。说起濡女，有些人认为它的下半身是蛇，不过更多的人认为它的模样与常人无异。

濡女

　　从前，新潟县与福岛县的交界处有一条河，河边有很多柳树。这些柳树没有主人，就成了柳编加工业者们弄材料的好地方。

　　有一次，有些年轻人想学他们赚点钱，就抢在他们之前划船出来，想砍掉柳树的嫩枝，但是因为缺乏经验，并不顺利。后来，小船被河水冲到了河的三岔口。这些年轻人看到有个女人在如此荒凉的地方洗头，他们急忙返航。这时，同伙的另一条船来了，问他们发生了什么。

　　"有濡女！"

　　赶来的同伴不以为然，笑着向三岔口划去。过了一会儿，远处传来惊恐的尖叫声。剩下的年轻人急忙逃跑。

　　据老人们讲，濡女的尾巴能够伸三町（约327米）长，只要被它发现，无论逃多远，也会被卷回来。

　　后来，那些同伴再也没有回来。人们到处寻找，却连尸体和船的影子都没找到。

猫男

　　这件事发生在明治十四年的尾张国东春日井郡小幡村（今日本爱知县名古屋市）。

　　有个叫水野圆四郎的男子想要找些下酒菜，恰好邻居家的猫出现在他眼前。圆四郎早就听说猫肉鲜美，就将这只猫杀死做了下酒菜。

　　他叫来了邻居，大摆宴席，说自己做了美味佳肴。但是，那是一只村里的狗都害怕的老猫，因此大家都不敢动筷，害怕吃了会遭报应。

　　"放心，如果真有报应，我一个人承担就好了。"

　　圆四郎热情地招呼大家。过了一会儿，酒喝光了，大家都醉倒在地。

　　几天后，圆四郎家厨房的天花板上突然掉下一只老鼠。圆四郎两眼放光，一把抓住老鼠，狼吞虎咽地吃了起来，连尾巴都吃掉了。

　　他的样子俨然是一只猫，不时地舔自己的手脚，还像猫一样洗脸，看见的人都觉得十分恐怖。肯定是那只老猫作祟，家人去寺院请来僧人为其诵经作法，却未能治好圆四郎。

猫凭

在伊予国（今日本爱媛县）宇摩郡，据说如果杀死猫，就会被猫附身，因此绝不能杀猫。

从前，这里有个富农，叫弥八。不知为何，他将自己喂养的猫杀死了。

从那以后，弥八就精神失常，连家产都被别人抢走了。他每天在外面游荡，嘴里说着"猫附身了，猫附身了"。

这件事发生后，附近的人都说："如果杀了猫，就会变成弥八那样。"这件事成了一个教训。

在佐贺县东松浦郡，传说猫的魂会附到死人的身上。为防止被猫附身，这里还有一种习俗，即人死时，家属要立刻让死者的头朝北躺，在被子上放一把扫帚，枕边放一把刀。在当地，如果有人突然像变了个人似的勤快起来，人们就会说"是被猫魂附身了"。

从这些故事来看，作恶的并非是猫，而是附在猫身上的恶灵。

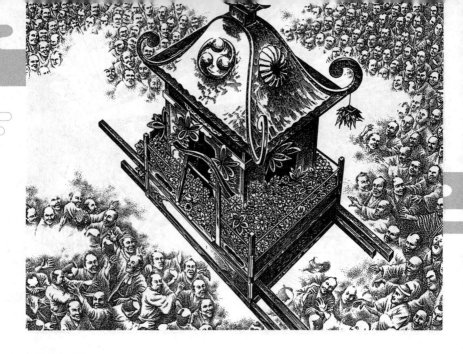

猫的神通

从前，乡下有座小庙，由于没有施主供养，即将废弃。庙里的和尚叫来自己喂养的一只公猫。他对猫说，自己无法再饲养它，让猫去找个有钱的人家过舒服日子。这只猫流出了眼泪，它用人类的语言说想报答和尚，并给和尚出了一个主意："最近，村中最富有的人的母亲将要去世，到了葬礼那一天，你要这样做……"

不久，果然如猫所说，富翁的母亲死了。葬礼这一天，和尚正准备超度亡魂时，突然刮起一阵风，天空中出现一团黑云，将棺材卷到了天上，场面十分混乱。和尚却毫不惊慌，镇定地说："这一定是想害这位富翁的妖怪在作祟，我长年修佛，略懂一点法术，让我将它赶走。"

说罢，和尚开始念经。之后黑云飘了下来，将棺材放下后就消失了。就这样，葬礼顺利结束，和尚的神通也在附近的村子传开了。寺庙不仅没有被拆掉，还建起了佛堂，和尚也成了身披红色袈裟的高僧。此后，那只猫一直忠实地跟随在和尚身边。和尚将猫当作自己的孩子一样疼爱，不过，其中的缘由却没有人知道。

猫又

　　从前，越后（今日本新潟县）的一位武士家中发生了一件怪事。每晚都会有一个彩球大小的火球出现，飘浮在榻榻米的上方。一天晚上，下人的房间里也发生了怪事，一直没有人用的纺车自己转了起来，吵醒了熟睡的人们。这位武士很有定力，根本没有将这些事放在心上，但谣言闹得满城风雨，让他难以招架。于是他开始留心观察，想要弄清妖怪的真面目。

　　一天，他来到院子，无意间往树上看了一眼，发现上面有一只老猫，披着一块红手巾，用尾巴和后腿巧妙地站在树上，四下张望。主人恍然大悟，立刻搭弓射箭，一箭射去，正中猫的要害。猫在地上不停翻滚，用牙齿咬碎了射在身上的箭后，就气绝身亡了。主人检查了这只猫的尸体，发现它的尾巴分成两股，身长一米五。

　　从此以后，怪火就消失了，也没有再发生其他怪事。

　　我小的时候听到很多关于猫妖的故事。因为觉得猫会化妖，所以看到猫就会扔石头。感觉那时候的猫机敏又灵活，而现在的猫都无精打采，十分慵懒。

猫又山

越中国（今日本富山县）黑部峡谷，曾有一种叫猫又的妖怪出现。据说，猫又原本生活在富士山上，本是侍奉富士权现的老猫。

源赖朝在富士山围猎时，猫又与其他兽类一起被驱逐。它咬死士兵后逃走了。权现对此很是生气，说："像你这样被血玷污的猫，一刻也不能留在这里！"猫又被驱逐出了富士山，流落到了富士的黑部峡谷。

来到黑部之后，猫又杀人成性，村民们都陷入了恐慌。经过一番商讨，村民们将这件事报告给官府，请官府消灭猫又。不久，官府派出很多猎人，发现了猫又的踪迹。

但是，猫又因愤怒而两眼放光，露出一副要杀死对方的凶相。猎人们都吓呆了，谁也不敢上前。猫又不屑地看了他们一眼，消失在山中。

后来村民们的生活恢复了平静，这座曾有猫又出没的山被称作"猫又山"。

鼠之怨灵

自古以来就有这样一种说法，老鼠是神灵（有的地方是大黑神）的使者，不能随便杀害。

有位武士因老鼠在半夜碰了自己的刀，一怒之下捉住那只老鼠，向它身上浇了油，然后活活烧死了老鼠。

过了七八天，一个怨灵出现在武士的枕边，似乎是要报仇。怨灵从口中吐出大量老鼠攻击他。

武士又急又怕，连滚带爬地逃走了。这种情形持续了三个晚上，到了第四天晚上，武士逃出家门后失踪了。

以前的人们常说，不只是老鼠，毫无理由地残杀任何动物，都会遭到报应。

不过，最近这种说法已经很少听到了，所以才会经常发生学校饲养的小动物被无情之人杀害的事情。我时常想，这些人早晚会遭到报应的。总之，所有的动物都是我们的好朋友。

祢祢子河童

　　利根川的祢祢子河童是一个女河童，但性情残暴，是关东河童的头目。

　　祢祢子最初一直辗转于大利根流域，最终才在利根町的加纳定居下来。

　　祢祢子经常偷吃鱼塘里的鱼，将马厩里的马拉到河中，还会拉扯河里游泳的孩子，糟蹋瓜田，做尽坏事。不过，祢祢子也有失败的时候。

　　在一个夏天的傍晚，一位武士在河滩上遛马。

　　祢祢子将手伸到马屁股上，想要拉马，马却受惊跳了起来。

　　这时，武士站了起来，一把抓住祢祢子的脖子。武士的力气很大，祢祢子无法动弹，只好谢罪求饶。作为交换条件，祢祢子将一种治疗刀伤的灵药秘方告诉了武士，在被释放后沉入了水中。

　　时至今日，利根町加纳新田加纳氏的院子中，还有一座祭祀着祢祢子河童的小庙。

念佛长

　　埼玉县秩父地区有一种人称"念佛长"的附身妖邪。

　　念佛长是一种小蛇，它附到某一户人家后，就会形影不离。如果这户人家的儿子或女儿与其他的家庭结亲，小蛇也会附到那户人家去。

　　古代的日本人认为，亡灵会化为蛇出现，怨灵会化为蛇或龙现身，蛇一直是人们敬畏的对象。在《今昔物语集》中，转生为蛇的故事占了很大的篇幅。

　　这恐怕是因为在佛教传入日本之前，日本人普遍认为蛇是亡灵的象征。

　　室町时代的很多书中都有这类故事，如不珍惜恋人的女性会化为蛇；饮酒或与女人乱性的僧侣会脱胎转世为蛇。

　　这种观念很可能源自远古时代的一些思想，比如山神经常以蛇的形象出现，又或者山神是农耕神的同时又是亡灵等。这些传说经过进一步的发展，很可能就演变出了这里所说的念佛长。

寝肥

寝肥又叫"寝惚堕"，是一种妖怪病，警告女人不要贪睡。

过去有位美丽的女子，平时看起来很正常，但睡觉的时候，身体就会变得特别肥大，甚至能胀满整个房间，而且鼾声如雷。丈夫实在难以忍受，只能躲出去。

她的丈夫将此事告诉了一位朋友，朋友觉得这可能是世人常说的"寝肥"。寝肥的特征是鼾声如雷，毫无美色可言，做事一惊一乍，大部分男人都不喜欢。

这种妖怪在江户时代的《桃山人夜话》中有相关记载，书中写道：

从前，奥州（东北）有个女人。卧室里一共有十张睡觉的席子，她一人就占了七张，丈夫只能睡三张。这个女人的肥胖程度可想而知，而且入睡后鼾声震天，毫无女人味儿。奥州的人们将这种睡相丑陋的女人称作"寝肥"。

这可能就是如今所说的"肥胖症"。

诺伊波罗伊克西

据北海道的阿伊努人讲，每个人出生的时候，都会被一种叫"凭神"的灵附身，其中有些灵能够让人通晓巫术或拥有神力。

"诺伊波罗伊克西"就是一种能够让人拥有神力的灵。根据藤村久和所著的《阿伊努的灵的世界》记载，有客人来访时，这种灵会让人突然头痛。

根据书中的描述，诺伊波罗伊克西能够预知来自远方的陌生客人，如果是熟人来访，它就感受不到。

《阿伊努的灵的世界》的作者写道：有这样一个人，每当他头痛得厉害时，来的客人就是女人，如果头只是稍微有点疼，来的一定是男人。这个人连对方拜访的原因、年龄都能知道。

根据阿伊努人的信仰，这些灵会随着胎儿的出生来到人世，并附到胎儿身上。如果被附身的人死去，灵会脱离这个人的身体，与他一起赶赴黄泉。

野间

　　野间是曾出现在岛根县石见地区的一种独眼妖怪。

　　传说，发现有人在夜晚独自赶路时，野间就会突然出现，把这个人吃掉。因为没有相关的资料记载，人们并不清楚野间的模样。

　　我认为野间是一种古老的妖怪。因为，在曾出现野间的石见地区，有古老的神乐流传至今，那里是个残留着"远古"气息的地方。

　　我从小就对出云、石见怀有一种特殊的情感，连我自己都不清楚其中的原因。但每次提到出云，我就觉得那是神仙待的地方，决不能怠慢。这或许是受了我小时候遇到的"鬼婆婆"的影响，因为她总是拿神灵或妖怪吓唬我。

野宿火

从前，在乡间小路、深夜的街道或是山里，经常会出现一种不知是被谁点燃的奇怪的火，时而微微燃烧，时而消失不见。人们将这种奇怪的火称作"野宿火"。

在山中，当游玩的人散去之后，周围空无一人，这种怪火就会出现。据说，怪火出现后，还能听到火的周围传来说话声和歌声，时而夹杂着凄惨的叫声，听到这种声音的人会不由自主地想要逃走。

这种怪火既不是狐火，也不是鬼火。它喜欢在人们春天赏樱或秋天赏红叶时出现，在没有人的地方，呼地燃烧起来。接着，会传来有人围在火的周围发出的喧闹声。

这样的情形在《桃山人夜话》中被描述为"异常可怕，无比恐怖"，可见这种妖怪十分吓人。

野津子

　　人们在晚上走路时，有时会莫名其妙地走不动。爱媛县宇和地区将这种现象称作"被野津子附身"。如果有孩子想晚上外出时，大人会吓唬说"小心被野津子附身"，孩子就会乖乖听话。可见当地人对野津子是何等敬畏。

　　在内海村油袋（今日本南宇和郡爱南町）有一种妖怪，人们走路的时候，它会一边喊着"给我草鞋"，一边在后面追赶。

　　虽然并不清楚这种妖怪的原形，但有这样一种说法，如果忽然感觉两腿发沉，迈不开腿的时候，将草鞋上的小环或草屐的带子剪断扔给它，就可以了。这样看来，野津子具有行逢神的一些特征。

　　从前，有很多人因为养不起孩子，而将孩子杀死，或是在怀孕的时候堕胎。很多未婚先孕的姑娘，更是会将刚出生的孩子的嘴堵住，然后悄悄埋掉。

　　有这样一种说法，野津子是那些婴儿死去后无法超度、四处游荡的亡灵。在南宇和郡一本松町小山（今日本爱南町），据说人们看不到野津子，但能听到它发出"哇哇"或"呱呱"的啼哭声，好像婴儿一样。

野槌

　　自古就有"野槌"这种说法，在《古事记》和《日本书纪》中，就将草野姬的别名记作"野槌"。正如人们将水之灵叫作"水槌"一样，野槌原本有野之灵的意思。

　　据江户时代的百科全书《和汉三才图会》记述，野之灵多栖身于深山的树洞中，大概有十五厘米粗，九十多厘米长，因为首尾一般粗，样子酷似无柄的槌子，所以被称作"野槌"。

　　野槌经常出现在和州（今日本奈良县）的吉野山中，它会用大嘴咬住人的腿。如果急忙往高处走，它便不会追来，这似乎是因为野槌虽然下坡快，上坡却很吃力。

　　野槌和"槌子"大概是同一种东西。这种被叫作"槌蛇"或"野槌"的蛇，因为会改变形态而十分奇特，所以才被人们视为妖怪。

　　这种白蛇，或是长有前脚的蛇，往往被人们视作神灵或神灵的使者。或许，从前的人们能从这种身形奇怪的动物身上感受到某种神秘的灵力吧。

野寺坊

　　野寺坊是一种傍晚时分出现在无人的寺庙里敲钟的妖怪。

　　我小的时候经常上山，傍晚山中十分幽静，有时会听到莫名其妙的钟声。

　　附近既没有寺庙，也没有人，却有钟声传来。我感觉很奇怪，便跑去问奶奶，奶奶回答说："那是野寺坊。"我曾以为这是一种声音妖怪，不过仔细想来，这可能是深山里的回响。这种情况应该就是回音。

　　在黄昏这种奇妙的气氛中，隐约有钟声传来，就会让人觉得是某种妖怪发出的声音。野寺坊大概就是在这种气氛下形成的妖怪。

　　在其他国家，也有像野寺坊这种发出声音的妖怪，不见其身，只闻其音。

　　据说，如果有人听到啜泣声，就预示着家中有人将要去世，这种妖怪被人们看作是死亡的预告者。我想，野寺坊也与之类似吧。

野火

　　土佐（今日本高知县）一带出现妖怪的频率非常高。无论山中还是镇上，都会有各种妖怪出现，好不热闹。大概这里很适合妖怪生存吧。

　　在这些妖怪之中，有一种妖怪叫"野火"，这是一种名副其实的妖火。野火最开始出现时，只有雨伞般大小，轻轻地飘过来后，就会突然分散成几十团火。它飘浮在离地一米高的地方，绵延一公里。看起来不像火，更像是流星。

　　另外，南国市有一种人称"扫部大人之火"的怪火。这种火会在小雨淅沥的夜晚飞到比江山上。它颜色赤红，有雨伞般大小，能够飞四公里远。据说，如果脱下草履，往鞋底吐上一口唾沫，然后挥舞召唤，怪火就会像车轮一样飞过来。

　　不过，绝对不能轻易去招惹它。扫部助因触怒了长宗我部元亲，被满门抄斩，他的怨念化作这种怪火。因此，如果在比江山上看到扫部大人之火，千万不能招惹它。这在当地已经成了一条规矩。

伸上

　　这种越仰视它就会变得越高的妖怪，在爱媛县被称作"伸上"。

　　当地人认为这是川獭所化。据说，在离地面三十厘米左右的地方踢一脚，或是转移视线，它就会消失。

　　不知为何，人们一般都认为"伸上"这类妖怪是某种野兽所化。在爱媛县，有些地方的人认为是川獭，也有些地方认为是狸猫在作怪。而到了德岛县一带，就把一切都归因于狸猫。

　　据柳田国男的《妖怪谈义》记载，这类妖怪出现时很少发出声音，往往会突然出现吓人一跳。

　　在这类妖怪中，出现时还发出声音的情况很少见。不过，突然出现吓人一跳的说法，我也难以苟同。大家都认为"伸上"是川獭所化，而川獭和狸猫一样，都是擅长迷惑人的动物。如果说它们出现是专门为了吓唬人，我有些不太相信。

野衾

野衾曾出现在高知县幡多郡,据说它会像一堵墙一样挡在前面,前后左右都没有边界。

野衾和出现在福冈县的涂壁类似。

遇到野衾时,只要坐下来抽一袋烟,它就会消失。总之,遇到野衾时要镇静,不要慌。

在关东地区提到野衾,人们认为是鼯鼠之类的东西从空中飞来,蒙住人的眼睛和嘴巴。

古书中记载了在现在的东京神田一带,也曾出现野衾。

野衾正抓着一只猫吸血时,被一个叫伊兵卫的人跑过来打死了。人们凑上去一看,发现野衾"身似鼬,目如兔,左右生翅,但无羽。翅前有爪,指生四根,脚趾五根,体长约一尺二寸,尾之外的毛色为棕色"。这就是栖息在深山幽谷中的野衾,也有人说其实就是鼯鼠。

野守

　　长野县长野市的松代有个农民，有一天，他和同伴上山去割草。

　　当他在山路上拨开草丛的时候，忽然感觉踩到了什么东西。还没等他反应过来，就听见草丛里沙沙作响，一条水桶般粗细的大蛇扑了上来。农民毫不畏惧，与蛇展开了搏斗。他想用两手撕裂蛇的嘴，但这条大蛇拼命抵抗，用粗大的身体缠住农民。同行的男子被眼前的这一幕吓坏了，躲到了树上。

　　这个农民勇猛无比，用镰刀割破蛇嘴，将蛇砍死。这条蛇长达四米，还生有六条腿，脚上生有六根脚趾，十分罕见。

　　农民割了一小段蛇身带回家里，父母看到后吓了一跳，拒绝让他进门，害怕遭到报应。

　　无奈之下，他住到了小棚里。日子一天天过去，蛇肉逐渐腐烂，这个农民被蛇肉的臭味熏得生了病。虽然他怀疑这是蛇在作祟，但请医生看过后，病就好了。

　　他将自己杀蛇的事情告诉了医生，医生说："这条蛇可能就是野守。"如果不是像他这样身强力壮之人，恐怕早就遭到报应，一命呜呼了。

帕奇

  北海道的层云峡是由一位名叫"帕奇"的女神修建的村落，这里的怪岩奇石也是帕奇修建的堡垒。

  从前，一群来自十胜的贼人想要攻打石狩地区，便乘竹筏沿石狩川顺流而下。当他们来到层云峡的时候，发现一个全裸的女神正在岩石上跳舞。这群贼人被女神所吸引，结果都掉到了瀑布下面的深潭，全部灭亡。就这样，帕奇拯救了石狩的人民。

  道北地区流传着这样的传说，帕奇曾是工艺之神，传授人们织布等技艺。

  帕奇十分追求美，有一天，她忽然悟出裸体要比穿衣服更美。最终，她沦落为用裸体诱惑人类的淫魔。

  在道东地区，据说，人们之所以会在婚后喜欢上他人，就是因为被帕奇附身。另外，她经常会一丝不挂地出现在男人面前，唱着歌诱惑男人："喂，年轻人，来呀，摸一摸我柔美的傲峰，拨开葛丛，到我的谷底来吧。"

  帕奇平时生活在天国，经常会在一条名叫"舒舒蓝别"的河边跳舞。

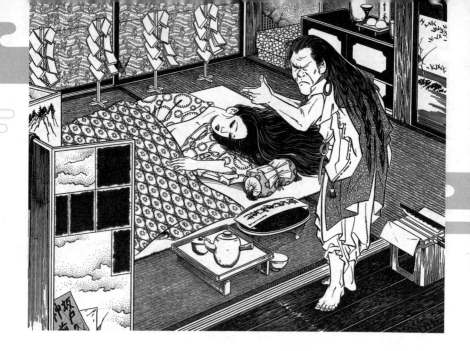

羽风

在高知县有这样一种说法，如果有人中了"羽风"，就会突然发起高烧。高知县中村市曾发生这样一件事。

有个女人突然发起高烧，痛苦难耐，虽然当晚曾退烧，但第二天早上又烧了起来。她的家人请来了村里的祈祷师，发现是中了"羽风"。祈祷师说，如果请中村市神社里的人来驱邪，就能痊愈。这个女人的家人一一照办，之后烧就退了。

羽风是一种亡灵。据说，从前有七名武士在这里被杀害，他们的怨灵四处游荡，有时会附到人身上。另外，溺死之人的怨灵也会在河边徘徊，人们走在河边时，经常会被其附身。

这个中了"羽风"的女人和丈夫租住在二楼的房间，而一楼的房间里祭祀着故人，所以她很可能是被死去之人的亡灵附身。虽然已故之人与这个女人并没有血缘关系，不过，哪怕是无意中睡在死去之人的上面也是不好的，因此这个女人才会被附身吧。

貘

　　以人的梦为食的貘源自中国，其体形像熊，鼻子像大象，眼睛似犀，尾巴似牛，腿粗壮似老虎，毛上有斑点，是一种集多种动物特征于一身的奇特妖怪。

　　需要说明的是，这种妖怪和自然界中的貘是完全不同的东西……

　　在貘的老家中国，当人们做噩梦时，会特意叫来貘，让它将噩梦吃掉。暴发瘟疫的时候，人们也会让貘吃掉瘟疫的源头——病魔，赶走瘟疫。

　　日本的福岛县和熊本县也有类似的传说。做噩梦的时候，有一种能让人脱离困境的唱词，只要说一句"昨晚的梦送给貘"，然后连吐三口气，或者连说三遍"今晚的梦让貘吃，让貘吃，让貘吃"就行了。

　　曾经叱咤风云的丰臣秀吉，他的枕头上就绣着貘。据说，如果把貘的皮铺在身下睡觉，就可以避开瘟疫。画出它的形状，可以祛除秽气。

　　比起妖怪，貘更像是一种灵兽。

白藏主

从前，甲斐（今日本山梨县）梦山的山脚下，有个靠卖狐狸皮为生的猎人，名叫弥作。

梦山上有一只老狐狸，它生下许多小狐狸，都被弥作抓走了，老狐狸对他恨之入骨。附近有座寺院叫宝塔寺，寺里有个叫白藏主的法师，是弥作的伯父。老狐狸思来想去，决定变成白藏主的模样，找到弥作说：

"杀生是造孽，还是不要这样了。我给你一贯铜钱，你把捉狐狸的套子交给我吧。"

于是它将捉狐狸的套子带了回去。但是弥作不捉狐狸，就无法生活，于是他再次来到宝塔寺向伯父要钱。知道此事的老狐狸将真正的白藏主吃掉，自己变成了白藏主。巧妙骗过弥作的老狐狸成了寺院的住持，在寺里一住就是五十年。

然而，有一次它去赏樱花时，被两只狗咬死了，现出原形。据说，这只老狐狸的尾巴上长满了银针一样的毛。

从此以后，人们将由狐狸化为的法师称作"白藏主"。

银杏精

　　脸和手脚都是黄色，身穿一件黑道袍，手里敲着钲鼓，这就是"银杏精"。

　　自古以来，人们就认为，银杏树种在宅地或庭院内是不吉利的。银杏树是专门种在寺院里的树。这种树生长迅速，很快就能长成大树，侵占宅院的空间，而且落叶非常多，清扫起来很麻烦。

　　银杏树会吸收大量的水分，延伸到地板下的根部带来的水汽，会在夏天让拉门和拉窗很难开关；而到了冬天，由于根内缺少水分而吸收周围的水汽，又会造成拉门和拉窗脱落。

　　人们认为银杏树是神灵附身之树。因为树中有精灵，所以不少神社会在树上挂草绳，将其奉为神树。

　　弥化年间（1844～1848），有一户人家想要将家中的银杏树砍掉，但没有人敢承担这项任务。后来有人打算接这个活儿，但晚上梦见一个像树精的女子，就放弃了。后来，那棵银杏树被暴风雨吹倒，砸坏了那家的屋顶。

　　关于图中这个妖怪的形象，我是从《芜村妖怪绘卷》中看到的。芜村是一位俳句大师，他并未对这种妖怪的情况进行说明，因此我才做了介绍。

化鲸

过去，在岛根县的隐岐岛一带有一种神奇的现象，每到夜里，就会有一股海潮带来奇怪的鱼群和鸟，出现在海边。

其中有一种鲸鱼，只有巨大的骨骼。退潮后，这种鲸鱼会和其他怪鱼一起游回海中。附近的渔民出海捕鱼时，向鲸鱼投掷鱼叉，却没有打到东西的感觉，因此人们都说这种鲸鱼是鲸妖。

山阴地区曾有捕鲸者。我们寺里的厨房，据说就是明治时代将岛根半岛海边捕鲸团的房子拆掉后，将木材运来建成的。这是一种有着粗大房柱的大房子，至今仍在。

从前，我在绘制连环画剧时，曾画过一出名叫《化鲸》的连环画剧。故事讲的是一个人天天吃鲸鱼肉，吃着吃着就变得越来越像鲸鱼。但不知为何，当我快要画完的时候，突然莫名其妙地发起高烧，医生也没有查出病因。

于是，我决定停止连环画剧《化鲸》的创作，不可思议的是，之后烧就退了。

我开玩笑说这是化鲸在作怪，但或许真的有什么不可思议的事物存在。

化草履

从前有一户人家，一家人都很不爱惜鞋子。

一天晚上，家里的女佣正独自一人，忽然听到了"呱呱，嗒嗒，呱嗒呱嗒，三只眼来两颗牙"的声音。此后每晚都会传来这个声音。女佣很是害怕，就告诉了女主人，女主人说："我要亲耳听听这是什么声音，今晚和你一起睡。"

于是，两人守在女佣的房间里等待。到了那个时间，又传来"呱呱，嗒嗒，呱嗒呱嗒……"的声音。

女主人说："果然是真的，明晚我要看看究竟是什么东西。"

第二天晚上，她们继续等着。声音再次传来，两人从门缝里偷偷一看，发现是一只化草履钻进了平时丢鞋子的储藏间的角落。

此外，我还曾听说旧木屐会化为妖怪跳舞。看来，鞋子也是会化妖的。

化狸

大正初年，岩手县某个村子发生了这样一件事。

有户人家正在举行婚礼，但有位大户人家的老爷外出还没回来，因此婚礼无法进行。正在大家都焦急等待的时候，外面忽然传来一阵狗叫，这位老爷迅速冲到屋里，说："哎呀，回来晚了，赶紧举行婚礼吧。"

说完后，他像一只野兽一样，狼吞虎咽地吃起了宴席上的美味佳肴。客人们看到他的行为大吃一惊，但谁也没说什么。婚礼结束之后，这家人都挽留他住一晚，结果他说："明天还要早起，就不住了……"

说完就慌慌张张从大门离开了。这时，外面的狗一阵狂吠，老爷惊叫一声躲进了外廊下。客人们见状，说："这肯定不是真正的老爷，放狗！"

狗追到了外廊下，似乎在与什么东西撕咬。过了一会儿，狗从下面拖出一个东西。大家一看，原来是一只很大的老狸。这时，真正的老爷出现了，说道："哎呀，实在抱歉，我来晚了。"

这个故事就记录在佐佐木喜善所著的《听耳草纸》中。

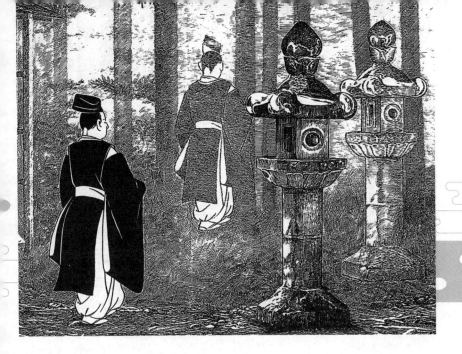

化灯笼

从前，有一名男子去日光参拜神社，半路上迷了路，走进了深山里。

他选择了两条岔路中的一条，当他想要往回走时，路却消失了。他觉得自己一定是被妖怪迷惑了。

据说，人们只要来到那里，就会看到所有的东西都变成了两个，因此很容易迷路。这就是一种叫"化灯笼"的妖怪在作怪。只要冷静下来，平心静气，踏着大步向前走，就不会被迷惑。

这种妖怪经常出现在栃木县的日光等地。人们都认为是几百年的老灯笼成了精，化成了妖怪。哪怕是光线的折射等自然现象，人们也会归结为是老灯笼在作怪。

日光的二荒山神社里，有一个人称"灯笼妖"的青铜灯笼，上面留有无数受惊者用刀砍过的痕迹。

化猫

安永年间，泉州的堺（今日本大阪府堺市）住着一个姓平濑的人。

有一天，平濑读兵书读到了深夜。到了丑时三刻（凌晨两点），他身后的拉门忽然轻轻地开了，一只魔鬼般的手臂抓住了他的发髻。

他吓了一跳，猛地抓住这只手臂，一刀砍了下来。

妖怪惨叫一声，径直逃走。天亮之后，平濑仔细端详那只手臂，发现是一只大猫的爪子，上面的毛像针一样。

人们都说老猫会化妖，一些地方的人说猫养了三年就会化妖；有的地方的人则认为，猫长到一贯目（约 3.75 公斤）以上就会化妖。

我经常听到这样一种说法，家中有人去世时，要把猫寄放到别人家里。在对马地区，人们会用背篓将猫罩起来。古时候，在送葬时，天上会降下一个妖怪抢走尸体，据说这妖怪就是这家人喂养的猫化成的。因此一旦有人去世，人们就会将猫罩起来。这与盗尸体的妖怪——"火车"似乎也有某种关联。

化鼠

永禄年间（1558～1570），京都一条附近有一处古宅，一位名叫松并久太的武士迁居至此。

客厅的柱子上有一个很深的洞，松并久太搬进去的当晚，有一个奇怪的陌生小孩从洞里探出头来，叫他过去。

松并久太十分吃惊，就把经文塞进洞里，之后又请人作法祈祷。但这个小孩还是会出现，并向他招手。

有一天，久太的朋友、一个姓平冢的刚勇之士听说此事后，便来到久太家，等待那个怪小孩出现。

那个小孩又出现了，平冢看到后，挥刀斩下，小孩立刻缩了进去。平冢仔细检查了那个洞，看到一只死老鼠。

这样看来，是老鼠的幽灵变成了小孩的模样（化成了妖）。

老鼠为何要化为妖怪出现呢？没有人知道。灵的世界里总是有很多奇怪的事发生。

化皮衣

　　自古以来，人们就相信狐狸会化妖，而且，化妖的方式会因狐狸的不同而各有不同。

　　唐代有一本名叫《酉阳杂俎》的古书，里面记述了这样一个故事，有一只修炼了三千年的老狐狸，头顶骷髅参拜北斗，骷髅不掉，它就能化为人形。

　　鸟山石燕的《画图百器徒然袋》中描绘了一名女性，衣物上缠满了水藻。这个女人就是狐狸所化，水藻是它的皮衣。

　　狐狸用水藻变化的故事也出现在《本朝故事因缘集》的"衣妖"一节中。从前，一休和尚路过今天的大阪一带时，曾在池塘边上看到一只狐狸头顶青苔，化为人形的情形。

　　所谓的"化皮衣"，说的就是狐狸变化时披在身上的道具。对于那些刻意隐瞒真相的人，我们经常会说"剥下你的化皮"，这原本是对化妖的狐狸说的一句话。

化火

近江坚田（今日本滋贺县大津市）曾出现一种叫"化火"的怪火。这种怪火只在小雨之夜或阴天的夜里才会出现，先是在湖边出现一小团火，在向山上移动的过程中逐渐变大，变到直径一米左右，但火势不会增强。

这种火在离地一米半左右的高度飞行，时而变成人形，时而又像两个人双臂抱在一起进行相扑比赛，不过只能看到腰部以上，看不到下半身。

有个人想要查明这种火的真相，就躲在田埂里等待火出现。到了半夜，火从湖边出现，随后飞到了田埂上。这名男子是乡下相扑的"关取"①，力气很大。等到火靠近后，他大喊一声，朝火扑去，但瞬间就被扔到了十多米远的田里。幸好水稻已经结穗，下面很柔软，他才没有受伤。

一直以来，有很多好逞强的人想要探明究竟，但大家的下场都和这位乡下关取一样。村民们听说这件事后更加害怕，谁也不敢接近它。这实在是一种奇怪的火。

---

①日本的相扑段级，由低至高分别为新序、序之口、序二段、三段目、幕下、十两、前头、小结、关胁、大关、横纲。其中由新序到幕下称作"取的"，由十两至横纲称作"关取"。

化雏

　　年岁久的人偶会寄生精灵，化为人偶妖怪。因此，人偶必须在供养之后才能处理掉。

　　从前，广岛某町有个叫孙三郎的人，娶了同一町的女人为妻。结婚时，妻子将家传的人偶从娘家带了过来。因为没什么用，他们就将人偶卖给了商人久敷助右卫门。但是，连小孩都不喜欢这个人偶,助右卫门一直没有卖出去，就放在了家里。

　　没过多久，有人建议助右卫门说："人偶的身体可以卖给耍木偶的人，衣服可以做成袋子。"助右卫门听取了这个人的意见。

　　从此以后，助右卫门的家中总能听到人的哭声和吹笛子声，也不知是从哪里传来的。

　　助右卫门和其他人商量后，将家中里里外外翻了一遍，发现哭声是从橱柜里传来的。他打开橱柜，发现里面有个装人偶的盒子，再打开盒盖，发现人偶的额头正在流汗。这实在是太奇怪了，人们都十分惊讶。

　　后来，助右卫门将这个人偶还给了原来的主人孙三郎，孙三郎便将其寄存在一座叫"全正院"的寺里。

旧木屐妖

　　陆前寒风泽（今日本宫城县盐灶市）的某个镇子，每天夜里，都有个东西一边走，一边喊着"鼻子疼，鼻子疼"。村里的年轻人商量后，在某天夜里悄悄到外面查看。他们能听到声音，却什么都看不到。他们用竹棍四下拨弄，也没有找到任何东西。

　　有一次，一个年轻人在附近的草丛中听到一阵奇怪的吵嚷声，便站在那里偷听。只听有东西正用一种不同于人类的声音说："旧蓑衣，旧斗笠，旧太鼓，还有旧木屐，旧便当盒，咚咚啪啪，啪嚓啪嚓……"紧接着，又有声音说："今晚的感觉很奇怪，都别闹了，别闹了。"

　　于是，歌声停止了。

　　第二天晚上，大家又去那个地方看，只见草丛里堆着很多旧蓑衣、旧斗笠、旧太鼓的鼓身、旧便当盒等，不远处还有一只很大的缺了半边鞋带的旧木屐。大喊"鼻子疼"的想必就是这家伙。看来这些东西都化妖了。于是，大家把它们堆到一起烧掉了。

　　从此以后，"鼻子疼"的哭声和草丛中的歌舞声都彻底消失了。

狸传膏

　　备前（今日本冈山县冈山市）的中山下有一户姓土方的士族。他们家经常发生一件怪事，女人上厕所时，会被一只毛茸茸的手摸屁股，这家人都十分害怕，就搬到了下田町去住。但之后还是有东西摸人的屁股。

　　土方忍无可忍，下决心要除掉妖怪。一天夜里，他看准那只手一刀砍去。怪物留下手逃走了。土方发现这是一只老狸猫的手，便小心地保存起来。

　　某天夜里，土方正在做梦，一只狸猫出现在他枕边，恳求他："请把手还给我吧。我会传授您秘药作为答谢。"

　　土方觉得它甚是可怜，就说："那把手还给你好了。"土方以药方作为交换条件，把手还给了狸猫。狸猫大喜，将膏药的制法交给他后，就消失了。

　　从此以后，土方家将秘药命名为"狸传膏"出售。

　　这种狸猫被称作"御先狸"，因为就算搬家，它也会提前在那里等着你。

妖怪的彩礼

　　有些妖怪之间也会相亲，如果彼此中意，双方就会交换彩礼。其中一方是"百百爷"的女儿，另一方是"独眼入道"的儿子。独眼入道家的使者——两个妖怪来到百百爷家，说道："礼单如下，希望能如期举行婚礼。"

　　百百爷回复说："啊，彩礼都准备好了，真不错。不过，酒樽的腿先弄下来吧，万一再逃回去就不好了。"

　　不愧是妖怪的彩礼，和人类的就是不一样。原来酒樽上长着腿，自己走来的。人类定亲时要选黄道吉日，而妖怪则要选"不成日"。所谓不成日，就是人类十分忌讳的日子，这一天做任何事都不会成功。

　　独眼入道的使者受到了百百爷的热情款待，酒足饭饱。

　　在回去的路上，两个使者高兴过了头，走路跟跟跄跄，提灯（长着脚）还掉到了河里。

鬼宅

　　从前，无论什么样的地方，都有被称作"鬼宅"或"幽灵宅"的无人居住的老房子。这种房子总是给人一种阴森森的感觉，如果其中栖息着妖怪或幽灵，就更加吓人了，甚至能让人感受到迫人的鬼气。

　　江户时代，日本各地都有这样的鬼宅。

　　这里讲的是本多氏的遗孀圆晴院年轻时的一个故事。

　　圆晴院住在六番町三年坂一带，她住的房子是有名的鬼宅，经常发生怪事。有时候，她夜里借着行灯的灯光做事时，旁边女人的脸就会忽短忽长，十分可怕。院子里有时还会起火。

　　有一次，一名婢女卧病在床。圆晴院无意间望向一个房间，发现那个生病的婢女穿着紫色的布袜在扫地。她有些纳闷，就趁婢女休息的时候前去打探，发现婢女还躺在床上。而她刚才看到的那个人也消失了。因为怪事屡屡发生，圆晴院就搬离了这里。

　　这样的鬼宅在城市里格外多。

波山

　　波山又叫"婆娑婆娑"。在四国伊予（今日本爱媛县）的山区，只要说"婆娑婆娑来了"，哭闹的孩子就会立刻安静下来。可见波山是大名鼎鼎的妖怪。

　　波山栖息在深山的竹林里，人类很难看到。它长得像一只巨大的鸡，因此又被称作"犬凤凰"。它能吐出类似"狐火"的火。

　　波山白天躲在竹林中，到了夜里就四处飞行。

　　它不会危害人类，但会在深夜来到房屋的门前，发出"呼啦呼啦"的声音，等到有人慌忙打开门，却什么都看不到。

　　说起样子像鸡的妖怪，人们常常会想到冲永良部岛的"火神"。不知为何，长得像鸡的妖怪总是与火有关，波山会吐火，火神被认为能引发火灾。

　　古坟时代①之前的人们认为，鸡能够召唤太阳，而太阳与火之间还有着某种联系。

---

①大和时代的一个阶段，日本继弥生时代之后的时代。

桥姬

　　桥姬是出现在桥边的一种女妖，关于它的故事有很多。

　　从前，宇治川的岸边住着一对夫妇。有一天，丈夫突然说要去龙宫，出门之后就再也没有回来。妻子因悲伤过度而死，然后化为鬼怪出现在桥边。

　　在另外一个故事中，传说是丈夫娶了第二个妻子，女人嫉妒至极，怀恨而死，死后化作桥姬。

　　有这样一个传说，桥姬是宇治川的妖精，住吉明神每晚都与它相会。每当住吉明神天亮要离开时，桥姬就会因悲伤而狂暴不安。

　　还有一个故事，从前有个嫉妒心极强的女人，她每夜都会浸在宇治川的水中进行诅咒，想要将自己痛恨的人咒死，最后变成了妖魔，报了仇。

　　桥姬因嫉妒而产生，只要看到美丽的女子，就会给其带来不幸。人们在结婚时，为避开桥姬的诅咒，婚礼队伍会变更路线，绕道去新娘家。

芭蕉精

　　很久以前，冲绳生长着许多芭蕉。有些地方的芭蕉林绵延两三里，就像一片森林。如果有人在夜晚经过这些地方，就会遇到妖怪。人们认为这是芭蕉精在作怪。

　　在冲绳地区，女人不会在夜间走过芭蕉林。如果这样做，据说会看到英俊的男子或妖怪，一旦看到这些东西，女人就会怀孕。

　　受芭蕉精迷惑而生出的孩子，都长着一张鬼一般的脸，并且长有獠牙。如果生出的是这样的孩子，人们会将山白竹的叶子磨成粉，放进水里让孩子喝下去。这样做之后，孩子的喉咙会被堵住，窒息而死。据说，只要怀过一次芭蕉精的孩子，以后每年都会生出鬼孩，因此人们都十分害怕。

　　本州也有类似的传说。在信州（今日本长野县）某地，有位和尚晚上经过一片芭蕉树，发现芭蕉树下站着一个美女向他招手，他大吃一惊，拔出短刀砍了过去，美女就消失了。第二天，和尚沿着血迹一路寻去，发现一棵被砍倒的芭蕉树。

　　这就是芭蕉精。

住地灵

据说，有些灵会常驻在某个特定的地方。因为这种地方经常发生怪事，所以人们就会知道这里有灵。

从前，京都三条大街以北的区域被称作"鬼殿"，据说这里就有灵，在迁都京都之前，灵就已经在此处了。

这附近有一棵大松树。有一次，一名男子骑马经过，突然电闪雷鸣，下起雨来，他就下马躲到松树下避雨。不幸的是，闪电击中了这棵松树，男子和马都丧命于此。男子死后化为灵，一直在这里徘徊。

不久，这里建起了许多房屋，很多人都搬了过来，但灵却不肯离去，依然住在这里，捉弄过往行人。

《今昔物语集》中也有一些类似的故事，有些在某个地方居住很久的灵，会不时出来吓人。

现在还有一些人称"魔道口"或"自杀圣地"的地方，在这些地方或许也有常驻不走的灵，将活着的人当作自己的同伴。

旱田冤灵

在饥荒中饿死的人，如果没有举行葬礼而曝尸荒野，就会化为一种叫"旱田冤灵"的妖怪。

"过去的日本人，除了害怕生灵和死灵之外，还害怕变为妖怪出现的怨灵。例如，赖豪阿阇梨因为想要报仇，就变成了老鼠；亡妻因为思念丈夫，就化为鬼。后者是由'亡妻的灵魂对丈夫恋恋不舍'的观念转化为'与鬼（灵）接触的人，最终命运是被鬼推向死亡'。在这种情况下，作为受害人的一方，就会施行真言密教的秘传或阴阳师的法术等。"

以上是藤泽卫彦在《图说日本民俗学全集 民间信仰·妖怪·风俗·生活篇》中所作的记述。我小的时候，也经常从奶奶那里听到这种"将人推向死亡之境"的故事。

尤其是在人临死前出现的老太婆，被认为有一种能够将生者引向死亡的力量。经常听到在人临死前，会有两三个老太婆出现要把人带往阴间的故事。

自古以来，日本人都十分惧怕怨灵。直到现在，这种观念在乡下还能听到。

吧嗒吧嗒

吧嗒吧嗒会发出类似敲打榻榻米的声音，又被称作"叠叩"。这种妖怪在近畿、四国和中国地区经常出现。

根据《纪伊续风土记》记载，和歌山城下有座叫宇治的镇子，经常能听到这种怪音，人们将这声音叫作"宇治回音"。

吧嗒吧嗒的声音最初从东边传来，向西而去。据说声音的速度非常快，感觉刚刚听到，声音就消失了。这种声音在冬天结霜的寒夜里经常出现。

在山口县的岩国，当地的人们将这种怪音称作"破多破多"。文久年间（1861~1864），曾发生过类似的怪事，这件事记载在《岩邑怪谈录》中。从亥时（晚上十点前后）到次日凌晨，人们经常听到一种类似敲打纸张或使劲扇扇子的声音，从秋天一直持续到冬天。

这些都是只闻其声，不见其形的妖怪。我小的时候，经常在寂静的夜晚听到奇怪的声音，总感觉黑暗中有许多妖怪。

机寻

　　据说，如果女人在织布时，心里抱怨离家不归的丈夫，她的怨恨就会转移到织出的布上。布会化作蛇去寻找丈夫，这就是"机寻"。人类的执念化为蛇的故事并不罕见。

　　从前，有几个男子要去信州（今日本长野县）。在武州川越（今日本埼玉县川越市）的一座庙庵休息时，有个人想上厕所，就转到了后院。他发现院中的踏脚石上有一条蛇。这条蛇见到他后并没有逃走，他就朝蛇扔了一块小石头，正好击中蛇头，蛇就逃走了。男子回来后，发现刚才在打盹的僧人醒了过来，愤怒地质问他："你为什么打伤我的头？"

　　大家仔细一看，发现僧人的头上肿了一个包。刚才去厕所的男子说："我只是向院子里的蛇扔了一块石头，并没有对你做什么啊！"

　　僧人沉思了片刻，将大家领到厕所附近，搬开了那条蛇待过的踏脚石，下面埋着七两金子。僧人流着泪说："这是我煞费苦心攒下的金子，我担心被小偷偷走，就埋到了这里。但我的心全被金子占据了，化作了蛇。为了反省我的贪婪之心，这些金子就送给你们吧。"

魃鬼

　　在南方地区一处荒无人烟的地方，有一种身长两三尺的怪物。它形似野猪，双眼生于头顶，善于奔跑，快如疾风，难以看清全貌。

　　据说，这种怪物所到之处草木尽枯，池沼皆干，因此被人们取名为"魃鬼"。

　　遇到这种怪物时，要迅速捉住它，然后立刻投入污水之中。据说这样做之后，魃鬼会窒息而死，旱灾也会结束。

　　这种怪物和日照大神可能是同一种东西。不过，日照大神给人一种仁慈的感觉，但魃鬼不会。

　　在过去以稻米为主食的时代，旱灾比我们想象的要可怕得多。因此，像日照大神或魃鬼这种神怪，会给人一种真实存在的感觉。

发鱼

　　据说，发鱼的头发像带子，长着一张女人脸，鳞发白。

　　宽政十二年（1800），有个住在大阪西堀附近的人，从河里钓到一条怪鱼。这条鱼长九十多厘米，鳞似鲻鱼，头上长着一张人脸，生有眼、口、鼻，叫声似婴儿啼哭。人们认为这就是人鱼，引起了轰动。不过，这应该是一种叫"发鱼"的妖怪的幼崽。

　　在推古天皇时代（592～628），也曾发现发鱼。当时，人们疯传近江（今日本滋贺县）蒲生川出现了一种怪鱼，形似人。听到这个传闻后，摄津（今日本大阪府西北部、兵库县东南部）的一个渔夫就想去捕一条回来。他在堀江撒下渔网，很快，就有一个大家伙入网了。渔夫急忙收网，拉上来一看，果然就是传说中的怪鱼。怪鱼看上去就像一个婴儿，分不清是人还是鱼。

　　像发鱼、海猿和海乙女等，应该都是人鱼的近亲。

八百八狸

　　谈起妖兽，狐与狸堪称妖兽中的"双璧"。人们一般认为，狐很狡诈，狸则有点傻。不过，这只是人类的看法而已，狸并不愚蠢。日本各地流传的传说中，有很多狸战胜狐的故事。

　　狸在四国和佐渡名气很高。在四国地区，最有名的是伊予松山（今日本爱媛县松山市）的八百八狸和赞崎（今日本香川县）的秃狸。它们占领了整个四国，还在四国实行了"禁止狐踏入四国半步"的规矩。因此，四国的人们从未受到狐的祸害，受了狸很大的恩惠。

　　现在去四国，也能发现各地都在卖与狸有关的装饰品。这样看来，受狸恩惠最大的当属旅游业了。

　　八百八狸指的是伊予松山的狸的总首领——隐神刑部狸。据说，这只狸统领着八百零八位属下，还曾密谋夺取松山城，结果失败，被封印在了伊予久谷的山洞里。据说，这个山洞作为久谷中组的山口灵神，至今仍然存在。

花子

　　自古以来，人们就认为厕所里住着一种人称"厕神"或"加牟波理入道"的妖怪。直到今天，厕所中发生怪事的传闻仍不绝于耳。

　　近几年人们经常说的"花子"，就是出现在厕所中的一个灵。

　　花子经常出现在学校的厕所。如果敲一敲空无一人的厕所的门，问一声"花子在吗"，厕所里就会传来一声"在"。不仅有声音，厕所里有时还会伸出一只苍白的手，或是出现一个留着河童发型的少女。

　　另外，花子还会像点头仙一样，根据敲门的次数回答，如果说 YES 就回答一次，如果说 NO 就回答两次。

　　花子还曾出现在东京都足立区一所小学的体育馆。据说，如果有人绕着体育馆走四十四圈，然后喊一声"花子——"，就会听到"哎"的一声。如果再说一句"有没有人一起玩啊"，就会听到"玩什么"的回答。

　　较之妖怪，花子更像是幽灵。

婆狐

　　岛根县石见地区的某个村子有一家茶馆。据说，茶馆的主人是位老太婆，她从一个人手里买了一只狐狸，成了一个耍狐人。

　　老太婆十分喜欢狐狸，晚上总是抱着狐狸睡觉。她的嫉妒心极强，如果别人家收成好，她就会妒火中烧，故意刁难人家。她对人家说："你家有人被狐狸附身了，狐狸想和你们要东西呢。"然后，她就会驱使狐狸附到那户人家的某个人身上。这样一来，这家人只好请人驱邪，如果还是赶不走这只狐狸，人们虽然生气，也只好请这位耍狐的老太婆出面。

　　因为她屡次刁难别人，她的家人也十分为难，最后就请人将这只狐狸封印在了某处。

　　不过，封印也是有期限的，期限一到，狐狸就能出来，因此要重新封印。

　　狐狸被封印后，有人曾看到老太婆家的屋檐下连续几天都放着米饭。

针女

　　在爱媛县宇和地区，针女又叫"濡女"或"笑女"。

　　在针女蓬乱的发丝前端，长着像钩针一样的钩子，她会用这些钩子钩走男人。一旦被钩住，再强壮的男人也动弹不得。

　　在城边町（今日本爱南町）的樱冈，针女曾频繁出现，年轻男子们都十分害怕。

　　一天晚上，山出村有个青年晚上独自经过这里，迎面走来一位美丽的姑娘，冲他微微一笑。这个青年有点害怕，但禁不住美貌的诱惑，也回以微笑，结果这个姑娘突然披头散发地向他扑来。青年大吃一惊，急忙逃回家，关上大门，躲在家中战栗不已。

　　天亮后，青年战战兢兢地查看外面的动静，发现大门上留下了被发梢抓过的抓痕。

　　幸亏大门是用木板做的，因此才逃过一劫。如果是拉门，肯定会被钩子钩开。从此以后，人们得到了一个教训，如果被针女追赶，务必要关紧木门，而不是拉门。

返魂香

从前，汉武帝宠爱的一位妃子先他而去，他悲恸不已，便命方士烧返魂香。这位妃子浮现在烟中，汉武帝看到后，更加悲伤。这个故事流传到日本后，江户时代的人们便认为返魂香能够招魂。当然，名字中带有"返魂"二字的东西还有很多。

西海上有一座孤零零的岛屿，上面生长着一种人称"返魂树"的大树。这种树很像枫树，花开时香气浓郁，能够飘散到数百里之外。有人去世时，摘一片返魂树的树叶放进死者的口中，死者就能恢复呼吸，召回魂魄。

另外，尾张中岛郡下津（今日本爱知县稻泽市）的阿波手森林中，有一座冢叫"返魂冢"。从前，这里有个叫藤的女子，她的丈夫去奥州许久未归。藤每日悲叹，抑郁成疾，就去世了。丈夫平安返家后，看到死去的妻子，痛不欲生，请了一位叫东岸居士的高僧做返魂法。丈夫在烟中看到了亡妻的身影，悲喜交加。之后，人们就将埋葬藤的冢称作"返魂冢"。

半裂大明神

冈山县汤原町（今日本真庭市）有一座"半裂大明神"祠堂，这种祠堂在日本相当少见。"半裂"指的是大山椒鱼。因为山椒鱼生命力极强，被切成两段后也能活下来，因此得名。

这件事发生在元禄年间（1688~1704）。有传言说，流经汤原的旭川出现了一种吃人的巨大妖怪。

有一个叫三井彦四郎的年轻人想要除掉这妖怪。莽撞的他口衔一柄短刀跳进了深渊。过了一会儿，妖怪出现在水中，张开大口将彦四郎吞下。但彦四郎不屈不挠，用短刀划开了妖怪的肚子，最终降服了妖怪。这个妖怪长十米，粗四米，是一条巨大的山椒鱼，流出的血将河水染得通红。

当天晚上，为了表彰彦四郎，全村举办了庆祝宴会。但不知为何，彦四郎的脸色很差，随后发起高烧，不久就死去了。

村民都认为是被除掉的山椒鱼在作祟，为避免灾祸殃及村子，人们修建祠堂，祭祀山椒鱼。这就是半裂大明神的由来。

般若

　　般若原本出自梵语"Prajna"，意思是"大智慧"。自从有个叫"般若坊"的人制作出鬼女面具之后，人们便将鬼女称作"般若"。

　　鬼女是一种内心充满女性的嫉妒与怒火的妖怪。般若面具的故事，日本各地都有，其中最有名的当属"钻肉面"的故事。"钻肉面"是一个关于婆媳之争的故事，体现了女人极强的嫉妒心理。

　　古时候，有个坏心眼的婆婆总是刁难儿媳。儿媳的丈夫和孩子都因病去世了，但她还是和婆婆生活在一起。有一天，儿媳去给丈夫和孩子扫墓，婆婆就在途中戴上般若面具吓唬她。看到儿媳惊恐的表情，婆婆很高兴。但等到婆婆想要摘下面具时，却怎么也摘不下来。无奈之下，婆婆只好向儿媳坦白并道歉。儿媳认为肯定是因为婆婆的恶念，面具才无法摘下来。她与婆婆找到了一位高僧，请高僧念经诵佛之后，鬼面就摘掉了。

　　这个故事在信佛的人中广为流传。据说，福井县的愿庆寺和吉崎寺里还保存着这种面具。

般若附身

　　这件事发生在明治初年。有位一心敬神的年轻人，想去伊势的神宫教院学习。当他从赞崎走到大阪时，天色已晚，他便到一家客栈投宿。客栈的房间阴森森的，很不舒服。到了夜里丑时三刻，熟睡的年轻人忽然觉得后颈一阵发凉，接着就感觉有东西骑在他身上。他拼命挣扎，身体却一动不动。过了一会儿，骑在年轻人身上的东西探出头来看他的脸。那张狰狞的面孔分明就是般若。般若张开嘴，向年轻人的脸上吹了一口冷气。年轻人难受了一整晚。

　　天亮之后，年轻人急忙离开了客栈，前往大阪神宫教院的支部。他租住在教院支部二楼的一个房间，但般若却再次出现，继续折磨他。

　　过了半年，年轻人才来到神宫教院，没想到般若又出现在这里。只要般若出现，年轻人就动弹不得，甚至无法发出声音。由于极度神经衰弱，他最终离开了教院，最后下落不明。

　　应该是某种灵盯上了这位年轻人吧。

引亡灵

由于海流的作用，海上有些地方会聚集海藻或木片等漂流物。在伊势志摩地区，人们将这种现象称作"内场"。在潮湿的无风之夜，人们经常会在这种地方看到闪烁的磷光。渔夫们说这是亡灵发出的光，没有人敢靠近。

引亡灵是在海上遇难的人的亡灵。据说，它们会在海面上徘徊，寻找同伴，将生者拖进海里。渔夫们说，"引亡灵"这个名字就有拖人下海的意思。

引亡灵又叫"引亡者"。如果有船深夜出海，就可能会遇到。在周围一片漆黑的海面上，某个地方却闪着白光。有经验的渔夫此时会在甲板上用力跺脚，如果是鱼群，光就会立刻散开，如果是引亡者，光就静止不动。

无法超度的亡灵会袭击生者，令他加入自己的行列，这与专找某个特定的人作祟的怨灵是不同的。

引亡灵出现的地点，就是它们生前死亡的地点。它们会附到靠近的船上，带领船上的人走向死亡。

火神

在冲永良部岛，最可怕的邪神莫过于火神。据说它的羽毛黑白相间，双颊赤红，外形像鸡，栖息在空缸或桶里。因此，人们会将缸或桶等容器倒扣着放，或是灌满水。

如果有火灾发生，人们就会认为是火神在作祟。家里进了火神，人们会请来"由他（巫女）"，举行仪式，赶走火神。

日本全国有很多和鸡有关的传说。有不少地方认为，鸡在夜里打鸣是发生火灾的前兆。

在千叶县东葛饰郡，鸡在夜里打鸣时，人们会往澡堂里泼水，这样就能避免火灾。在鸟取县八头郡，人们会往土地上洒三杯水。在福冈县北九州市，如果有人将鸡毛扔到屋顶上，就会发生火灾。

类似的传说数不胜数。这恐怕都与火神脱不了干系。

在昭和十年、十一年进行的山村生活调查中显示，评选最讨厌的动物神明时，得票率最高的就是火神。

啪嗒凭

独自一人走夜路时，有时会从身后传来"啪嗒啪嗒"的脚步声。

在福井县坂井郡（今日本芦原市、坂井市），人们将这种现象称作"啪嗒凭"。

我小的时候经常遇到这种情形。最可怕的是，这种现象总发生在内心充满莫名恐惧的时候。

夜晚，一个人走在寂静的路上，那种安静有时会让人产生一种强烈的恐惧感，感觉木屐发出的声音越来越响。这时，除了木屐的声音之外，还会觉得有东西跟在自己的身后。

想回头又担心会遭到袭击，只好眼盯着前方继续走路，于是，这种恐惧感就会越来越强。

这时，听到身后传来"啪嗒啪嗒"的脚步声，好像有东西跟了上来。心里就会觉得一定是妖怪，吓得冷汗直流。

这种现象大概就是"啪嗒凭"吧。无论是谁，应该都有过这种经历。

饥神

　　饥神和饿鬼、达里是同一种东西。人们被它附身后，就会饥肠辘辘，走不动路。

　　饥神是由死后无人祭祀的鬼魂化成的。如果在山中突然感觉浑身无力，就可能是被饥神附身了。这时只要吃一口干粮即可，如果没有，就在手心里写一个"米"字，然后舔三次，也可以恢复精神。所以最好事先留一些救命干粮。

　　在和歌山县，有个人走山路时被饥神附身，他在手心里写了一个"米"字，逃过了一劫。还有一些传说中提到在山中最容易"被饥神附身"的地方，这种地方多在山顶附近。

　　明治时代的博物学家南方熊楠[①]曾这样写道："余自明治三十四年起，在那智山山麓逗留两年半有余，尝走云取，曾被饿鬼附身……"

　　饿鬼是饿死在路边之人的灵魂，会附到饥饿和疲劳的人身上。被附体者如果不能得到及时救治，可能会死亡。

　　附身妖邪是一种很难缠的东西，如果小看它们就会倒霉。

---

①南方熊楠（1867~1941），日本博物学家、生物学家、民俗学家。

魃

魃就是日照神，又名"旱母"。它生活在险峻的深山中，人脸兽身。尽管独手独脚，却行走如风。此妖怪一出，就会持续干旱，滴雨不下，引发旱灾。

如果能够捉住它，然后将其扔进浑浊的水中，它就会窒息而死。不过，它毕竟是魔神，人类想要捉住它是很难的。

魃源自中国，在一本名为《三才图会》的中国古书中，它被记录在"鸟兽"这一条目下。

据书中记载，刚山上栖息着很多神魃，人面兽身，独手独脚，所到之处滴雨不下。刚山是古代中国的《山海经》中记载的一座山，不过，人们并不清楚这座山的具体位置。

因为是从中国传来的一种妖怪，所以很难找到它出现在日本并引发旱灾的记载。

一声叫

一声叫又名"一声呼"。山中的妖怪和人打招呼时，总是呼唤一声，因此在岐阜县大野郡，如果在山中的小屋和别人打招呼，必须要连续呼唤两声，通过这种方式告诉对方自己不是妖怪。

只会打一声招呼的妖怪就是一声叫，这不是指单独的某一种妖怪，而是对山中只会发出一声呼唤的妖怪的总称。

关于打招呼，柳田国男讲过一个很有趣的故事。

从前，人们在黄昏时分相遇，必须要互相打招呼。因为黄昏时人们看不清对方的脸，打招呼的用意是为了弄清"他是谁"和表明"我不是妖怪"。因此，黄昏时分的这段时间，又叫"彼谁时""谁彼时"，日语中"黄昏时"一词的发音就来自这里。

我们平常所使用的词句，有很多都与妖怪有关。

人魂

　　人在临死前的两三天，或是即将咽气的时候，灵魂会变成一个火球从身体里飞出来，这就是人魂。从古至今，流传着很多亲眼看到人魂的故事。

　　根据目击者的描述，人魂呈圆形或椭圆形，后面拖着一条长尾巴。也有人说："它就像一只蝌蚪。"

　　它的颜色多为青白色或黄色，如果用手将人魂击落，火就会消失，手心里还会沾上泡泡。还有人说，如果用油纸伞去打人魂，它就会消失，油纸伞上会沾上一些类似痰的东西。

　　人魂的飞行速度因人而异，老人的人魂飞得慢，年轻人的人魂飞得快。在一些地方的传说中，男人的人魂会从客厅里飞出，女人的人魂则从厨房里飞出。

　　有些人认为，人魂是幽灵的兄弟。从前，还有人看到过长着眼、耳、鼻、口的人魂。

一目小僧

　　江户四谷住着一个叫喜右卫门的人，是个沿街叫卖鹌鹑的小贩。

　　有一天，他路过麻布一座老旧的武士宅院，从院子里出来一个人买鹌鹑。喜右卫门把鹌鹑给了他，然后被领进一间屋，等着收钱。

　　他正在房间里等待时，只见一个十来岁的小孩走了进来，将壁龛上的画轴骨碌碌地卷了起来，又呼啦一下放了下来，如此反复了好几次。喜右卫门觉得这样会把画轴弄坏，就责备说：

　　"喂，别调皮捣蛋。"

　　小孩却说："闭上你的嘴！"

　　说着把脸扭了过来。原来是一目小僧，喜右卫门当场被吓昏过去。

　　过了一会儿，他醒了过来，和府上的人说起此事，对方回答说："今年春天，我看到有个人擅自吃点心盒里的点心，就问他是谁，结果对方也是说了一句'闭上你的嘴'，然后就消失了。"

　　据那个人说，这座院子每年会发生好几次类似的怪事。这个妖怪虽然并不做什么坏事，但一定会说一句"闭上你的嘴"。

独眼狸

从前，纪州白滨町富田有一只独眼的狸猫，它生气时，眼珠就会变大。

它很喜欢吓唬人，经常在夜里藏在昏暗处等待路人经过。

一天夜里，有一名男子走在路上，独眼狸突然跳到那人面前，瞪着大大的眼珠盯着对方。男子吓得急忙逃走了。

过了一会儿，又有一名男子路过，独眼狸再次跳出来，瞪着男子。但是，这名男子非常勇敢，一点也不害怕。于是，独眼狸就让那只眼睛不断变大，直到脸那么大。这个胆大的男子终于害怕，然后就逃走了。

接下来路过的是一名盲人男子。独眼狸瞪起眼睛，吓唬他说："怎么样，怕了吧？"

但是，盲人根本看不到，依旧稳如泰山。"我就不信吓不倒你"，独眼狸有些不服气，就瞪大眼珠。但盲人丝毫没有表现出恐惧。结果，独眼狸的眼珠从脸上掉了下来，落到地上。这一次，它被戳中要害，死掉了。

独眼入道

　　从前，江户芝高轮（今日本东京都港区）有位贫穷的医生。一天傍晚，一队衣冠楚楚、看起来像武士的人登门拜访，说家里有人病了，要请他上门诊治。

　　医生坐进他们准备的轿子，眼睛却被蒙了起来。医生感觉有些不安，一路战战兢兢。过了一会儿，他们来到一座很大的宅邸。

　　医生的眼罩被摘了下来。他在房间里候诊，司茶的和尚端上了茶。医生看到他的脸，居然只有一只眼睛。这时，从他的头顶又传出一个声音："烟给您拿来了。"他抬头一看，是一个身高两米有余的独眼入道。

　　医生吓得瑟瑟发抖。又有一名仙女伴随着美妙的音乐走了进来，催促他去另一个房间。那里已经备好了酒宴，摆满了山珍海味，房间里还回荡着天上的仙乐。

　　医生恍如走进了仙境，在仙女的陪伴下喝得酩酊大醉。等到醒来时，他发现自己躺在家中。本以为只是一场梦，但一旁的妻子却不安地说："今天早上，是赤鬼和青鬼用轿子把醉醺醺的你送了回来。"

　　没过多久，这件事便在周围传开了。

独眼大坊主

从前，防州岩国（今日本山口县岩国市）有个仆人跟随主人在夜晚划船捕鱼。当时天气很好，主人说：

"我们在船上休息一会儿，天亮再撒网也不迟。"

说罢便脱下外套当被子，在船上躺了下来。仆人也正想坐下时，前方突然出现了一个大和尚，巨大的脸上只有一只眼睛，还放着光，十分吓人。

"主、主人，不好了，快看……"

主人听到仆人惊慌的声音后醒来，被眼前的大和尚吓坏了。不过，他很快镇定下来，两人分别抄起篙和橹，向着大和尚的方向拼命挥舞。

忽然，大和尚就消失了，两个人愣在原地。

等到天亮后，心有余悸的主人和仆人便回去了。

独眼黑坊主

伊予松山有一座古寺，叫"净富久寺"。寺里的住持拜访城外的一位施主时，听到这样一个传言，松山城的石墙上每天夜里都会出现黑坊主。

这位住持听到后，只是笑了笑，并没有当真。他不听施主的劝阻，深夜独自一人来到石墙旁。

这里曾经是处决犯人的地方，一般人来到这里都会毛骨悚然，但这位住持似乎并不害怕。

迎面走过来一个卖荞麦面的人，住持说道："我特意来到这里，就是想要看看传说中的黑坊主，看来只是传言而已啊。"说罢哈哈大笑。卖荞麦面的人问道："那黑坊主是什么样的怪物呢？"

住持并没有见过，他说："大概是个独眼的大入道吧。"

卖荞麦面的人转过身来，说："和尚，应该是这种样子吧。"

话音未落，他变成了大入道，巨大无比，脸中央有一只闪闪放光的眼睛。受到惊吓的住持昏了过去。

独目坊主

在熊本县八代市松井家家传的《百鬼夜行绘卷》中,描绘了一种名叫"独目坊主"的独眼妖怪。这种妖怪在独眼妖怪中属于另类。

印度人的额头上都印着一个红点,在独目坊主唯一的一只眼睛上,就有一个类似的红点。这个红点还能发光。

《百鬼夜行绘卷》中对独目坊主没有任何描述。虽然无法解释,但据说在人们将独眼妖怪统称为独眼小僧之前,似乎曾有一段时间将其称作"独目坊主"。

与此相似,包括熊本县在内的九州全域,曾将一种妖怪称作"独目五郎"。据说这是一种会闯入家中的妖怪,一般出现在昏暗的地方。

独目坊主出现在距离发现《百鬼夜行绘卷》不远的球磨川流域的山中,常常出现在悬崖旁的山路上。因此,独目坊主可能就是独目五郎。

额头上能发光的独眼怪,我似乎从没听说过。这到底是一种怎样的妖怪呢?

一人相扑

从前，筑前姪滨（今日本福冈县福冈市）有个力气很大的男子，名叫久三。一天深夜，他经过河滩时，遇到一只河童，想与他进行一场相扑。

久三说："深更半夜的，怎么比相扑？"

河童纠缠不休，一直跟随久三来到他家。无奈之下，久三决定天亮后在河滩上与河童进行相扑比赛。天亮后，久三来到河滩上，已经有五只河童等在那里。

久三说："一个一个和你们较量吧。"

河童们从河里爬了上来，轮番向他发起挑战。久三虽然力气大，却没料到河童的身体十分光滑，还有一股浓烈的腥味，实在让人无法忍受。不过，他很快发现只要将手伸到河童的胯下，倒着往地上一摔，就能轻松战胜河童。河童们发现自己没有胜算，很快就散去了。

附近有不少人过来观看这场相扑比赛，但不可思议的是，人们都看不到河童。只见久三一个人在玩相扑，时而传来什么东西跳入水中的声音，还能看到水中的波纹。

火取魔

　　火取魔是从前出现在石川县江沼郡山中町（今日本加贺市）的一种妖怪。

　　这里有一座桥叫"蟋蟀桥"，这座桥的附近有一个地方，叫"姥怀"。此处居住的人并不多，但因为靠近温泉浴场，到了傍晚，还是会有一些人提着灯笼经过。

　　不知从什么时候起，这里传出一个奇怪的传闻。夜里，人们提着灯笼经过时，有时会"嗖"的一下，灯笼中的火像是被吸走一样灭掉。通过这里后，灯笼又会再次亮起来。

　　这就是火取魔在作怪。

　　从前，人们晚上出行时都要提着灯笼，如果灯火变暗，就会感觉周围有些吓人。如果每次灯火都是在经过某一个地方时变暗，人们自然会认为是妖怪在作祟。

　　在土佐（今日本高知县），人们将这种走夜路时灯火变暗的情况称作"魔附身"。为防止这种情况出现，人们会在出门之前将灯火吹灭，然后再重新点亮，这样就不会出现"魔附身"了。

飞缘魔

　　"飞缘魔"原本出自佛教，告诫僧人不要犯女戒。这种妖怪是要告诫人们不要沉迷于女色，以致葬送性命，家破人亡。飞缘魔又叫"缘障女"。

　　若是将男人的无能怪罪于女人，这种妖怪是很合适的替罪羊。

　　飞缘魔外表像菩萨，内心似夜叉，外表与内心截然不同，因此人们不应该被女人所迷惑。如果一味沉迷于女色，就会自取灭亡。这是古人对我们的告诫。

　　据说，夏桀的妹喜、殷纣王的妲己、周幽王的褒姒，都是飞缘魔。一旦被飞缘魔魅惑，就连血液都会被吸得一滴不剩，最终丢了性命。

　　这种妖怪被认为与"丙午年"有关，当然，这是一种迷信的说法。

　　有句老话说，"丙午年的女子会杀夫"，因此人们都不喜欢丙午年出生的女人。据说，这一年出生的女人婚后会克死丈夫。有一种说法认为，通过戏剧广为人知的纵火犯阿七[①]，就生于丙午年宽文六年（1666），所以人们才会有这样的看法。

---

①日本江户时代的人物。阿七无意中与吉三郎相识，之后两人相爱，但遭到家人的阻挠。阿七为了见到自己的心爱之人而蓄意纵火，因此被处以死刑，年仅十七岁。

火之车

火之车是来自地狱的使者。关于火之车，还流传着这样一个故事。

明和年间（1764～1772），京都五条柳马场一带住着一位姓三上的医生。

一天夜里，医生家的女佣觉得心绪不宁，就打开窗户通风，结果却看到了令人吃惊的一幕。

只见她的母亲正坐在火之车上，痛苦地哀号，全身被地狱之火包围。

女佣悲痛至极，跑到门外，想把母亲从火之车上拉下来，却昏倒在地。其他人看后大吃一惊，发现她的身体有一半都被烧伤了。

那天晚上，女佣的老家传来死讯，说是乡下的母亲去世了。

据说，如果生前不积德行善，临死时，地狱使者——火之车就会前来。

火之车是奉阎魔大王之命，由地狱的狱卒和小鬼们拉来的。也有人说，在赶赴地狱之前，火之车会出现在死者的亲属面前。

比婆猴

　　昭和四十五年前后出现的比婆猴，身高一百五十至一百六十厘米，全身覆盖着浅褐色的毛，头呈倒三角形，脸似人类，看起来既非猿类又非人类。

　　它出没于广岛县东北部比婆郡西城町（今日本庄原市）的山林中，因而得名"比婆猴"。据说，西城町政府还专门设立了一个"类人猿科"，应对蜂拥而来的媒体。

　　昭和四十五年，有个小学生上山采蘑菇时，亲眼看到一只比婆猴从山白竹林中露出了头。从这一年起，到昭和五十年的这段时间，不断有目击者出现，之后它好像消失了一样，再也没有人见过。

　　又过了五年，在离这里一百公里远的福山市山野町，出现了一个类似的怪物。因为出现的地点在山野町，人们将其称作"山猴"。将目击者的证言梳理后发现，人们看到的山猴和比婆猴应该就是一种东西。不过，山野町的人们见到几次之后，它似乎又消失了，只剩下传言，如今已经没有人再提起了。

　　比婆猴的原形成了一个谜。

狒狒

从狒狒的长相就能看出，它十分凶猛，是名副其实的妖怪。根据江户时代的百科全书《和汉三才图会》记载，狒狒外形似人，行走如飞，会吃人，身体发黑，有毛，脸像人，嘴唇外凸，见人会笑，体型大的狒狒约一丈高。

日本各地都有狒狒出没的传说，内容也大体相同，都是击退猿神之类。

三重县名张市的黑田下川原有一座"庚申冢"，据说这里祭祀着狒狒之灵。

宽永年间（1624～1644），黑田曾出现一只大狒狒，掠食少女。有个叫由比正雪的人，从大和（今日本奈良县）到伊贺（今日本三重县北部）修行武艺，当他经过黑田时，听说了此事。为了救人性命，他消灭了狒狒。庚申冢就是在这时修建的。

中国也有与狒狒类似的妖怪，因此，它很可能是一种传自中国的妖怪。

火间虫入道

　　火间虫入道是鸟山石燕在《今昔百鬼拾遗》中描绘的一种妖怪。当人们加夜班拼命工作时，火间虫入道就会悄悄出现，偷舔灯油。

　　据说，这种妖怪是游手好闲的懒汉死后变成的，又叫"火间虫夜入道"。

　　石燕解释说："古人云，'人生当勤，勤方不贫。'生时于世无益，每日游手好闲、虚度光阴者，纵使死后，其灵亦会变为火间虫入道，偷舔灯油，妨碍人们夜间劳作。今人所玩'头目鼻口（ヘマムシ）入道'之游戏①，亦源于火间虫入道，皆因其五音相通。"

　　这样看来，这种妖怪是由懒汉死后所变，人们在夜里加班时它就会来捣乱。

　　石燕提到的"头目鼻口"游戏和数字画脸游戏一样，都是一种描绘人的侧脸的文字游戏，在写完日语的四个片假名"ヘマムシ"之后，用草书写上"入道"，就变成了一幅人物坐像画。

　　按照石燕的解释，文字游戏"ヘマムシ"就是一种描画火间虫入道的游戏。

---

①火间虫原文作"ヘマムシ"，"ヘマムシ"是江户时代的一种用文字拼画成老头模样的涂鸦游戏。"ヘ"为头，"マ"为眼睛，"ム"为鼻子，"シ"为嘴。

百目

　　这种妖怪全身长着一百只眼，由于白天光线刺眼无法行走，所以躲在夜间活动。它遇到人时，会弹出一只眼珠，一直跟着对方。它的眼珠会自动回到原位。不过这妖怪没有嘴，所以不知道它以什么为生——这就是夜晚经常出现在古寺或荒废的寺庙里的"百目"。

　　百目和肉瘤怪很可能是同一类妖怪，与拉窗上长着很多眼睛的"目目连"，以及手上长着多只眼睛的"百百目鬼"也有相似之处。

　　传说一旦有人偷盗，这个人的身上就会长出眼睛，这种妖怪或许就是根据这一传说而来的。

　　江户时代有一种曲艺形式，也与眼睛有关，叫作"百眼"。这名字并非是指眼睛的数量有一百只，而是说艺人的眼睛能够变化出各种眼神。据说，这种艺术形式是由落语家① 三笑亭可上开创的，曾风靡一时。

　　"乐曲、演员、姿态、声色，还有戏法、百眼，应有尽有。"——这就是当时招揽观众的台词。

---

①落语家，是专门从事落语演出的人，落语类似于中国的相声或者评书，风格搞笑幽默。

百鬼夜行

百鬼夜行形容的是很多鬼在夜间集体出现，《今昔物语集》等书中还记录了有人曾目击百鬼夜行的故事。

从前，有一位修行僧走到摄津（今日本大阪府西北部、兵库县东南部）的山中时，天黑了，他便决定在一座没有人的寺院里过一夜。夜深人静，修行僧正一心一意地念诵不动明王的咒语，忽然有一群手里拿着火把的家伙闯了进来，原来是一群奇形怪状的鬼。修行僧感觉自己逃不掉了，就接着念诵咒语。这些鬼看着修行僧说：

"哎呀，我的宝座上怎么来了个新的不动明王。不过今晚还是请你先到外面去吧。"

说罢，就揪着修行僧的脖领，将他拎到了佛堂的外廊下。这群鬼在佛堂中吵嚷了一阵，天亮后就消失了。

修行僧抬起头四下看了看，发现周围是一片荒草地。这时，远处来了一位骑着马的武士，修行僧叫住武士一打听，才知道这里并非摄津，而是肥前（今日本佐贺县、长崎县）的深山里。他以为自己刚才被鬼扔到了佛堂的外廊下，结果却是从摄津丢到了肥前。修行僧觉得害怕，就急匆匆地赶往京城了。

兵揃

　　在九州，人们将河童称作"兵揃""兵主"等。关于"兵揃"一词，有人说源自"兵主部"。

　　佐贺县武雄市的潮见神社祭祀着河童的主人——涩江氏，他的祖先是位名叫兵部大辅岛田丸的人，曾担任内匠奉行。

　　当时，木匠们秘密制作了很多人偶，利用这些人偶完成了春日神社的工程，完工之后就将人偶丢进了河里。这些人偶化为河童危害人间，降服它们的就是岛田丸。从此以后，人们就将河童称作"兵主部"。

　　当地人还将河童看作是木匠的徒弟。

　　这个地方还有一首防止水难的民谣：

　　"兵主部，莫忘约定。川立男，氏菅原。"

　　为了防止水难发生，人们会将木匠墨斗里的墨线缠在孩子的脚上。

兵主坊

宫崎县有一种会在空中飞行的河童，名叫"兵主坊"。

据说，兵主坊春天生活在河里，到了秋天，就会移居到山里。兵主坊一般都是集体飞过天空，飞行的时候会发出候鸟迁徙时的"咻咻"声。它们在春分和秋分的雨夜里飞行，沿着溪流或山岭飞来飞去。

在宫崎县东臼杵郡西乡村（今日本美乡町）流传着这样一种说法：兵主坊会在春天的社日（临近春分的戌日）"呱呱"地叫着落到河上，又会在秋天的社日（临近秋分的戌日）飞到山上。

兵主坊有时也会在白天出没。村民们听到叫声后，就会停下手中的农活，等待大群的兵主坊通过。

兵主坊和其他河童一样，喜欢恶作剧。有时候，房后的山崖忽然传来"哗啦哗啦"的声音，像是发生了坍塌。人们以为自己家的房子要塌了，就赶紧向外跑，结果却什么都没发生。这就是兵主坊在作怪。

如果有人将房子建在兵主坊通过的路上，房子就会在不知不觉中出现一个大洞。生活在九州深山里的"背子"也会做这样的坏事，这两者间似乎有着某种关联。

病虫

从前的人们认为，疾病是由虫子引起的。这幅图描绘的就是江户时代袭击病人的妖虫，或者说是一群"病虫"。

这种妖怪会折磨病人，我想应该是一种"幻虫"。

当然，过去的医疗技术并不发达，一旦生病，人们就会认为是由妖邪附身等引起的，主要依靠祈祷等手段治疗。

"病虫"就是在这种背景下产生的，人们都非常惧怕病虫。

根据成书于江户时代的《和汉三才图会》记载，人的体内有九种虫，疾病就是由这九种虫引起的。这些虫进入体内之后，有时会变成婴儿、鬼、青蛙、蝾螈、蜈蚣、鳖、蝙蝠等。

原本是有了病因，才会生病（当然，现代仍有一些尚未查明原因的疾病），但这种"病虫"的想法却实在独特，应该说是人类创造出的一种妖怪。当然，还有一句老话叫作"病由心生"……

火男

　　火男就是潮吹面，在东北地区介绍灶神由来的民间传说中有关于它的故事。

　　从前，某地住着一对老夫妇。老头上山砍柴时，发现了一个奇怪的洞穴，就想用木柴将洞口封住。结果，山洞里却走出来一位美女，说要感谢老头送来的木柴，将他请到了洞中。原来洞里面是一座金碧辉煌的公馆。美女盛情款待了老头，还给他带回一个礼物，不过这个礼物是一个不停玩弄肚脐的丑小孩。

　　到家后，这个小孩还是一直摆弄肚脐，老头就用火筷子往肚脐上一戳，肚脐里居然掉出了一颗金豆。从此以后，这对老夫妇每天都会取三次金豆，家里变得非常富有。但是，欲壑难填的老太婆为了得到更多的金豆，就使劲捅肚脐。因为用力过猛，竟把小孩戳死了。之后，小孩出现在老头的梦中，说道：

　　"做一张和我相似的脸，挂在炉灶的柱子上，你家就会兴旺。"

　　从此以后，东北地区的人们都在炉灶附近供奉丑面具。据说，这个小孩就是"火男"。

　　火男又被称作"龙宫童子"，所以，老头去的地方很可能就是龙宫。

屏风窥

　　如果人们在夜里竖起屏风睡觉，就会有一个瘦骨嶙峋、披散头发的妖怪——"屏风窥"从屏风后面出来，偷窥人睡觉的样子。

　　据说，屏风窥多喜欢在新婚之夜偷窥。如果有人问："为什么偷窥？"它就会回答："我是屏风窥。"

　　只要在夜里睡觉时竖起屏风，屏风窥就会出现，要让它不出现是很难的。如果想驱除屏风窥，唯一的办法是不使用屏风。

　　一般来说，当人们把屏风竖在床边睡觉时，屏风与屋顶之间是有空隙的，光会通过空隙射进来，这样一来，人们看屏风上面的时候，就会有一种被什么东西偷窥的感觉。

　　在江户时代的妖怪绘画中，有很多从屏风上面偷窥人类的妖怪。这或许和古时候使用屏风的人总觉得会遭人偷窥的心理有关系。

　　另一方面，竖起屏风后，屏风后面会有阴影，因此很容易生出一种妖怪即将出现的感觉。

日和坊

　　日和坊是一种很稀奇的妖怪，它在下雨和阴天时绝对不会出现，只在晴天的时候出现。

　　日和坊主要出没于茨城县一带的山中，不会做什么坏事，当地人都靠它来判断天气。这件事传开后，人们就产生了"向日和坊祈求明天是个好天气"的想法。

　　如果祈愿成功，就成了骄傲的资本。因此，大家纷纷制作"日和坊"的人偶挂在屋檐下，祈祷明天是个好天气。

　　这就是今天的扫晴娘①。日和坊随着童谣出了名，但同时也沦落为小孩子的玩具。

　　这原本是人们对一种人称"日和坊"的山精或山神的信仰。在台风或梅雨季节，人们会挂上扫晴娘，意在求助于日和坊，希望天气转晴。但是，再厉害的日和坊似乎也无法战胜台风和梅雨。

----

①又称晴天娃娃、扫天婆、晴天和尚，主要流行于中国农村和日本，是一种悬挂在屋檐上祈求晴天的布偶。

比良夫贝

很久很久以前，猿田彦^①在阿邪诃（大约在今日本三重县松阪市北部一带）打鱼。他来到海上时，周围的海面突然波涛汹涌，海里出现一只长着毛的大海贝。

猿田彦立刻拔出剑，想要杀死海贝，结果失败了。船被海贝摇晃得厉害，最后倾覆了。

猿田彦在海里拼命地游，好不容易爬上了岸。他回头看了看身后，发现妖怪已经消失了。

猿田彦将这件事告诉了另一个人。对方说，那很可能是一种名叫"比良夫贝"的贝妖，经常出现在海上袭击人。

"猿田彦果然名不虚传，居然能毫发无损地回来。"

因为这个妖怪，猿田彦的名气越来越大。

还有一种说法认为，比良夫贝其实是一种巨大的扇贝。

---

①猿田彦是日本神话中指引琼琼杵尊降临苇原中国的国津神。——原注

蛭持

　　在岛根县邑智郡的一个村子，有一户人家有蛭持依附。

　　据说，这家人曾帮助过水蛭，之后家中就兴旺起来。新年时，这家的主人将烩年糕供奉在神龛上，之后，这些烩年糕都变成了水蛭。

　　这是一种能让家族繁盛、类似福神的东西。在附身物中，能够带来幸运的并不多。

　　像这种被某物附身的奇妙思想，很可能来自被古人视为生命原理的灵魂思想。

　　古人曾一度认为，灵魂是一种轻飘飘的类似气体的东西。

　　这种东西是极有可能附到人身上的。在关于附身物的传说中，能够看到原始生命观的影子存在。尽管人们意识不到，但我认为这种生命观现在仍默默地支配着人们。

琵琶牧牧

　　玄象（玄上）和牧马是琵琶中的名器，从醍醐天皇时代起，就一直作为宫中的宝物流传下来。

　　其中的玄象，琴艺不精者是无论如何也弹不响的，并且如果上面落了灰尘，也弹不响。

　　村上天皇（946～967）在位时，玄象遗失。不久后的一天夜里，源博雅在清凉殿里听到一阵阵美妙的琵琶声从南面传来。他一路寻去，发现声音是从罗城门的楼上传来的。这美妙的声音肯定是名琴玄象发出的。于是，源博雅便在楼下说明寻访玄象的缘由，之后琵琶声就停下了，过了一会儿，玄象被拴在绳子上吊了下来。原来玄象里蕴含着一种神奇的力量，连鬼都被其吸引，忍不住将之盗走，刚才的声音便是鬼在弹奏玄象。

　　鸟山石燕认为，玄象和牧马变成了一种名叫"琵琶牧牧"的妖怪。神奇的琵琶化为妖怪也不足为奇。正如这幅画所示，这种妖怪已经化为人形，走遍日本，到处弹奏出美妙的声音。

人形神

　　在富山县西部地区，如果有谁家突然一夜暴富，人们就会说那家肯定供奉了"人形"。

　　所谓"人形"，指的就是人偶。人们将从墓地带回来的土放到一个地方，在三年的时间里，让三千个人踩过之后，用这种土制作人偶。

　　制作一千个十厘米大小的人形神，并将它们放进锅中煮，其中会有一个浮上来。这个人形神就叫"小巧宝"，人们认为小巧宝里面藏着一千个灵。

　　如果祭祀"小巧宝"，人们所有的愿望都能实现，身份地位也会提高（发家致富）。不过，这也需要付出代价，死去的时候，人形神会附到这个人身上，永不离开，让这个人坠入地狱。

　　这种人形神和中世的阴阳师所使用的秘术——式神很相似。所谓式神，就是将自然界中的灵放入人偶中，加以驱使的一种东西。但式神并不像人形神那样可怕，到了地狱也仍附在人身上。

贫乏神

贫乏神又叫"穷鬼"。据一本名为《谭海》的古书记载，有个人的叔父壮年时就曾见过贫乏神。

这位叔父有一天午睡时，梦见一位衣衫褴褛的老人走进房间，走上二楼。虽然他觉得这个梦很奇怪，但并未在意。自从做了那个梦之后，他就事事不如意，日子越过越穷。穷困潦倒的他到了第四年，有一天午睡时，那个梦里见过的老人再次出现在梦中，从二楼走下来和他告别，在临走前还说了这样一番话：

"我离开之后，你在炒饭里放一点炒味噌，然后盛在折敷（一种木制的盘子）里，从后门拿出去，倒进附近的河里。"

梦中的叔父还没反应过来，老人继续说道：

"炒味噌不能放太少，贫乏神就喜欢这东西……"

叔父醒来后，便按照梦中老人所说的那样，将炒饭和炒味噌倒进了河里。从此以后，他家终于逃离了贫穷的眷顾。

风狸

风狸和川獭很像，除了背部到尾部这部分以外，全身的毛都比较稀少。风狸遇到人时，会把头垂得很低，显出一副很害羞的样子。它还可以在空中飞行。从前的人们都认为它是狸的一种。

风狸能够在野外找到一种奇怪的草，它将这种草丢向停在树枝上的小鸟，小鸟就会从树上掉下来。

这样看来，风狸是以小鸟为食。但它用的草究竟是什么草，一直也没能弄清楚。

一个偶然的机会，有个人抢走了风狸手中的草。风狸逃到了树上，那个人也爬到树上将草投过去，结果风狸、小鸟，还有那个人都从树上掉了下来。

有一种观点认为，风狸可以借助风力攀岩或爬树，速度如飞鸟一样快。

此图是参照江户的妖怪画家鸟山石燕的《今昔百鬼拾遗》绘制而成。在鸟山石燕生活的时代，风狸应该是一种很厉害的妖怪。但从外形来看，风狸并不像妖怪，更像是一种普通的动物。

吹灯婆

从前，当人们点着明晃晃的蜡烛和行灯举行宴会时，经常会发生这种事，明明没有风，灯却忽然熄灭。人们连忙查看，发现油未枯，灯芯也未烧尽。

这就是吹灯婆在作祟。它从远处忽地吹出一口气，将灯吹灭了。

当宴会结束，客人都回去时，主人会点上提灯让客人提着。这时也经常会发生灯火忽然熄灭，或火焰忽然变小的情况。检查提灯后会发现并无异常，于是人们就知道这是吹灯婆在作怪。

吹灯婆只会吹灯，并不做其他坏事。但是，只要它出现，街道上就会变得黑漆漆的，十分不便。

从前的照明只能靠火来实现，因此，这种妖怪在没有电的时代里，还是相当可怕的。

吹灯婆会随时出现，因此需要时时小心。

文车妖妃

　　文车即宫中运送文书的车子，而这里的文车妖妃，据说是由寄托在书中的思念之情凝聚而成的一种妖怪。

　　说起书信中的怪异，在《诸国百物语》中就有一个"情书中的执念化为鬼"的故事。

　　一休禅师在伊贺喰代（今日本三重县伊贺市）某寺修行的时候，寺中只有一个少年，据说还有吃人的鬼出没。到了深夜，鬼真的出现了，但因为一休在专心做法事，鬼没能看到他。天亮之后，鬼在少年睡觉的地方消失了。

　　第二天早上，一休检查了少年睡觉的地方的地板下面，发现了很多写给少年的情书。少年说他并没有看这些书信的内容，直接丢到了那里。一休这才明白，原来是寄托在情书里的执念，借少年的肉体变成了鬼。

　　文车妖妃虽是鸟山石燕在《画图百器徒然袋》中描绘的妖怪，不过，正如《诸国百物语》中描述的那样，寄托在书信里的执念似乎真的会化为某种东西。

袋下

在长野县北安昙郡大町（今日本大町市）一带，曾出现一种叫"袋下"的妖怪。据说，有人穿过树林时，树上突然掉下一个白袋子。人们认为它的原形就是狸。据说，田屋的"饭柜转"和袋下是同一种妖怪。

从树上突然垂下来的妖怪，日本各地都曾出现。在高知县，从树上垂下来的妖怪不是白袋子，而是茶袋。人们并不知道茶袋的原形是什么，所以也不能排除是狸的可能性。狸善于变化，因此在流传着很多与狸有关的传说的四国地区，这种可能性就更高了。

另外，"饭柜转"和袋下是同一种妖怪，并且很多人都认为，名为"某某转"的妖怪应该都是狸在作怪。

在德岛县有一种叫"酒壶转"的妖怪，会从坡道上向下滚，让人误以为是酒壶在滚动。如果有贪财之人想要追上去捡，就会被它推进山谷或骗进山沟。

袋貉

　　江户时代，小偷总是背着一个大包袱逃命。袋貉的模样会让人联想起江户时代的小偷。

　　袋貉和普通人看起来并无不同，与它交往两三天，便会被它附身，像图中画的那样，在深夜将所有财物装进口袋里逃命。

　　貉擅长变化，其中最有代表性的就是佐渡的团三郎貉。

　　团三郎是佐渡的貉的头领，可以随时进行各种变化。它还会拿着树叶变成的金币去酒馆或米店买东西。有时候还会化为禅僧，游历秋田、伊势等地。有这样一句歌词，"伊势去七次，熊野去三次，月月拜山神"，唱的就是团三郎的所作所为。

　　从前和现在有很大的不同，似乎总有很多奇怪的动物。

　　狸或狐会千变万化，这种想法来自于绳纹时代的一种传统思想，即"在远古的时候，神住在森林中，动物是神的仆人"。

　　因此，动物会变化的传说才会流传至今。

衾

衾指的是在现在的被褥普及之前使用的寝具。

但在新潟县佐渡地区说到衾，却是一种会突然袭击走夜路的人的妖怪。它在袭击时，会像包袱皮一样，蒙住人的眼睛和鼻子。

一旦被这种东西蒙住脸，即使用正宗的名刀也杀不死它。

不过，任何妖怪都会有弱点。如果用染黑的牙齿咬它，很容易就能将其撕裂。因此，在佐渡地区，从前的男人也都染齿。

直到明治时期，男人染齿的习惯还没有完全消失，可见衾多么可怕。

在爱知县西尾市的佐久岛，有一种"布团被"，据说这是一种飘然而至、蒙到人脸上令人窒息的妖怪。这一点与佐渡的衾十分相似，至于名字，"布团被"则更形象。

札返

在小泉八云的《妖怪之歌》中，记述了一种名叫"札返"的妖怪，其中的故事很像《牡丹灯笼》①中的一个场面。

牡丹灯笼的亡灵阿露，每晚都会去她心爱的男子的住处。有一天，这名男子觉得阿露不是凡间之人，就在家中的门上都贴了一道符。阿露无法碰触这些符，便请求邻居帮忙将符揭了下来。

这就是"札返"，这个名字应该是小泉八云从一本名为《狂歌百物语》②的古书中找到的。因为《狂歌百物语》中有很多相似的和歌，比如：

"六字符，揭下来，幽灵也会数张数。"

"区区一纸符，纵然贴不牢，亦难揭下来。"

"札返"这个名字生动刻画了那些因为某种原因试图揭掉咒符的幽灵，多少给人一种滑稽的感觉。

---

① 《牡丹灯笼》是三游亭圆朝创作的怪谈，落语节目之一，改编自明代小说《剪灯新话·牡丹灯记》。
② 《狂歌百物语》是 1853 年（嘉永六年）刊行的日本狂歌绘本。

二口女

从前，下总（今日本千叶县北部、茨城县西南部）有一个继母，只疼爱自己的孩子，却不让丈夫前妻的孩子吃饭，孩子最终因饥饿而病死。

在孩子死后的第四十九天，有一个劈柴的男子来这家干活，一不留神，斧头砍到了这个继母的后脑勺，弄得头破血流。

这个女人的伤口一直没有愈合，反而渐渐长成了嘴的形状，露出的骨头也变成了牙齿，里面还长出了类似舌头的东西。

每过一段时间，伤口就疼痛不已。奇怪的是，只要吃些东西，疼痛就会立刻停止。后来，后面的这张嘴还会自言自语，侧耳一听，原来是在说："谢罪！谢罪！"

人们通常认为，继母憎恨继子并致其饿死，就会变成二口女。二口女前后各有一张嘴，吃东西时发梢会变成蛇，给后面的嘴做筷子。如果不让后面的嘴吃东西，它就会乱喊乱叫折磨人。

另外，在日本各地流传的"不吃饭婆娘"的民间故事中，也有二口女登场。

二冢妖怪

从前，京都有处叫莲台野的地方有两座冢，彼此相距两百米。其中一座冢每天夜里都会冒出怪火，另一座冢则会发出"来啊来啊"的怪声。

在一个大风之夜，一名男子想要确认传言是否属实。当他来到冢前面时，果真听到了怪声。男子便问："是什么人在发出声音？"

话音未落，一名脸色十分难看的中年女子出现了，说：

"把我带到冒着火的那座冢去。"

胆大的男子便依照她的吩咐，将她背到了另一座冢，女人嗖地钻进了那座冢，轰隆一声，瞬间变成一个女鬼从冢里出来，要男子再将她送回原来的那座冢。男子便再次背起女人原路返回。

"我的愿望终于实现了，把这个送给你作为酬劳吧。"

女人回去之后，递给男子一个小袋子。男子突然觉得有些害怕，急忙赶回家里。打开袋子一看，发现里面装着一百两黄金。从此以后，那两座冢就再也没有发生过怪事。

渊猿

从前，毛利氏的家臣中有一位勇猛强悍的武士，叫荒源三郎。

由于他臂力过人，有一次，被人请去降服妖怪"渊猿"。这个妖怪住在广岛县高田郡（今日本安艺高田市）吉田村釜渊。

渊猿不仅祸害家畜，还危害人类。它力大无穷，能顶得上百人之力，人们都拿它没有办法。

荒源三郎的力量再大，也只顶得上五十人，如果正面对决，毫无胜算。于是，他开始思考渊猿的弱点在哪里。

他想到渊猿头顶正中央的盘子里有水，便潜入敌人的领地，猛地抓住渊猿的头，用力左右摇晃。盘子里的水都洒了出来，渊猿顿时失去了力气，被荒源三郎活捉。

妖怪的名字中虽有一个"猿"字，但从它头顶的盘子中有水的情况看，很可能是河童的近亲。

船板琴

伊豆国（今日本静冈县伊豆半岛）曾向朝廷进献过一艘名为"枯野"的船。应神天皇（五世纪初）在位时，这艘船已经腐朽不堪，无法使用。不过，枯野作为官用船只，立下过许多功劳，天皇有意长期保留这个名字。群臣们商议之后，决定将这艘船的木材用作薪火，在造新船的时候继续发挥作用。于是，旧船的木材被分发到各国，很快，五百艘官船就造好了。

各国献上的船都拴在武库的港口，恰好一艘新罗的朝贡船也停泊于此。一天夜里，新罗船上发生了火灾，引燃了其他船只，五百艘官船一夜之间化为乌有。新罗王闻讯大惊失色，急忙派遣了一批技术精湛的造船匠谢罪。

但是，虽然大部分造船的木材都在火灾中化为灰烬，但有一些取自枯野旧船的木材没有燃烧。大家都觉得奇怪，便将其中一块船板献给天皇。天皇也觉得不可思议，便令人用它做了一把琴。结果此琴音色无比美妙，宛若天籁。天皇十分感慨，便作歌一首，赞其为"琴之德"。

不那哥火

　　说起冲绳最有名的妖怪，非"喜如那"莫属。不过，"不那哥"在冲绳也是人尽皆知的妖怪。不那哥以玩火出名。在冲绳本岛的大宜味村，很多人都曾看到过那种绿色的神奇之火。

　　不那哥与河童一样，平日里生活在河底，不会去招惹人类。但若是在河里玩耍的小孩踩到了不那哥的手，它就会烫伤小孩的手作为报复；如果误踩到了不那哥的脚，小孩的脚就会被烧伤。

　　有个少年去河里玩耍时，左手背忽然被不那哥烫伤。回家后，他的母亲看到被烧伤的地方肿得又黑又红，还起了水泡，便叫来村里的老人们，大家一起念诵咒语，肿块才渐渐消退。

　　过去，被不那哥烧伤的孩子有很多。不那哥有水一般无色透明的保护色，在河里玩耍的小孩很难发现。因此，以前的小孩去河里玩耍时，母亲都会叮嘱孩子一定要注意不那哥。

船亡灵

　　船亡灵是出现在和歌山县和长崎县海域的一种亡灵，是失事船只上的人死后化作的亡灵。它们有时候会聚集在一起靠近船只，将下巴搭在船舷上，嘴里说着："加入我们吧！"

　　如果遇到船亡灵，要朝它撒炉灰。船亡灵十分讨厌炉灰，会瞬间消失。但如果是带着捆绑木柴的绳子一起烧出的炉灰，就没有作用，因为这种灰不够纯净。船员们为了以防万一，烧柴时都会倍加小心，避免将绳子一起烧掉。

　　长崎县松浦市还流传着这样一个故事。

　　志佐浦有一对兄弟在雨夜出船，海上忽然出现了船亡灵。它们披头散发，脸像雪一样白，面带微笑看着兄弟俩，世上简直没有比这更恐怖的事情了。兄弟俩拼命划船，想要甩掉船亡灵，却怎么都甩不掉。两人只好将还没有烧尽的木柴扔了过去。船亡灵似乎有些害怕，都离去了，他们这才摆脱了危险。

　　但船亡灵恐怖的模样始终在兄弟二人眼前挥之不去，从此以后，他们再也不敢乘船，只好转行做了其他工作。

船幽灵

　　船幽灵是日本各地都会出现的一种妖怪，在沿海的村落，都流行着关于船幽灵的传说。

　　它们会以船员的模样乘着船出现在夜间的海上，并向其他船喊"借舀子一用"。它们想用舀子往别的船里舀水，使其沉没，以壮大自己的队伍。此时，万万不可把普通的舀子给它们，一定要给它们没有底的舀子。这样一来，无论船幽灵怎样舀水，都会漏掉，它们就会放弃。

　　在风雨之夜，为了给海上的船员导航，人们有时会在陆地的高山上点火。据说，船幽灵也会在海上点火，迷惑船员。一旦船员上当，就会溺死。

　　据一名船员说，人类点的火的位置是不变的，而船幽灵点的火则会忽左忽右地晃动。此外，船幽灵的船扬帆疾驰，人类一旦跟上去，就会被拖进海中。人类的船是顺风而行，船幽灵的帆则是逆风而动。

　　即使是经验丰富的老船员，一旦遇上船幽灵，也难以生还。

浮游灵

　　人死后，灵魂就会脱离身体。不过，灵魂会以游离在体外的状态，在家的周围徘徊四十九天。

　　在这期间，周围的人不能刺激灵魂，让它静静地去往死者的国度即可。一旦有冒失鬼大惊小怪，灵魂就很难离开家。

　　过了四十九天，灵魂错失赶赴死者国度的机会，就会变成浮游灵。

　　这样的灵魂大概都有赶赴死者国度的愿望。它会忽然附到过路之人的身上，请求人们帮它实现愿望。但人类很难懂得它的意思，因此它只好继续浮游。

　　所谓浮游灵，即四处飘荡、无法超度的灵魂的总称。

　　如果浮游灵做了坏事，就会被人看作是妖怪。

不落不落

京都有一座古寺名叫"竹寺"，寺如其名，周围长满了竹子。

一名男子从朋友家回家的途中发生了一件事。那天晚上没有月亮，周围漆黑一片，男子借了一盏提灯照路。当他走到竹寺后面的小路时，忽然一阵风刮过，将提灯吹灭了。当时他无法立刻再点亮提灯，只好继续走了起来。这时，竹林深处依稀透出一丝亮光。男子朝亮光一看，发现是一盏提灯。他突然打了一个冷战，急忙顺着漆黑的夜路跑回了家。

后来，又有几人也看到了那盏提灯，人们都觉得有些恐怖。据竹寺的和尚说："每当有新的死者运来时，那盏提灯就会出现。"

不落不落是鸟山石燕描绘的一种妖怪，鸟山石燕将它描绘成了墓地的提灯。我们不妨认为，这其实是一盏即将毁坏的提灯，被风一吹，不知不觉中就被看成是妖怪"不落不落"了。

晃悠火

　　这种妖怪的特征是火总与鸟一起出现。鸟看起来像是主人，其实不然，真正的主人是火，鸟是仆人，即鸟是火的家臣。

　　从远处望去，这种妖怪就像一个醉汉跟跟跄跄地提着灯走路。走近一看，才发现并不是人，而是一只鸟和一团火在晃晃悠悠地飞行。

　　有人说晃悠火其实是鸟衔着一种会发光的树枝飞行，但除了猫头鹰之外，其他鸟类都是夜盲，无法在夜晚飞行。晃悠火与鸟结合在一起时，人们就认为这种鸟肯定不是普通的鸟。

　　还有人认为晃悠火很可能是飘浮在空中的人魂，理由是这种火不像其他怪火那样会害人，只是四处飘荡。

　　火有阳火与阴火之分，阳火炙热，而且能点燃周围的东西，相反，既没有热量也不能点燃其他东西的是阴火。晃悠火属于阴火，顶多让人吓一跳而已。

古空穗

就像"人生五十年"这句话所说的那样，在过去，人的寿命并不长，能活到八十岁或九十岁，就是一件稀奇的事。因此，人们认为长寿之人一定是被妖怪附身了。

即使在现代社会，如果有人年过百岁仍精神矍铄，也会让人觉得"被什么东西附身了"。

同样的情况也适用于猫和狐狸等动物，或者器物。付丧神也许就起源于此。

这里介绍的古空穗是鸟山石燕在《画图百器徒然袋》中描绘的妖怪。这种妖怪应该是器物经年累月之后招来了灵，从而妖怪化。

所谓空穗，其实是一种装箭的容器，下端有放入或取出箭的口。空穗一般是用竹子涂漆后制成的，有些还贴着毛皮或鸟羽。

空穗存在的时间久了，人们看到后就会觉得有些诡异。而且还是用动物的毛皮做成的，化为付丧神的可能性就更大了。

古樵

　　据说，在土佐（今日本高知县）长冈郡的山里，有一种只闻其声，不见其人的伐木人（樵夫）。

　　"要倒了，要倒了。后退！"之后就会听到树嘎巴嘎巴折断的声音，然后咕咚一声，大树倒在地上，听上去就像真实发生了一样。但如果循着声音前去查看，却发现什么都没发生。在深山中，白天有时也能听到这种声音。据说，发出这种怪声和动静的妖怪就是古樵。人们认为，古樵是被伐倒的树木砸死的人的灵魂所化。

　　在高知县东部的野根山，人们认为古樵不仅会发出声音，还会摇晃山上的小屋。

　　野根山的街道上修建了一些为旅人遮蔽雨露的简易小屋。到了晚上，外面明明没有风，屋子却会自己摇晃。据说，这是古樵在和旅人比力气。小屋一旦摇晃起来，如果不用手按住柱子加以阻止，就会摇晃到第二天早上。

　　总之，在山中丧命的人的灵魂会停留在山中。

　　同样的怪事在其他地方也有发生，不过似乎都被认为是天狗或狸在作怪。

古山茶

　　自古以来，人们就认为古老的山茶树会化妖。在石川县和岐阜县还流传着古山茶树跳舞或化为美女的传说。这样看来，古山茶拥有一种可怕的美。

　　从前，有个买马商人走到山形城下，一个红花商人走在他后面。当买马商人穿过镇子走上山路时，发现一个女人在自己身后。不过买马商人并没有看清那个女人的脸。女人忽然把头一歪，朝买马商人吹了口气，商人就化作了一只蜂。

　　蜂围绕着女人的身体嗡嗡地飞来飞去。女人走上一条岔路后，钻进一棵开着妖艳的花朵的山茶树。

　　变成蜂的买马商人被一朵山茶花吸了进去。过了一会儿，那朵花吧嗒一下落了下来。一直在后面跟踪的红花商人捡起那朵花，发现蜂已经死了。红花商人拿着那朵花走进寺里，讲述了事情的经过。和尚说：

　　"我之前就听说有走山路之人消失的传闻，原来是那个女人在作怪。"

　　和尚还说，如果念诵经文，说不定买马商人还能生还，于是就专心念起经文，却并不灵验。他们只好将蜂和花一起埋掉了。

震震

　　这种名叫震震的妖怪，是鸟山石燕在《今昔画图续百鬼》中描绘的一种妖怪。石燕解释说："震震又称'战战神'或'瘟病神'。人若有害怕之事，身体会战栗，瑟瑟发抖。此即该神附于脖颈之故。"

　　正如它的名字和模样所展示的那样，震震是一种会引起人恐惧、让人浑身发抖的妖怪。

　　一个人独自在墓地等场所时，有时心中会莫名地感到恐惧，产生一种想要赶紧离开的冲动。这就是震震在作祟，很有可能被震震附身了。

　　即使是在炎热的夏季，如果被震震附身，也会感觉脖颈发凉，全身战栗不已。

　　有这样一种说法，虽然人们看不到震震，但如果冷静地观察四周，就能感觉到周围的空气中飘浮着一种凉粉般的东西。不过，在一些可怕的地方，恐怕任谁都无法冷静下来，看错也是极有可能的。

　　它给人的感觉就像是妖怪或幽灵出现前的"先兆"，说不定就是其他妖怪或幽灵出现时的助手。

古屋的妖怪

从前，备后鞆之津（今日本广岛县福山市）有一个叫金屋嘉平治的人，开了一家酒馆，生意十分兴隆。但是，酒馆里的一个房间常有怪事发生，弄得满城风雨。嘉平治为了避免大家再议论下去，打算雇人拆除这个房间，但工匠们突然都双目失明，无法干活。无奈之下，这个房间一直空在那里。不久，这件事传到了领主的耳朵里，领主便派武士去查看。

武士们在金屋的客厅等待时，一位陌生的老法师和侍奉领主的桥本右膳突然出现在大家面前，向武士们敬茶。武士们害怕桥本右膳的权威，纷纷跪在地上行礼。当他们抬起头时，老法师和桥本右膳却都消失了。

武士们感觉被耍了，回去后就将这件事禀告了领主，领主惊讶地说：

"当你们赶到那里时，我正穿着你们临走前看到的那一身衣服，举办茶会招待岛仓了闲法师呢。真是不可思议！"

领主经过慎重的思考，决定另给金屋嘉平治一块土地，让他搬走。而这座旧宅则被赐名"金屋古屋"，永不住人。

浴桶的火球

有个人小时候曾见到一个神奇的东西。他当时正在冲凉，忽然看见院子里的枫树上缠绕着一个大火球。

他十分害怕，就大声呼喊自己的母亲。赶来的母亲看到这个火球后，大叫一声"啊——"，扔下了手里的东西。

后来人们猜测，可能是不远处一户人家中有人去世，亡魂来作别了。

家住群马县嬬恋村的一个人，也曾在洗澡的时候，透过窗户看到一个火球飞过前面一户人家的房顶。那是一个红绿相间的火球，在空中飞行，十分轻盈，后来就消失了。当时，恰好附近一户人家的女主人死去，村民们都议论说肯定是这个人的灵魂脱离了身体在飞。

很多人都曾在冲凉或洗澡时看到过火球，甚至还有一个人，年少时遇到一个脸盆大小的火球，钻进了他的浴桶里。惊吓之余，这个人还仔细研究了火球，后来成为一位学者。

他就是早稻田大学的教授大槻义彦。大槻觉得这种现象很不可思议，他长期以来一直致力于这项研究，企图弄清火球的原形。

嗡嗡岩

石见日原（今日本岛根县鹿足郡津和野町）有个地方叫须川。这里有一块岩石，人称"嗡嗡岩"。从前，每当有人从这里经过，岩石就会发出"去年是十九，今年还十九，嗡嗡"的声音。那是一边哼着歌，一边摇纺车的声音，因此人们为其取名"嗡嗡岩"。

有一次，一名男子从这里经过时，遇到一个扛着纺车的女人。女人朝他微微一笑，于是他问对方是谁。女人回答说：

"我在这个地方被人杀害，怨恨难消，一直在这里游荡。"

于是男子为这个女幽灵做了祭奠的仪式，从那以后，幽灵再也没有出现。

人的怨念转移到石头上，每夜发出声音的故事，在很多地方都能听到。据说，小夜中山[①]十分著名的夜泣石，就是一位遭强盗杀害的女人的灵魂，附到石头上后不停地哭泣。

当我们努力探究某件事背后的真相时，经常会用"就算是啃石头也决不放弃"这句话来形容。似乎灵也是这样，大概是"就算附到石头上也不放弃"，一心想要实现自己的愿望吧。

---

①也写作"佐夜中山"，是位于静冈县佐夜鹿的一处山峰。

平家一族的怨灵

　　源义经遭到梶原景时的诬陷，被哥哥源赖朝追赶。他计划逃往九州，然后再从摄州的大物之浦（今日本兵库县尼崎市）乘船逃走。当时，天空突然阴云密布，海面上波涛汹涌，他乘坐的船进退两难，即将倾覆。

　　家臣武藏坊弁庆认为这是记恨他们的平家的怨灵在作祟，于是站在船舷上虔心念佛。

　　过了一会儿，平家的怨灵退去，义经等人得救了。

　　这就是著名的平家的怨灵，这个故事已经成为谣曲《船弁庆》中的一节。

　　平家的怨灵一直流传到现在。据说，如果有人渡关门海峡时谈论平家一族的事情，海上就会发生怪事。还有这样一个故事，有一群武士不小心谈论了平家的事情，结果看到海面上漂浮着无数苍白的女人头。

　　另外，坛之浦附近的赤间神宫流传着无耳芳一的传说，还有平家的怨灵附到螃蟹身上后变成的平家蟹等。总之，关于平家的传说，流传至今的仍有很多。

币六

　　一个像赤鬼一样的妖怪挥舞着灵幡到处跑——这就是鸟山石燕在《画图百器徒然袋》中描绘的妖怪"币六"。

　　据说，币六总是假托神谕到处散布虚假信息，在社会上制造混乱。

　　关于"币六"这一名字的由来并不清楚，但它的模样很像江户时代的神人"鹿岛言触"。

　　鹿岛指的是茨城县的鹿岛神宫，当时是发布神谕的地方。神人们会到各地去告知这一年收成的好坏。神宫中的卜部负责占卜一年的吉凶，并上报给朝廷，十分灵验。这些人便被人们称为神人。是不是神人中混进了币六呢？

　　或者反过来想，也许正因为有了这些神人，江户时代的人们才创造出了"币六"这种妖怪。

　　而同样长相的妖怪也出现在了《百鬼夜行绘卷》中，也许在此之前，人们就已经知道它了。

翻白眼太郎

　　翻白眼太郎是熊本县八代市松井家家传的《百鬼夜行绘卷》中描绘的一种妖怪。

　　这种妖怪的头很大，像个小孩，腹部突出。它会一边伸着红舌头，一边用手指向下翻着两眼的下眼睑"扮鬼脸"。

　　所谓"翻白眼"其实就是扮鬼脸，因此，这是一种出现时扮着鬼脸的妖怪。

　　据说，"翻白眼"原本是红眼之意，是翻开下眼睑，将眼睛中红色的部分给人看的行为，也有拒绝或轻视对方之意。

　　另外，"翻白眼"还有"目妖"的意思。就是翻开下眼睑，露出眼睛中的红色，看起来好像是妖怪的眼睛，这就是"目妖"。

　　关于翻白眼太郎的记录已经无法找到准确出处，不过大致上可以推测出，它很可能是一种出现在人前时会"翻白眼"，做出轻视对方的动作，让人生气的妖怪。

跟脚怪

小的时候，每当走夜路时，总会感觉有人在后面跟着自己。

虽然觉得并不是妖怪，但心里仍十分害怕，不敢回头。如果忍受着内心的恐惧继续前行，就会冷汗直流、心脏怦怦乱跳。这时，如果停到路边，说一声"跟脚怪，您先走"，身后传来的脚步声就会消失。

有个人提着提灯走夜路，身后传来嗒嗒嗒嗒的脚步声。于是这个人就说："跟脚怪，您先走。"

结果对方回答："前面黑，没法走。"

"既然这样，那我把提灯借给您。"

跟脚怪借走提灯后，就先走了。

到了第二天早上，提灯被完好无损地还了回来。

据说这种妖怪经常出现在奈良县，不过类似的妖怪在日本全国都有。

蛇怪

流经越中爱本村（今日本富山县黑部市）的黑部川，河水很深。河上有一座桥，叫"爱本桥"，桥西有一家茶馆。

从前，这家茶馆里有一个漂亮的姑娘。一天晚上，一位英俊潇洒的武士来到茶馆，说："我是加贺藩的家臣，尚未娶妻，听闻您家小姐的美貌，特来求见。"

武士提出想娶这位姑娘为妻的想法。茶馆老板夫妇心中大喜，一口答应将女儿嫁给他，但女儿嫁过去之后就杳无音信。就这样过了三年，有一天，女儿突然回来了。女儿这次回来就是为了在娘家生孩子。她还对父母说："在我生完孩子之前，绝对不能偷看产房。"老两口虽然满口答应，但毕竟是自己的独生女第一次生孩子，他们十分担心，坐立不安，于是从拉窗的缝隙里偷偷窥探，却发现女儿产下的是无数条小蛇。

被父母发现后，女儿哭着讲述了事情的原委。其实，她的丈夫是爱本桥下的一条大蛇。

"既然你们已经知道了，女儿这辈子都不能再见你们了。"道别之后，她便领着孩子消失在桥下深深的河水中。

蛇蛊

在香川县的小豆岛，人们经常会提到"蛇蛊"。拥有蛇蛊的人家，只要动一下"那人真可恨"的念头，就能让对方苦不堪言；或是让蛇啃食对方的五脏六腑，直到死掉。

关于蛇蛊的起源，有这样一个传说：

从前，小豆岛的海岸上漂来一个箱子。于是村民们都跑过来围观，他们还没有看到箱子里面的东西，就竞相争抢起来。

"发现箱子的是我。"

"不，是我先发现的，是我的。"

大家互不相让，最后一位老人就说："说发现箱子的人，把箱子里的东西平分了吧。"

人们接受了这个提议，决定打开箱子。大家满怀期待地围在箱子周围。盖子被打开后，从里面出来的竟是一群大蛇。蛇从箱子里出来后，爬进了好几户人家。这些人家的主人都是刚才声称发现箱子的人。这就是蛇蛊的起源。

弁庆堀的河太郎

　　江户的"看守人"加贺山城守的一位随从要回小川町的住处。他走到九段的弁庆堀时，已是深夜，天空还飘着雨，周围一片漆黑。这时，水中忽然冒出一个来历不明的东西喊他的名字。

　　随从有些纳闷，便循声望去，看到一个小孩站在水中向他招手。他以为小孩落水了，就伸手去救。小孩却像石头一样一动不动，随从自己反而被拉进了水里。

　　随从突然回过神来，用力甩掉对方的手，然后回到主人家中，一直发呆。

　　周围的人见他不正常，仔细一看，发现他的衣服都湿透了，还散发着一股恶臭。大家用水帮他冲洗，臭味却怎么也洗不掉。

　　第二天早晨，随从恢复了正常，却感觉疲惫不堪。又过了四五天，他才彻底恢复，恶臭也消散了。

　　周围的人都面面相觑，认为这很可能是河太郎在作怪。

喂喂火

喂喂火是曾出现在奈良县天理市柳本的一种妖怪。如果有人朝城址山方向"喂喂"地喊两三声，喂喂火就会伴随着"香香"的声音出现。

有一些人曾想试探它是否真的会出现。不过，大家最好别试，因为这种火会纠缠看见它的人。

有一种说法认为，这种火是柳本十市城主的怨灵，既然是怨灵，就会作祟。这里的作祟，指的是让人生病。

奈良还有一种叫"锵锵火"的怪火，在飞行的时候会发出"锵锵"的声音。不过，喂喂火是两团火缠绵着一起出现。人们遇到喂喂火的时候，最好不要盯着看。人们看过之后，这两团火就无法相遇了。

一般来说，人类是很难看到妖怪的，都是凭感觉来感知。但声音不同，声音在灵界的通信中起着非常重要的作用，而且人类也真的能听到声音。在海外，灵之间一般都是靠声音交流的。我一直认为"妖怪与声音"非常重要，为此还录了不少磁带。

帚与笛之灵

　　摄津国（今日本大阪府西北部、兵库县东南部）有一位武士，他在学成武艺后的返乡途中，在一座废弃的房子里过夜。到了深夜，窗外传来一阵阵声音，似乎是有人在说话。他侧耳倾听，好像是数名武士正在谈论战争的事情。

　　但他总觉得有些不对，就透过窗户的缝隙窥探，结果一个人都没有。他索性将门打开，还是一个人都没看到，只有一些落满了灰尘的扫帚和笛子。

　　武士听到过一些关于付丧神的传说，知道时间久了，器物上会附有灵。他顿时恍然大悟，然后觉得有些恐怖，天亮之后，便匆匆离开了废弃的房屋。

　　关于器物妖怪的故事广为流传，不胜枚举。

　　即使现在，当我们来到一处废弃的房屋时，还会看到里面散落着一些主人生前使用过的食器和工具等。看到这些落满灰尘的腐朽器物时，人们很可能会产生一种这些东西会化为妖怪的念头，真是不可思议。付丧神也许就是从这种"说不定会化妖"的感觉中出现的一种妖怪。

坊主狸

　　德岛县美马郡半田町（今日本剑町）有一座桥叫"坊主桥"，桥边有一片树林。如果有人在夜晚经过这片树林，就会莫名其妙地被剃成光头。这其实是狸在作怪，当地人把这种狸称作"坊主狸"。

　　将人剃成光头的动物不止有狸，有的地方是狐狸，有的地方则是貉。

　　在冈山县冈山市的半田山，有一种经常捉弄人的狐狸，会把人剃成光头，人们都害怕地称之为"坊主狐"。

　　群马县高崎市仓贺野町则流传着一个貉妖的故事。有一座寺，叫养报寺，这座寺里从前有一个貉妖，非常有名。

　　貉妖十分擅长骗人，无论人们多么小心，都会在不知不觉间被它剃成光头。

　　据说有一次，一群年轻人在养报寺附近比试胆量，其中一个人上了貉妖的当，不知为何被扔到了河里。这个人"嗷嗷"地叫着一直待到天亮，当然，他早已被剃成了光头。这个貉妖被当地人称作"养报寺貉"。

疱疮婆

　　文化（1804～1818）初年，陆前七滨村大须（今日本宫城县宫城郡七滨町）的地方爆发疱疮，死了很多人。

　　其间还出现了一种专门掘墓吃死尸的东西。村民们不断祈祷，还在坟墓上压上一块大石头，防止尸体被偷走，然而并不管用。疱疮依然大肆流行，死的人越来越多，被吃掉的尸体也越来越多。

　　不久之后，流言四起，有人说："这是一个叫疱疮婆的妖怪在作祟，它为了能吃到死人而四处传播疱疮。"于是，村民们决定派两个猎人去墓地守卫。

　　到了深夜，妖怪果真出现在坟墓旁。猎人立刻点上火把，妖怪就像风一样逃走了。再看那座坟墓，上面压的要十个人才能勉强挪动的大石头早已被移走，幸好坟墓中的尸体安然无恙。后来这个妖怪再也没有出现。

　　又过了三年，村里的一位老太太看到一个身高三米的妖怪坐在山上的大树上。那个妖怪头发花白，满脸通红，双眼放光。村民们议论纷纷，都怀疑很可能就是三年前破坏墓地的疱疮婆。

颊抚

颊抚是一种出现在山梨县南都留郡道志村一条昏暗的山谷小路上的妖怪。如果有人经过那里，就会被它抚摸脸颊。也有人说，这其实是被夜露打湿的枯芒花碰到了人的脸颊。不过，也有被抚摸过的人说："有一些苍白的手从黑暗中伸出来，肆无忌惮地抚摸人的脸颊。"

夜里走过田野，被芒草等植物蹭到脸并不是一件舒服的事。加上还有人事先警告要注意妖怪颊抚，这样就算真的是被野外的芒草穗蹭到脸，也会觉得是被颊抚抚摸了。

有一位妖怪研究家（人类文化学者）曾这样说：

"我们在'看'的时候，有四成是在触觉的参与下进行的，并不是单纯以视觉观看。'看'与温度等因素也有很大的关系，当周围的状况变得特殊时，我们就会看到特别的东西。"

这种说法真是让人茅塞顿开。妖怪颊抚恐怕也不是只靠眼睛就能看到，而是需要以触觉来"看"的妖怪吧。

好栽

在岩手县九户郡山形村，有时候，一些已婚女子会看到一种十日圆硬币大小的光球飞来飞去。这种光球叫"好栽"。了解其中奥秘的人看到好栽的时候，就知道自己怀孕了。

这个发光的球进入已婚女子的体内后，会附在婴儿身上。附身的好栽与魂魄是两码事，它是生命力之源，如果被附身者死去，好栽也会消失。

自古以来，人们认为球形是最容易有灵寄生的"形状"。例如，自绳纹时代起已经存在的勾玉等，就被认为是灵魂的容器。或许是因为灵魂或生命（力）是球形的，所以人们才产生这种想法吧。

在印度，人们认为人体中的生命之源——"恰库拉"是球形的。中国的仙术和犹太人的秘学卡巴拉①也是如此。另外，生命之源能借助修行来提高活力，增强体力和精力，并提高灵力。好栽或许就是这种灵被视觉化后产生的。

---

① 卡巴拉（Kabbalah）是与犹太哲学观点有关的思想，用来解释永恒的造物主与有限的宇宙之间的关系。

细手

以岩手县为中心的东北地区流传着很多关于妖怪"细手"的传说。

这种如藤蔓般细长的怪手又被称作"细手长手"。

有个人住在东北地区。一天，他在卧室看到一只细长的手从隔扇的缝隙里伸了出来，还向他招手。那只手似乎是从供有神明的隔壁房间伸过来的。

起初，那只手并没有给他带来什么灾难，但不久之后，这个人就因为海啸失去了家园和妻子。

据说，还有人曾看到长押（门楣上面的横木）上有只又细又红、看起来像三四岁小孩的手垂下来，之后不久就遭遇了大洪水。

细手与座敷童子是同类。座敷童子有很多种，细手恐怕是其中会露出手的一种吧。

细手会伴随着吉凶祸福出现在家中，但更多的时候被人们看作是凶兆。

牡丹灯笼

　　江户时代，上野住着一位名叫新三郎的浪人。他与一位叫阿露的旗本的女儿相恋，但由于门第悬殊，两人连见面的机会都没有。

　　后来，阿露患上重病，郁郁而终。弥留之际，她还一直念叨着想见新三郎。之后，她的乳母阿米也随她而去。

　　这一年的八月十三日（盂兰盆日），阿露与阿米穿着咔咔响的木屐来到了新三郎家。

　　不知阿露已死的新三郎高兴地将阿露迎进家里。看到这一幕的邻居则告诉他这两人是幽灵。

　　确认阿露已死，新三郎十分害怕，他从寺院的僧人那里求来灵符，藏在家中。

　　但邻居出卖了新三郎，揭掉了灵符，可怜的新三郎被阿露的幽灵杀死。

　　这个故事就是怪谈《牡丹灯笼》。很多人认为这是日本人创作的故事，实际上是改编自中国明代的传奇《剪灯新话·牡丹灯记》。日本人熟知的《牡丹灯笼》其实是"牡丹灯记"的日本版。

拂尘守

所谓的拂尘，是将长毛或长麻结成一束，再加一根柄做成的一种佛具。拂尘守就是拂尘精，是一种付丧神。

一座禅寺里有一把用旧的拂尘，会在夜里跳舞。长长的毛看上去就像它的头发，如果再穿上衣服，乍一看和人没什么两样。

我们去古寺的时候，看到那些陈旧的拂尘被随意放置，有些人就会觉得拂尘在向他们诉说古寺漫长的历史。那并不是人类的语言，而是一种像"气"一样的东西，是一种感觉上的语言，很难说清楚。

关于拂尘守，鸟山石燕曾这样写道：

"有一位僧人在修禅问答时，问师父狗是否也有佛性。师父回答说：'有。'僧人又问：'那为什么却是畜生的身体？'师父回答说：'那是因为它虽然有佛性，却也有恶业。'"

于是鸟山石燕认为，高僧传授佛法时坐禅的台子上用来拂去烦恼的拂尘，经过九年变成了拂尘精，显现出禅僧打坐的模样，也没有什么奇怪的。

佛幽灵

　　宽政十年（1798）七月，京都的大佛殿遭到雷击，原本宏伟壮丽的建筑瞬间被烧得面目全非。

　　虽说是天灾，但所有的人都感到惋惜。不久，传出了这样一个传言：

　　"大阪寺町旁边的松树，排列的样子很像京都大佛殿的佛像。"

　　于是，对此感兴趣的人们纷纷前往大阪一看究竟，大阪也因此热闹起来。

　　大家一看，树林排列的形状的确能看出大佛的模样。尤其是远处那棵笔直的冷杉树，就像是佛像的头部，一时间引起了轰动。

　　这样一来，就有一些虔诚的老人，对着那些树双手合十，诚心祈祷。

　　还有人说，树林在傍晚的轮廓，看起来就像是佛的幽灵。

　　虽然是仁者见仁智者见智，但大佛殿存在的时候，没有人注意到这件事，倒是在佛像被烧毁之后，人们希望复活大佛的想法十分有趣。

骨女

　　骨女就是出现在《牡丹灯笼》中的幽灵，即阿露的幽灵。

　　在阿露心爱的男人新三郎看来，或许她还是生前的模样，但在别人看来，阿露只是一具提着灯笼的骸骨。

　　在山田野理夫所著的《东北怪谈之旅》一书中，则记载了关于骨女的另一个版本的传说。在青森县，盂兰盆节的晚上会有骨女出现。

　　一个全身都是骨头的女人"喀嚓喀嚓"地走在路上。关于骨女的身世，还有这样一个故事：

　　从前，有个女人相貌极丑，自卑的她最后自杀了。多年之后，这个女人化为一具骸骨，其他骸骨说道："你变成骸骨之后，十分漂亮啊。"

　　它听了十分高兴，便裸着身子"喀嚓喀嚓"地在外面游荡。

　　据说骨女很喜欢舔鱼骨头，遇到高僧时，就会散架。

骨伞

　　有时候虽然没有风,伞却突然向上打开,伞骨都露在外面。这就是妖怪"骨伞"在恶作剧。

　　鸟山石燕在《画图百器徒然袋》中描绘了骨伞这种妖怪,并写道:

　　"北海有鱼名鸱吻,头似龙,身体似鱼,可起云降雨。余梦中所思,莫非此伞亦因雨之缘而形成此状?"

　　鸱吻即鸱尾,就是房顶两端的兽头瓦。

　　宫殿的建筑上很多都有鸱吻,人们认为鸱吻有祈雨、防火的作用,因此将其置于屋脊上。名古屋的金兽头瓦尤为著名。

　　在我小的时候,家里有些伞用坏之后,只剩下伞骨。这些伞放在家中,就会给人一种妖怪的感觉。

　　我想,从前的人们就是将那些坏到露出伞骨的伞称作骨伞吧。

豪雅乌卡姆伊

　　在阿伊努人的传说中，蛇神被称作"豪雅乌卡姆伊"，是湖里的一种精灵，还被当地人称作"夏季不能说话者"。据说豪雅乌卡姆伊的身体像草袋一样粗，后背生有翅膀，头尾细长，全身呈淡黑色，眼睛是绿色的，嘴的周围是红色，鼻子十分尖利。

　　豪雅乌卡姆伊居住的湖泊散发着一股恶臭，人们一闻便知。如果有人接近湖泊，就会皮肤肿胀，或是全身的毛发脱落。

　　这种湖被人们叫作"卡姆伊特（魔神之沼）"，十分可怕，人们都不敢靠近。

　　在日高地区的传说中，洞爷湖的精灵也被称作豪雅乌卡姆伊。它的外形像龟，生有翅膀。

　　洞爷湖的豪雅乌卡姆伊是一种会袭击人类的魔神，但它有时候又会化作人类的守护神——巫女的附身神，会借助巫女的口来告诉人们生病的原因。还有人说，它的恶臭能赶走疱疮神。

暮露暮露团

　　衣服和被褥等由于使用频繁，很容易附上人的意念或灵魂。暮露暮露团就是人的意念附在破旧的衣服或被褥上后化成的妖怪。

　　鸟山石燕认为，这种名叫"暮露暮露团"的妖怪与普化宗的虚无僧有关。

　　普化宗是禅宗的一个派别。江户时代，许多犯了罪的武士会隐姓埋名加入普化宗，扮作虚无僧游历各国。也就是说，这是一种半俗半僧的佛教群体。

　　普化宗的教义以"虚无空寂（这个世上不存在真正有价值的东西，因此要远离烦恼，早日悟道）"为宗旨。虚无僧无视世俗，每到一个地方就会铺一张草席坐下来，因此又被称作"草席僧"。

　　另外，虚无僧认为自己与印度的婆罗门僧一样，所以也自称"梵论师"。"梵论"与"暮露"的发音相同，因此暮露暮露团也可理解为梵论师群体，也就是虚无僧团伙。若仔细观察，他们的模样看上去和乞丐僧人差不多。

　　"暮露"和"褴褛"的意思相同，指穿旧破损、无法再穿的衣服。那些无法顿悟的虚无僧的妄念，附到这种衣服或被褥上后，就化作了妖怪。

舞首

　　宽元年间（1243～1247），也就是镰仓时代中期，源赖朝开始推行武家政治，统治天下的已不再是平安贵族的雅行，而是赤裸裸的武力。

　　这件事就发生在这一时期的伊豆真鹤（今日本神奈川县足柄下郡真鹤町），有一天当地正举行庙会。有三位力大无比的武士，分别叫小三太、又重、恶五郎。他们平日里互相看不顺眼，那天为一些鸡毛蒜皮的小事吵了起来。三人互不相让，最后竟厮杀起来。先是恶五郎斩掉了小三太的脑袋，接着又去追杀逃跑的又重。但不幸的是，恶五郎被石头绊倒，又重见状，急忙去砍恶五郎的脑袋。不过，恶五郎也挥起他的刀，朝又重的头砍了一刀，结果两人的脑袋同时落地。

　　意想不到的是，尽管脑袋被砍掉了，但三人依旧争吵个不停。就这样，三颗头颅边吵边滚，掉进了海里，组成了一个同向旋转的三巴纹①继续争吵。

　　从此以后，每到半夜，它们就会一边吐着憎恨之火，一边掀起三巴纹的波涛，怒吼着在海上飞舞。这就是舞首。

---

①一种图案，曲折三回如巴字，故名三巴纹。

枕返

　　早上一觉醒来，发现枕头到了意想不到的地方。据说这就是妖怪"枕返"在作怪，它趁人们熟睡的时候，把枕头挪走了。

　　也有人说，枕返是在那个房间死去之人的灵魂。

　　从前，有个旅馆的老板留宿了一个盲人。盲人以为屋子里没人，就从怀里取出包有金子的包裹数了起来。旅馆老板看到这么多钱，大吃一惊，起了歹念，第二天把盲人领到山路上杀死了。盲人的灵魂就停留在自己住过的那间旅馆，变成了枕返，翻动客人的枕头。

　　静冈县磐田郡水洼村山住和周智郡奥山村（今日本滨松市）则将枕返称作"枕小僧"。虽然人们也认为它是住在房间里的一种灵，却并不认为是被害之人的灵。据说，在东北地区，人们认为座敷童子会翻枕头，因此这两者之间或许有些联系。

　　在古时候，枕头被翻动是一种不祥之兆，因此，枕返并非单纯是在搞恶作剧。

认真的幻兽

  有两个性格迥异的男子一同在深山里修行，但他们从来都不会反省自己的缺点。

  一天半夜，在两人居住的寺庙里发生了一件怪事。

  "咣当、咣当"，门外忽然传来一阵砸门的声音，将其中一个人吵醒了。

  这个人感到有些奇怪，就悄悄观察外面的情况，发现一个既不像人也不像动物的可怕生物，朝门上一块接着一块地扔石头。这个人慌了，急忙叫起熟睡的另一个人。

  "喂，外面有个怪物。"

  然后又跑去叫寺里的和尚。和尚告诉他说："这个怪物是在批评你们白天的品行呢。"

  从此以后，这两个男子便开始反省自己，努力发现对方的优点，改正自身的缺点。他们改变了生活态度之后，那个妖怪就再也没有出现。

松树精灵

从前，参州（今日本爱知县）长兴寺门前有两棵老松树，叫"二龙松"。两棵松树上各住着一个精灵。有一天，两个精灵出来对寺里的住持说："借砚台和纸一用。"住持觉得有些奇怪，但对方毕竟是和神树一起受人崇拜的精灵，不敢忤逆，便从桌子里取出了精灵想要的东西。

两个精灵显得十分高兴，大笔一挥，写下一句话：

"从此寺中再无灾难。"

然后将纸笔交给住持，就消失在松树中。后来，住持将这张纸奉为寺院的护符，世代保存。

关于松树精灵的传说各地都有，不过，两个童子的形象只出现在长兴寺的故事中。

山形县山形市的千岁山所传的松树精灵，是一副绿衣服配黑裙裤的少年模样。因为出现在郡司的女儿阿古耶姬面前，那棵松树便被称作"阿古耶之松"。

招手幽灵

　　晚上去厕所时，墙上会忽然伸出一只手，不停地向人招手。

　　人们进屋查看，却看不到人，于是认为是死在那个房间的人的灵魂在招手。

　　从前有个和尚，走到秋山村（今日本山梨县上野原市）一个叫"跡"的地方，听到身后传来脚步声。一开始，他不知道是什么人，心中还有些害怕，后来他才明白："估计是秋山村闹饥荒的时候，那些死不瞑目的人的亡灵。"

　　和尚到达目的地之后，在纸上写了经文，来到村头放到黑暗处。忽然从黑暗中伸出一只惨白的手，拿走了经文。

　　据说，为了让自己获得供养，那些未被超度的亡灵会一直在人们附近徘徊。

　　供养是僧侣的差事，因此这种亡灵才会汇集在寺院和僧人的周围。这样的故事似乎经常听到。

麻布衣笼

　　从前，我去石垣岛的川平观看真世神的祭祀仪式时，旅馆中的一个孩子遇到了"麻布衣落"。在冲绳地区，"麻布衣"指的就是"魂"，"麻布衣落"就是掉了魂的意思。

　　冲绳地区有掉魂一说，活人掉的魂叫"生魂"，死人出窍的魂叫"死魂"。人死后不久出现的"死魂"是很危险的。

　　据孩子的母亲说，孩子好像是被石头绊倒，摔了一跤，之后就精神恍惚，两三天仍不见好。"会不会是遇上麻布衣落了？"担心不已的家人请来冲绳的巫女"尤他"。尤他说可能是绊倒时灵魂脱离了身体。

　　家人按照尤他的指示，在孩子掉魂的路边摆放了简单的供品叫魂。孩子的魂魄在尤他的召唤下回来了，附到了石头上。孩子的母亲将石头带回家，让孩子抱住。后来孩子的母亲说，孩子的魂魄回到了他身上。

　　因为里面装着麻布衣（魂），所以才叫"麻布衣笼"吧。

魔法大神

　　位于冈山县御津郡加茂川町（今日本加贺郡吉备中央町）的火雷神社和
久保田神社，被人们称作"魔法宫"，魔法大神一直被人们视作保护牛马的
神明来供奉。其实，这里是一座祭祀狸的神宫。

　　永禄年间（1558～1570），大批基督教传教士渡海来到日本，一只叫"九
毛狸"的狸也跟了过来。这只狸并不做什么坏事，它在云游四方之后，就钻
进了加茂川町一座废弃的铜矿山的矿洞里，将之作为自己的洞穴。

　　从那时起，每到月明之夜，九毛狸就一边敲打着牛锹（一种套在牛身上
使用的农具）的前面，一边跳着"三阳三阳"的舞，口中还念念有词。很多
村民都曾看到过这种情形。据说九毛狸还会变成人，在盂兰盆节时跳舞。

　　后来，九毛狸将村民召集起来宣布说：

　　"感谢大家长期以来对我的照顾，从今往后，我愿意帮大家守护牛马，
预言火灾、失窃等，为大家鞠躬尽瘁。"

　　人们为了报答九毛狸，就修建了这座魔法宫，将九毛狸作为魔法大神
来祭祀。

豆狸

元禄年间（1688～1704），一位叫鲁山的俳谐师在日向的高千穂（今日本宫崎县西臼杵郡高千穂町）遇上了一位风雅之士，在对方的邀请下，鲁山便在这个人的家里举办了一场歌会。

举办歌会的房间有八叠大，鲁山开口吟道："月下八叠投宿夜。"主人接道："秋雨之时迎客来。"鲁山接着对："余钱拿来沽菊酒。"主人以"一杯忘掉世炎凉"作为结尾。

鲁山兴致大发，一不留神将烟灰掉到了榻榻米上，结果榻榻米一下子翻卷起来，把他扔到了地上。

当鲁山醒来时，发现周围是一片荒野，那间八叠大的房子早已消失得无影无踪。

鲁山将此事告诉了附近的村民，他们告诉他，那是因为他把烟灰掉到了豆狸的睾丸上。这个十分稀奇的故事，后以"狸歌仙"为名流传于世。

西国有很多这种豆狸，他们会在小雨之夜将睾丸披在身上做外套去买酒，或是寻找下酒菜。

麻桶毛

阿波（今日本德岛县）三好郡的某村，有一座叫"弥都波能卖"的神社，俗称"下宫"。

据说，这里供奉的神体是装在麻桶里的一根毛。如果神的心情平静，它就只是一根毛，但当它烦躁的时候，这根毛就会迅速伸长，变成很多根毛，将麻桶的盖子顶开，不断向外延伸出去。

从前，井内谷有一伙山贼，经常在附近的村子作恶。一天夜里，山贼们聚集在下宫的神社，瓜分从附近的村子抢来的财宝。

不知何时，那根毛趁着山贼不注意的时候，悄悄顶开麻桶的盖子钻了出来，然后按照山贼的人数分裂成了数股，将山贼们紧紧捆了起来。看起来像头发丝一样细的毛，却让山贼毫无招架之力。到了第二天早晨，这些山贼都被追兵抓住了。

故事里的这位主角与其说是妖怪，倒不如说是近似于神的"妖怪神"。形状是毛发这一点也很有趣。

迷家

在岩手县的远野，人们将山中神奇的房子称作"迷家"。人们都说，如果遇到这种房子，哪怕只是带走一件餐具也不错。

从前，有一个姓三浦的男子，他的妻子沿着小河采摘款冬时，不知不觉中走到了山谷深处。

等她觉察时，看到眼前有一户人家，黑色的大门十分气派。她走进门内，只见偌大的庭院里开满了红白的花。

她绕到后面，里面既有牛圈也有马厩，家畜也很多，但却看不到一个人。

莫非是山男的家？想到这里，女人害怕起来，急忙跑了出去。

后来，当这个女人在河边洗衣服时，河上漂来一只红木碗。因为实在是太美丽了，她便将碗捡回家做量器使用。自从用了这个红木碗，不知为何，她家的谷物一直都不会减少。没过多久，她家就成了村里的首富。那只红木碗是从迷家漂过来的。

与其说迷家是妖怪，不如说是一种神奇的现象更为贴切。

迷火

迷火指的是火焰中会出现人脸的怪火，这种怪火会突然出现在路上。

有一种叫"晃悠火"的怪火，火中会出现鸟一样的东西，而迷火的火中会出现人脸，而且不只一个，可能是三四个。

很久以前，有人曾在山口县的岩国见到迷火，这件事被记载在《岩邑怪谈录》这本古书中。

这件事发生在某个姓山田的男子去尾津游玩回家的途中。

黄昏时分，四周有些昏暗。他正急匆匆赶路时，眼前突然出现一片亮光。

他抬头一看，眼前有一团火正在燃烧，火光中还出现了几张人脸。山田听说过关于迷火的传闻，虽然吓了一跳，但为了不被邪气侵袭，就急忙逃走了。

事实上，这种怪火很少会烧到人的衣服，正如山田所害怕的，邪气才是人们最害怕的东西。

迷船

　　迷船是在福冈县远贺郡等地出现的一种奇怪现象，据说会在盂兰盆节的月份出现。

　　渔民们出海打鱼时，周围明明没有人，却能听到说话声；在月光皎洁的夜晚，却有帆船逆风而行等。

　　这些现象都与迷船有关。如果有人想去一探究竟，就会遭遇海难。

　　迷船出现时，天上会刮起"玉风"。

　　玉风是一种恶风的名字，从福井县以外的日本海的西北方吹来。很多地方都认为这种风会带来狂风暴雨，因此渔夫们都十分惧怕。

　　还有一种说法认为，玉风的"玉"指的是亡魂。在大阪的沿海地区，人们把从南方吹来的恶风和大风经过的路线，都叫作"玉风"。

　　总之，玉风与迷船总是成对出现，也许正因为有玉风这种魔风的存在，才会出现迷船的幻象吧。

迷神

　　在京都长冈的寺户（今日本向日市寺户町）有一种叫"迷神"的东西。人们看不见它，但据说被它附身后就会迷路，很多旅人都成了它的盘中餐。

　　从前，有一位从左京来的官吏，晚上本来要住宿在九条，却不知为何来到了寺户。当地人和他讲过迷神的事，所以他一路都小心翼翼。但无论他怎样走，却总是回到同一个地方。他转了大半天，天已经黑了。他想等到有人经过时上前问路，但天黑后，周围一个人都没有。无奈之下他只好继续向前走，走来走去却依旧走不出去，只好在附近一处叫板尾堂的小祠堂的屋檐下过了一夜。

　　天亮之后，他回想起昨天自己的行为。

　　"我昨天明明和大人在九条分的手，怎么会来到这种地方？而且昨夜一直在同一个地方走不出去。难不成是在九条一带让迷神附身了？"

　　于是，他加快脚步往回走，这一次终于平安回到了在左京的家。

圆球幽灵

在一个秋天的傍晚，松尾芭蕉伫立在筑前（今日本福冈县）一条河的河边时，忽然看到一团绿色的火焰从山谷中飞来，滚落到桥上。过了一会儿，火球裂开了，芭蕉听到一阵微弱的叫喊"阿丰、阿丰"，河下传来"唉、唉"的回应声，然后双方放声大哭起来，随后碎裂的火就消失了。

据说，这是某个町人和别人的妻子私奔后被抓，沉河溺死之后的亡灵。

尘缘未了的人死后会化为幽灵。这里所说的圆球幽灵，指的并非是以人的样子出现，而是变成火球出现的幽灵。

冲绳的遗念火也是因故不能在一起的男女的幽灵，奈良的锵锵火也有类似的传说。

人的幽灵变成火球出现，这样的事并不少见。

见上入道

　　见上入道又叫"见越入道"，是一种夜晚出现在路上的入道妖怪。

　　在佐渡，如果有人晚上走在山坡上，见上入道就会出现。它的样子一开始像个小和尚，挡住人的去路，然后不断变高。如果就这样一直看着它长高，最后人就会摔倒在地。

　　发现自己遇到了见上入道，就要先下手为强，说一句"见上入道，我早见识过了"的咒语，然后向前卧倒，见上入道就会嗖地一下消失。

　　在长崎县的壹岐郡，人们将见上入道称作"见越入道"。走夜路时，见越入道会在人的头顶上发出沙沙的竹叶作响声。这时候，人们要说一句"见越入道，我看穿你了"。如果默不作声地往前走，就可能会被倒下的竹子砸死。

　　总之，遇到妖怪一定要先下手为强，一旦被它抢先，你就输了。事关性命，绝不可掉以轻心。而妖怪一旦被识破原形，就会消失。

　　不知为何，日本全国都流传着见上入道的故事。我是在四国的宇和岛，从一位老人口中听到见上入道的故事的。

箕借婆

　　箕借婆这种妖怪主要出现在关东地区，会和独眼小僧一起拜访人家。

　　在川崎市的北部，箕借婆会在二月或十二月的八日到访。人们事先在家门口挂上灯笼，然后躲在家中不出门。

　　在千叶南部，当地人有这样一种风俗：人们会从十一月二十六日开始的十天内，不到山里干活，也不纺线，安静地待在家中。

　　另外，在横滨鹤见地区的传说中，箕借婆会在每年十一月二十五日到十二月五日期间出现。"箕借"中的"箕"指的是蓑衣。它出现的时候，会一边说着"借蓑衣"，一边挨家挨户地敲门。

　　想要赶走箕借婆，只需在门口放些饭团即可。箕借婆看到饭团之后，就会抱怨着离去。这或许和古代的某种宗教仪式有关系。

　　另外，如果把筐或篮子吊起来，箕借婆也会离开。据说，这是因为箕借婆只有一只眼睛，害怕有很多窟窿的筐和篮子。

饭笥

　　在冲绳县，人们相信旧餐具能够化妖，有很多关于饭笥和锅笥的故事。

　　有个人在半夜忽然听到一阵热闹的三弦琴的琴声，就出去查看，看到一群年轻男女正在广场的草坪上玩耍。这个人用东西蒙住头，也加入了他们，整夜饮酒跳舞。天快亮时，他累得睡着了。当他醒来时，发现周围散落着饭笥、锅笥和筷子。原来是一些被人丢弃的器物在玩耍。

　　还有这样一个故事，有个人半夜听到敲门声，开门一看，发现门口有一把饭勺倒在那里。

　　这样看来，器物会在半夜里化妖。有个农夫发现一头牛趴在路边。他以为是谁家的牛跑了出来，就把它拉进了牛圈，还拿甘蔗叶喂它，牛吃了很多。到了第二天早上，农夫过去一看，只见牛圈中堆了一大堆的甘蔗叶，上面还放着一个饭笥。

　　在冲绳有这样一种说法，被人丢弃的勺子或饭碗等旧餐具会变成白猪幽灵，筷子会化为鱼。如果在水池里洗筷子时，筷子丢了，就是它化作鱼从排水口逃走了。

沟出

北条高时①掌权的时候，镰仓有个叫户根八郎的人。

他的家臣死后，他把尸体装进背箱扔到了由井浦的海里。后来，这个背箱被海浪冲到了岸上，从背箱中还传来一阵阵哀怨的歌声。

极乐寺的一位僧人听说此事后，打开背箱一看，发现里面是一堆浸泡在海水中的白骨。僧人将白骨带回寺中安葬，之后歌声就消失了。

不久，新田义贞②攻打镰仓。户根八郎也参加了战斗，然而作战不利，就在他打算逃走时，在由井浦遭到一个姓船田的人追杀，中箭身亡。

巧的是，他死的地方正是他丢弃装有家臣尸体的背箱的地方。

另外，还有这样一个传说。从前有个穷人死后，由于家人没钱安葬，便将尸体装进衣箱扔掉了。谁知被丢弃的尸体骨头与皮肉自动分离，白骨戳破衣箱，又唱又跳。

这些白骨怪就是沟出。

---

①北条高时（1303～1333），日本镰仓时代镰仓幕府第十四代执政者。
②新田义贞（1301～1338），镰仓幕府末期至南北朝时期的名将，河内源氏一族，新田氏第八代家主。

三面乳母与独眼小僧

　　三面乳母是除正脸之外，左侧和右侧还各长有一张脸的妖怪。据说，它是独眼小僧的乳母。真不愧是妖怪的乳母，也是一只妖怪。

　　三面乳母会一直陪伴在独眼小僧左右，片刻都不离开，精心伺候。

　　但是，独眼小僧有时会丢下乳母在人类面前现身。两者之间就是这样一种关系。

　　江户时代有位叫陆野见道的医生，因为医术高明，请他看病的人很多。

　　一天，医生看过四五位病人之后，于日暮时分来到了番町的一户人家。家中的仆人说主人外出，让他稍等，病人是主人的妻子。

　　见道被领进了客厅，正当他打量房子的时候，一个十二三岁的小孩端来茶水和烟草盒。这个小孩非常机灵，见道很是喜欢，便问他叫什么名字。这个小孩有些害羞，红着脸跑到了隔壁房间。"喂，小孩！"见道打算叫住他。小孩回过头来，脸忽然间变大了，变成了额头上长有一只眼睛的独眼小僧。

　　见道"啊"地大叫一声，当场瘫倒在地。

蓑火

　　近江国彦根（今日本滋贺县彦根市）大薮村一带的琵琶湖，曾出现一种叫"蓑火"的怪火。

　　每年旧历五月的时候，在小雨淅沥的夜晚，往来湖上的船员的蓑衣上，有时会有星星点点的荧光一样的火。这时候，如果小心地将蓑衣脱下并扔掉，火就会立刻熄灭。一旦惊慌失措地用手去拍打，原本只有五六点的蓑火就会一下子散开，变得非常多，像漫天的星星一样闪烁。因此，蓑火又叫"星鬼"。

　　人们都说，这是在琵琶湖溺亡之人的怨灵发出的光，不过，它只是像萤火虫一样发光而已，既没有温度，也不会烧毁东西。

　　被誉为妖怪博士的井上圆了认为，蓑火是地气的作用。不过，虽然他将蓑火看作是一种自然现象，却没有进行过科学验证。

　　蓑火和西方人称"圣艾尔摩之火"[①]的静电现象很像。不过，蓑火仍是一种谜一样的怪火。

---

①一种常在航海时被海员观察到的自然现象，经常发生于雷雨中，在如船只桅杆顶端之类的尖状物上，产生如火焰般的蓝白色闪光。

蓑虫火

蓑虫火是新潟县信浓川流域广为人知的一种怪火，又被称作"蓑干""蓑虫"等，与滋贺县的蓑火是同一种怪火。

这种怪火会出现在小雨之夜，紧紧地附着在蓑衣上，越拍打就越多，但是并不热。

从前，有一条船载着一位客人从新潟驶往小须户町（今日本新潟市）。当船来到字五町原一带时，船夫发现一件怪事，他看到自己身上密密麻麻地沾满了火。

不过，船夫知道蓑虫火的事，就十分沉着地说："客官，如果您带了火柴的话，能否借我一用？"

船夫向客人借来火柴后，点上火，蓑虫火就倏地消失了。不过，这位客人却并未看到蓑虫火。

这种火十分神奇，有时候只有一个人能看到，有时候很多人都能看到。不过，只要划一根火柴，它就会熄灭。

有人说，这是鼬在作怪。

蓑草鞋

乍一看像是一个穿着蓑衣的普通人，再一看，却发现它没有腿和脚，下半身是一双草鞋——这就是妖怪"蓑草鞋"。

自古以来，人们就认为蓑衣是一种有灵力的东西。出巡的神灵总是一副穿着蓑衣、戴着斗笠的装扮。蓑衣也是往来于阴间与阳间时需要穿的一种服装。

另外，草鞋在过去也是人们崇拜的东西。在一些地方，据说如果遇到火妖，只需把草鞋或草屐顶在头上跪拜即可。另外，如果将草鞋丢向"野津子""奥博"等出现在路上的妖怪，能防止它们作祟。

将拥有灵力的蓑衣和草鞋合二为一之后，就是妖怪"蓑草鞋"。

从前的人们都认为，拥有灵力的东西很容易化妖。

尤其是穿在人身上的东西，不知不觉中就会附上使用者的意念。似乎就是这些人眼看不到的东西生出了妖怪。

耳无豚

　　这件事发生在二战后的日本。有个理发店的老板和朋友走在奄美大岛永田川旁的路上，那是一个飘着小雨的冬夜。突然，一头小猪出现在路上。两个人想要捉住它，但小猪一边咕噜咕噜地叫着一边跑，怎么也捉不住。紧接着，又出现了几头小猪，它们身上散发出一股强烈的臭味，闻起来像甲苯酚，让人无法忍受。后来，小猪们跑进了空地上的一片草丛。

　　第二天，理发店的老板来到那片草丛，发现周围没有养猪的地方。他觉得奇怪，就向住在附近的老人打听，老人说："那个地方有耳无豚出没，你们能活着已经算幸运了，赶紧去买酒庆祝吧。"

　　听老人这么一说，理发店的老板有些后怕。

　　据说，一旦让耳无豚从胯下钻过去，就必死无疑。因此，遇到耳无豚时，要交叉着腿走路。

　　女子独行或两人同行时，很容易遇到耳无豚，因此，很多地方都禁止女子在傍晚一个人出去散步。

明次奇

明次奇是北海道的河童，又叫"明次奇神""明次奇大人"等。它的头发与普通的河童一样，但头顶上没有液体，其中还有一些是秃头。

明次奇的模样像小孩，皮肤呈紫色或赤色，脚的形状像鸟类或呈镰刀形。

在钏路，遇到下大雾的夜晚，有时在外面会隐约看到一个人影从面前走过。上前和它打招呼，它也不会回应。它的脚印像鸟，当人们感到奇怪时，它已经消失了。有时它还会不知不觉地绕到人的身后，将人拖入水中。这就是明次奇在作怪。

就像本州的河童一样，明次奇虽然会害人或附到人身上，但它有时候也会保护人类。

明次奇掌管着鱼族，能够让渔夫大丰收或一条鱼都捕不到。这样看来，明次奇是一种水神。

顺便说一下，在阿伊努人中还有一个表示河童的词，叫作"西里沙麻衣努"（山侧之人）。

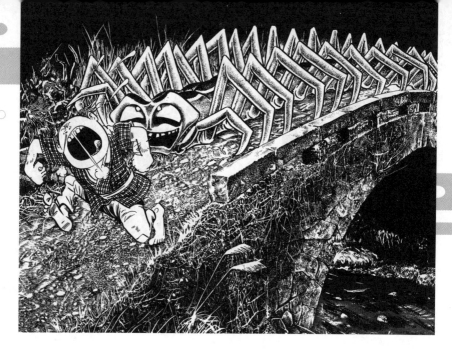

百足

从前，在飞驒国（今日本岐阜县）的某座深山里，经常会有人莫名其妙地消失。村民在半山腰上发现了一个洞穴，觉得可疑，就让村里一个力大无穷的浪人带头调查。

浪人提议先用火攻，于是大家就从洞口往里面吹松叶燃起的烟。

一个黑乎乎的可怕家伙从里面爬了出来，浪人挥刀砍下，原来是一条长达数十米的大蜈蚣。

大蜈蚣在火、烟和刀的夹击下痛苦挣扎，大家看准时机一起动手，终于消灭了这只怪物。

除此之外，关于蜈蚣的传说还有很多。俵藤太秀乡在近江（今日本滋贺县）的濑田消灭大蜈蚣的故事就十分有名。

蜈蚣之所以经常被看作妖怪，与它奇特的形态有很大的关系。

说它是虫又太长，说它是蛇又有很多脚，而且看起来很可怕，所以会被看作是妖怪吧。

无垢行腾

　　行腾指的是人骑马狩猎或旅行时，挂在腰上遮盖两腿的一种服装。这种服装化妖后，就是无垢行腾。

　　变成妖怪的这个行腾，是曾我五郎、十郎兄弟的父亲河津三郎，在狩猎归途中被同门的工藤祐经暗杀时所穿的。

　　也就是说，无垢行腾并不是经年累月形成的器物的灵，而是一种附有怨念的东西。

　　行腾在主人死后化为无垢行腾，在主人消失的赤泽山一带出没。

　　忠犬八公一直到死都在等待着主人的归来，无垢行腾则在主人死去的那一刻获得了生命，似乎是要为主人报仇。

　　但历史上并没有工藤祐经被妖怪所杀的传说，看来无垢行腾并没有成功报仇。

　　江户时代的《画图百器徒然袋》中描绘的无垢行腾伫立在竹叶中，不过脸上并没有那种妖怪特有的可怕表情，甚至还透着一股哀怨。

貉

　　人们认为貉会变化成人。《日本书纪》中记述的发生在推古天皇三十五年的事件中，有一条是貉化作人唱歌的事。

　　貉的变化之术比狐和狸还要高明。曾有一只貉化作僧人，在寺中待了六年，谁都没发现那个僧人是貉变的。也许因为一直没有人发现，那只貉就放松了警惕，有一次睡觉的时候不小心露出了尾巴，被人们发现了。

　　在东北地区和佐渡岛一带有貉没有狸，而在日本西部地区，只有狸没有貉。

　　貉的模样和狸很像。江户时代的百科全书《和汉三才图会》中，将狸、貉、獾和猯等分别加以记述。

　　但还有一种观点认为，貉和狸是同一种动物，雌的叫狸，雄的叫貉。

　　到了明治时代，人们才知道此前一直认为是不同种类的狸、貉、獾和猯，原来全都是同一种动物。

　　不过，貉与狸是全日本数一数二的变化高手，稍作变化，人们可能就分不清了。

无人车幽灵

昭和五年前后，东京的皇居一带据传有汽车幽灵出现。

一天深夜，一位出租车司机在皇居一带等客人，突然看到一辆无人驾驶的汽车在路上飞驰。还没等他看清楚，那辆车就疾驰而去。据说，如果遇到这种无人驾驶的汽车，两三天之后就会有意外发生。因为经常出现在深夜，出租车司机们都很害怕，他们会在车里放上护身符。

在东名高速公路御殿场出入口附近，曾有一辆大阪牌照的白色幽灵汽车出现。

据目击者说，当时他的前方有一辆慢速行驶的白色汽车，当他加速超越时，从后视镜里看到白色汽车内竟一个人都没有。据说，以前曾有一辆一家四口乘坐的大阪牌照的白色汽车，在御殿场出入口附近发生车祸，这个人遇到的很可能就是那辆车的幽灵。

在车祸频发的地方，经常能听到关于幽灵汽车的事。

鞭子风

在高知县，人们将天上吹来的疾风称作"鞭子风"。

在高冈郡黑石村（今日本四万十町），这种风吹来时会发出甩鞭子的声音，因此得名。据说，如果人们遇到这种风，就会生病。

在土佐郡土佐山村（今日本高知市），这种风被人们称作"木几"，能够附到牛或马的身上。晚上，有人牵着牛或马走在路上，它就会发出挥舞鞭子的声音。这时，如果不及时捂住牛或马的眼睛，它们就会死去。

在土佐郡的镜村（今日本高知市），它的名称和形态略有不同。这里的人们将它称作"布奇"，吹来时会在山野上发出"嗖——嗖——"的声音，还能像刀子一样割破人的皮肤。

这是一种近似于恶风的妖怪，一旦被它吹到就会患病。因此，在土佐地区，人们十分敬畏这种风。另外，它与伤人的妖怪镰鼬也有某种联系。

村纱

　　在隐岐都万村（今日本岛根县隐岐之岛町）流传的传说中，有一种海上怪物——村纱。

　　在夜光虫发出亮光的潮水中，经常能看到一些发光的圆球状的东西。

　　如果有人划船过去，那个发光的圆球就会忽然一下散开。这就是村纱。

　　有时，昏暗的海面会突然变得明亮，这也是村纱。

　　如果在海上看见或遇到村纱，当地人会说一句"让村纱缠上了"，这是不祥之兆。

　　被村纱缠上时，可以将刀子或菜刀绑在竹竿的顶端，在船尾朝海面上左右挥舞几次。

　　人们认为，村纱就是海上的幽灵，和出现在四国宇和岛地区海上的白幽灵可能是同一种东西。

梦灵

　　从前，福井有一个人要去京城。他黎明时分动身，走在一条乡间小路上，一只鸡忽然从一座大石塔上跳到了路上。他借着月光仔细一看，发现那只鸡居然变成了一颗女人头。这个女人头看到他后，就咯咯地笑了起来。男子有些害怕，急忙拔刀砍去。那颗人头沿着小路飞了起来，男子在后面紧追不舍，一直追到了镇子上。那颗人头倏地飞进了一户人家的窗户。

　　男子觉得奇怪，就站到窗户边，听到里面有个女人对丈夫说：

　　"哎呀，我刚才做了一个噩梦。梦见我在外面走着，有个男子追杀我。"

　　这是记录在《曾吕利物语》中的一个故事，名叫"女子妄念迷走之事"。与此类似的故事在近代也曾出现。

　　自古以来，人们就认为，梦是灵魂脱离身体后形成的，是灵魂所看到的世界。日本人的灵魂观由此可见一斑。

目竞

在福原京^①（今日本神户市兵库区），一天早晨，当入道相国（平清盛）走出房间，推开板门时，无意间向中庭看了一眼，发现地上散落着很多骷髅。骷髅们忽上忽下，滚来滚去，相互碰撞。

相国惊恐至极，大声喊道：

"有人吗，有人在吗？"

不巧的是，当时一个人都没有。突然，无数个骷髅瞬间聚在一起，变成一个骷髅堆，高达四十二至四十五米，简直是一座高山，院子都装不下了。

这些大骷髅还长有眼睛，滴溜溜地转着，每只眼睛都盯着相国，眨都不眨一下。

相国镇定下来，与骷髅对视，这些大骷髅就像霜雪见了太阳，很快就消失了。

据说，这些大骷髅是平治之乱（1159）时，被清盛等人杀死的武士们的怨念。

①平安时代末期的平清盛在治承四年（1180）计划迁都的日本新首都名称。

饭食幽灵

从前，村上义清的家臣隅田宫内乡的家里，住着一种说不清是幽灵还是妖怪的东西。

它们从不现身，却会像普通人一样吃东西。如果夫妇二人说这些幽灵的坏话，就会有灾难发生。

但是也不能一直让幽灵吃白食，主人就请了一位修行者做法祈祷，结果，幽灵发出用锯子锯房梁的声音吓唬人，这个故事出自《狗张子》[①]一书。

这样看来，它们更像是妖怪。

说起蹭饭的幽灵，冲绳有一种叫"亚纳门"的东西。在冲绳本岛的山原地区，如果谁家断子绝孙，没有后人供养死者，死者的灵魂就会变成亚纳门。

亚纳门会出现在路上或人们的家中，抢夺新做出来的食物。

无人祭祀的亡灵会抢食物吃，所谓"亚纳门"，或许就是"讨厌者"之意吧。

---

① 《狗张子》是浅井草子所著，以短篇物语、小说为主，包括民间故事、随笔等。

面具之灵

　　面具之灵是旧面具变化成的一种妖怪。白天，它们是普通的面具，到了晚上，就会从墙上跑下来，悄无声息地到处活动。这是灵附到旧器物上变成的"付丧神"。旧面具长时间放置就会出现这种情况。不过，面具之灵并不会伤害人类，虽然这些旧面具看上去让人觉得不舒服。

　　从前，有一个叫泉屋银七的男子。一天，他去探望隐居的老母亲。这时，远处的寺院里忽然响起了钟声，接着刮起了猛烈的北风。不知从哪里出来了一个女人，披头散发地坐在母亲家门口，背对着他。银七问她叫什么，她不但不回答，连头也不回。银七觉得奇怪，正要走上前，那个女人嗖地站起来消失了。

　　银七到处寻找那个可疑的女子，却只找到一个旧面具。银七觉得这个旧面具很可能就是刚才那个妖怪的真身，便赶快将它献给了村里的神社。据说，那个妖女再也没有出现。

　　那个妖女就是面具之灵。

魍魉

　　魍魉又名"木石之怪"，被认为是一种吃死尸的妖怪。

　　它的模样像三四岁的小孩，赤黑色，红眼，长耳，头发浓密，尤其喜欢吃死者的肝脏。魍魉栖息在墓地周围，在举行葬礼时，会将死尸从棺材里拖出来吃掉。

　　据樱井德太郎所著的《魍魉信仰的基础》记载，在土佐地区（今日本高知县），人们将那些死于非命的人称作"不意死者"。不意死者的灵会将在世的朋友或熟人引向死亡。这样做会提升灵的地位，因此，这些不意死者的灵会趁机引诱人去死。

　　另外，还有与不意死者"御次"有关的传说。"御次婆"被洪水冲走后溺水而死，尸体被发现后，她开始在家中作祟。家人请来神职人员做法祈祷时，她的灵魂出现了，说："我就是御次婆。如果不厚葬我，我就世代作祟。"

　　于是，人们将老太太的死灵作为魍魉祭祀，虔诚供养，死灵就消失了。

木鱼达摩

佛具与其他器具一样，放置时间久了也会化妖。

也就是说，木鱼会变为附身物的一种——付丧神，与拂尘守等是同类。

木鱼原本是为了让修行僧持戒修行而制作的东西。因为鱼昼夜不眠、不闭眼睛，所以木鱼有不眠不休之意。

而达摩是曾在少林寺面壁修行了九年的行者，这其中也有勤于修行而不眠的意味。两者合二为一，就是木鱼达摩。对于修行的僧人来说，再没有比这更可怕的东西了。木鱼达摩一天二十四小时都监视着僧人，强迫他们"不许睡觉"。

达摩已经相当厉害了。用旧的木鱼达摩如果被人丢掉，就会一直不闭眼，变成付丧神。

或许，患了失眠症的人，有很多都是被木鱼达摩附身了。

目目连

　　有时候，走进空无一人的废弃的房屋，四下打量，会发现隔扇上有无数只眼睛，吓得人魂不附体。这种事发生过不止一次。

　　这种妖怪就是目目连，至于为什么会出现这种东西，没有人说得清楚。

　　在山田野理夫的《东北怪谈之旅》中，有这样一个故事：

　　江户的木材商人半泽屋吾助有一次去津轻买木材，他觉得住客栈太贵，就找了一处没人住的空房子。吾助无意间看了一眼破损的拉门，发现拉门的每个方格上都出现了"眼睛"。

　　吾助怒喝道："你们偷看什么？"这些"眼睛"就将吾助包围了。不过，吾助丝毫不畏惧。他将这些"眼睛"一个一个摘下来装进了袋子，带回江户，全都卖给了眼科医生。

　　鸟山石燕在《今昔百鬼拾遗》中写道："房屋中有无数的眼睛，或许是围棋高手住过的地方。"

蒙古高句丽

在和歌山县有一种说法，妖怪"蒙古高句丽"会在三月三日出现在山中，五月五日出现在大海。

蒙古高句丽是蒙古攻打日本时，死在海中的死者的灵魂，名字对应的汉字就是"蒙古高句丽"。

这是一种外形似鼬的小兽，还会出现在麦田。据说，它出现在麦田的时候会化为人形，忽高忽低，时隐时现。它还会抠走夜路之人的肛门。蒙古高句丽出现在海中时，会变成水母的形状，成群地漂浮在海上。

同一种妖怪在山上和海中会呈现出不同的形态，十分稀奇。

在新潟县西颈城郡（今日本系鱼川市），孩子们将这种妖怪称作"蒙蒙古"，即妖怪之意。在南鱼沼郡，人们将其称作"蒙门古"，而在长野县东筑摩郡则被称作"蒙蒙卡"。

在岩手县九户郡，大人们经常用妖怪"安蒙古"吓唬小孩，这个名字很可能是"蒙古"一词的讹音，人们认为这是一种叫声像"蒙古"的妖怪。

在岩手县岩手郡，人们将幽灵称作"亡魂"（日语发音近似蒙古），这个名字很可能也来自"蒙古"一词。

物怪

附在人身上让人生病,严重时还可致人死亡,这种灵从前被称作"物怪"。物怪是死者或生者的怨恨等意念产生的。

在中世的日本,物怪十分有名,《今昔物语集》和《源氏物语》中都有相关的记载。

有人生病时,如果查明生病的原因是物怪所致(被附身),医生的治疗肯定不起作用,这时只能请僧人、祈祷师或阴阳师出场,举行仪式驱散物怪。

不过,物怪的力量强大得令人吃惊,作法驱邪的人要用尽自己的力量才行。

有时候,作法驱邪毫无效果,甚至会出现祈祷师被物怪打败的情况。

在中世,物怪主要是人的生灵或死灵所化,到了后世,又派生出了各种妖怪和精灵。

百百爷

据说，百百爷平时住在山里，到了无人的深夜，会出现在村子的十字路口或巷口。

如果在村子的路口看到百百爷，仓皇而逃时，会发现百百爷蹲守在下一个路口。

目击者改变方向，来到另一个路口，会发现百百爷又出现在那里。

有一种说法认为，深山里的野衾（即鼯鼠）出现在乡下时，会变成百百爷。如果有人遇见它，就会生病。

在一些地方，当孩子不听话时，大人就会吓唬说："你再胡搅蛮缠，就把你抓起来喂百百爷。"孩子就会乖乖听话。百百爷似乎是山中的野兽。

有人觉得百百爷的名字中有"爷"字，就认为它是个老头，那就大错特错了。事实上，野猪、鹿和狸等野兽，以及它们的肉也叫"百百爷"。

"这个老头说不定就是野狐或百百爷变的呢"——我们有时还会这样调侃。

茂林寺之釜

应永年间（1394～1428），上州馆林（今日本群马县馆林市）的茂林寺里住着一位叫守鹤的僧人。守鹤是一位修为深厚的僧人，经历了七任住持，一直担任教头之职。

守鹤有一个十分喜爱的茶釜，很是奇特，壶里的水怎么都倒不尽。僧侣们集会的时候，都用这个茶釜来招待大家。

有一天，守鹤午睡时忘了藏起自己的尾巴，被寺里的小和尚撞见了。原来守鹤是一只妖狸，倒不尽茶水的茶釜也是它的把戏。

露出马脚的守鹤决定离开寺院。离开前，它使用幻术让僧人们看到了"源平合战"和"双林入灭"的幻影。

据松浦静山的《甲子夜话》记载，守鹤是一只修行千年的狸，曾在印度听过释迦牟尼说法，到中国之后又东渡日本。

后世所讲的童话《分福茶釜》，就是以茂林寺的釜为原型。

蒙加

在青森县北部的沿海地区，死在海中的人的灵魂会变成"蒙加"，还会回到自己的家里。

有一天晚上，有个人觉得浑身发冷，就像浇了凉水一样，于是请来一位叫"高米索"的男祈祷师。祈祷师说："这是被海里的蒙加附身了，它们一共有四个。"他接着说："虽然死在海中，但没有人给它们水。它们为了得到超度，就设法漂浮起来，附到了人身上。"

在北津轻郡小泊村（今日本中泊町），如果有人在海边点上篝火，蒙加就会来烤火。当渔船在海上沉没，有很多人死掉时，如果家人在海边点上火，蒙加就会在火的引诱下现身。

蒙加如果来到家中，会先在厨房里拍打衣服上的沙子，然后到水槽边洗手。

所谓的蒙加就是"亡者"之意。

野干

自古以来，人们就认为野干是附在人身上的狐狸。

但妖怪研究专家山田野理夫认为，在《法华经》中，狐、狼和野干被分别记载，这样看来，狐狸与野干应该是完全不同的两种东西。那么，野干究竟是何物呢？关于它的真身众说纷纭，没有定论。

有一本书中写道："野干似青黄狗，为食人恶兽。"其他的文献里又说："其形态较狐小，尾粗，擅爬树。"

山田将这些记载做了总结，得出这样的结论："总之，野干是栖息于中国胡地的一种群居性动物，形似狗，体型较狐小，尾较粗，叫声似狼，乃擅爬树之兽。"

山田还做了这样一种假设，因为在中国，自古以来就有"野干和狐类似"的说法，所以，日本人将野干和狐混为一谈。

会附在人身上的狐，在日本各地都有。地方不同，名称也不太一样。人们将野干和狐看作是同一种东西，看来它的确存在。

水壶吊

　　水壶吊也被称作"吊挂之怪"。夜晚，当人走在山路上或树林中时，有时候会忽然有东西从树上垂下来，向人发动袭击，垂下来的东西有很多种。

　　有时候是一颗马头，或是一条腿；有时候是茶袋、茶釜等生活用品垂下来。

　　在信州（今日本长野县），当人们深夜穿过森林时，有时会遇到水壶从树上垂下来。这就是水壶吊。

　　水壶会从树上垂下来，但并不害人，所以并不像妖怪。

　　水壶从树上垂下来的现象只有"水壶吊"一种，而水壶滚动的现象在日本各地都曾出现。据说，在长野县的伊那地区就有"水壶卷""水壶转"等妖怪。东京还曾有一处出现水壶滚动的山坡，名为"水壶坂"。

　　至于为什么会出现水壶垂下来或滚动的现象，个中缘由，至今不明。

夜行鬼

在德岛县，有一种会在立春前夜出现、长满胡须的独眼鬼，被人们称作"夜行鬼"。当人们谈论与饭菜有关的话题时，它会忽然伸出一只毛茸茸的手。

日本自古就有"百鬼夜行日"的说法，这一天是妖魔鬼怪出来活动的日子。在这一天，夜行鬼会骑着无头马在路上游荡。

如果有人遇见它，就会被它摔到一边或是踢死，所以，人们在这一天的晚上都不走夜路。不过，如果不小心遇到它，只要头顶草鞋，趴在地上即可。另外，有些地方认为，夜行鬼所骑的无头马也是一种妖怪，会独自出现。

"夜行"原本指的是祭神时，神明在深夜降临，但普通人是看不到的。夜行日则是指立春前日、除夕等与特定节日有关的斋戒期。

《神话传说词典》里解释道，也许是对破戒的惩罚的恐惧，演变成了对夜行鬼等妖怪的恐惧。

寝具与座头

这件事发生在明治五年前后。有个叫"留"的男子，在东京日本桥经营一家榻榻米店。他每晚都会看见一个奇怪的东西。当他恍惚入睡时，眼前依稀看到一堆被褥堆在那里，接着会传来哗哗的下雨声。这下雨声仿佛是暗号，雨声一响起，留的枕边就会出现一个盲座头，端坐在那里。

盲座头什么都不做，模样也不讨厌，不过，只要它出现，留就会有一种郁闷的感觉。

这种情况每天都在持续，因此，留打算换个房间。他换了很多地方，但盲座头依然会出现。

留担心一直这样的话，自己的精神难以承受，就请了东京一位熟悉阴阳道的人祈祷。祈祷持续了三天，后来，雨声消失了，盲座头也不再出现。

这似乎是一种幽灵，可能是附身物中的一种。既然是在祈祷后离去的，说明它是"灵"的一种。

疫病神

自古以来，疫病神就被人们称作"瘟疫之神"。疫病神会单独或是五个结伴出现在城镇或乡村，它们在街上游荡，传播瘟疫。

为防止疫病神出现，从前的人们制作巨大的人偶和草屐放在村子的入口，以此来吓唬想要进村的疫病神。

这种习俗各地都有，称作"疫病送"。

另外，据说如果每月三日熬小豆粥，疫病神就不会进入家中，这是疫病神告诉人类的。它为了感谢一个不知自己是疫病神而为自己带路的男子，将此事告诉了他。

正如很多妖怪都受中国影响一样，疫病神也不例外。

中国的疫鬼是五个一伙行动，其中四个疫鬼的眼睛看不到东西，剩下一个充当眼睛，并且决定让谁生病。这种情况被称作"一目五先生"。日本的疫病神之所以是五个结伙出现，也许是因为它们源自中国。

野狐

　　野狐是徘徊于九州一带的一种会附身的妖怪，与土佐（今日本高知县）所说的犬神有些类似。

　　据传，野狐的外形似鼬或鼠，比鼠略大，身体呈黑色。

　　在熊本县天草一带，如果被野狐附身，那些不会写字的人会突然下笔如飞，不懂浪花曲[①]的人会突然侃侃而谈。还有人说，野狐会带来金钱，让人变得富有。

　　不过，人们认为许多疾病都是由野狐附身引起的。

　　在天草的某个村子，为了驱除野狐，祈祷师会先祈祷，然后往病人身上浇热水。但奇怪的是，患者却不会被烫伤。

　　在长崎县的壹岐，野狐不但会附到人身上，还会舔舐烫伤的伤口。一旦被它舔了伤口，人就会死去，因此人们十分害怕。野狐讨厌咸味，为了防止被野狐舔舐，人们会吃盐。

　　同样是在九州，鹿儿岛的野狐却不附到人身上，而是依附在家中。

---

①日本的一种说唱艺术。表演方式为一个人说唱，并以三味线来伴奏。

夜行游女

　　夜行游女是难产而死的女人的幽灵，怀里常常抱着一个婴儿。

　　源赖光的四天王之一——卜部季武，听说美浓（今日本岐阜县）有夜行游女出没，便打算去试试自己的胆量。

　　当他走到途中的渡口时，夜行游女出现了，它将怀里的孩子递到季武面前，说："请抱一下孩子。"

　　季武接过孩子后，夜行游女又说："请还给我。"

　　生气的季武抱着孩子返回家中。当他再看怀里，发现自己抱的并不是孩子，而是树叶。

　　这个故事出自《今昔物语集》，夜行游女其实是产女的别名。

　　夜行游女源自中国，据《本草纲目》记载，夜行游女是姑获鸟的别名。姑获鸟又名夜游鸟、鬼鸟、天帝少女等，是一种披上羽毛即变成鸟，脱下羽毛就化作女人的鬼神。

　　关于姑获鸟与产女的关系，在"奥高鸟"一节中已经说过，请对照理解。

屋岛之秃

赞岐（今日本香川县）的屋岛住着一只叫"秃"的老狸，它是四国狸的大将。源氏一族与平氏一族在屋岛合战的时候，秃曾爬上高树观战。有一天，它被一个猎人杀死了，从此以后，它就附到人的身上，借他人的嘴说话。

江户时代中期，秃附到了德岛县西林村（今日本阿波市）的第一美女的身上。美女被附身后，言行举止与狸十分相似。当秃离开时，美女说了一句"我现在要到某地去"，然后倒地失去了知觉。但是没过多久就恢复了正常。当秃回来时，她会说一句"我回来了"，然后又变成另一个人。如此反复。

秃不会害人，它来到人类的家中时，总会讲一些关于自己的身世和屋岛合战的事。

屋岛合战中，义经连跳八船以及边迎敌边捡弓的情节，它讲得尤为生动。

据说，日俄战争中，秃也曾上战场，不过后来就杳无音信了。

夜道怪

在埼玉县的小川町，如果有头发散乱、衣衫褴褛之人背着大行李走在路上，人们就会说"像个夜道怪一样"。

人们认为夜道怪是拐骗孩子的高手，但他们实际上只是普通的人类，是有些卑贱的、以"高野圣"之名游历诸国的法师。高野圣原本是云游四方，传播弘法大师信仰的高野山僧人，后来就变成了以行商为副业的僧人。他们会在傍晚站在村子的路口，大喊一声"借宿"，意思是问有没有人肯留宿他们一晚。如果没有人愿意，他们就朝下一个村子走去。

之后，高野圣逐渐凭借着法力嚣张起来，占尽便宜，还恐吓威胁善良的人。人们因此编出一句顺口溜："高野圣，莫借宿，拐你女儿还丢人。"

所谓的夜道怪，其实就是高野圣，在人们的口中逐渐变成了夜道怪。还有人认为，夜道怪就是东京等地疯传的人贩子。

牙那

从前，埼玉县川越城三芳野神社下面的护城河底部与佐沼的水相通。

这条淤泥很深的护城河里住着一个精灵，人称"牙那"。

据说，当川越城受到攻击，城池陷入危险时，只要敌人来到护城河边，牙那就会立刻出现。

牙那会吞云吐雾，刮起魔风，让周围变得像黑夜一样。它还能引发洪水，让河水泛滥，这样一来，进攻的敌人就找不到天守阁了。因此，川越城又名"雾隐城"。

人们都说，川越城是太田道灌[①]利用牙那所造，河水中的精灵就是水神。

据说，川越城里还有一种叫"雾吹井"的东西。这种东西上面有个盖子，平常都是盖着的。当敌人进攻时，盖子就会打开，从里面吹出的茫茫雾气会将川越城隐藏起来。

吹雾是牙那的特征，既然雾吹井与牙那都能吹出雾，说不定两者之间还有些许关联。

[①]太田道灌（1432~1486），室町时代后期的武将，武藏国守护代扇谷上杉家的家宰。

柳精

　　人们认为，无论是柳树还是其他树木，树中都寄居着精灵。如果是有几十年甚至上百年树龄的老树，灵力会更加强大。

　　关于柳树有着各种各样的传说。岩手县盛冈市就流传着柳精爱慕一位姑娘的故事。

　　从前，北上河的河边有一处叫"木伏"的地方，这里生活着一位美丽的姑娘。姑娘每天都在柳树下洗衣服，有一天，她忽然被柳树枝紧紧抓住，靠在树干上失去了知觉。

　　闻声赶来的人们将姑娘从树上拉了下来，她醒来后像丢了魂似的，一直发呆。

　　等姑娘恢复正常后，人们问她发生了什么，姑娘说："我傍晚在树下洗衣服时，忽然出现了一名陌生的美男子，抱住我的身体不松手。后来，我就像掉进了梦里，然后就什么都不知道了。"

　　据说，这棵柳树后来莫名其妙地枯死了。

柳婆

　　柳婆是树灵的一种。据说，焚烧柳树时会散发出一种死尸的味道，因此很多地方的人都讨厌柳树。不过，也有一些地方将柳树视为吉祥之树。

　　有风吹过时，随风摇曳的柳树枝与幽灵的动作十分相似。大概就是因为这个原因，柳树成了那些喜好灵异之人关注的对象。

　　尤其是在漆黑的夜晚，打着灯笼从柳树下向上看时，老柳树简直就是一个可怕的幽灵头领，恐怖无比。

　　如果是妖怪"柳婆"栖息的柳树，妖气会更加强大。

　　例如，如果有人在河边失踪，恰巧附近有棵大柳树，人们就会认为那个人被柳婆抓走了。

　　又或者是在晚上遇到陌生的老太婆，旁边还有一棵柳树，人们立刻就认为那个老太婆是柳树精或柳婆。

家鸣

随着神怪电影的流行，"骚灵"一词也广为人知了。

很多人都有过类似的经历：房屋的玻璃窗和门忽然"哗啦哗啦"地晃动起来，还能听到"咚咚""啪嗒啪嗒"的声音，却找不到原因，当然也不是地震。

无论在东方还是西方，都有很多这种故事。日本将这种现象称作"家鸣"，认为是小鬼之类妖怪的恶作剧。

这种现象多发生在古老的武士宅院和农家，京都的某户人家就曾发生这种事。

据说，一到深夜，房子的拉窗就会"喀嚓喀嚓"地晃动，并且越晃越厉害。之后，连隔扇和拉门都跟着一起摇晃。到最后，整座房子就像发生地震一样摇晃起来。

另外，在北陆某个地方也发生过家鸣。昭和初期，科研人员还去做过调查。最后得出的结论是，这很可能是处在高地等原因而引起的"共鸣现象"。

山岚

　　山岚是生活在深山里的一种妖怪。它头部到背部的毛像针或荆棘一样尖利。当它发怒或剧烈活动时，这些毛会像箭一样射出去。

　　很多动物发怒时，毛都会倒立起来。山岚这种妖怪的毛有三十多厘米长，射人也绰绰有余。它平时生活在深山里，有时也会下山糟蹋庄稼。人们想要驱赶它时，它就会亮出这个武器。

　　不过，虽然是妖怪，但它的利用价值还是很高的。捉住它后，它的毛可以做簪子，皮能做靴子。

　　传说吃了人鱼的肉就能长寿，但这种妖怪的肉却不能吃，据说它的肉里有毒，吃了会送命。

　　它的毛之所以适合做簪子，是因为不会让头发沾上污垢。

　　山岚乍一看像野猪，虽然看着让人害怕，但它的身体可以制成各种日用品，因此也会遭到捕杀。

山犬

　　根据和歌森太郎[①]编著的《宇和地区的民俗》记述，山犬是这样一种东西：

　　当人背着鲜鱼走在夜晚的山路上，就可能会被山犬附身，身上背的鱼会突然加重，把鱼卸下来时，身后会传来扑通一声。回头一看，发现黑暗中有一双眼睛在闪闪发光。这就是山犬。当然，鱼已经没了。

　　不过，山犬还会保护人类。晚上很晚回家，可能会在山中迷路。这时，就会看到一个发光的东西。如果向着发光物的方向走，不久就能走到有人家的地方。

　　还有人说，如果被山犬附身，其他妖怪就会避而远之，不再找人的麻烦。被山犬附身后，只要给它一些食物，然后说一句"请保护我"就行了。它就会在前面带路，将人安全地送回家。回到家之后，要再给它一些食物。

　　在爱媛县的宇和地区，人们认为山犬并不是狼，而是一种目光敏锐的犬。

---

①和歌森太郎（1915～1977），日本历史学家、民俗学家，东京教育大学名誉教授。

山姥

　　山姥生活在山上，看上去像老太婆。它发怒时会眼露凶光，嘴巴咧到耳根。它长长的头发是红色或白色，衣衫褴褛。

　　山姥平时在山里徘徊，下雪时会到人迹罕至的深山中的小屋里烤火。它还留恋人世，经常窥探有人居住的山中小屋。

　　新年的时候，山姥会到村子里买东西。它很喜欢喝酒，总是拿着葫芦去买酒。葫芦乍一看能装三合①左右的酒，但实际上是一个神奇的魔法葫芦，无论打多少酒都装不满。它还会用自己采的野菜或蘑菇和人交换味噌或酱油。据说，那些卖给它东西，而不知它是山姥的人，日后会交好运。因为善良的山姥会给人留下财富和幸福。

　　山姥的主要工作是在山中织布、编草鞋、将孩子培养成山的主人。

　　据传，源赖光的四天王之一——坂田金时就是被足柄山（神奈川县）的山姥养大的。

①日本容量单位，十合为一升。

山尾裂

关东地区有一种说法，"村里的尾裂会附身，山里的尾裂却不会"。

在关东的一个村子，却流传有人被山尾裂附身的传说。

有个老太婆不小心被烫伤了。别人告诉她油对治疗烫伤很管用，于是她去买油，结果一直没有回来。

村民们都很担心，就出来寻找，最后发现老太婆在山中的天狗岩上睡觉。村民们都十分惊讶，急忙叫醒她，问她怎么回事。老太婆却说："请把油瓶和油炸豆腐拿到天狗岩来。"

村民们觉得奇怪，仔细一看，发现老太婆的油瓶已经空了。

于是村民们都说："有可能是被山尾裂附身了。"

这个老太婆经常被山尾裂附身，被附身后会舔油，还嚷嚷着"想吃油炸豆腐"。

尾裂是一种类似老鼠的动物，从喜欢吃油炸豆腐这一点来看，它似乎更接近尾裂狐。

山男

　　从前，远州（今日本静冈县）的某个村子里，有一个叫又藏的男子。

　　有一天，又藏的家中有人生病，他去叫医生。因为太过着急，又藏一脚踏空，掉到了山谷里。

　　又藏的脚骨折了，无法行走。正当他无奈地在谷底等待时，一个山男出现在他面前，二话不说背起又藏，不费吹灰之力就爬上陡峭的山崖，将他送到了医生家门口。

　　过了一会儿，山男消失了。

　　后来，又藏想要表示感谢，就用竹筒装着酒来到山上。

　　据说，当他把竹筒放到山谷中，正要起身回去时，两个山男忽然出现，高兴地喝光了酒。

　　在中国一本名为《合璧故事》的书中，记述了一个名叫"木客"的山男的故事。书中还记载了据称是木客所作的诗，看来中国的山男颇有学识。

　　这样看来，从前的山上生活着奇人。

山鬼

有一个猎人的家在相模国（今日本神奈川县）大山一带。有一天，他走到了大山的深处，找不到回家的路，决定在山中的小屋里住一晚。他生起火，吃完饭后，就躺下睡着了。没过多久，一阵奇怪的声音把他吵醒了。他睁开眼睛，看见一个怪物正在烤火。他看了看周围，发现无路可逃，只好静观其变。怪物微笑着说："一切听天由命吧。"

猎人心里想的也是听天由命，就有些吃惊。猎人想，不会是天狗吧？

怪物又说："说不定就是天狗呢。"

猎人决定不再理它，低着头烤火。夜已过半，柴火烧没了，于是他添了一些树叶，然后用嘴吹了吹火，又加了些树枝。后来，就在他屈膝用力，想要折断一根枯树枝时，碰到了一根着火的树枝，树枝朝怪物飞了过去，正好打在它的脸上。

"折断一根树枝，就能打到我。再也没有比人类更可怕的东西了。"

脸被烧伤的怪物大叫着离去。

山飒

《和汉三才图会》中介绍了一种叫"豪猪"的野兽。豪猪别名"山亲父"，生活在深山里，有时候会成群结队地伤害人类。它身上的毛像针一样尖锐，捉住后，可以用它的毛做簪子。

山飒与这种豪猪十分相似。

有人说，这种妖怪的头像擦菜板，故得其名。不过在古时候，关于妖怪名字的由来，人们并不清楚，因此会流传多种解释。

另外，正如兵库县的"六甲飒"、群马县中央部和东南部的"赤城飒"，"飒"指的是从山上吹下来的强风，所以，也有人认为山飒是一种会刮风的妖怪。

山飒是江户时代的妖怪。当时的妖怪，很多都是借助绘画被记录在书中，因此，人们对一些妖怪的模样和性格会有不同的看法。

山女

在过去，山曾是人们信仰的对象，被视为灵界和异境。山上栖息着各种精灵，其中有很多精灵的名字都直截了当地被命名为"山某某"，"山女"就是其中的典型。关于山女的传说，在日本各地都有，奥州（东北地区）流传着这样一个故事。

有一位武士进山砍柴。太阳升起来的时候，他看见有个东西穿过对面的半山腰。武士觉得有些奇怪，就盯着那个东西看，对方也停下来看他。在阳光的照射下，武士看到对方竟是一个肌肤白皙的美女，披散着刚刚洗过的头发。

但她的眼神却很吓人，完全不像人类，胸部以下的部位隐藏在松树林中，看不清楚。武士有些害怕，丢下未捆好的木柴径直跑下山去，后来再也没有去过那座山。

武士回来之后，仔细想了想，发觉那些松树至少都有三米高，那个女人的脸从松树上露出来，也就是说，那个女人的身高在三米以上。武士认为，那个女人应该是山女，他至今回想起来都有些后怕。

玃

从美浓大垣（今日本岐阜县大垣市）向北走十日里（约40公里），然后再往深山里走，就会看到一个村子，村子里有个叫善兵卫的樵夫。此处的深山里有一种皮肤黝黑、全身长着长毛、能说人话、会观察人的表情的妖怪。这种妖怪叫"玃"或"黑坊"。

善兵卫经常让玃帮忙砍柴。后来，玃和善兵卫成了朋友，住进了他家。

村子里有一个十分漂亮的寡妇。一天晚上，有个怪物突然出现在寡妇面前，要与她交媾。这个怪物似乎拥有神力，让寡妇觉得似梦非梦，如梦如幻，便不由得顺从了。

这种情况持续了很长一段时间。有一天，怪物刚刚出现，寡妇立刻拿起镰刀砍了过去。怪物落荒而逃。寡妇喊来村民循着血迹一路搜寻，来到了善兵卫家。原来，凶犯就是玃，不过它已经逃进了山里。

据一位老人讲："我听说，玃都是雄性，所以它们自古以来是通过和女人交媾来繁衍的。"

山爷

　　土佐藩（今日本高知县）的山里，住着一个叫春木次郎繁则的官吏。他在土佐郡本川乡的一个山村供职。春木次郎繁则在四十岁时写下的日记中，有一段关于山爷的文字。这件事发生在宝历元年（1751）。

　　根据他的记载，山爷就是山鬼，模样像独眼独腿的老人，身上披着类似蓑衣的东西。

　　见过山爷的人毕竟是少数。不过，在一个大雪之日，村头的路上留下了一些像是杵子按过的圆形痕迹，村民们都说那很可能是山爷留下的脚印。

　　山爷多出现在土佐的山里，长得很像人。不过也有人说，山爷全身有灰褐色的短毛，眼睛大而有光，牙齿十分有力，能把猴子的头像嚼萝卜一样一口咬碎。山中的狼都害怕山爷。我想，如果亲眼目睹了这种场面，任谁都会害怕。

　　猎人在山上的小屋里睡觉时，为防止山爷拿走毛皮，会事先在小屋周围摆放一些动物骨头，这是唯一能避开山爷的咒术。

八岐大蛇

据《古事记》记载，八岐大蛇有八个头、八条尾，身体覆盖了八座山、八条谷，长满青苔的后背上生长着茂密的杉树和扁柏树，口中能吐出火焰般的毒气，腹部常常滴着血。

八岐大蛇每年都会吃掉出云国王的一个女儿。到了第八年，轮到国王的小女儿栉名田比卖，恰好须佐之男命路过出云。

须佐之男命用酒灌醉了八岐大蛇，它的八个头全都醉了之后，须佐之男命用神剑"虵麁正"消灭了八岐大蛇。

在出云地区流传的神话中，当时，从大蛇的尾巴中出现了一把"天丛云剑"，后来成为三神器之一、现在的热田神宫的镇宫之宝。

传说中，这条大蛇曾栖息在岛根县仁多郡船通山的地下深处，斐伊川从那里的地下流过，据说大蛇曾出现在斐伊川的"天渊"。

斐伊川上的"天渊"位于现在的饭石郡与云南市汤村之间，被人们称作"大蛇宅窟"。

山地乳

　　活了多年的蝙蝠会变成"野衾"，再老一些就会化为奇异的形态隐居在山中，被人们称作"山地乳"。

　　虽然人们并不清楚山地乳吃什么，但如果借宿在深山里的房屋中，山地乳就会出现。它会偷偷观察人们是否睡着，趁人熟睡之际，吸取人的气息。如果此时有其他人醒来，看到山地乳吸取气息的情形，被吸之人就会长寿。若是没人看到，被吸取气息的人第二天就会死去。

　　虽然既不存在因为看到山地乳而长寿者，又未听说过有人被山地乳杀害的事情，有些地方的人还是很怕山地乳。

　　不过，山地乳的外表并不像山婆或山童等妖怪那样近似于人，而是一种动物型的妖怪，与猫妖、蟾蜍妖等妖怪比较接近。

　　德古拉是蝙蝠变成的吸血鬼，但这里所说的蝙蝠变成野衾吸取人气息的故事并不相同。这种蝙蝠随着年龄的增长会变成山地乳，较之德古拉，山地乳更接近中国所说的仙人。

　　很多妖怪都让人难以捉摸，山地乳就是其中之一。

山天狗

　　神奈川县津久井郡有个叫青根村（今日本相模原市）的山村。这一带有时候会在深夜传来伐木和树倒下的声音。另外，明明没有风，山里的小屋却会哗啦哗啦地摇晃。

　　在山上，这样的怪事有很多，人们认为这是山天狗在作祟。

　　有人说，只要鸣枪三声，声音就会停止。不过，山天狗被人们视作山神，所以没有人这样做。

　　这一带还有很多怪事，有时候听到大石头掉进水中的声音，水面上却没有荡起波纹；大坊主出现在篝火对面，用眼睛瞪人，而且是几个人同时遭遇这些怪事。

　　晚上去志道川捕鱼的人说，有时候在这边撒网，远处也会传来撒网声；或是刚撒下的渔网，转瞬间就变得破破烂烂。正当人们纳闷时，却听到天狗在哈哈大笑。我想捕鱼人遇到的并不是山天狗，而是川天狗。

山猫

　　有一名男子要去石州（今日本岛根县），走到一处山岭时，天黑了下来。他正要加快脚步，发现路上有一只狼挡在了面前。男子想要绕过去，却被狼叼住了衣角，动弹不得。

　　男子不知如何是好，谁知狼竟叼着他的衣角径直向前走。翻过一座山，又爬上另一座山，来到山顶。

　　狼停下了脚步，但仍咬着男子的衣角不放。他实在无法理解这只狼的行为，但也只能乖乖地和狼待在一起。这时，前面出现了奇怪的亮光，好像是火把，数量还非常多。

　　男子十分吃惊。只见一排队伍走了过来，原来是山猫，火把似的亮光是山猫的眼睛。山猫的队伍平静地走了过去，什么都没有发生。

　　狼松开了男子的衣角，一声嚎叫，消失在黑暗中。

　　多亏了那只狼，男子才捡回一条命，那只狼可能是这座山的守护神。

幽谷响

　　人一呼唤就会做出回应的"幽谷响"，一边在山里发出回声，一边东奔西跑。

　　从前，有一名男子去奥州会津（今日本福岛县会津若松市）的山上打猎，发现一只野兽。他砰地开枪射击，似乎是打中了。男子上前察看，发现一只受伤的野兽倒在地上，又补了一枪。

　　结果，幽谷响的回声传了过来。男子准备离开时，突然撞到了什么东西。仔细一看，原来是一个独腿的小僧。

　　"小心点。"男子斥责了一句。

　　小僧却说："该小心的是你！"

　　"开什么玩笑，我刚才是在打猎。"

　　"你胡说什么啊。就是因为你放枪，我才要往那边跑。"

　　男子问："你到底是什么人？"

　　小僧回答："我是幽谷响。"

　　过去的人或许对山中的回声感到很奇怪。

　　幽谷响也可以写作"山彦"，日本各地赋予了它不同的名字。

山彦

山彦住在安倍山深处无人的古寺。

它通体发黑，像黑熊，力气很大，据说它的原形是修炼了数千年的楠木精。

山彦是一伙盗贼的头目，发现有钱的人家，就会闯进去劫掠财宝。

一天晚上，有个手下嘀嘀咕咕地对它说：

"今晚那家人都喝醉了，这可是个绝好的机会。"

山彦回答说："是吗？那就这么定了。"

到了丑时三刻，山彦率领一伙妖怪闯入了那户人家。

家中的人都喝得烂醉如泥，站都站不起来。山彦本以为是人类的家，却发现是狐狸的家。醉酒的狐狸被盗贼吓坏了，四处逃窜。

山彦率领的盗贼偷走了狐狸家中所有的金银财宝。

"小偷！小偷！"狐狸们叫嚷着，但已于事无补。盗贼们轻松地离开了。

山神子

　　宽永十九年（1642）春，有传言说土佐（今日本高知县）丰永乡的深山里住着一种人称"山神子"的妖怪。

　　这一年，有很多人看见它出现在高知城内。

　　山神子看上去年近六旬，是一个肌肉壮硕的男子。它一句话都不说，但如果有人给它食物，它从不拒绝。

　　根据柳田国男的《山的人生》记载，人们留它住了两三天后，就放它回到了山上。

　　既然它不说话，也就不可能说自己叫山神子。人们认为它是山中的怪人，和山神有关系，便赋予了它这个名字。

　　当时，山中出现山人的报告有很多。柳田国男推断，它们很可能是为了寻找食物或配偶才出现的。

　　到了昭和时代，广岛县出现过一种名叫"比婆公"的非人非猿、貌似山人的东西，这样看来，日本仍有一些人类未知的生物。

山御先

　　在阿武郡相岛（今日本萩市），"山御先"指的是那些死后无法超度而化作风，在山中游荡的亡灵。这些亡灵不吃东西，十分痛苦，遇到它们的人就会生病。

　　但在德岛县三好郡三名村（今日本三好市），传说川御先进山后，会变成山御先，似乎是一种像鸟一样在天空中飞翔的神。如果有人在河里突然感觉疲劳，就是被川御先附身了。川御先很可能是在河中溺亡之人的亡灵。

　　御先是在日本西部广为流传的一种附身妖怪，它很少现身。有人生病之后，说了句："啊，这么说在山上……"人们才知道是被御先附身。

　　在山口县丰浦郡的深山中，有人头形状的山御先出现。山御先会像车子一样在落叶上滚动，很是奇特。

　　总之，御先是一种危险的附身怪物。

山童

在九州地区流传着很多关于山童的传说。它经常会帮助在山里干活的人，但帮忙时有种种约定。比如请它帮忙搬运木头，放下时一定要注意。"一、二、三"，当你数到三时再放，就迟了，必须要在数到二的时候就要放下。因为山童会提前把木头从肩上放下来。

请求山童帮忙的时候，给它一些它喜欢的"炒粉"或"敬神酒"就行。

很多地方都认为，河童在秋天进入山里后，会变为山童。在九州就有河童与山童交替的说法。

不仅称呼变了，河童在进山之后，身体特征也发生了变化，所以河童与山童是完全不同的两种妖怪。

不过，到了春天，山童就会下山回到水中，变为河童。因此，山童是只在秋天到来年春天才出现的一种妖怪。如果有人见到山童变化时的样子，就会遭遇不幸。

山臊

　　山臊生活在深山里，以虾蟹为食，有时会模仿人类用火烤东西吃。据说，若是伤害或杀死山臊，就会生病。

　　从前，信州木曾（今日本长野县木曾川上游流域）的山里，经常有人发现巨大的脚印。

　　文政（1818～1830）初年，木曾奉行的一个下属在山中发现一只巨大的草鞋，长一米左右，用藤皮制成。当时，人们猜测这是山臊留下的，但不知道它住在什么地方，就连樵夫都没有见过它。

　　中国也有一种妖怪，被称作"山臊"。中国的山臊也生活在山里，喜食螃蟹，因此与日本的山臊很可能是同一种妖怪。

　　人们普遍认为，日本的妖怪有许多都源自中国，只是在日本的文化环境中逐渐发生了变化。

　　中国的山臊脸似人类，体似猿猴，独腿。据遇见过的人讲，山臊自称是山神。

山婆

　　山婆也可以写作山姥。

　　明历三年（1657），陆中（今日本岩手县、秋田县的一部分）某地有一处猎鹰场，有个叫横田长十郎的士兵在这里看守。他平常都是一大早就离开住处去执勤。一天清晨，当他沿着羊肠小道向上攀登时，左侧的草木随着怪风飒飒作响，大山发出雷声般的低鸣。到底发生了什么？长十郎回头一看，发现身后有一个两米多高的山婆，两眼直放光。

　　山婆像风一般扑了过来，长十郎已无法逃脱，便挥起自己的刀。被刀砍中的山婆发出惨烈的叫声，然后逃走了。它登上屹立在海上的陡峭岩石，然后落入了海中。长十郎惊吓过度，昏倒在地。

　　太阳升起来后，长十郎被担心他的人找到并救起，很快恢复了神志。但没有人知道那个山婆是死在了海里，还是逃进了山里。在搏斗的现场，散落着很多菊花青马①的毛一般的东西，滴在地上的血是黄色的。

---

①有青白杂毛的马。

山婆附身

　　在高知县土佐郡土佐山村（今日本高知市），如果某户人家连年丰收，家道兴旺，人们就将这种情况称作"山婆附身"。

　　从前，有户人家就曾被山婆附身。这家人在山上干活时，如果心里想要什么东西，那个东西就会出现在家中。而且不知为何，家中的米一直都吃不完。

　　有一天，这家的主人觉得奇怪，早早地回了家，从外面偷看家里的情况。他发现一个陌生的白发老太婆正在打扫房间。老太婆似乎感觉到了什么，当受到惊吓的主人叫出声时，她就飞走了。从此以后，这户人家便衰落了。

　　这个老太婆就是山婆，这里还有一座祭祀着山婆的祠堂。

　　关于山婆还有这样一个故事，也发生在土佐郡。

　　当地有个地方叫"山婆崖"，有个人在山婆崖附近种稗子，每年都会丰收。他觉得有些奇怪，就在这里放了一把火，一个老太婆模样的人跑了出去。此人从此便家道中落了。

山宝

　　山宝形似幼小的孩童，平常总是坐在大树下，一旦有人靠近，它就会绕到树后面躲起来，不让人看见。

　　人们在山里捡拾大树的果实时，不会全部捡走，会给山宝留一些。

　　这件事发生在奄美大岛。北风刮过的第二天，直松与满鹤两个姑娘带着点心进山了。

　　二人走进深山后，发现一棵大树下落了很多米槠子儿。两个姑娘一粒不剩地将米槠子儿都捡进了背篓里。之后，她们背着东西准备下山，但不知为何，她们一直在同一个地方转来转去。直松喊一声"喂"，附近立刻会传来一声"喂"。

　　但这不是人类的声音。两个人哪里还顾得上米槠子儿。直松想起关于山宝的传说，就在满鹤的耳边嘀咕了几句。然后，她们回到那棵大树下，将米槠子儿都倒了出来，之后背着空篓子往回走。过了一会儿，她们走到了熟悉的道路上，顺利回了家。原来是因为她们没有给山宝留下米槠子儿，才迷了路。

病田

　　在日本东部各地，有很多叫"病田"的地方。如果有人在这种土地上耕种，土地所有者就会生病（栃木县足利市）、遭遇不幸（宫城县伊具郡丸森町）或是灾害不断（新潟县北鱼沼郡）等。

　　在静冈县的富士山山麓一带，每个村子都会有一两处病田。人们在病田中用石头搭建了小祠堂，很容易分辨。拥有这些土地的人，如果和别人打赌"我就是不收粮食，也要在这里种地"，就会重病缠身，一命呜呼，全家人陷入烦恼。因此，人们都十分忌讳。

　　至于其中的原因，在骏东郡清水村（今日本清水町），有人说这是因为病田前面的水沟不知何时滚进去一个人头，没有好好祭拜就被埋掉了。据说，在其他地方也出现了同样的情况，人们到病田里挖几下，就能挖出一堆白骨。

　　这样看来，应该是某种怨灵附到了田地上作祟。曾有传言说，人们祭祀了附在病田上的怨灵后，那些奇怪的事情再也没有发生。

枪毛长

　　这种妖怪似乎是毛枪的付丧神。毛枪是一种枪套用羽毛包裹的枪。在古代的画上有时能见到，那些走在大名队伍最前面的人，挥舞的就是这种枪。既然是枪，在遇到突发情况时，就能成为有杀伤力的武器。拿着这种枪的人走在队伍的最前面，还有清路的意思。如此一来，也就不难理解枪毛长是什么妖怪了。

　　但不知为何，枪毛长竟手持木槌。有人认为这种木槌和金槌坊的一样，能够让人生病。但除此之外，似乎还有更多的意思。比如，枪毛长使用木槌时会用力踏地，来镇压当地的精灵。阴阳道中实施咒术"返闭"时，也有双脚踏地的动作。相扑力士比赛时，也会两脚交替用力踏地。据说，踏地是一种镇压精灵的行为。

　　枪毛长手持木槌敲打地面，这样看来，它很可能走在队伍的最前面，一边用木槌敲打地面，一边清道。说不定它并不是干坏事的妖怪，而是镇压各地邪灵的妖怪。

遣来水

当大雨下个不停时，河的上游就会传来"来吗？来吗？"的声音。村民都害怕得不敢出声，可有个人却回答说："想来就来啊。"于是河水猛涨，转瞬间周围就变成了一片汪洋大海。

这种大水称作"遣来水"。过去的尾张（今日本爱知县）和美浓（今日本岐阜县）等地，时常能听到在木曾川发生这种怪事。

爱知县犬山市留有如下记录：这件事发生在三百多年前，真享四年（1687）八月二十六日，一场大雨让木曾川河水猛涨。当时，从对岸美浓鹈饲伊木山下的深渊里传来了"来吗？来吗？"的声音。守卫的人喊了一声："想来就来啊。"结果河水突然暴涨，淹没了四周。据记载，当时的惨状是"城内自柳之门下乘舟往返，西谷洪水自高墙之箭孔间涌向御马场，波涛汹涌，人们从坂下木津堤往返"。

遣来水的故事在木曾川沿岸的加茂郡太田町（今日本美浓加茂市）、爱知县叶栗郡草井村小渊（今日本江南市）等地都有流传。

不知八幡之森林

　　平将门是桓武天皇的五世孙，曾攻占关东八州，准备称帝，成为新的天皇，却被俵藤太一箭射死。他对权力的执着，让他的亡灵化为怨灵出现在不知八幡之森林。

　　平将门被杀之后，仰慕他的六名近臣的头颅也进入了那片森林，化作了石头。从此以后，如果有人走进那片森林，就绝不可能活着走出来。有传言说，这是因为平将门的怨灵会让人迷失方向，然后被六名近臣的亡灵杀死。

　　不知八幡之森林是"不可进入的地方"，人们要切记，只要踏入这里一步，绝无生还的希望。

　　《十方庵游历杂记》中记载了水户光圀听闻传言后，进入不知八幡之森林的故事。据说，他从森林里回来后，面如土色，只说了一句"绝不能随便进去"，却不肯说出自己经历了什么。

　　不知八幡之森林又名"不知八幡之薮"，位于千叶县市川市八幡，尽管这片森林的面积现在已经小了很多，却仍明令禁止人们进入。

山伏

　　山伏是出现在九州南部、日向（今日本宫崎县、鹿儿岛县的一部分）、大隅（今日本鹿儿岛县）等地的一种妖怪。

　　傍晚或深夜，走山路时经常会碰到这种妖怪。也有人说它会出现在和尚上吊自杀的地方。

　　据说，山伏的影子像是一个巨大的人影，一般出现在离人较远的地方，有时也会靠近。

　　山伏还会把夜间进山的人藏起来。虽然人们经常把一个人进山后失踪的情况看作是"神隐"，不过，说不定就是山伏在作怪。

　　人们走山路时，周围有时云遮雾罩，一片朦胧，仿佛妖怪出现了。"山伏"似乎就是在这种气氛中产生的。

　　在九州，修验者和山法师也被称作"山伏"，因此，妖怪"山伏"或许就是山伏的幽灵。

　　在南九州，夜间出现在山路上的妖怪叫"山伏"，在小学馆出版的《日本国语大辞典》中能找到相应的解释。

遗言幽灵

那些未来得及说出遗言就死去的人，往往死不瞑目，他们的灵魂会四处游荡，到处找水。

虽然人的眼睛看不到，但它们每晚都会出现，悲戚地哭喊着"水……"。

家住东京都武藏野市的 A 子曾遇到过这种遗言幽灵。

上中学的时候，比她高一年级的学姐（住在 A 子家附近）曾出现在 A 子家的后门，嘴里说着"给我水"。于是，A 子倒了一杯水拿过去，但学姐却消失不见。她正纳闷时，学姐又出现了，嘴里说着"给我水"，于是她又重新倒了一杯水，但学姐又消失了。这种情况反复出现了好几次，后来她才得知学姐在这一天自杀了。

"临死前的最后一口水都没喝到，她就……"

数日后，A 子听到学姐的母亲对自己的母亲说了这句话。

幽灵赤儿

从前，有个人住在旅馆，晚上睡觉时发生了一件奇怪的事情。

在黑暗的房间里，他感觉有什么小动物在移动。后来，动静越来越大，数量也越来越多。他鼓足勇气把灯点亮，发现眼前竟是一大群婴儿。

这群婴儿有的哭，有的闹，有的欢蹦乱跳，有的爬来爬去，也不知是从哪儿涌出来的。这个人有些害怕，但这些婴儿似乎并不害人，他也就不加理会，睡觉去了。

天亮后，旅人发现那么多的婴儿都消失了。

或许这个房间恰好是婴儿灵的集会地点，被这个旅人碰到了。

就算是再可爱的婴儿，在半夜里忽然闯进房间，哭喊吵闹，也很吓人。如果是成群结队地出现，就更吓人了。遇到这些婴儿的人居然还能听之任之，的确十分勇敢。

幽灵毛虫

　　元和元年（1615），元兴寺有位叫宥快的僧人，爱上了一位名叫柳冈孙四郎的少年。

　　僧人陷入了单相思。那段时间，他就像得了相思病，茶饭不思，日渐消瘦，最终病倒在床。

　　不久，他拒绝进食，气绝身亡，因为对少年的痴恋而走上了绝路。

　　但僧人的妄念却没有因为死亡而停止。他化作一只毛虫复生，不断在少年家中作祟。最后，元兴寺的僧人全体出动，诵经念佛，幽灵毛虫才不再出现。

　　这是记载于江户时代的《狗张子》中的一个故事。在过去，僧人爱上少年的事时有发生。与男女之间的感情一样，单相思的情况也不在少数。总之，因为人们坚信这种妄念会变成妖怪，所以才会产生"幽灵毛虫"这种妖怪。

　　除此之外，留恋尘世的死者化作毛虫出现的故事也有很多。

幽灵纸鱼

据说，因为恋爱过程中感情不和而杀死对方，然后自杀身亡的和尚荣山，变成数万条纸鱼（一种附着在衣服和书上、一厘米左右的虫子），闯进曾经的仇人家中，肆意糟蹋对方的房子。对方用了很多杀虫剂都不见效，便请来一位僧人。僧人作了一篇对付虫子的训诫文后，这些纸鱼都死了。较之幽灵，这些纸鱼更像是死后仍想报仇的怨念。

通过这个故事，可以深刻感受到古代的"精灵信仰"。如果说万物有"灵"，在人死去化为"灵"后，人的"灵"和纸鱼的"灵"成为朋友，所以会借助纸鱼发动攻击。顺便说一下，荣山和尚喜欢的是一位美少年，却被另一名男子横刀夺爱。荣山和尚变成纸鱼的原因就在于这种三角关系。幽灵毛虫也是如此，因为男人之间的恋情，使和尚变成了妖怪。也许男色与虫子之间真的存在某种关系。

幽灵狸

　　阿波国美马郡胁町猪尻村（今日本德岛县美马市）有个叫樽井的地方，附近有一棵大朴树。树下成了狸的老巢，它在这里欺骗过往行人。

　　有一次，村里有个叫兵八的男子，他胆子很大，想要亲眼见识一下这只狸。天黑后，他往腰上别了一把斧头就出门了。

　　到了深夜，在大朴树上蹲守的兵八发现，有个人提着提灯从他家出来，并朝自己走来。仔细一看，原来是自己的邻居。邻居告诉兵八，他的母亲去世了，要他赶紧回去。兵八很是惊讶，不过还想再等一会儿，就没有动。结果，村中出现了很多提灯，都汇集到了自己家。没过多久，有人抬出了棺材，村民们在树下的墓地准备下葬。

　　兵八有些担心，盯着那边的墓地，只见母亲的幽灵顶开土堆，出现在自己面前，嘴里还说着"你这个不孝子，我要杀了你"，然后朝兵八扑来。

　　兵八立刻抄起斧头向母亲的额头砍去，只听"啊"的一声，幽灵落到了地上。墓地的尸体无疑是母亲的，兵八忍着悲伤等待天明。不久，太阳升了起来，当他再次检查尸体时，发现竟是一只老狸。原来，昨晚的事情都是狸的幻术。

幽灵问答

这件事发生在奥州会津松泽（今日本福岛县大沼郡会津美里町）的松泽寺。僧人为一位去世的人修建卒塔婆，却写错了一个字。虽然僧人又请秀可长老重新写了一遍，但此事还是被施主知道了，施主讨厌不学无术的僧人，就让他还俗，让秀可长老做了住持。事情就发生在秀可长老成为住持之后的一天夜里。一个幽灵出现在熟睡中的秀可长老枕边，将他叫醒，说道：

"我正在狱中遭受种种折磨。希望长老大发慈悲，超度我。"

于是，秀可长老起身，看着幽灵，大喝一声："至圆通入圆通者，何来狱中一说？"

幽灵又说："没必要争论是否在狱中，请看我的身体。"

秀可继续说道："你的身体与佛性无隔。"

于是幽灵请求说："那就请赐我一个名字。"

秀可为其取名"本空禅定尼"，幽灵这才安下心来，然后消失了。人们听说这件事后，将秀可长老敬为稀世名僧。

幽灵宅

从前，有个老太婆住在一座大房子里。后来，老太婆被发现吊死在房子后面的井架上，而且是过了很久才被发现。

附近的邻居将她火葬之后，那座房子就被卖掉了，新主人很快搬了过来。这件事就发生在新主人搬来的那天晚上。

主人半夜上厕所时，无意间向屋后一看，发现井的附近有一团青白色的火焰在闪烁。后来火焰渐渐变成了老太婆的模样。主人惊慌失措地跑回房间，发现那个老太婆又出现在房间里。惊恐万分的主人苦苦熬到天亮，立刻搬了家。

之后，又有几人先后在这里居住，但没有一个能住长久。于是，那座房子成了大家公认的幽灵宅，没有人敢靠近。

这种幽灵宅并不罕见，人们都敬而远之。因为死去的房主的灵十分怀念自己生前居住的房屋，才会给居住在那里的生者带来不好的影响。人的这种执念，从古至今并没有区别。

行逢神

在山中走路时，有时会莫名其妙地觉得浑身发冷，而此时既没有刮风，天气也不错，艳阳高照。这就是遇到了行逢神。行逢神主要出现在中国地区和四国地区。

行逢神指的是"山神""水神""御先""风神"等，遇到它们，人会突然发烧或身体不适，有时还会受伤。

不过，人是看不到行逢神的，只能感觉到有某种东西经过。不仅是人，据说牛马等牲畜也能感觉到它。遇到行逢神时，可以把砂锅或簸箕戴到头上来缓解身体的不适。

另外，如果牛遇到了行逢神，要将牛的尾巴割破，放出一点血。

在过去那种神明众多的时代，人们恐怕经常会遇到神明。但到了现代，城市里的人们疲于奔命地生活，相互竞争，就算能遇到妖怪和神明，恐怕也难以发现。

雪女

　　雪女会在下雪的夜晚出现，有的地方将其称作"雪女郎"。

　　东北有个猎人曾遇到一个雪女，故事如下：

　　小的时候，这个猎人和父亲一起去打猎，但一只猎物都没打到。当天下午下起雪来，雪越下越大，刮起了暴风雪，根本看不清回家的路。这对父子翻过面白山的时候，已经是深夜了。他们借着微弱的雪光继续赶路。不知走到何处，父亲忽然发现前方有个人，于是说："对面有人过来，绝不要搭话，也不要看她，更不能离开我的身边。"

　　父子二人和那个人擦肩而过。猎人战战兢兢地从袖子下面偷偷看了一眼，发现对方是个身穿红条纹和服的白脸女人。女人盯着二人看了一会儿，便疾步消失在风雪中。

　　回到家后，父子俩围在火炉边吃饭。父亲说："那是雪女，如果和她说话，就会被吃掉。"

　　从那以后，这个猎人每年都出去打猎，却再也没有遇见雪女。

雪爷

说起出现在雪山上的妖怪，最有名的要数雪女，不过，除此之外还有雪婆、雪入道、雪童子等雪妖家族的妖怪。

雪爷是越后（今日本新潟县）颈城郡山区广为人知的一种妖怪，在一座名为"菱山"的山脚下，流传着这样一个故事：

每年二月前后，菱山上就会发生雪崩，而且都是在半夜。

发生雪崩的时候，如果仔细观察，就会发现一个身穿白衣、手拿灵幡的白发老人坐在雪上下来。

这就是雪爷。据说，当雪崩冲到须川村（今日本糸鱼川市）的方向时，当年就会丰收；冲到菖蒲村（今日本上越市）时，该年就会歉收。

雪爷只在雪崩时才会现身，从不会像雪女那样出来走动。

它手中拿着灵幡，较之妖怪，更像神明。

它能提前告知村民当年是丰收还是歉收，这样看来，它和农神或许也有某种关联。

夜豚

　　在鹿儿岛县的德之岛，有时候晚上走在路上，会遇到成群的小猪又窜又跳。夜豚就是"夜晚的猪"。这种小猪喜欢从人的胯下钻过，一旦有人被它们从胯下钻过，就会死。

　　母间和花德之间，有一条小河叫陆川。从前，如果夜里有人在这里吹口哨，这种魔性的小猪就会出现。

　　一天夜里，有一个农民在陆川捕河虾，一不留神吹起了口哨。结果，一只小猪从河上顺流而下。男子误以为是猎物，就用手中的渔网将它捞了起来。

　　这只小猪瞬间就变成了一群小猪，从渔网里钻了出来，咬向农民的腿。他想起关于这种小猪的传说，就一溜烟逃走了。

　　在德之岛的阿布木名，有个地方会出现一种一只眼的猪妖——独眼猪。和夜豚一样，一旦被独眼猪钻过胯下，就必死无疑。因此，人们路过这一带时，都是交叉着腿走路。

妖怪石

这件事发生在元和元年（1615）十一月十七日。

出羽国下山村（今日本山形县西置赐郡白鹰町）有个叫安部利右卫门的男子，他深夜路过下山的清水一带时，忽然遇到自己的女仆站在黑暗中。

女仆说见他很晚还没回去，所以才出来迎接。利右卫门发现女仆的妆容十分美丽。一个弱女子深夜来到这里，实在令人生疑。利右卫门半信半疑，和女仆一前一后向家里走去。

当两人走到一个叫地藏的地方时，利右卫门暗自思忖，这个姑娘一定是狐狸之类的东西变的，就从腰间抽出刀朝女仆砍去，手起刀落，倒在地上的尸体，怎么看都是他家的女仆。

利右卫门很后悔，急忙赶回家里。他的脸色都变了，大喊道："女仆在不在？"这时，女仆从屋里走出来，和利右卫门打了招呼。

利右卫门总算松了口气，心想，刚才的那个女人是谁呢？他急忙让人准备火把，又回到了事发现场。但尸体却消失了，地上只有一块五尺（约 1.5 米）多高的磐石，石头上还有一道刀痕。原来是这块石头在作怪，利右卫门觉得非常不可思议。

妖怪风之神

妖怪风之神是江户时代的《桃山人夜话》中描绘的一种妖怪。它能乘风而行，看到人就从口中吐出黄色的风。人们被这种风吹到就会生病。

《桃山人夜话》中有这样的记载："天地间之气谓为风。为使自然万物顺利运转，故需要风。"书中还记述说："俗称的风神实为邪气，邪气会寻间隙而入，风神会寻找暖寒之间隙，口吐黄色之气。"

黄指的是土，是湿气，风生自土中。因此为了避开恶气，就需要获得正气。

在熊本县天草郡姬户町（今日本上天草市），传说风神是一位叫"押花"的女神。刮大风的时候，力气大的男子大喊一声"嘿，嘿"，风就会停止。但若是女人大声呼喊，风就会越刮越大。

有些地方将风神称作"恶魔风"或"好魔风"，无论被称作什么，它们都有一个共通之处，即"被这种风吹到就会生病"。

妖怪蜃气楼

过去有这样一种说法："蛤蜊吐的气会让海上出现楼阁。"这与在沙漠中看到的"海市蜃楼"是同一种现象，只是将地点换到日本后，绿洲就变成了楼阁。

有时候，人们会看到船倒着浮在海面上，或是有城市浮在海上，这种情形被称作"海市"。

古书上有一篇题为"岛游"的文字，有如下记载："西国海上有一船，下锚停泊。夜深后，眼前竟生一岛。树木林立，房屋栉比，行人如织。商人售卖的样子亦清晰可辨。然天明之后，一切尽失，只余无垠大海，恍如一梦……"

这件事被称作"岛游"，虽然无法再次看到，但这应该是蜃景、海市之类。

除了蛤蜊之外，龙的同类蜃也会制造蜃楼。

妖怪鳖

妖怪鳖有时会出现在日本的海上，它的模样像入道，但仔细看就能发现是鳖妖。

说起在海上出现的妖怪，海坊主在日本众人皆知。不过，鳖的模样与海坊主颇有相似之处。让船员们夜里惊呼的海坊主，说不定就是鳖呢。总之，见到它肯定不会有好事发生。

据古书记载，湖沼里的鱼达到三千六百条之后，蛟就会率领它们飞出湖面。但如果湖沼里有鳖，鱼就能摆脱这种灾难。

人们认为鳖是湖沼的精灵，比龙的同类蛟还要强大。

即使在今天，有时候我们仍能在湖沼等地看到巨大的鳖，它的动作之迅速，让人难以想象，而且面目十分狰狞。

妖怪宅地

妖怪宅地就是鬼屋。

家中的东西突然哗啦哗啦地动起来，或是明明没有地震，整座房子却忽然摇晃起来，这种怪现象被称作"骚灵"现象。无论是"骚灵"现象还是鬼屋，都是附在房子（或土地）上的灵在作怪——古时候的人似乎是这么认为的。

这件事发生在明治六年或七年，地点是冈山县某户卖酒的人家。一天晚上，家人团圆的宴席上忽然落下许多沙土，后来，家中就不分昼夜地发出沙土哗哗下落的声音。

一开始，家人还以为是老鼠在作祟，但有时还会落下瓦砾之类的东西，大家都有些害怕。

在这期间，主人并不为怪事所动，仍照常生活。有一天，他发现在家中干活的一个小姑娘有些奇怪，就辞退了她，之后怪事就停止了。据说，这个小姑娘到别人家干活时，那一家又发生了同样的事情。

与其说是这个小姑娘在作怪，不如说她在没有意识到的情况下，被某种灵附了身。

妖怪万年竹

妖怪万年竹会让进入竹林的人迷路，有人露宿时，它还会伸出竹枝般的手，用它的手做各种恶作剧，但主要是为了吸取人的精气。因此，这种妖怪最怕手被折断。

人们都说，地震时钻进竹林就会平安无事，但如果情急之下闯进了妖怪万年竹的领地，就可谓屋漏偏逢连夜雨了。

有这样一个故事，主角虽不是竹子，但与竹林有关。

从前，和歌山县日高的下山路有一处叫"日里"的地方，那里有一大片竹林。

晚上，有人路过这片竹林时，会有来历不明的黑色妖怪出现。这个妖怪有时会挡住过往行人的路，有时会从后面摸人的屁股。

有一天，人们决定砍掉这片怪竹林。三天后，这片竹林被砍光了。但是没过多久，一天深夜，一种难以形容的可怕吼声从被砍光的竹林传来，持续了三天三夜。

这或许就是妖怪万年竹在作怪。

妖鸡

　　一个农民的女儿被妖怪附了身，白天还好好的，到了晚上就有些失魂落魄。父母用尽各种办法都不见效。有一天，一位能够降服恶灵的僧人来到镇上，父母便将这位僧人请到家里。

　　僧人端详着躺在床上的姑娘，问道："你看到的妖怪是什么样子的？"

　　姑娘回答说："红冠，黑衣服，系着红带子，脚穿褐色的皮靴，声音像敲罐子似的。早晨回去的时候，快得像飞一样。"

　　僧人思考着姑娘说的话，红冠、黑衣服、褐色的鞋子……

　　这时，院子前走过一群鸡。其中一只鸡冠鲜红，身子是黑色的……僧人忽然明白了，朝着那只雄鸡怒喝一声："附到姑娘身上的就是你吧！"

　　僧人将实情告诉了姑娘的家人。她的父亲立刻叫人杀死了那只雄鸡，放进锅里煮了。

　　从此以后，妖怪就消失了，姑娘也恢复了正常。

夜雀

　　和歌山县有一种被称作"雀送"的妖怪。晚上走夜路时，它会"吱吱"地叫着跟过来。据说此时，很快会有狼从后面追上来袭击路人。

　　高知县也发生过类似的事情。走夜路时，人的前面或后面会飞来夜雀，还"吱吱"地叫着。如果被夜雀纠缠，只要念这样的咒语就可以了：

　　"吱吱叫的鸟儿，你喜欢打鸟棒吗？喜欢可就要打了。"

　　"鸟在吱吱叫，伊势的神风，快将它吹走。"

　　据说如果捉住夜雀，人就会患上夜盲症。

　　在高知县北部的山区里，这种妖怪又被称作"袄雀"。袄雀夜晚会发出像麻雀一样的"吱吱"叫声，在人的前面和后面飞舞。如果是两人以上结伴而行，大多数情况下只有一人能听到。

　　还有这样一种说法，袄雀钻进袖子是不吉利的。因此，人们走在有袄雀出没的路上时，都会紧紧攥住袖子。

夜泣石

　　从前，小夜的中山（今日本静冈县挂川市）有个叫阿石的女人。丈夫在阿石怀有身孕时去世了。

　　一天，阿石去中山参拜观世音菩萨，在回来的路上遇到山贼，她被山贼残忍地杀害了。阿石在即将死去时诞下一个男婴，一位陌生的僧人发现男婴后，将他抱回了久延寺。这位僧人就是观世音菩萨的化身。寺里的住持每日喂婴儿糖来代替哺乳，抚养他长大。

　　阿石的灵附到了一块石头上，到了晚上就不断悲泣，这就是有名的"小夜中山夜泣石"。

　　被寺里抚养长大的男孩，在住持的安排下，成了近江（今日本滋贺县）一个铁匠的徒弟。过了两年，一个香客模样的男子来到铁匠铺。从谈话中得知，这个人就是杀害母亲的凶手。少年得以为母亲报仇雪恨。

　　夜泣石至今仍放置在国道一号线的路旁，附近还有一家糖果店，卖着和这个故事有关的"子育糖"。

呼子

　　人们登山时高喊一声"呀呵"，山里就会传来回声。在过去，人们认为这是妖怪在作祟。

　　回声多发生在山区。不过，人们对回声的称呼因地而异。

　　在山阴地区，人们将回声称作"呼子"或"呼子鸟"。人们认为这是一种动物在发出声音。

　　在很多地方，人们认为回声的原形是树精灵，因为"回声"就是"木灵"。[①]

　　过去的人之所以将这种自然现象看作是妖怪在作祟，绝不是因为他们头脑幼稚。

　　栖息在山中的妖怪，有很多都能发出呼唤声。岐阜县的"一声叫"就是其中的代表。

　　在有这种妖怪出没的山中出现了回声现象，被人看作是"妖怪在作怪"也不足为奇。

———————————

① "回声"与"木灵"在日语中的发音相同。

雷兽

雷兽会在打雷的时候出现。人们认为，雷兽平时生活在山中，会和雷一起落到凡间。但在信浓（今日本长野县）地区，雷兽却是一种生活在地上的妖怪，别名"千年鼬"。

雷兽的模样和狸或鼬相似，身体呈灰色。遭受雷击的树上留有它的爪痕。

元禄年间出现在越后（今日本新潟县）的雷兽却是这副模样：

前腿两条，后腿四条，身长约一点八米，头似野猪，长有獠牙，爪似水晶，有蹼，通体深褐色。

在松浦静山的《甲子夜话》中还有这样一个故事：

有一次，一个大火团从天而降，降落的地方出现一只怪兽。有个人想要捉住它，却被它抓破脸。那个人被邪气入侵，久病不起。这只怪兽就是雷兽。

龙

　　龙外形似蛇，生有四肢，口生长须，头上有角。龙能吞云吐雾、呼风唤雨，在电闪雷鸣时，咆哮着升天而去。

　　龙是从中国传来的一种妖怪。与其说是妖怪，不如说是龙神，是人们信仰的对象。龙还被看作是海神或水神。在弥生时代的陶器上，就刻画有龙的图案。

　　龙又被称作"龙宫大人"，渔民将它奉为海神，会在特定的日子举行祭祀。当金属器具落入海中时，还要为它供奉酒，因为龙讨厌金属。

　　从前，人们在祈雨时，有时会故意将一些金属器具扔进有龙神潜藏的海中，用来激怒龙神，以求降雨。

　　《扶桑略记》中记述了宽平元年（889）十月黄龙升天的故事。龙最传奇的地方就是它升天时的样子，真是名副其实的幻兽。

龙灯

　　这种出现在海上的怪火被称作"龙灯"。龙灯是龙神点的灯，在日本各地都曾出现，最为著名的是磐城（今日本福岛县磐城市）的阇伽井岳。

　　这座山的山顶上有一座寺院，寺旁有一座小亭子。人们站在这里，能够看到离此四五里（约16~20公里）远的大海，据说龙灯会出现在这片海上。在日落西山、四周变得昏暗时，海上会有一团礼花般的红色火球升到离海面约一丈（约3米）高的地方。看上去像提灯，不过仿佛罩着一层雾，朦胧不清。

　　龙灯沿着夏井川向药师峰缓缓前进，前行三四百米后，会有第二盏龙灯从海上出现，沿着前一盏龙灯的轨迹前行。龙灯出现时，一定是两盏并排前行。有时候，两盏龙灯走到山上都不会熄灭，有时会中途消失一盏。据说，每晚都会出现七八盏龙灯，但没人知道其中的缘由。

　　九州有明海的"不知火"，也是龙灯的一种。

道谢幽灵

　　这件事发生在明和年间。

　　肥前岛原（今日本长崎县岛原市）有个叫瓜生野的妓女，名气很大。她被一个有钱人赎身后，在高辻一带住了下来。

　　一天晚上，她一觉醒来，听到院子里有脚步声。她觉得有些奇怪，便竖起耳朵仔细听，忽然听到有人敲门，纸门上清晰地映着一个女人的身影，看那姿势好像是在作揖。瓜生野正想说话，那个女人却消失了。

　　瓜生野事后才知道，她在妓院的时候，曾有一个女仆受过她的恩惠。这个女仆后来患了重疾，临终前说想要再见瓜生野一面。所以大家都认为，映在纸门上的人影，就是那个女仆的灵。

　　人死后化作幽灵，去向某人道谢的故事，在五岛的岐宿也有流传。不过不是幽灵，而是借助声音向人表达心意。

　　还有这样一个传说：有个人死的时候，家中借债的账目还没有整理清楚，他的妻子就到墓地询问。结果亡夫就化作幽灵，白天藏在储藏室，晚上出来整理账目。

老人火

老人火是信州（今日本长野县）和远州（今日本静冈县）交界的山中的妖怪，一般出现在雨夜。

过去的人们十分害怕这种火，将它称作"老人火"。

这种火不会对人造成伤害。遇到这种火时，它会从人的腋下飞过去。看到它不要惊慌逃走，因为无论逃到哪里，它都会跟过来。

老人火也被称作"天狗御灯"。有人说它是山中的空气或是某种珍禽吐出的气，但没有任何证据能够证明。

木曾的深山里也曾出现老人火。这种和一位老人一起出现的怪火，用水是浇不灭的。不过，如果拍打兽皮，火就会和老人一起消失。

二战期间，一天夜晚，我行走在南方的一片森林中，曾遇到一种发着青白光的东西。走近一看，发现那个东西的形状像树。

它发出绚丽的光芒，我丢了一块石头过去，它就闪着白光消失了，让我觉得十分神奇。说不定这就是老人火。

飞头蛮

飞头蛮又叫"辘轳首"，会在夜深人静的时候，伸长脖子寻找猎物。

这是一种女妖怪，会吸取熟睡男人的精气。

从前，有位贵人去江户，途中在一家很大的客栈过夜。他将马拴在了马棚里。到了丑时三刻（凌晨两点左右），看马人也迷迷糊糊地睡着了，不知从哪里出现一个辘轳首，从马的两腿间吸走了马的精气。

第二天，贵人准备骑马离去，却发现原本很有精神的马看起来精疲力竭，根本没法骑。他便派人调查，发现客栈昨夜住着一个来到此地旅游的女子。女子趁着黑夜无人的时候伸出头，从马的腿间吸走了马的精气。不过，那个女人已经离去了。

有些人认为，辘轳首的喉咙上有紫色的筋，睡觉的时候会从床上伸长脖子，头枕着门楣睡觉。辘轳首只会在夜间伸长脖子，白天和普通女人一样。

畏聶

　　畏聶是一种人们不甚了解的妖怪，生活在山中，分雌雄两性，雄性土黄色，雌性赤色，均生有两只前足，足上有一根尖锐的爪子。畏聶只在山中出没，不会到平地上活动。

　　茨城县有一位叫野田元斋的医生，曾在山里见到畏聶。当时，畏聶正在刨土，捕食鼹鼠。它的样子有些像犀牛。

　　我认为，这是一种现在已经灭绝的动物，被人们误认为是妖怪，不过，至今也没能弄清畏聶的真实模样。

　　无论何时，只要进入深山，就会感到有什么来历不明的东西存在。我想，正是人们的这种感觉，才让畏聶等妖怪存在了数百年。现在，关于畏聶的传言几乎听不到了。

　　在过去，曾经有一段时期，人们将山称作"山中冥界"，认为山中栖息着死者的灵魂，或是存在着阴间。认为山中有某种神秘的、现在已经看不到的"东西"存在，也并不奇怪。

　　正因为这种思想的存在，关于畏聶的传说才会流传至今。

若狭的人鱼

　　若狭（今日本福井县南部）有一个渔夫，捕到了一条闻所未闻的奇鱼。渔夫将朋友都叫来，准备让大家都尝尝。

　　一个朋友好奇这条鱼有何奇特之处，就偷偷去厨房看了看，发现被割下来的鱼头就像一颗人头。

　　这个人大吃一惊，和其他人说："吃了这条鱼，肯定会遭报应，大家还是别吃了。"客人们都很害怕。大家都装作品尝的样子，偷偷用纸包好塞进了怀里，在回家途中丢掉了。

　　但是，有个人因为喝醉了，忘记扔掉那块鱼肉，带回了家中。年幼的女儿看到了父亲带回来的礼物，他还没来得及制止，女儿就把鱼肉吃掉了。多年之后，这个女儿长大成人，嫁了人。直到丈夫去世后，她都没有变老，长相仍和嫁过来的时候一样，青春永驻。据说因为担心自己不会变老，招来议论，她出家做了尼姑，一直活到八百零八岁。

　　这就是著名的八百比丘尼的传说。她吃的那条珍奇的鱼，就是若狭的人鱼。

若松的幽灵

　　从前，会津若松（今日本福岛县会津若松市）住着一个叫伊予的人。有一天，他家出现了一个女幽灵。

　　这个陌生的女幽灵走到院子里，敲打后门，一直喊着伊予妻子的名字。从它的装束打扮来看，生前似乎已为人妻。

　　伊予的妻子大喝一声："你到底是什么东西？"然后将装有辟邪灵符的"辟邪箱"扔了过去，女幽灵就消失了。

　　到了第二天，女幽灵再次出现。它来到厨房，在炉子上烧起火来；第三天，女幽灵在厨房前面的院子里"咚咚咚"地捣着杵，之后又闲逛起来。

　　女幽灵一连出现了五天，伊予的妻子只好向神佛祈祷。也许是她的祈祷见效了，到了第六天，女幽灵没有出现。

　　但到了第七天晚上，女幽灵突然站到夫妻俩的枕边，掀开被子，用冰冷的手抚摸他们的脚，夫妻俩都吓疯了。

　　这是和伊予家毫无关系的女人变成的幽灵，但其中的缘由，没有人知道。

渡柄勺

　　在日本，火妖几乎无处不在，各地都有关于火妖的传说。

　　在京都府北桑田郡知井村（今日本南丹市），人们将火妖分为三类：天火、人魂和渡柄勺。

　　渡柄勺发着青白色的光，形似一把长勺，到处飞舞，因此得名"渡柄勺"。

　　虽然是长勺状，但并不是真正的勺子在发着光飞舞，而是一个火球在拖着尾巴飞行。

　　人们并不清楚渡柄勺的原形，但它和人魂不同，并不是人的灵魂。从发着青白色的光这一点看，可能是阴火。

　　一般来说，火妖中红色的火为阳火，青白色的火为阴火。阳火可以引燃东西，用水能够浇灭，阴火虽然没有引燃周围的能力，但浇水之后，燃烧得更旺。

鳄鲛

鳄鲛是一种性情残暴的鲨鱼，船员们都十分惧怕。

据国外的船员说，这是一种神秘的动物，一旦船只靠近，船上就会有人生病，或是不小心掉进大海，成为它的食物。不止如此，鳄鲛还会游到小船旁觊觎船上的人，或是钻到船下将小船掀翻。

鳄鱼和鲨鱼都是十分恐怖的动物，会袭击人类。鳄鱼和鲨鱼的混合体，更是人类的天敌。

在古代，日本一直将鳄鱼奉为神明，在古老的文献中能找到相应的记载。不过，日本人所谓的"鳄鱼"就是"鲨鱼"。

岛根县迩摩郡温泉津町（今日本大田市）有一种酷似鳄鲛的妖怪，渔夫们称其为"影鳄"。

渔船在海上航行，当渔夫的影子映到海面上时，影鳄就会迅速接近，吞掉影子。于是，被吞掉影子的渔夫就像被抽走了灵魂一样死去。当地所说的鳄，就是鲨鱼，即鲛。

轮入道

　　从前，京都东洞院大街上有一种叫"轮入道"的妖怪出没。一到傍晚，它就以惊人的速度从低洼处往山上跑。不过，从没有人目睹过它可怕的模样。

　　有个女人想要看一眼妖怪的样子，就打开一道门缝，等待妖怪的到来。

　　伴随着一阵轰隆轰隆的声音，轮入道出现了。只见一辆长有一张可怕面孔的车子，悬挂着被扯断的人腿飞奔而来。女人大惊，正要缩回头时，妖怪大叫一声："你这个臭女人，与其盯着我看，不如去看看你的孩子吧。"

　　那个女人吓了一跳，发现自己心爱儿子的腿已经被残忍地扯断了……

　　这个故事与"片轮车"极为相似。

　　另外，在鸟山石燕的《今昔画图续百鬼》中，也有相关的记述：看到轮入道的人会丢掉灵魂。不过，在家门口贴一张写有"此处乃胜母老家"的纸，轮入道就不敢靠近了。这应该是一种辟邪的护符。

笑地藏

　　自古以来，地藏菩萨就深受孩子的喜爱，成了孩子的守护神。不过，有些地方却将它视为一种近似于妖怪的存在。

　　相州大矶（今日本神奈川县中郡大矶町）的地藏，每天夜里都会动起来吓人。有位武士砍了它一刀，第二天，一尊被砍断胳膊的地藏站在路边。

　　静冈县湖西市有这样一个故事，一尊地藏化作一目入道，恐吓行人。

　　一位年轻的武士听说潮见坂的六地藏会化妖的传闻后，说道："我来看看它究竟是什么。"然后就兴致勃勃地上了路。到了那里一看，六地藏中的一尊竟然变成了一个三米多高的一目入道，吐着红舌头哈哈大笑。武士立刻拔刀砍去，一目入道惨叫着消失了。

　　到了第二天早上，武士又去查看，见到一尊地藏倒在了地上，袈裟被砍破。这尊地藏又被称作"袈裟切地藏""笑地藏"。

　　这就是关于笑地藏的故事。

恶风

顾名思义，恶风是一种给人带来噩运的风，它的故事在日本各地都有流传。

在高知县，人们将人在山上突然发高烧的情形称作"风耽"。类似的情形，在爱媛县越智郡宫洼町（今日本今治市）被称作"风触"。《沿海手帐》中说，某人由于走路过急，惊扰了冥思的神明，遭到了报应。书中还说，让修验者祈祷即可痊愈。

在千叶县安房郡千仓町（今日本南房总市），人们将这种情况称作"撞见恶风"。据说，只要扇三次簸箕，就能降服它。在宫城县气仙沼市，人们将外出生病的人送回家时，也要用簸箕扇。

在香川县三丰郡大野原町（今日本观音寺市），人们将在山中忽然不舒服的情形称作"炎打"。此时，不能立刻进家门，要先举起簸箕，或是拔下两三根后脑勺的头发扔在路上。

直到现在，日本人仍将感冒称作"风"。在过去，则将感冒叫作"风病"，由此看来，感冒也是"恶风"引起的疾病。

往生世界

村长的交易　阿伊努的阴间①

知里真志保①是研究阿伊努族的著名专家，根据他的研究，阿伊努族人认为：宇宙分天上、地上和地下三部分，这三个世界分别住着神、人和死者的灵魂。

久保寺逸彦所著的《阿伊努昔话》中，讲述了一个生者去往阴间（即死者灵魂所居住的地下国度），然后又活着回来的故事。

某地有个威望很高的村长，他看到那些外出做生意的人赚了很多钱，就决定和妻子一起乘船去做生意。

不久，村长到达了日本人的村镇。他本计划当天回去，但临时有事回不去了，夫妻二人只好住在那里。他找到一处狭窄的海滩，将船划了过去。

两个人拾到一些海上漂来的木头，准备生火做晚饭。他无意中抬头看了一眼大海，只见排山倒海般的巨浪正向他们袭来。村长拉起妻子的手就跑。前方有一个大洞，他和妻子直接钻进了洞里。他们不断向前走，发现前方有些许光亮，然后来到了一处景色优美的地方。

---

①知里真志保（1909～1961），语言学家，文学博士，致力于阿伊努文化的研究。

死者居住的村落　阿伊努的阴间②

　　村长和他的妻子被眼前的景色惊呆了，他们又向前走了一会儿，来到一个村子。这里房屋鳞次栉比，海滩上有一艘巨大的辩才船（日本船）正要入港。村长来到村边的一户人家，向院里打招呼。这户人家的男主人像是一位首领，他的妻子就在旁边。男主人和村长打完招呼，问道："你们是怎么来到这里的？"

　　村长就将前面发生的事情讲了出来。

　　男主人说道："我的经历和你们的类似。这里是死人的国度。绝不能吃这里的食物，一旦吃了就回不去了。我们就是因为一不留神吃了……虽然活着的我们能看到死人的样子，但它们却看不到我们。活着来到这个世界的人是无法与死者生活在一起的，所以我们在村子外面生活。你们还是赶紧回去吧。你们之前准备过夜的地方，应该住着恶魔。那海啸是妖怪使的障眼法。你们的船应该还停在原来的地方。我送你们一些熊皮和鹿皮作为礼物。你们带回上国（人间），可以将遇到我们的事告诉众人，好不好？"

阿伊努的地狱 阿伊努的阴间③

就这样，村长夫妇回到了人间。途中与两个面熟的老人擦肩而过，但老人并未察觉到是村长。村长夫妇走出洞穴，来到沙滩，这里果然没有发生海啸，船原封不动地停在那里。

村长夫妇划着船，回到了自己的村子。他们将这件事一五一十地告诉了村民。他们从村民口中得知，在洞中遇到的那两位老人，都刚刚举行完葬礼，原来他们都已经去世了。

这就是民间传说中描述的阴间。而由阿伊努族的金田一京助发现、现在已经广为人知的叙事诗"由卡拉"（关于阿伊努的神和英雄的故事）中，描述了一个更为可怕的死后世界。地下世界被分成了两部分。

地狱是那些杀人的熊、罪犯和被善神打败的魔神要去的地方。据说，那里有很多大小不一的土馒头（墓）。一些人形妖怪从上面出来，不断追赶那些来到地狱的人。这些妖怪身上散发出臭气和毒气，无论多么勇敢的人，闻到后都会昏死过去。

六道绘的世界 《往生要集》①

　　日本佛教中对人死后所去往的世界的描述，都是以源信的《往生要集》（成书于 985 年）为蓝本的。很多寺院都挂有绘图版的《往生要集》。我小时候去寺院看关于地狱的图画时，留下了深刻的印象。虽然也有一些关于极乐世界的画，但不知为何，古代的画师尤其喜欢画地狱。很多关于地狱的画作留传至今，而且，这些画作的冲击力比画有极乐世界的作品要强烈得多。

　　佛教世界观的根本是"轮回转世"。脱胎换骨、生死流转就是"轮回转世"。转世的世界分为地狱、饿鬼、畜生、阿修罗、人和天人六道。想从这苦难的世界——六道中超脱，就得严守佛家的教诲，积德行善。在超越生死流转、精神和肉体均被净化解脱（超越生死的涅槃）成佛之前，人永远要活在阳间或阴间。

　　每个人都经历了无数的前世才活在现世，如果一直留有烦恼和痛苦，就会永远经历轮回转世。前世的业（行为）会转到这一世，这一世的业会变成一种因缘，转到下一世。

佛教的戒律·五戒 《往生要集》②

死后在地狱受到审判的人，都是那些在人世间作恶的人。所谓恶，并不是指法律上的恶，而是指违背了佛教最基本的五条戒律——"五戒"（这是一般人必须遵守的戒律，僧人还有更多的戒律）。

五戒中的第一戒是"不杀生（不杀死有生命的东西）"。但我们每天都在食用鱼肉或鸡蛋等。第二是"不妄语（不撒谎）"。这也很难做到，因为有时候我们宁愿撒谎，也要维持家庭和睦。还有"不偷盗（不做偷盗之事）""不淫邪（不沉溺于享乐）""不饮酒（不喝酒）"的戒律。

在日本，有喜事时，人们都会举办酒宴，酒是不能不喝的。严格来讲，世上几乎所有的人都犯了这五戒。这样看来，大家在死后都要受到审判，下地狱！

人死后，变成亡者（死者的灵魂），第七天要在秦广王（不动明王）的面前接受审查。因为是根据记有生前罪行的"狱录"进行审查，亡者都十分害怕。

三途川 《往生要集》③

第十四天，亡者会受到初江王（释迦）的审判。这里流淌着三途川，能渡河的地方只有三处，分别是三水濑、江深渊和夺衣婆桥。

夺衣婆桥上有一棵大树，树下有两个鬼——夺衣婆和悬衣翁，它们会夺走亡者的衣服，将亡者脱得赤身裸体。

寺院里挂的地狱图上，都在入口处画有夺衣婆，我小时候去寺院时经常能看到。倘若没有夺衣婆，地狱就不像地狱了。

人们在入殓死者的时候，会将遗体打扮成一副要出远门的模样，头戴斗笠，手拿拐杖，穿上草鞋，扎上绑腿，还要带一些零钱（据说是六文）。据说，这些钱是渡过三途川时交给船夫的船费，因为所有亡灵都必须经过。

夺衣婆又叫"正冢婆"，它会将亡者的衣服脱下来挂到树上，通过树枝被压弯的程度来判断罪责的轻重。

也有一种说法，三途川上有一座桥，桥头柳树成荫，一旦有恶人靠近，柳树就会变成蛇缠过来。这些柳树又叫"蛇柳"。

阎魔大王、审判日 《往生要集》④

到了第二十一天的时候，要接受宋帝王（文殊菩萨）的审判。据说，宋帝王会用猫和蛇来调查亡者生前有无淫邪的行为。凡是犯过淫邪戒的亡者，乳房会被猫给咬掉，头会让蛇捆起来，所以，那些好色之人最好三思而行。

到了第二十八天，要接受五官王（普贤菩萨）的审判，看生前是否有妄语（撒谎）之罪。第三十五日则要在著名的阎魔大王面前接受审判。

阎魔大王的旁边有一面晶莹剔透的琉璃镜，只要让亡者站在镜子前，就能照出生前所有的恶行，比电脑都要厉害。阎魔大王看着镜子进行审判。

如果亡者的亲属在审判的这一天做佛事，也会在镜子中显示出来。阎魔大王会根据亡者生前功德的深浅，送它去往人间或天界。

到了第四十二日，亡者要接受变生王（弥勒菩萨）的审判。第四十九日要接受泰山王（药师如来）的审判，那里有六座鸟居，亡者可从六扇门中选择一扇通过。

据说，第四十九日是转生到下一世的"世界判决"。

往生要集的地狱 《往生要集》⑤

　　根据《往生要集》的描述，地狱位于阳间地下一千由旬（一由旬约四十日里，一日里约四公里）的地方，纵横一万由旬。正如"八大地狱"所说的那样，地狱又分为八层，越是往下，受到的折磨就越厉害。落到第一层"等活地狱"的罪人，互怀害心，它们会用铁爪撕裂对方，一直搏斗到只剩下骨头。这一层地狱有七处折磨亡者的地方：

　　一、屎泥处：充满热粪尿的地狱，里面有虫子，会啃食亡者，吃尽皮肉。

　　二、刀轮处：高高的铁壁里全是猛火，身体一碰就会化为灰烬。

　　三、瓮热处：将罪人装进铁瓶里，像炒豆子一样加热。

　　四、多苦处：用绳子将罪人绑起来，用杖打，再从险峻的山上推下去。

　　五、暗冥处：刮着大风的地狱。

　　六、不喜处：火焰昼夜燃烧，被口吐火焰的鸟和犬吃掉。

　　七、极苦处：全身被铁棒插过。

　　位于这一层地狱下面的是黑绳地狱，罪人身体被黑绳捆绑，狱卒用带火的铁锯按绳子的捆痕锯开罪人的身体。

八大地狱的光景 1 《往生要集》⑥

众合地狱：亡者进入众合地狱后，会继续受到折磨。狱卒将罪人赶进山中后，两两相对的大山会自然相合，挤压碾碎罪人的骨肉。还有一片叫"刀叶林"的树林，每棵树上都站有美女，她们会悄悄对亡者说："正是因为思念你，我才来到这里。快到我这里来，抱我一下。"亡者一旦动了心，爬到树上，树叶就会变成刀，将亡者的身体割裂。

叫唤地狱：亡者被放进大锅中煮无数次，身上会生出蛆，啃噬亡者的皮、肉和骨髓。

大叫唤地狱：口和舌被热铁针刺穿。舌头被拔掉后会再生长，长出来之后再被拔掉。

焦热地狱：从头到脚被热铁棒击打，直到皮肉焦烂，再用热釜和铁锅煎烤。旁边有一个叫分荼利迦的池子，亡者热得受不了，跳进池子后，池子内会喷出火焰，同时会吹来暗火风，让亡者像车子一样旋转，身体粉碎得像沙子一样。

八大地狱的光景 2 《往生要集》⑦

大焦热地狱：全身的皮肤被火焰刀剥下来，体内被注入沸腾的铁浆。

阿鼻地狱：这里有一座巨大的城，叫"阿鼻城"，四周被刀包围，四角有四只牙齿像剑一样锐利的铜犬。城外有头上长着八根角的牛，牛角会喷出猛火，将亡者赶进城。城中有会吐出毒火的大蛇。由于饥饿，亡者会燃烧自己的身体，吃掉自己的肉。肉再不断重新生长出来，一直如此循环。

在一处名叫"阎婆度处"的地方，有一只身体像大象一样大、嘴巴尖利、会吐火焰的鸟，名叫"阎婆"。阎婆捉住亡者后，将其带到空中，然后摔到石山上……

一旦落入地狱，亡者要被持续折磨几万年。

源信是为了劝人们信佛，才撰写了《往生要集》。他是一位"幻想作家"，关于地狱的想象十分独特。他凭借对地狱的出色描写而闻名。当然，地狱的原型来自印度。

饿鬼·畜生·阿修罗 《往生要集》⑧

　　在六道之中，饿鬼、畜生、阿修罗分别是这样的世界——

　　饿鬼道：一旦落入饿鬼道，就会变成各种各样的鬼。比如食吐鬼，会永远恶心呕吐，痛苦难耐，无法吃东西。

　　那些生前只顾自己，独自吃掉所有好东西、不留给妻子儿女的人会变成食吐鬼。同地狱的世界相比，饿鬼的世界是让亡者一点点地受折磨。

　　畜生道：畜生道是那些在阳间未达成目的就死去的人，或是想对后世倾诉怨恨而死去的人所坠入的世界。据说，他们会转世成为动物。所变的动物有马、牛、羊、犬、猪、鸡和鸟兽虫鱼等，种类有三四亿之多。

　　修罗道：修罗道在须弥山（被认为是宇宙中心的一座山）北面大海的海底。这里整天雷鸣不止，雷声像天鼓一样响个不停，亡者们永远在战斗。

　　亡者们不断被战斗所伤，相继横死，然后再次转生。转生后继续战斗，流血不止。

阿弥陀的净土 《往生要集》⑨

阿弥陀的净土在西方，又被称作"西方极乐净土"。

来到西方极乐净土后，身体会变成紫磨金色，穿戴上首饰和宝冠。

楼阁内的树林和水池中，野鸭、大雁和鸳鸯在成群地飞舞。佛和菩萨如骤雨般从十方世界赶来，有的坐在空中诵经，有的在云上坐禅三昧，倾听阿弥陀如来说法。

阿弥陀如来坐在宝池中央的莲花宝座上，周围排列着无数的宝树。

一座由五百亿的七宝（金、银、琉璃、砗磲、玛瑙、珍珠、红宝石）做成的宝塔矗立在那里，四周围着栴檀（香木）。

这里永远都在演奏着上千种音乐，弥漫着无数种香气；永远都光芒万丈，不需要日月和灯光。

这里既无春夏秋冬，也无寒暑交替，人们永远沉浸在倾听阿弥陀如来说法的喜悦中。

地狱拥有一种极度的震撼力，极乐净土则没有，而且看上去并不是那么愉快，这到底是为什么呢？

决死的渡海 补陀落净土

佛教传到日本后，观音也逐渐被人知晓，人们将补陀落山视为观音的净土。

对信仰观音的人来说，补陀落山是天堂，大家都很想去。从前，很多人都想渡海去补陀落净土，人们奋不顾身，利用各种方法渡海，充满了悲壮感。

人们为了前往这样一个不知是否真实存在的地方，会乘坐一种叫"空船"的无窗的船，上面放一些食粮，然后就准备渡海了。他们一般都从纪州（今日本和歌山县）熊野的海滨出发。历史上有记录的就有数十人。

不过，这些人最后都不知所终。据说，也曾有一些人阴差阳错地到达那里，并受到热情款待，然后回来。这些人还将自己在补陀落净土的所见所闻写成了书，让读到书的人不由得也想去看看。不过，这些书真假难辨。

无论是源自强烈的愿望还是炽热的信仰，到了这一步，都堪称是到了"乐园空想"的极致。渡海去补陀落山的行动就是将"乐园空想"变为现实。这幅画选自东大寺的《补陀落山曼荼罗图》（室町时代）。

迎火送火

在长野县上高井郡，每年七月十三日的晚上，人们都会在墓地和家门前焚烧豆秸，孩子们高唱："老爷爷、老奶奶，借着火光，出来吧，出来吧。"这就是"迎火"。到了十六日送火的时候，孩子又会唱："借着火光，回去吧，回去吧。"

人们认为先祖的亡灵会在盂兰盆节这一天回来，所以举行这种活动，点火有"请借着火光降临"之意。

有些地方会去墓地迎接先祖的亡灵，点门火（迎火）的人家也有很多。各地的做法会有一些差异，但人们迎接亡灵的心情却是相同的。

人们认为，盂兰盆节期间，亡灵会借着火光降临，然后进入家中的佛坛。

所谓送火，就是让亡灵返回墓地（也许是阴间、灵界）时点燃的火，有些地方还在房檐挂上灯笼。

盂兰盆节虽然不是法律规定的节日，却是个国民性的节日。也许是祖先们强大的亡灵让人这样做的吧。

来自不死之国的来访者　常世国

　　常世国又被称作"不死之国"，据说是一个让人不老不死、返老还童的富饶之地。

　　在日本，人们都相信，来自这个国度的客人——神每年都会来到人间，给人们带来幸福。

　　常世国位于大海彼岸的一处仙境，是现实中并不存在的灵界之国，因此，对异世界没有感知能力的人是不知道这个地方的。

　　传说中，少彦名神、命他二柱之神[1]就是活着去往那里的。古书上说，常世国是一个无比幸福、无比快乐的国度，凡人是不能随便进入的。

　　江户时代的国学家本居宣长[2]曾这样写道："万事如意之国谓之常世国，是为汉籍常提之世，谓之蓬莱等，此地所传遥国之名乃是借用。蓬莱等亦是海路远隔难至之处，所谓常世之国类此。其名更改至此，可知已是百般敷衍。"由此来看，常世国很可能就是蓬莱国。

---

①指伊邪那岐命和伊邪那美命。

②本居宣长（1730～1801），日本江户时期的国学四大名人之一，号芝兰、舜庵，日本复古国学的集大成者。

神与贵族的国度 高天原

　　高天原上也有天之香山、天之安川、天之高市等类似京城奈良周边的地方，这里的生活与人间别无二致。

　　高天原上最伟大的神是天照大御神和高御产巢日神这两位神，他们是世界的最高统治者。他们坐在一种叫天磐座的玉座上，向诸神下达命令，众神则各司其职，听命于这两位神，类似大和朝廷，是一个祥和的世界。

　　高天原是在日向（今日本宫崎县、鹿儿岛县的一部分）还是在北方，众说纷纭，不过这些地点都指向京城奈良上空的灵界。

　　本居宣长认为："高天原即天，只不过，天与高天原的差别在于天是天神所在之国度，因此，山川草木、宫殿等万事万物皆其国土。凡事及诸神之万事，皆如其国土。而所谓高天原，则是此天之某事某时之谓。"总之，高天原就是天神们所在的天空的中央。

伊邪那美居住的国度 黄泉之国①

伊邪那岐和伊邪那美创造了大八洲的诸神。不幸的是，伊邪那美在生火神的时候被严重烧伤，去世了。

但是二人的故事并未就此结束，伊邪那岐来到黄泉之国，见到了妻子伊邪那美。伊邪那岐希望和妻子一起返回阳间，但伊邪那美已经吃了黄泉之国的食物（一旦吃了黄泉国的食物，就无法回到阳间），因此拒绝了伊邪那岐，说一切都已经晚了。不过，伊邪那岐并没有放弃，在他的劝说之下，伊邪那美决定去找黄泉之神商议，在殿内消失了。

她曾和伊邪那岐约定，在这期间绝不能往殿内看。但急不可耐的伊邪那岐违背了约定，偷偷看了一眼殿内，结果看到了伊邪那美腐烂的尸体，尸体上还有八位雷神。伊邪那岐惊慌而逃。由于被他看到自己的丑相，伊邪那美非常愤怒，放出黄泉丑女追赶伊邪那岐。

伊邪那岐扔出一个黑御鬘①，黑御鬘变成了葡萄，他又扔出一把梳子，梳子变成了竹笋。伊邪那岐趁黄泉丑女吃葡萄和竹笋的时候逃走了，然后用黄泉平坂的大石头封住了黄泉之国的入口。

---

①传说是伊邪那岐戴在头上的饰物，用藤草编织而成。

死国之所在 黄泉之国②

　　过了一会儿，大石头的另一边传来伊邪那美的抱怨声。伊邪那岐隔着大石头向伊邪那美提出断绝关系，伊邪那美诅咒道："那我每天杀掉你国度的一千人。"

　　伊邪那岐毫不相让，说："既然这样，那我就每天让一千五百人降生。"

　　因此，据说人类每天要死掉一千人，同时会有一千五百人降生。就这样，人口开始逐渐增长。

　　这是《古事记》中记述的神话。不过，"黄泉之国"早在《古事记》之前就大量出现在中国的书里了，所以并不是日本人创造的。

　　传说中，黄泉之国在出云（今日本岛根县），也有人说在夜见岛。夜见岛如今已经与大陆相连，变成了"夜见滨半岛"，我就出生在这里。

　　小时候，我曾乘着小船去过人称"黄泉之国"的岛根半岛的"加贺潜户"，里面是巨大的穹顶，的确很像死者国度的入口。

先祖居住的世界　根之国

根之国是人世所有罪恶、灾难和瘟疫等的发源地，是能给人间带来灾难的恶灵和邪鬼的大本营，还是凄惨而充满污秽的黑暗之地。

不过，还有一些不同的看法。有人认为根之国并不是污秽之国，而是一个清净的国度，是给人间带来幸福的国度。

据《古事记》中"大国主拜访根之国"一节的描述，根之国中建有宫殿，须佐之男命作为国王居住在那里，须势理毗卖是他的女儿，侍奉在一旁。

大国主来到根之国后，得到了能够起死回生的宝物——生太刀、生弓矢、天诏琴，然后回到了人间，化作国土之灵。

也有人说，根之国并不是存在于地下的灵界，而是仙界。

还有这样一种说法，根之国只是一个地名，指的是岛根县的宍道湖、中海一带。不过，大多数人都认为根之国在地下，是存在于地下的国度。

神明

飨之祭

在石川县能登的凤至地区的农村，每年旧历十一月五日，人们会将田神迎进家中祭祀。这就是"飨之祭"。

在这一天的早上，主人会将米袋放在壁龛或神龛下，竖起杨桐，这就是田神休息的地方。之后，家人要烧洗澡水，做椭圆形的敬神年糕，男主人换上麻礼服，家人们也盛装打扮，为迎接神明做准备。

到了傍晚，主人来到神之田，说："让您久等了，挺冷的，快请进。"然后将神迎到家中。

"天气这么冷，先暖和一会儿吧。"这样问候完，再领田神去洗澡，并询问洗澡水的凉热等。然后将田神领到放好米袋的壁龛旁，为其供奉美味佳肴，好生款待。

据说田神是一对夫妇神。人们会在次年一月九日送走田神，在此期间，田神会附到米袋上在仓库或储藏室休息。所谓的飨之祭，就是向田神表达谢意的祭祀仪式。

赤城山的百足神

　　奈良三轮山上的神是蛇，而上毛三山^①之一的赤城山上的神则是蜈蚣。在赤城山东南麓，这里的人们见到蜈蚣是绝不能杀死的，而是嘴里说着"蜈蚣、蜈蚣，去赤城山"将它放生。

　　在南方的平坦地区，那里的人们认为蜈蚣是人类的亲属，绝不能杀，否则会遭到报应。

　　在一个叫新里村板桥（今日本桐生市）的地方，有一处叫"百足鸟居"的鸟居，上面刻有一条长达一点三米的蜈蚣。这个鸟居是天明二年（1782）修建的，这样看来，早在那个时候，蜈蚣就被视为神圣了。

　　在栃木县的日光，有一处名叫战场原的湿地。这里是日光二荒山的蛇神和赤城山的百足神争夺中禅寺湖的地方。百足神最后战败。不过，百足神十分喜欢战争，后来又和上毛三山之一的榛名山的神发生争斗。

　　人们认为蜈蚣和矿山有很深的渊源，尤其是铜矿山。在一些大矿山上，都会祭祀百足神。赤城山附近就有一座足尾铜山。

---

①日本关东地区群马县境内赤城山、榛名山、妙义山三座大山的统称。

无垢神

在爱知县南设乐郡凤来寺村（今日本新城市）一处人称"凤之久保"的山谷，那里有一片白天都阴森恐怖的森林。

一天，有四五个从岩谷来的樵夫走进这片森林，发现了一棵巨大的老榉树，一片树叶都没有，他们就用未干的木柴塞满老树，然后将其点燃。

第二天早晨，他们若无其事地来到化为灰烬的老榉树旁。大家都闻到一股难以名状的腥臭味，还看到了一些牙齿和骨头。有个樵夫说："咱们烧掉了可怕的东西。"然后大家赶紧逃命了。从那天晚上起，他们就发起高烧，卧病在床。

他们痛苦的样子犹如大蛇在翻滚。村民们怀疑有东西在作祟，请来凤来寺的一位僧人。僧人看到樵夫们的样子后，说：

"这是一条修炼了千年的蛇在作祟！"

于是人们将老榉树的灰烬装进石棺。凤来寺的僧人赐予了这条大蛇"净障无垢大明神"的神号，然后隆重地祭祀起来。

每年在盂兰盆节这一天，岩谷的人们一边唱着"纳入凤之久保之根本，如今乃是无垢大明神"，一边祭祀无垢神。

足神

　　宫城县多贺市荒胫神社供奉的足神十分有名。从前，一些外出旅行之人为了能健步如飞，经常来这里祈祷。

　　胫（护胫的简称）指的是旅行时缠在小腿上的绑腿，前来祈祷的人都会用稻草或布做成的护胫供奉足神。

　　在过去，外出旅行时并没有可以乘坐的交通工具，全都要依靠强健的双腿。因此，人们那种希望平安的心情恐怕要比现代人更为迫切。

　　不知从何时起，荒胫神社里的足神不仅可以治疗腿脚的疾病，对腰部以下所患的病也起作用。这样一来，人们供奉的东西也和从前不同了。

　　甚至还有人供奉雄壮的木制男性生殖器，以及用布做的逼真的女性生殖器等，似乎在祈祷驱除性病或妇科病。前来参拜的人多为宫城附近的妓女。

　　或许那些为性病苦恼的人，觉得患病的部位离腿部很近，因此才抱着试试看的心理来祈祷。

剥茧怪

　　剥茧怪出没于能登半岛。它会在新年的晚上出现，是一种既非妖怪也非神使的东西。秋田地区有一种叫"生剥"的东西，与剥茧怪十分相似。

　　剥茧怪剥的是生长在脚踝上的"老茧"。一般只有辛勤工作的人才会生有老茧，但剥茧怪剥的却是"懒人茧"。

　　这是一种对人十分有教育意义的妖怪，所以深受欢迎。人们会将剥茧怪请进家中，奉上美味佳肴，还会保证这一年要继续努力工作。

　　剥茧怪对孩子的教育也能起作用。那些爱哭鼻子的孩子和不听话的孩子，听到剥茧怪的名字后，会立刻变得听话。这样看来，剥茧怪是守护神，监视着全体村民。

　　四国有一种叫"小割怪"的妖怪，专门喜欢吓唬那些窝在被炉旁烤火的懒人。看来，这种能够惩戒懒人的妖怪神在全国都有。

安毛

安毛是在岩手县沿海地区出没的一种妖怪，正月十五日的晚上会从太平洋上飞来。

冬天，有些懒惰的小孩一直围在被炉旁烤火，他们的小腿上会生出紫色的火斑。安毛专门剥火斑。

对懒人来说，这是一种可怕的妖怪。但对普通人来说，安毛并不可怕，它还会帮助弱小的孩子。不止如此，人们还认为卧病在床的孩子只要祭拜安毛，病就会痊愈。

在东北和北陆地区，有一种叫"剥茧怪"的妖怪，专门剥懒人的老茧。不过，剥茧怪不会给人治病。从这种意义上说，较之妖怪，安毛更接近"土俗神"。

另外，人们还会举行一种仪式祭祀生剥和剥茧怪，一些村民会扮成它们的模样走家串户。而祭祀安毛时，则没有这种仪式。

岩手县下闭伊郡普代村有一座祭祀安毛的神社，黑崎灯台所在的海滨被称作"安毛浦"，这样看来，安毛的确是神明。

石神

　　石神是一种能治耳病的神明。

　　石神的神体是石头，形状因地而异，大多都是奇石、石棒或石剑等，其中还有形似男性生殖器和女性生殖器的。

　　神奈川县津久井郡津久井町（今日本相模原市）的县道旁供奉着一尊石神，那是一块直径六十厘米、高一米左右的细长的石头。

　　这尊石神大有来头。从前，人们修路时，想要把这块石头挪走，但无论多少人都无法挪动，最终只好改道。

　　小庙的格子门上，通常会系着许多用竹子切成的竹环、篮子，以及有洞的石头，看着非常热闹。

　　这些都是患有耳疾之人来此祈祷，在疾病痊愈之后作为还愿的礼物敬献的。因为它能够治疗耳疾，所以才会有人敬献有洞的东西吧。门上悬挂这么多礼物，说明它还是比较灵验的。

　　另外，石神不仅能治愈耳疾，还能在顺产、求得良缘、养育孩子等方面为人们提供帮助。

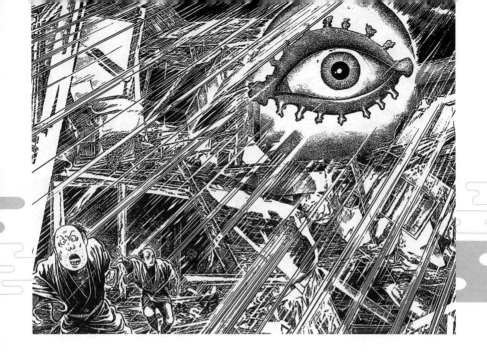

一目连

一目连是三重县桑名多度大社的摄社供奉的风神。一目连出现时伴有狂风暴雨，所以当地人都十分敬畏。

一目连出现时，数百间房屋瞬间被夷为平地，连上千人都无法撼动的热田明神的大鸟居，都会被刮到远方的田地里。这一带的人将被风吹倒的情形也称作"一目连"。

有这样一种说法，一目连带来的暴风雨，吹过的地方只是一条线，之外的地方一丝风都没有。

夏季，暴风雨来临之时，当地人会说："一目连要出来了，这风是不会停止的。""已经出来了，风要停了。"

松浦静山所著的《甲子夜话》中，就有关于一目连的记述。书中认为，我们平时说的"一溜烟逃走"这句话就源自"一目连"。

神奈川县也有类似的风，称作"镰风"。静冈县有"恶禅师之风"，按照当地人的说法，这种风的形状像人，似乎穿着褐色的裙裤。

井神

　　小的时候，家中供奉着井神、灶神和厕神等等，似乎到处都是神明。

　　家中出现神明或妖怪时，人们会举办各种活动，忙得不可开交，从来都不会感到无聊。而如今住在公寓，神明都离开了，人们就会感到寂寞。

　　井神又被称作"水神"。如果有人惹恼了这位神明，它会让水变浑浊或传播疾病。过去的人们会制作一个简易的神龛，放上写有水神的纸片或木板，然后进行祭祀。人们还会在打水时拍手表达敬意，或是在井边供奉盐。

　　井神十分厌恶人们毫无理由地窥探井内，因此，这种行为是被禁止的。

　　井神有时也会现身。某地有一个漂亮的女仆去打水，当她拉上水桶时，井神抓着水桶上来了。

　　井神的脸像鲇鱼。看来井神也有些"好色"，它看上了这个女仆，将她拉到了井里。

稻荷神

　　稻荷神是掌管五谷的"仓稻魂命"的尊称，也被称作"宇迦之御魂神""保
食神""大宣都比卖神"等，是一种与食物有关的神明。

　　稻荷神社里一般都祭祀着狐狸。看来，狐狸作为稻荷神的使者，给人留
下了深刻的印象。

　　狐狸与稻荷神的结合始自平安时代，源自真言密教所说的荼吉尼天，它
的坐骑是狐狸。

　　荼吉尼天原本是印度的夜叉神，它会满足人们的任何愿望，但当愿望实
现后，人类要在临死之前献上自己的心脏。

　　荼吉尼天所骑的动物是一只白狐。印度夜叉神骑的豺被奉为灵兽，但由
于中国和日本没有这种动物，所以将其换成狐狸的一种——野干。这样看来，
稻荷神所骑的狐狸并不是普通的狐狸。

　　稻荷神是食物之神与荼吉尼天结合的结果，因此，人们认为它能够实现
自己的各种愿望，直到今天都在信仰它。

疣取神

　　静冈县富士宫市有许多形似蟾蜍的石头，这种石头称作"疣取神"。至于为什么像蟾蜍，有种观点认为，人们联想到蟾蜍的疣，蟾蜍去掉疣后就变成了神。疣取神十分灵验，如果供奉富士山的泉水，然后将泉水抹在疣上，就能痊愈。

　　日本还有一些人称"疣地藏""疣取地藏"的地藏，向这种地藏祈祷后，疣就会脱落。

　　有些地方认为，想去掉疣，只要摸一摸疣地藏或疣取石即可。

　　东京都葛饰区的堀切有一尊疣取地藏，将供奉给疣取地藏的盐带回家抹在疣上，疣就会自动脱落。据说，将盐擦到疣取地藏的脸上也可以。

　　至今仍有不少为疣所困的人前去参拜疣取地藏，因此它的脸上都是盐。

　　千叶县长生郡有一座疣八幡，如果将神社内的土抹到脸上，就能治好疣。山梨县南都留郡会供奉疣观音，前去祈祷的病人痊愈后，要向它敬献与自己年龄相当的松果。虽然叫法不同，但都可以治好疣。

弥谷寺

　　如果真的有灵魂，接下来就要面对这样一个问题：人死之后，灵魂要去哪里？但活人毕竟无法跟踪灵魂，所以也没有人能做出准确的说明。

　　灵魂的有无与死相关，如果真的有灵魂，那么人死后，灵魂可以继续存在下去，这看起来是一件好事。

　　四国的香川县有一座弥谷寺，据说死人的灵魂会到这里来，但这座寺院与其他寺院并无不同之处。

　　弥谷寺历史悠久，连墙壁都给人一种有幽灵存在的感觉。因此，如果有灵魂在这里游荡，也不奇怪。

　　寺院四周的山崖上，雕刻着具有妖怪风格的磨崖佛，其中还有很多没有雕完、半途而废的佛像。到处都散落着石佛，给人一种会有脱离尸体的灵魂居住在这里的感觉。

　　那些大难不死的人，会在春天和夏天来到寺里。据说他们喊一下过世的亲人的名字，亲人的灵魂就会出现。在弥谷寺，发生这样的事也并非不可能。

牛御前

　　牛御前是牛岛神社在明治时代以前的通称，这是东京都墨田区最古老的一座神社。

　　从前，墨田川出现了一个长得像牛鬼的妖怪，在村中狂奔乱撞，后来闯进了牛御前，它从身体里掉出一块牛黄，然后离去。这块牛黄作为镇社之宝流传至今。

　　神社的祭神须佐之男命，又被称作"牛头天王"，它的性格像牛鬼一样暴躁，前面说的那头怪牛似乎就是它的化身。

　　在一本名为《吾妻镜》的古书中，有一段关于牛鬼的记录。

　　建长三年（1251）三月六日，墨田川对岸的浅草忽然出现一个像牛的妖怪，闯进浅草寺，五十多名僧人中被它杀死了七人，另有二十四人负伤。

　　书中并未说明这个妖怪和牛御前的关系，但它很可能就是牛御前的荒魂（一种能作祟或带来灾难的神灵）。

　　位于京都市东山区祇园町的八坂神社，也供奉着牛头天王，它被视为能防止瘟疫的神，还作为须佐之男命的荒魂，被人们敬畏地奉为"祟神"。

姥神

　　姥神是育儿之神，日本全国各地都供奉它。在山村地区，人们会在岩石上修建一座小庙祭祀姥神。

　　新潟县某地有一块叫"姥石"的大石头，呈乳房状。

　　从前，有户人家的儿媳妇生完孩子后，没有奶水，便去求神。得到的答案是她家房子后面埋着一块石头，因为怠慢了那块石头，所以她才没有奶水。家人挖开一看，果然有一块石头，于是将它供奉起来。从此以后，那些没有奶水的女性纷纷过来祭拜。

　　山形县有一尊人称"山姥神"的石像，也是人们信仰的对象。

　　岩手县九户郡山形村（今日本久慈市）有一处称作"姥神之宠儿渊"的地方，流传着这样一个故事：

　　一位母亲的孩子掉进了深渊，她一怒之下，就下了诅咒，深渊里的鱼全都变成了一只眼。

　　有时候，路边还会祭祀着一些人称"关婆"或"咳姥神"的石佛。据说，祭拜它们对治疗感冒、哮喘和咳嗽很管用，这应该也是一种姥神。

厩神

　　在过去的乡下，很多人家都会有一间给马住的房间，称作"厩"，人们对待马就像对待自己的家人一样。

　　很多地方都将猴子视作厩的守护神，会在马厩的柱子上建造一座供奉厩神的小庙，里面放上一些猴子的头盖骨。如果找不到头盖骨，就放猴子的手或脚作为神体供奉。即使什么都不放，也会贴一些画有猴子的绘马或灵符来辟邪。

　　如今说起"耍猴"，人们立刻会想到马戏团等。其实，"耍猴"原本是让猴子在马厩周围跳舞，来祈祷马厩安全的一种表演。每个季节都要"耍猴"，这是一种祭祀仪式。

　　大家为了心里更踏实些，甚至还会牵着马去参拜观音，或是祭祀马头观音的石像。当家中养的马意外死去时，人们会在马生前所在的地方塑一尊马头观音像用来祭拜。

　　牛和马是农民家中重要的劳动力，所以人们会善待它们。正如人类有守护神一样，马也需要守护神，于是，厩神就出现了。

蛤贝比卖

　　出云（今日本岛根县）的大国主经常遭到自己八十个兄弟（称作"八十神"）的刁难。有一次，八十神向因幡（今日本鸟取县）的八上比卖求婚，但八上比卖却宣称要嫁给大国主。八十神怒上心头，打算杀死大国主。在回去的路上，当他们到达伯耆（今日本鸟取县）手间山麓的时候，八十神说：

　　"我们会赶出一只红色的野猪，你要捉住它。否则就杀死你。"

　　说完，大家将一块形如野猪的大石头烧得通红，然后朝大国主的方向推了下去。捉住大石头的大国主被烫死了。

　　母神刺国若比卖怜悯大国主，便请求产巢日神让其复活。产巢日神派出蚶贝比卖和蛤贝比卖。蚶贝比卖将蚶子的贝壳削下来烧焦，蛤贝比卖则放出蛤蜊身体中的水，将贝壳的粉末溶解在水里做成乳汁，然后抹到大国主的身体上。过了一会儿，大国主就复活了，而且比以前更加俊美。

　　有这样一种说法，这个故事是在暗示产巢日神的烧伤药方的原材料是贝壳等，这也可以看作最早的膏药。

奥伊茨岐神

在冈山县北部地区，人们将御伊都岐、追月、御斋等都读作"奥伊茨岐"，这些都是祭祀在神社分社中的神灵。"奥伊茨岐"的本体不明，不过，供神中有仓稻魂命、宇贺魂命、保食神等，它很可能是一种与稻荷神有关的出现在农村的神。

真庭郡落合町上河内（今日本真庭市）熊野神社的斋宫，有一块铜板绘马，上面刻有"奉纳，御宝前，诸愿成就。承应三年甲午九月吉日，桧物町一町目，高田长三郎"的字样，还雕着两只动物。

粗略一看，动物的咧嘴方式和尾巴很像狼，耳朵却像兔子一样耷拉着，躯干略短，后肢发达，是一种不可思议的动物。据说这是奥伊茨岐神的使者"牙台"。

牙台就像稻荷神的狐狸。当祭祀着奥伊茨岐的人家即将发生灾难时，它就会"吭吭"地鸣叫通知他们。如果没有人注意到，它还会敲打窗户继续通知。人们发现后，会立刻装上一升米，放在房屋的角落表示感谢。

大元神

在中国地区，人们都信仰大元神和荒神。在岛根县邑智郡等地，人们会在每七年或十三年一次的祭年仪式上祭祀大元神，举行盛大的神乐表演。

大元神和荒神都是村子的守护神，它们原本都是开拓祖先。

祭祀时，要先将大元神迎进氏神的拜殿，将新谷作为供品供上，然后开始祭礼。

此时要将蛇藁（一种像蛇的草绳）盘成一团，放置在舞场的东角，因为人们认为，蛇（灵）是掌管东方的太阳神，同时还掌管着水稻的丰收。

不只是岛根县，很多地方在祭祀祖先时都会放置蛇形的东西。在广岛县，人们祭祀荒神时，也会使用蛇藁，让新的灵加入到先灵神①中，此时的蛇藁代表的并不是蛇，而是龙。

祭祀普通的大元神时，都是将蛇藁盘在神木上，以此来凝聚人们的信仰。

---

①先灵神是指从自己开始，向上辈推算到第五代以上的祖先神灵。

奥玉神

　　奥玉神是伊豆诸岛的利岛信奉的一种宅神。

　　在利岛，人们会在正房后面的泥墙或宅基地的石墙上挖一个洞，竖上灵幡祭祀奥玉神。奥玉神是七代前的先祖，即祖灵。在十二月十三日那一天，人们要供奉炉钩上的煤烟或掉下来的脐带等。

　　另外，人们还认为死者会变成奥玉神。当地有一个风俗，到了死者第五十个忌日的时候，家人会在佛事之后竖起一座三寸（约9厘米）高的角塔婆[①]。

　　像利岛这样以石头或古木作为宅神替身的做法由来已久，民俗学者认为宅神的根本就是祖灵信仰。

　　在伊豆诸岛还能看到另外一些以石头作为替身的古老信仰。八丈岛和青之岛所说的石场神就是其中之一，汉字写作“石场大人”。

　　石场神不只是神的名字，它还含有“祭祀场”的意思，被祭祀的除了宅神、守护神之外，还有那些死于火山喷发等灾害的死者。有的石场神是在一块尖石头的周围堆满石头，也有的只放一块圆石头等，总之是形态各异。

---

①日本佛塔建筑用语，是细长的四角柱塔婆。

产神

　　长野县汤田中温泉的中央有一棵名叫"雨含松"的老树。

　　此树的树龄已有数百年，已经成为天然纪念物，树旁有一座神社——座王神社。

　　这座小神社里有一块大石头，被人们当作产神来供奉。石头上缠有许多腹带，都是前来祈祷之人所缠。人们不仅向产神祈祷顺产，还会祈祷孩子顺利成长，有些夫妻会祈祷赐予他们孩子。

　　座王神社里还祭祀着"藏王权现"，藏王权现是位于奈良县吉野町金峰山寺本堂的本尊，是修验道信仰的对象。

　　还有一种说法认为，人们错把"藏王"写成"座王"，而"座"又与"坐产"有关，于是就有了"产神"一说。

　　各地都祭祀着产神，并且产神的形态各异。

　　过去不像现在这样，医疗条件如此完备。那时候，生孩子是一件性命攸关的事情，因此人们都会祈祷顺产，能够满足这种愿望的就是产神。

水虎神

昭和四十年前后，我听说东北的金木町（今日本青森县五所川原市）有一户人家祭祀着水虎神，于是前去查看。那是一家铁厂，而那户人家就住在铁厂一角。

"连东京的大学老师都来看我家的水虎神呢。"

男主人一边说着，一边小心翼翼地将水虎神拿给我们看。原来是一男一女两尊，貌似小河童。

"这里从前是一片沼泽，有很多小孩的肛门球都被抠走了。"

听男主人这样一说，我四处打量一番，这里地势低洼，从前肯定有河童在这里出没。

在青森县的津轻平原，祭祀水虎神的人家仍有很多。人们认为水虎是保护孩子免遭水难的守护神。

人们认为很多水难事故都是河童在作怪，而水虎是河童的头领，因此人们才会祭祀水虎。不过，这位神明出现的历史还比较短，是在明治初期从木造町木造（今日本津轻市）的实相寺开始流传起来的。

御白神

　　御白神是东北地区祭祀的一种蚕神。有些地方不只将它视为蚕神，还将它视作守护农业和家中一切的神明。

　　御白神的神像是用桑木制成的一男一女两尊人偶，呈棒状，分别雕刻着一个女人头和一个马头。御白神为何是女人与马？岩手县流传的民间传说讲述了它的起源。

　　从前，某户富人家饲养的一匹马，喜欢上了这户人家的女儿。女儿也爱着这匹马，并一直细心地照顾它。得知此事的父亲一怒之下杀掉了马，并剥下它的皮在太阳底下晒干。女儿悲痛不已，片刻也不离那张马皮。

　　有一天，那张马皮包住女儿一同升了天，他们转生为蚕，落在了院内的桑树上。于是，人们就将他们作为蚕神供奉起来。

　　御白神是十分严厉的神，祭祀时稍有怠慢，就会遭到报应。另外，御白神还十分讨厌动物的肉和鸡蛋，如果有人在御白神前吃这些东西，嘴巴就会变歪，然后患上重病。

鬼蓟

　　"鬼蓟"指的是江户时代一个叫"鬼蓟清吉"的怪盗。因为一直抓不住他，所以人们认为他的运气很好。或许他是一个义贼。

　　不知不觉中，鬼蓟成了人们信仰的对象。他的墓地位于杂司谷，前来祭拜的人络绎不绝。人们为了能够通过考试，都会来祭拜他。

　　其中还有幼儿园的小孩，会写一些诸如"顺利入园，十分感谢"等话贴到上面。

　　位于东京都墨田区回向院的鼠小僧次郎吉的墓地，也曾是人们祭拜的对象。每当到了要考试的时候，就会有很多考生前来祈祷。

　　作为义贼而闻名天下的鼠小僧次郎吉，无论走到哪里都通行无阻。于是人们产生联想，又进一步发展成了一种民间信仰。

　　这世上再也没有比走运或不走运更不可思议的事情了。

　　让小偷变成了神明，没有人能说清楚是哪位神明授意人们这样做的。

河太郎

翻看《日本民俗图录》时，发现里面有种叫河太郎的奇怪河童，它外形像猫，像石狮子一样守在神社门口的两侧。

河太郎应该是某种水神。我来到长崎县五岛列岛一处名叫福江（今日本五岛市）的地方，想要找到一些关于河太郎的离奇故事。

这次行动如同从飞机上扔石头一样，结果完全出乎我的意料。

我问当地的人，这里有没有祭祀河太郎的神社。岛上的人给我介绍了一位奇怪的大叔。这位大叔为祭祀漂流至此的佛像，竟不辞辛苦地修建了一座佛坛。

我对他说，我想找的是祭祀着河太郎的神社。他指了指山上。

山上怎么会有河童呢？我不禁有些怀疑，但还是登上陡峭的台阶，谁知山上真的有一座和书中一模一样的祭祀着河太郎的神社，而且山顶的景色也非常迷人。

山上都是一些语言不通的大婶，我只好下了山。神社为什么会建在山顶上呢？我感到有些不可思议。

蚕神

在岩手县大船渡市日顷，每年旧历十二月十六日的晚上，养蚕人的家中都会为蚕神过节。人们会做一些蚕茧一样的带汁饭团，供奉在佛坛或神龛上。

蚕神是蚕的守护神，是养蚕人家中必须供奉的神。日本各地都有关于蚕神的传说。

在长野县南佐久郡一带，当地人认为蚕神是骑马之神或观音。

茨城县有一座蚕影神社，据说这里是蚕神信仰的起源。

这座神社与一艘"空船"有关。这艘空船漂流到蚕影神社附近的海滨，人们发现将空船停靠的海滨的石头放到蚕山上，就能得到更多的蚕丝。

另外，还有这样一种说法，空船漂流到的地方是茨城县的另一处海滨。权太夫救了空船上的公主，但公主不久后去世了，尸体变成了蚕。

权太夫用桑叶精心喂养公主变成的蚕。一天晚上，公主出现在权太夫梦中，将养蚕的方法告诉了他。权太夫又从筑波山的真仙人那里学到了做丝绵的方法。从此以后，权太夫越来越富有，享受着荣华富贵。

蛙神

很多人认为蛙和雨是一对搭档，还会在求雨时祭拜蛙。

各地都能看到一些人称"蛙石"的东西，围绕着蛙石还有各种各样的传说。

在静冈县，人们求雨时会用蛙石，甚至有些神社就叫"蛙石神社"。

关于蛙石有这样一个传说：

从前，有个人在夏夜乘凉时，天上忽然落下一个发着绿光的东西。他吓了一跳，等他平静下来后，仔细观察那个东西，发现是一块像蛙的石头，于是他将这块石头称作"蛙石"，放在家中祭祀。

蛙石在人们眼中并不是水神，而是去疣的神或眼睛神。有些人认为，蛙石是富士山喷发时的熔岩凝固成的石头。

神奈川县小田原市北条稻荷的院内也有蛙石。这是一块像蛙的自然石，一直被人们敬为蛙石明神。

不可思议的是，当小田原将要发生怪事时，蛙石就会彻夜鸣叫，通知人们。

稻草人神

　　单腿站立在稻田里的稻草人，是人们为了避免鸟兽糟蹋庄稼而立的。稻草人神就是保护庄稼不受恶灵侵害的神灵。

　　长野县的部分地区有一种祭祀稻草人神的活动，人们会炒年糕来供奉它。炒年糕的火要用稻草人的斗笠做引。

　　现在，人们在举行这种祭祀仪式时，会特意做一个稻草人，让它左右手分别拿耙子和扫帚，并称其为"山神"。

　　群马县也会举行这种祭祀仪式。不过，这里使用的稻草人是用一块直径两三寸的圆木头做的，将圆木切割成适当大小后，在上面雕刻一张脸。虽然人们有时候会将这种稻草人带到农田去，但多数情况下还是供在村里的祠堂，作为稻草人神祭祀。

　　在长野县北安昙郡，有一种与稻草人神有关的活动——"移稻草人"。

　　在十月十日这一天，人们将稻草人从田里移到家中，竖在院子里祭祀。当地人将此称作"移稻草人"。

胜宿大明神

　　流经鸟取县鸟取市鹿野町的河内川，从前每次下大雨时都会溃堤，洪水泛滥，给人们带来巨大的灾难。

　　某一年的梅雨季节，在一个夜晚，下了一场百年不遇的大雨。家住今市的竹内总兵卫做了一个梦，梦见自己被一位骑白马的神灵叫醒。他吓了一跳，醒来一看，发现梦境正在变成现实。在神灵的指引下，总兵卫来到了河内川，呈现在他眼前的是因暴雨而即将决堤的堤坝。

　　总兵卫按照神灵的指示行动起来，他用石块填补缺口，防止溃堤。

　　当总兵卫放完最后一块石头后，突然昏倒在地。不过，他已经成功阻止了大坝决堤。

　　到了第二天，村民们战战兢兢地来到堤坝前，发现水已经被许多人类无法搬动的大石头堵住了。现场有许多马蹄印，人们顺着马蹄印寻去，最后来到了胜宿大明神的神社院内。

　　胜宿大明神至今仍被祭祀在加知弥神社，参拜神社的路上仍有许多当时留下的马蹄印。

风三郎

在新潟县和福岛县等地，人们将风神称作"风三郎"。

在新潟县的一个村子，村民们会在六月二十七日这一天举行风神祭。早上，人们在村口搭建一个一阵风就能吹走的小屋，让行人将小屋弄坏后被风吹走，以此希望风神路过时绕开村子。

在另一个村子，人们会将小屋放在一座叫"三郎山"的山的顶上。当周围刮起风时，孩子们会齐唱"风三郎，吹别处"。

这些都是人们希望安慰狂风之灵，避免农作物受损的心情的体现。

虽然日本各地都有"风祭"的活动，但在受台风侵袭最厉害的九州，这种祭祀活动却很少。

这个事实不由得让人想到因果报应。在一些地方，人们为了迎接风神，整个村子的人都闭门不出，在家斋戒，没有人敢小看风神。

门神

在一些地方，人们会用"门入道"等妖怪的名字来称呼门神。

有这样一种观点，新年时用作装饰的门松是大岁神的替身，而装饰在门口的辟邪人偶则是门神的替身。制作的时候，需要准备两根二十厘米到一米长的木头，剥掉皮，然后用墨水在两根木头上分别画一张男人脸和一张女人脸。最后将这一男一女两尊神体竖在门口。

在相模原地区，人们在木头上画的不是人脸，而是日语假名"へへののもへ"①，因此，这一带又将人偶称作"へへののもへ神"。

人们似乎认为，在门口放这种人偶（神）可以防止邪魔入侵。

另外，在很多地方还有一种说法，为了不让人偶在正月二十这一天被风吹倒，人们会在十九日将其放在地炉等处烧掉。大概是认为它已经失去了效力。很多地方会在正月初六那天将门神收起来。而在关东南部和山梨一带，则是到了正月十三才摆放门神，这样看来，门神发挥作用的时间只有一个星期。

---

①这几个假名组合起来就是一张人脸。

金山神

金山神又叫"金屋子神"，是铁匠的守护神，也是和矿山有关的山神。所谓的金屋，指的是刀匠或铸工等工作的作坊。因为全国各地都有铁匠，关于金山神的传说也遍布全国。各地都修建了金山神社、金山社来祭祀它。

在八丈岛，人们将铁匠之神称作"金山神"。每年十二月八日这一天，村民们都要来祭拜它。金山神性格暴戾，一旦招惹它就会遭到报应，人们都十分畏惧。如果有人和祭祀着金山神的人吵架，不仅吵不赢，还会遭遇不幸。

有个人小时候玩弓箭，不小心被射瞎了一只眼睛。当地人都议论说，这是因为他的祖父怠慢了金山神，所以无辜的孙子遭到了报应。

类似金山神这种守护某种特定职业的神，似乎都被认为是性格粗暴的神。

兜稻荷

东京都中央区的日本桥兜町有一座小神社十分有名，被称作"兜神社"。神社以稻荷神为中心，左右两侧是大黑神和惠比寿神。[①]

明治十一年（1878），东京证券交易所成立，它被选为兜神社的代表。从此以后，兜稻荷成为东京证券交易所乃至整个证券业界的人的信仰。每年四月会举行祭祀活动，证券业界的领导们都穿戴整齐，祈求业界的安定和繁荣。

这三位神灵中，哪怕有一位显灵就已经很难得了，更何况是三位神灵齐聚于此。这其中有用"三重马力"来获得利润的意味。关于"兜町"这一地名的由来，有多种说法。有一种说法认为，剿灭了平将门的藤原秀乡把将门的头盔埋葬在这里，并修建了一座冢，后来被称作"兜山"，慢慢就变成了兜町。还有一种说法，在"前九年之役"的时候，东征途中的源义家曾将头盔放在此地的一块岩石上，以祈祷胜利。"兜町"这个名字就出自这个故事。

神社附近流传着类似的传说，这样看来，这个名字应该是和武将的头盔[②]有关。神社内至今还保留着不断讲述这些传说的"兜岩"。

①大黑神和惠比寿神都是财神。
②日语中的"兜"字即头盔之意。

灶神

　　灶神是一种祭祀在炉灶上的神灵，在各地都能看到。

　　在东北的宫城县和岩手县等地，灶神被称作"灶亲父""灶男"等。人们会用黏土或木头制作面具，然后祭祀在灶台附近的柱子上。这种面具小的有三十厘米高，大的将近一米。其特征是无论大小，脸都很丑，有些还会嵌上鲍鱼的贝壳做眼睛，看起来闪闪发光，站在灶前履行职责。

　　这种神既是火神，也是农神、孩子神、牛马神、家人保护神，是保护家中一切的家神。

　　以前，我曾在某个商场看到灶神展览会，仿佛真有灵附在这些面具里面。我花五万日元买了一个，至今仍挂在柱子上。

　　很多面具中都附有灵，新几内亚的面具也有灵附在上面。很多附有灵的东西都会带给人一种奇妙的感觉，仿佛要刺入人的脑中。

咕隆咚

在熊本县天草地区，有一位人称"咕隆咚"的神灵，至今仍被祭祀在龙岳町大道地区（今日本上天草市）的丸田。它的神体是一块五十厘米左右的天然石头。祭祀咕隆咚的地方没有神殿，甚至连小庙都没有（最近似乎有了），只是将石头围成一圈，然后在上面放一块扁平的石头而已，十分寒酸。不知道它的人，说不定都注意不到它的存在。

虽然咕隆咚其貌不扬，却备受当地人的尊崇。人们都说，这位神明是帮助寻找盗贼和杀人凶手的神，而且十分灵验。

当财物遗失或遭窃时，只要向咕隆咚祈祷，犯人就会立刻现形。有个受害者祈祷之后，过了几天，就出现了一个说肚子疼的人。仔细一查，他就是犯人。

咕隆咚是一位朴素的民间神灵，在人们遭遇偷盗时会立刻显灵，就像是一位活跃的名侦探。

川仓地藏堂

　　小时候，经常在路边看到一些小的地藏堂。走在静谧的林间小路上，忽然遇到一座地藏堂，心情会不由得放松下来。

　　地藏堂中最受人们推崇的，当属青森县金木町（今日本五所川原市）川仓地藏堂。人们认为在地藏堂祈祷后，能够拯救自己脱离悲伤和苦恼，所以从生前到死后，都希望地藏堂能满足自己所有的愿望。图中还有身穿军装、头戴军帽的人偶，大概是有人在供养死于战争的儿子吧，好像儿子真的站在那里。

　　本堂的一旁立着一尊巨大的地藏，脸上带着一副有求必应的表情。

　　松树下有一位似乎刚从恐山出差归来的老婆婆，为大家讲述着亡者的世界。看她那自信的表情，让人产生一种搞不清自己是在阳间还是阴间的错觉。

　　在地藏堂看到的死后的世界，仿佛触手可及，让人产生一种莫名的愉悦感（也许这不能称为愉悦）。

树神

自古就有这样一种说法：有一些树会成为某种特定妖怪的栖身之所，比如榕树，有些树则是神明的寄居之处，还有一些树本身就是神灵。

在日本神话中，伊邪那岐、伊邪那美这对夫妻神在创造万物时，树神是第二个被创造出来的，所以它的起源颇为久远。

日本还流传着一些树神化作人的模样，出现在人类面前的故事。

神社或寺院里的树神（神树）被称作"古多万"，是守护庭院的精灵。

神圣的神树是神明从天上降临到人间的必经之路，或者说是神明在人间的暂居之所。这种神树的特征是，树干分为两到三枝，能够发出神灵的感应。

神社内的树和人们当作山神来祭祀的树都是神树。这种神树上栖息的精灵就是树神。

夔神

在甲府盆地的东北部、大藏经寺山的东面，有一座美丽的、金字塔形的神山——御室山。山东麓的东山梨郡春日居町镇目（今日本笛吹市）有一座山梨冈神社。

神社中有一座木雕，是一只奇兽，只有一条腿，外形看起来像牛与蛤蟆的结合体。这尊木雕七年开坛一次，作为避雷驱邪的神灵，接受人们的祭拜。它的名字叫"夔神"。

夔是成书于战国时代的《山海经》中记述的一种怪兽，书中写道："东海中有流波山，入海七千里，其上有兽，状如牛，苍身而无角，一足。出入水则必风雨，其光如日月，其声如雷，其名为夔……"《国语·鲁语下》中有"木石之怪曰夔、魍魉，水之怪曰龙、罔象……"

夔也被看作是山爷和一本踏鞴等日本独脚妖怪的始祖。不过，山梨县为何会祭祀这种神，还是一个未解之谜。

钉拔地藏尊

　　京都在保护历史文物方面做得十分出色，当地甚至还保留着安倍晴明的"晴明神社"。安倍晴明被供奉在神社中，继续存在于这个世界。

　　这里还有祭祀地狱向导小野篁的神社，里面有人偶大小的小野篁的雕像，实在令人惊讶。不过，位于西阵的祭祀钉拔地藏尊的神社也是一处神奇的地方。

　　钉拔地藏尊会像拔钉子一样，拔掉人们心中的烦恼。附近的老人们日日都来参拜。石碑上刻有感谢的碑文，内容如下：

> 感谢
> 解除痛苦的地藏
> 请把您的光辉
> 永远地赐予我们
> 世世代代

那里还挂满了钉子和起钉器，有一种异样的感觉。实在让人笑不出来。

菌神

　　滋贺县草津市的东边有一座神社,叫"菌神社"。这里的"菌"就是蘑菇。

　　神社里供奉的神有两尊,分别是大户道命和大户边命,附近的人们都将这座神社称作"蘑菇神社"。

　　舒明天皇二年(630),这一带曾出现严重的饥荒,很多人处在饿死的边缘。就在这时,神社和附近的森林忽然长出许多此前从未有过的蘑菇。人们发现这些蘑菇长在枯萎的芦苇和菰上,就知道可以吃。

　　人们靠这些蘑菇,躲过了饿死的命运。

　　由于这些蘑菇长在神社的院内,人们认为是神在显灵,为了表达对神的感谢,就将这里称作"菌神社"。

　　滋贺大学的本乡次雄[①]认为,拯救居民的这种"菌"应该是伞菌。伞菌是一种可以食用和栽培的蘑菇。

　　以"菌"命名的神社似乎只有这一座。

---

①本乡次雄(1923~2007),日本研究菌类的学者,滋贺大学名誉教授。

首冢大明神

这是一种能够治疗脑疾的神灵，直到现在还有许多人信仰它，认为它对治疗神经疾病很有效。

京都老坂岭的首冢大明神社里祭祀着大江山酒吞童子的头颅。酒吞童子是一伙拐骗女性、抢夺财物的盗贼的头目。还有一种说法认为，他原本是花山天皇的御医。

有一次，天皇患上脑疾，但酒吞童子却束手无策，于是被赶了出来。他携一家老小躲到老坂岭，沦为山贼。

他被天皇派来的源赖光斩首，在临死前留下一句话，要忏悔自己生前所犯下的罪，死后救助那些为脑疾困扰的人。这就是首冢大明神对脑疾灵验的缘由。

在每年四月十五日举行的祭祀仪式上，很多为脑疾困扰的人会不远万里慕名前来参拜。祈祷之人要为首冢大明神供奉酒，然后自己戒酒，病症就会得到缓解。

有意思的是，首冢大明神最近又成了那些痴迷赛车、赛马之人信仰的对象。

熊神

　　从前，阿伊努人之间流传着这样一种说法，无论是谁，都会被至少一个
凭神附身，最多是三个。不过，并不一定是天生被凭神附身，也有出生后被
凭神附身的情况。曾有这样一个故事：

　　有个女人去山上挖野菜，在山中不小心和熊（神）撞到了一起。女人吓
了一跳，看到熊神痛苦地趴在地上。她稳住心神，仔细一看，发现熊神的喉
咙附近爬满了饭团一样大的蜱虫。

　　女人不敢靠近，但她又不忍心坐视不管，最后还是帮熊神捉光了蜱虫。
熊神任由这个女人摆布，等女人捉完蜱虫后，它站起来消失在山中。

　　女人松了口气，然后回了家。当天晚上，熊神来到女人的梦中道谢，并
约定做女人的凭神。

　　从此以后，熊神成了这个女人的凭神。再后来，她找到了一位好丈夫，
儿孙满堂，安度晚年。

　　据说，阿伊努人本事的大小由凭神数量决定，凭神越多，本事就越大。

黑佛

　　在岩手县紫波郡的某个村子，人们将秘事念佛宗的至尊佛称作"黑佛"。它有时会变成善良的童子模样出现，不高兴时会四处乱飞。

　　当地有一种说法，黑佛拥有座敷童子的能力，有黑佛的人家会兴旺发达。

　　有一户姓佐藤的人家，他家的黑佛会在发生火灾时，从佛坛飞到家门前的池塘，用莲叶将自己包起来，因此被称作"莲叶黑佛"。

　　江户时代的纸牌上可以看到黑佛的画像，但不是作为妖怪出现的，看起来黑黑的，很是可爱。比起让人崇拜的佛，它更接近土俗神。

　　黑佛不喜欢一直端坐在那里，总是喜欢到处现身。

　　只拥有形体却不能活动的东西不能称之为妖怪，从这种意义上说，黑佛可谓是拥有生命且活力十足的妖怪。

锹山大明神

很久很久以前，京都府船井郡的龟冈盆地有一个湖，像现在的琵琶湖一样大，湖中潜藏着许多大蛇。出云大神在黑柄山上和八位神说道："如果用锄头在浮田峡（保津峡）开凿一条水路，将水引到山城国，就能灌溉出一片广袤的良田。"

于是，就有了如今这片广阔的土地。

因为这个原因，生活在龟冈的百姓在天冈山（雨降山）山麓修建了一座神社，祭祀出云大神。因为这条水路是用锄头开凿的，所以人们将其称作"锹山大明神"。开凿时使用的锄头变成了一座山，因此神社也被称作"锹山神社"。这座神社至今仍静静地矗立在龟冈市上矢田町。

锹山大明神并不会出席旧历十月在出云国举行的神灵集会。据说，郡内八社里供奉的神会在锹山神社会面。这是因为出云大神原本是出云国的主神大己贵命。所谓的郡内八社，指的是分别祭祀着在黑柄山与出云大神磋商的八位神的八座神社。

荒神

日本有很多人都信仰作为火神的荒神。

它多被供奉在地炉或厨房中，也有人认为它是一种寄居在吊钩或地炉里的神。荒神很容易动怒，它还十分讨厌女性，是暴戾之神。

它是役行者①在金刚山修行时第一次感应到的神，还是修验道和日莲宗祭祀的神。有一种说法认为，荒神被修验者和日莲行者带到各地后，才逐渐普及开来。

在岛根县八束郡，人们会用稻草制作的蛇祭祀荒神。

有些地方还将荒神称作"牛荒神"，会将牛烧死来祭祀它。

在福冈县八女郡，人们将与房屋中间的大黑柱相对的柱子称作"荒神柱"，会将荒神供奉在那里。

荒神不仅被视为火神，还是家宅的守护神。荒神分为三种：作为火神在屋内祭祀的、作为宅神或村神在屋外祭祀的，以及牛马的守护神。

---

①役行者（634～701），日本修验道始祖，大和国葛城上郡茅原村（今奈良县御所市茅原）人，是飞鸟时代至奈良时代的知名咒术师，世称"役小角"，又称"役行者""役优婆塞"等。

五万度神

　　岐阜县的轮中地区经常闹水灾，因此当地的人们都信仰水神。

　　福束轮中的海松新田（今日本安八郡轮之内町），有一种人称"五万度"的水神，它的神体是多度神和一目连。至于其名字的由来，有人说是神主要讲五万遍祝词，才能将它请来；也有人认为是来源于五次"万度祓"①，总之是众说纷纭。

　　五万度神的神社院内有一处土堆，比周围的田地高出了六七米。洪水来袭时，那里就成了村民的避难所。人们将那里称作"助命坛"。福束轮中和大吉轮中在明治初年合并，在此之前，五万度神的神社位于福束轮中的最南端，是防汛的要地。

　　洪水来临时，人们可以在这里改变洪水的路线保护轮中。这样看来，五万度神是整个轮之内的水神。在十月三日这一天，当地还会举行人称"五万度祭"的祭祀仪式。

　　在大垣市的轮中地区，堤坝沿岸的每个村子都有一座小庙，里面祭祀着水神。在全国各地，只要是水井或其他用水的地方，多数都设有祭祀水神的小庙。

———————————
①即念一万遍祝词。

子安神

子安神是能够让人平安生产的神，又叫"子安大人"。

在一些地方，它还是孩子信仰的对象，所以也被称作"子安地藏""子安观音"。

子安神的神体多是石头或石像，有些地方是怀抱婴儿的女神像。

兵库县有马（今日本神户市）的有马神社前，有一块人称"子安石"的石头，据说，孕妇在生产时，都会面朝这块石头的方向。当地人从不为生孩子的事烦恼。

还有一些人称"子安水""子安清水"的东西。爱知县某神社内的子安水又叫"顺产水"，从前，官员家的女人生孩子时，都是喝这里的水。

直到现在，很多孕妇都还信仰子安神。

宝贝科①中有一种螺，叫"子安贝"。自古以来，人们就将子安贝视作保护孕妇平安生产的守护神。

---

①宝贝科也称宝螺科，为腹足纲的一科，壳为卵圆形。

根源神

人称"经营之神"的松下幸之助^①至今仍健在。他为了松下电器的繁荣，祭祀着"掌控宇宙生成发展之力"的根源神。

幸之助曾在某报纸上说："丧失创业时的精神，关系到公司的存亡。为了永不忘记这种精神，我每天早晨都会双手合十，默念'根源神、根源神……'。"

幸之助将"勿忘初心"的精神作为神灵来祭祀。

从古至今，人们都认为骄傲会使人失败。

祭祀根源神的神社，分别位于松下电器迎宾馆的真真庵、PHP 研究所和松下电器总部的"创业之森"。在总部内，总务部会在每月五日这一天举行祭祀。

"超级经营者"幸之助目光如炬，他才是这家公司最强大的神。那些经营不善的公司难道就不想学习一下吗？

---

①松下幸之助（1894～1989），是横跨明治、大正及昭和的日本企业家，是松下电器、松下政经塾与PHP 研究所的创办者。水木茂在创作本书时，松下幸之助还未去世。

佐助稻荷

在曾经的武家政治中心——镰仓，有一处四面环山的地方，被看作是"世外桃源"。佐助稻荷就供奉在这里。

镰仓幕府的初代将军源赖朝在开创幕府之前，曾在平治之乱中战败，后被流放至伊豆的蛭小岛。

遭到流放的赖朝每天都在思考如何东山再起。一天晚上，有一位老僧人突然出现在他的梦中。老僧人说："招募有志者起兵，消灭宿敌（平家），现在是唯一的机会。我乃坐镇镰仓的稻荷神。特来通知你时机已到。"说完就消失了。

赖朝借此机会举兵反抗，得到稻荷神护佑的他顺利剿灭了平家，成为镰仓的盟主。

为了祭祀稻荷神，赖朝命畠山重忠在钱洗弁天的附近修建了一座稻荷神社。这就是佐助稻荷的由来。因为稻荷神帮助了曾拥有"前右兵卫佐"头衔的赖朝，因此被人们称作佐助稻荷。

不知为何，能够改变历史的人物都有神灵相助。

山神

　　无意间翻看讲谈社出版的一本名为《本》的小册子时，发现里面有一篇高桥喜平所写的文章，题目叫"山之神"。

　　他在林业试验场的山形分场上班时，一位朋友曾将一块很重要的表丢在了山里。"确实很可惜，但你还是放弃吧。"他刚刚说完，那位朋友就说："不可能。只要求求山神，就能找到。"

　　于是，他带着那位朋友走进山中，来到一处山坡，朋友一边小便，一边在嘴里说着"山神啊，我那块非常重要的表丢了，请帮帮我"，然后不断四处打量。

　　"看，在那儿！"他指着大约二十米远的地方叫了起来。高桥心想，真是白日做梦。但顺着他指的方向望去，表果然在那里。

　　当时高桥喜平感觉太不可思议了，但他觉得这并非偶然。他还记述说，这肯定是因为感动了某种东西，才找到了手表。

　　我想，无论是山神还是妖怪，都能感应到人类的祈祷吧。

狮子头神

　　东京筑地有一座波除神社，据说神社里供奉的稻荷神能镇海。波除神社的镇社之宝是全日本第一的"厄除天井大狮子"，它在江户时代曾被烧毁，现在的能工巧匠用三千年树龄的扁柏原木将其复原。

　　虽然狮子头神是重新雕刻的，但用的是三千年树龄的灵木，说不定可以和"本家"稻荷神相匹敌。波除神社位于筑地鱼市，人们都会供奉鱼，因此它守护着当地的渔业。

　　有关狮子头神的神奇故事，各地都有流传，十分有趣。

　　位于东京都葛饰区柴又的柴又八幡神社，供奉着三位狮子头神。它们原本是柴又村村长家代代相传的宝物，但从某一天开始，这三个狮子头每夜都会出来活动，还吃光了米仓里的米。村长的家人都很害怕，就将它们丢到了江户川中。这三个狮子头逆流而上，爬上了堤坝。感受到狮子头神威的主人将它们献给了八幡神社。当瘟疫爆发时，拿着狮子头跳狮子舞，病人就会痊愈，瘟疫也会停止肆虐。直到现在，还有很多人认为狮子头神能够消灾除病。

地藏附身

在福岛县相马郡、石川郡一带，当有人生病或丢东西的时候，村里的女人就会聚到一起，围成一圈，让一个小孩手持驱邪灵幡站在中间。

女人们会一起反复高唱："南无地藏大菩萨，附身吧，地藏。"

在催眠的作用下，孩子开始抖动灵幡。此时，人们会向这个被地藏附身的孩子询问治病的处方、能治好病的医生，以及丢失的东西能否找到等。

当地的孩子还会玩一种叫"地藏游"的游戏。

具体的玩法是让一个孩子藏起拇指，握住一片南天竹的叶子放在面前，然后坐下。其他小孩将他围住，一边转圈一边唱"南无地藏大菩萨"，中间的小孩手里握着的南天竹叶就会晃动起来。

孩子们会说："瞧，地藏神附身了。"接着询问东西丢在哪里之类的问题。

能够让地藏附身的不仅是小孩，有时候也可以是姑娘或老太太。

柴神

　　柴神又叫"柴折神"或"柴取神"，如果给它供奉一些木柴，就能消除旅途的疲劳。

　　这是在日本西部地区流传的一种保护人们行路安全的路边神。很多路边的小庙、天然石块或古树都祭祀着柴神。

　　走山路时，有时会突然感到疲劳或饥饿。这是因为被饥神或饿鬼附身了。给柴神献上木柴，就会恢复。

　　在土佐（今日本高知县）有这样一种说法，如果从左边走过来，就要奉上左边的树枝；如果是从右边走过来，就要奉上右边的树枝。

　　疲劳消除之后，腿脚就会变轻松，所以有些地方也将柴神称作"足轻神"。

　　在福冈县，柴神还被人们视作山神。进山打猎时，会将猎物的心脏割下一块，敬献给柴神。

　　根据《日本民俗事典》记载，有人认为，古代的自然崇拜和精灵崇拜中，有将山奉为圣地的观念。在这种观念的影响下，就出现了柴神信仰。

钟馗神

钟馗神是可以驱逐疫病神和贫乏神的神。

在福岛县西会津地区和新潟县东蒲原地区，祭祀钟馗神的典礼是当地的一项重大活动，大家会制作钟馗神。

在制作时，人们将自己患病的部位写在稻草捆上，然后将稻草捆放在钟馗神的相同部位，病痛就会消除。

在东蒲原郡大牧，这里的钟馗神曾是一男一女两尊，到了明治中期，恶疾肆虐，人们便将祭祀在河下游的女钟馗神放进了河中。

如今，人们会在三月二日制作钟馗神，在三月八日举行祭祀典礼。

钟馗神做好之后，人们先撤下神前的供品，然后将钟馗神抬到佛堂。

在东蒲原郡的其他村子，人们会在村子边界处的杉树上竖起男女钟馗神，祈祷消灾解难。

钟馗神即中国所传的钟馗，是中国民间信仰中的一种神。

白又

　　白又是冲绳各地在水池祭（即丰年祭）中祭祀的一种神。在祭祀仪式中，除了祭祀白又之外，还有赤又、黑又等神，不同地方，祭祀的神的数量也不同。

　　在西表岛的古见有这样一个传说，介绍了黑又的由来。

　　从前，有一户人家的儿子，外出打猎后再也没有回来。母亲绝望了，认为儿子死在了外面。不久之后，在一个大风之夜，屋外传来儿子的声音。母亲有些惊讶，但还是打了招呼。

　　儿子说："我现在是神。如果想见我的话，就在六月初的壬日去……"

　　母亲在壬日那天去了儿子说的地方，虽然时间很短暂，但她看到了自己的儿子。

　　从此以后，如果儿子出现在离村子很近的地方，当年就会丰收；如果出现在离村子很远的地方，就会歉收。村民都希望他能出现在村子的近处，以保佑丰收。这是丰年祭的由来。这个儿子就是黑又之神，白又和赤又是他的孩子。

神鹿

自古以来，人们就认为鹿是神附身的对象。在肥前（今日本佐贺县、长崎县）的神岛上，栖息在这里的鹿都是神的使者，猎人是不能随便捕杀的。

有一名男子却不信，带着火枪闯进了神岛。

一头鹿出现在他眼前，他瞄准鹿的要害开了一枪。子弹明明打中了，但鹿看起却并不痛苦。男子又开了一枪，鹿仍毫发无伤地站在那里。

"可恶的家伙！"正当他准备放第三枪时，山里忽然出现了无数只鹿，将他重重包围。男子害怕了，背起枪撒腿就跑，好不容易逃了出来。

他的朋友都觉得他有些反常，就问："在神岛上发生了什么？"男子故作镇定，说没什么。但大家看出他的脸色不对。在众人追问之下，他才讲出实情。听了他的描述后，大家都叹服于鹿的神威。

神农氏

　　大阪的道修町名企云集，汇聚了武田药品工业等一大批大型制药公司。这里还有一座少彦名神社。少彦名是日本的药神，除了少彦名之外，神社中还祭祀着神农氏。

　　不知为何，当地人更喜欢用"神农"来称呼这座神社。每年十一月二十二日、二十三日举行神农祭，人们前来求取带有纸老虎的竹子，十分热闹。据说，这种竹子是消灾祛病的护身符。神农氏是中国传说中的一位帝王，他踏遍千山，尝遍百草，是中医的鼻祖。他的模样是人身牛首，口衔药草。

　　那些隐瞒药物副作用的制药公司，会受到神农氏的惩罚，而那些踏踏实实做研究的制药公司，会得到神农氏的庇护。神农氏有时候会降临，给人带来意想不到的好运，所以平日里的信仰非常重要。

　　在江户时代之前，并没有固定的店铺卖药，都是街头摊贩露天销售。

　　街头摊贩同时也是江湖商人，因此，神农氏也是江湖商人的守护神。

水神大人

水神大人是掌管水的神，人们常常会在水井和其他有水的地方修建祠堂祭祀它。在水灾多发的地方，人们还会供奉茄子和黄瓜。

在一些地方，人们会带着刚出生的孩子去拜见水井神，即"水神参"。

在神奈川的横须贺，小孩在出生后的第十一天去参拜"水神参"，目的是清除污秽。

东京的新岛有一根人称"水神柱"的柱子，人们在这里祭祀水神。这是当地的家庭主妇必须祭祀的神灵，新年时要供奉圆形年糕，因为年糕是家庭主妇吃的东西。

在东京的水天宫，水神还作为安产神接受人们的祭拜。

在一些拥有水车和蓄水池的村子，有一种叫"水神讲"的组织，成员会举行祭祀水神的活动。

水是人类生活中不可或缺的东西。从古至今，人们都对掌管水的神灵怀有一种特别的敬意。因此，有水的地方都祭祀着水神大人。

思乃卡

　　思乃卡会在每年正月十五这一天，出现在岩手县的陆中沿海一带。

　　懒人的小腿上都生有火斑，思乃卡专门剥取火斑，和秋田县男鹿半岛上的"生剥"是同一种东西。

　　生剥原本是"那毛米剥"。"那毛米"是秋田方言，指的是长期烤火之人皮肤上生出的斑纹。思乃卡的手中拿着一把剥取火斑的刀子，但是否真的使用，就不知道了。

　　在岩手，"思乃卡"的说法仅限于南部地区，北部将其称作"那高米""那高米手缲"等。

　　在宫古市，那高米会吹着用灯台树的树枝做成的笛子，挨家挨户地敲门，喊着："有没有爱哭的小孩？有没有懒惰的家伙？"一边说着一边走进院子。

　　有人认为，思乃卡很可能是日语"胫搔"的省略。

　　或许它和出现在北陆等地的"剥茧怪"也是同类。

思乃卡活动

在岩手县沿海的村子，人们将每年在正月十五晚上前来惩戒懒人的妖怪称作"思乃卡"。

思乃卡戴着一种可怕的木面具，走家串户，剥取人类小腿上的火斑。

当它出现的时候，会不停地晃门，或用爪子挠门。

走进家中后，它会问家中的小孩"你乖不乖……"，因此孩子们都很怕它。

在岩手县气仙郡吉滨（今日本大船渡市），人们将逢二、五、七的年龄定为厄年①。到了厄年，男人要戴木制面具或身穿蓑衣，扮成思乃卡。

制作面具使用的材料是在深山中发现的形状怪异的木头，不能使用普通的木头。

这种面具能够辟邪，人们都会细心保管。

有时候，孩子也会扮成思乃卡，他们将瓦楞纸涂上颜色，制作鬼面具。

---

①日本人将一生中可能遭遇很多困难甚至灾祸的年份称作"厄年"。

钱洗弁天

镰仓有一处人称世外桃源的地方——钱洗弁天。

准确地说，是钱洗弁财天宇贺福神社。神社四周都是悬崖，要通过山洞才能走到这里，可谓是真正的"世外桃源"。

神社的院内有一个洞窟，洞窟内汩汩地冒着清水。据说，如果用这里的清水洗钱，就会发财，因此得名"钱洗弁天"。

人的命运实在是不可思议，尤其是财运，有的人会大发意外之财，有的人则是无端地破财，真是天壤之别。财运不是靠道理能说得清的东西。

钱洗弁天巧妙抓住了人们的这种心理。无论股票还是现金，只要泡过这里的水，就会三倍、五倍地增长，前来参拜的善男信女络绎不绝。

我去参拜的时候，被烧香的香气和烟雾惊呆了，看来这里的水太神奇了。

苍前神

苍前神是马的保护神或守护神，东北地区的人都十分信仰它。

在饲养马的人家，马厩的入口处都贴着一张护符，上面画着马。

在岩手县九户郡地区，十二月九日被称作"苍前日"。在这一天，不仅是养马的人家，养牛的人家也要供奉苍前神。

有些人家会将苍前神祭祀在厨房的一角。

在岩手县泷泽市的驹形神社，有这样一个传说：

在旧历五月五日这一天，人们绝不能犁地，但有个农民打破了这个禁忌。结果他的马受惊了，死在了鬼越岭上。

这个农民将马葬在山岭下，作为苍前神祭祀。

盛冈最为有名的观光活动"叮当叮当马节"，原是一种从守护神那里接受灵力的仪式。

扫疫神

　　在秋田县山本郡峰浜村大信田（今日本八峰町），人们认为扫疫神是阻止疫病进入村子的神灵。六月插秧结束后，人们就开始制作扫疫神，这是每年的惯例。

　　扫疫神是用木头和稻草做成的，有三米多高，块头很大，眼睛用鲍鱼壳做成，胡须用的是马尾巴的毛。

　　随着时代的变迁，人们对神的认识也发生了变化。近年来，扫疫神又被奉为交通安全的神。在开学典礼的时候，人们会制作一尊扫疫神。

　　扫疫神其实就是钟馗。钟馗是中国道教中的神灵，传到日本后，大约从室町时代起，被奉为可以驱除给人带来灾祸的鬼和疫病的神。

　　如今，在端午节的时候，人们仍会装饰钟馗人偶或画有钟馗像的鲤鱼旗，这里面就有驱除恶鬼、消灾除病的意味。

　　在日本东部，当地有这样一种风俗，人们会在村子周围放一些辟邪的稻草人，还给它们起各种各样的名字，"扫疫神"就是其中的一个。

袖挽神

　　袖挽神是路边神之一，有人从它面前经过，就会被它揪住袖子。

　　如果有人在袖挽神面前摔倒，为了避免日后发生灾祸，必须撕掉一只袖子供奉给它。德岛县就有一座祭祀袖挽神的神社，人们从这里经过时，即使没有摔倒，也要撕下一只袖子。

　　在香川县三丰郡（今日本三丰市），人们将这种神称作"袖揪"，来到这里的旅人都要折一根树枝敬献给它。

　　袖挽神的性格和柴神相似，人们为了祈祷交通安全，会向柴神敬献柴草。

　　日本有很多类似"袖挽""袖切"的地名。

　　千叶县成田市的旧成田街有一道坡，人称"袖切坂"；静冈县滨松市都田町有一座袖切桥。人经过这道坡或这座桥时就会摔倒，必须要割掉一只袖子，否则日后会有灾难降临。

　　恐怕这样的坡和桥附近，也都祭祀着袖挽神吧。

田县神社

日本人的生殖器崇拜由来已久，全国到处都有祭祀这种东西的地方。

岩手县远野市就祭祀着一个用石头做的阳具，谓之"金精神"；鸟取县的大山町有一座神社叫"木根神社"，里面祭祀着一根木雕的阳具。

人们之所以祭祀阳具，是为了祈祷夫妻和谐、子孙满堂。

我从前去爱知县的田县神社时，吓了一跳，神社里祭祀着一个硕大的阳具。

人们祭祀的阳具形态各异，有些是用木头或石头雕刻成的，还有一些是画有阳具的画。

自古以来，人们就认为阳具拥有"灵力"，是产子的原动力，所以备受崇拜。

说到这里，我想起一件事。有一位带我去附近街区的女司机曾告诉我一件奇事：说是路中间有一棵怪树。如果有谁砍了这棵树，就会死。到现在为止，已经死了三个人，而那棵树依旧长在路中间。我以为那棵树拥有特别的力量，抚摸之后才发现，就是一棵普通的树。

抱付柱

会津若松郊外的惠隆寺供奉着一尊古老的千手观音像，观音旁边有一根大柱子。

这根柱子称作"抱付柱"。如果有人抱住这根柱子，就会像枯叶落地一样毫无痛苦地去往极乐世界。从古至今，有很多老人都来这里抱它，柱子已经被磨得油光黑亮了。

柱子的周围挂满了梳子，据说这样做可以将自身的痛苦全部交给观音。

惠隆寺里还供奉着附有灵的女人头发，让我目瞪口呆。

看着这根历经千年、油光黑亮的柱子，我仿佛感受到了一种肉眼看不到的无形之物。虽然无形，却充满了一种不可思议的"气"。

能够毫无痛苦地去往极乐世界，是不少人梦寐以求的事情。

因此还有一些名叫"嘎嘣寺"的寺院，人们参拜之后就能毫无痛苦地"嘎嘣"一下赶赴极乐世界。这些寺院香火都很旺盛。

泷灵王

　　鸟山石燕在《今昔百鬼拾遗》中描绘了一个酷似不动明王的精灵，叫"泷灵王"。书中写道："据说，此物出现于诸国瀑布潭，于青流疏（京都青龙一带的鸭川上游流域）伏一切鬼魅之障。"泷灵王似乎出自下面这个传说：

　　比叡山东塔无动寺有一位叫相应的僧人，一直想看看不动明王的样子。他在安昙川发现清泷之后，便在此修行。一天，出现了一位老翁，问他到这里来做什么。相应回答说：

　　"我想一睹不动明王的真容，因而来此修行。"

　　老翁很是感动，提出要将这一带的土地送给相应，让他做这座山的领主。老翁继续说道："以后，我会守护来此修行佛法的人。对了，我是信兴渊大明神。"说完就消失了。

　　后来，相应在瀑布中看到了全身是火的不动明王。他跳进瀑布中，将不动明王抱上岸，安放在石头上，然后朝拜起来。火焰消失后，出现了一棵树。相应将这棵树作为不动明王的尊体，开创了葛川息障明王院。

烧火权现

　　岛根县隐岐有一座烧火神社，一直被人们奉为大海上的守护神。关于这座神社，还有这样一个故事：

　　很久以前，后鸟羽上皇因承久之乱（1221）被流放隐岐。

　　外出打鱼的后鸟羽上皇途中遇到风暴，进退两难。于是，上皇咏歌祈祷，风暴就停息了，海中出现一团神火，指引着他。上皇平安返回陆地，高兴地说了一句"大海烧藻盐，烧何？唯见藻烟冒"。忽然，一位陌生的老翁向他走了过来，说："您刚才吟咏的那首和歌，既然前面已经说过'烧藻'，我觉得后面没有必要再问'烧何'，只一句'烧何之火冒'就可以了。"

　　上皇大惊，询问他是何人。对方说道："我长居此地，今后会继续守护这里的船只。"然后就消失了。据称，上皇在这里建了一座小庙，里面安放了一尊由空海雕刻的药师佛。

　　直到现在，每年旧历十二月二十九日这一天，海中仍会出现神火，飞进神社内的灯笼里。

蛸神大人

从前，有个女人去割草，发现了一只章鱼，她割掉了章鱼八条腿中的一条。

后来，人们将那只七腿章鱼供奉起来，这就是岩手县九户郡野田村米田的蛸神大人。

海边有一处沼泽，里面住着八大龙王，沼泽旁就是蛸神的小庙。

每年九月十九日这一天，人们都会举行祭祀蛸神的仪式。据说，在十九日前后，大海上波涛汹涌。从沼泽通往大海的河道会被海水倒灌，沼泽的面积会变大很多，看上去是浑浊的青白色，十分恐怖。

村民看到这种情形后，会说："蛸神进入沼泽了。"祭祀活动就开始了。

这一带的人们都将章鱼奉为神，渔夫们更是将其奉为渔业的守护神。当然，这里的人们是不吃章鱼的。

将章鱼奉为神的除了岩手县之外，还有爱媛县。那里的人们将章鱼奉为一种能够除疣的神灵。当疣脱落后，人们会敬献一幅章鱼图作为答谢。

七夕神

在相模国（今日本神奈川县），人们将七夕神奉为农民神。

七月七日是七夕节（有些地区日期不同）。在相模国，人们在七月八日的早晨，在水田的水渠口竖立七夕竹，这是一种能消灭病虫害的神圣之物。

埼玉县的人们用干茄叶做一种叫"七夕马"的东西，是七夕神所骑的马。

东北的北多摩有这样一种习俗，人们将七夕马放在倒扣的背篓上，然后用装有乌冬面和包子的食盒供奉。

很多地方都将七夕马视为七夕神的坐骑。

在德岛县三好郡，据说七夕神喜欢尝鲜，所以人们供奉的农产品都来自各地。在神奈川县，人们并不清楚被视为"农民神"的七夕神的来历，但提起七夕神，人们就会想到织女"棚机津女"[①]。

---

①在中国七夕节传入以前，日本就有"棚机津女"的信仰。"棚机津女"是在水边搭建的棚内一边织神衣，一边等待神来访的少女。

多尔具久

　　关于神灵"多尔具久"的情况，《古事记》中有如下记载：

　　大国主神在出云（今日本岛根县）美保埼的时候，从浪花上有神人乘小舟而来。大国主神询问跟随的众神，但没有人知道是谁。多尔具久上前说道："久延毘古肯定知道。"大国主神命人将久延毘古叫来询问。久延毘古说道："他是少名毘古那神。"于是，大国主神便与少名毘古那神结为兄弟，携手合作，建立国家。

　　多尔具久其实就是蟾蜍。蟾蜍自古以来以吃山精为生，因此人们认为"人若食之，可以成仙"。另外，人们还相信蟾蜍拥有神力，如果杀了它，就会被它附身。

　　在福冈县久留米地区，传说被蟾蜍附身后，耳朵会发痒，还会传出一种酒糟味。如果被性格暴躁的蟾蜍附身，眼睛和耳朵都会受到损伤，有些人还会揪自己的头发。

田神

　　田神是掌管水稻，保佑丰收的神，因此，田神是很多人的信仰对象。

　　在能登半岛的珠洲地区，祭祀田神的活动搞得尤其热闹。据说，因为田神长期生活在泥土中，视力不好，人们在供奉时还要一一介绍食物。

　　在鹿儿岛县，人们认为将其他村子的田神偷来，会十分灵验。因此，人们会悄悄地偷走其他村子的田神石像。不过会留下一封匿名信，数年之后，村与村之间再郑重其事地举行石像交还仪式。

　　在九州地区，田神多被供奉在田埂等处，祭祀仪式十分隆重。

　　日本的许多地方都有这样一种说法：水稻种植期结束后，田神会进入山中成为山神；等到来年春天，再从山中回来，变为田神。

　　不过，田神变成的山神，与那些在山中生活的人们（猎人和烧炭人等）所信仰的山神稍有不同。

杖立神

　　高知县的一些山路旁祭祀着"杖立神"。当地有一种风俗，即翻越山岭的人要向杖立神供奉随身携带的手杖。杖立神虽然也像柴折神一样被誉为行人的守护神，但它的由来与柴折神不同。

　　在一条横穿吾川郡名野川村（今日本仁淀川町）的路上，路旁竖着一块石头，人称"杖立神"或"杖立地藏"，据传祭祀的是一位流落至此的武士的灵。

　　从高冈郡的横仓山去别府村（今日本仁淀川町）有一条近路，这条路上的杖立神被祭祀在路边的一块大石头上，关于它的由来，有这样一个故事：

　　从前，有个人将一个旅行至此的盲人从石头上推了下去。盲人摔死后，他的财物被洗劫一空。盗贼最终遭到了报应，家破人亡。从此以后，盲人死去的地方的那块大石头，被称作"座头岩"，路过的村民都会供奉手杖。

　　杖立神信仰中有一种死灵信仰的意味，不过，人们并不认为死灵对人有害，在得到充分的供养后，它还会成为人们的守护神。

凭神

阿伊努人曾流传着这样一种说法，即所有的人身上都附有凭神。因为附身的凭神不同，人的性格才会有所差异。凭神就是人出生时，照顾自己的各种神灵，有蛇、熊、鼬、蝙蝠和蜂等，五花八门。

凭神又分为先天附身的凭神和后天附身的凭神，既有保护人的，也有害人的。先天附身的凭神有时候会有几个，数量越多，人的本事就越大。同时，凭神还能发挥守护神的职能。另外，在后天附身的凭神中，既有保护人的，比如熊神；也有害人的，比如"可春普"。

在日高沙流川一带，为了强身健体，一些体弱多病的女人会请人作法，让自己被蛇凭神附身。

作法时，老人用捆绑行李的绳子或是削了一半的柳条做成蛇的形状，向火神祈祷，之后来到人们丢弃谷壳的弃糠场，从守护神——蛇那里接受灵魂。然后将其放在病弱之人的肩膀上，作法驱邪。之后，损害人们健康的妖邪就会被蛇神驱走，蛇神变成凭神附到人身上。

手足神

在村子里散步时，有时会遇到"齿痛神""头痛神"等不可思议的神灵。这里所说的手足神，就是帮我们治疗手脚伤病的神灵。

我曾在秋田县南秋田郡若美町（今日本男鹿市）见到手足神，那里有一座小山，是用木头或石头做成的手脚堆成的，实在是出人意料。

也许是神经痛或手脚患病之人，用木头或石头做成了手脚，写上名字放在那里，就会减轻病痛，所以才会出现手脚堆积如山的情况。

我很好奇这种神灵究竟是什么模样，也曾窥探过用石头修建的小庙，但里面什么都没有。

冈山县有一位人称"足神"的足王大人，腿脚患有疾病的人会用木头或石头做成的腿供奉它。

冈山县阿哲郡上刑部村（今日本新见市）有这样一种风俗，腿脚患病之人会在路边竖一根写有"足王神，某年，某"的手杖，过路之人会将手杖送到足王大人那里。

道通神

　　这种妖怪，不，这种神灵在岛根县被称作"通白"，在广岛县则被称作"藤凭"，是一种黑色的小蛇，颈部有白色或浅黄色的环，常常会附到人身上作祟。

　　在妖怪和神灵之间，存在着一种妖怪神。道通神的活动完全听从于它的管理者——女巫。

　　从前，我去冈山县笠冈市的道通神社，曾看到一些很小的房子，十分惊讶。那些小房子形成了一个村落，犹如小人国，房前供奉着蛇喜欢的鸡蛋等。

　　自古以来，蛇就是鼠的天敌，这帮了人类一个大忙，因此备受人们的尊敬和感谢。

　　不知从什么时候开始，人们认为蛇拥有神力。在成为人们信仰的对象之后，这种神奇的能力却被想象成一种对人有害的力量。

　　就连神社都煞有介事地宣扬蛇的魔力，人们觉得多一事不如少一事，就会供奉一两个鸡蛋。

时神

　　在鹿儿岛县和熊本县的南部，人们会举行一种称作"时"的活动。当爆发传染病或是发生火灾时，村民聚在一起举行这种活动。

　　人们还会在固定的时间举行这种活动，比如每月一次、一年一次或两次，全体村民都停下工作，制作米团或年糕，大家在一起聚餐，这种活动也称作"时"。

　　在鹿儿岛县曾于郡末吉町（今日本曾于市）的南之乡和高田，人们会在旧历四月三日这一天举行"时"，将年糕放进稻草包里，再放上筷子，吊在村子的入口。

　　人们之所以这样做，是为了供奉时神。时神是一种鸟，可以预测吉凶。

　　曾经有个人，因为没有理会时神做出的预言，被洪水冲毁了田地。

　　那么，时神究竟是什么呢？末吉町将乌鸦视作时神，不过，乌鸦通常被看作是山神的使者。

　　所谓"时"，说的是一种祭祀仪式，因此尽管有"时神"一说，实际上这种神并不存在。

岁咚

岁咚就是年神。鹿儿岛县西之岛的人们则认为岁咚是正月神的别名。岁咚平日住在天界。

在下甑岛濑濑野浦，人们认为岁咚会在除夕之夜骑着一匹无头马，铃铛叮当作响，降临在附近的山上，来到人间。岁咚的鼻子像天狗，模样像是一位白发老人。

在下甑岛，岁咚至今仍会在除夕夜出现。当然，这是一种祭祀活动。家中有小孩的人家会提前和装扮成岁咚的人打招呼，请他们穿戴好像天狗一样的面具和蓑衣，用棕榈或苏铁的叶子做成的头发，在晚上来到家中。

岁咚会走家串户，惩戒坏孩子，要求他们改正，再送给孩子一个"岁饼"，然后就回去了。人们认为，收下岁饼就代表孩子长大一岁，如果不收，年龄就没有增长。岁饼就是压岁钱。

前面说到，岁咚会在除夕夜骑着无头马降临人间。在德岛县有一种人称"夜行怪"的妖怪，也是以同样的方式出现。或许，夜行怪就是岁咚落魄后的样子。

土用坊主

在神奈川县津久井郡青根村（今日本相模原市），每到"土用"期间，土用坊主就会出现在家中。

土用坊主出现的时候，既不能动土，也不能拔草。否则可能会碰到土用坊主的头。

土用坊主是一种土地之灵。

各地都有土地神，人们认为，擅自动土可能会发生灾祸，因此会事先举行"地镇祭"。土用坊主就是土地神的一种。

顺便说一下，"土用"是一年四次的固定时间，即春夏秋冬各个季节即将结束（阴历的立春、立夏、立秋、立冬之前）的日子，共计十八天。

据《和汉三才图会》的"金神"条目记载："有一种可怕的神叫金神。如果有人在土用期间不祭祀此神就擅自动土，会遭到报应，家中必死七人，若人数不够，则邻人连坐。"

土用坊主与金神有些相似。

鲇神

　　虽不清楚是否有人将鲇鱼当作神来祭祀，但在大多数情况下，人们都将它看作是水神的近亲。

　　在熊本县玉名郡流传着这样一种说法，鲇鱼属于氏神大津阿苏神社一族，是不能吃的。一旦有人吃了，就会患上白癜风（一种皮肤病）。

　　佐贺县也有类似的说法，据说淀姬神社的使者是鲇鱼，如果信仰此神的人吃了鲇鱼，就会腹痛而死。

　　认为吃鲇鱼会患白癜风的地方不只有熊本，其他一些地方也有这种说法。这似乎是将鲇鱼神化导致的结果。

　　过去，人们认为经常地震是鲇鱼在发怒，当然，这很可能是因为鲇鱼对地震前的地震流比较敏感，引起了骚动。

　　还有一些地方认为，如果突然捕获到很多鲇鱼，或是鲇鱼浮出水面吐泡泡，是地震的前兆。

　　善于观察自然的古人们，将地震和鲇鱼联系在了一起。

生团子

　　长野县各郡都有一些人家会供奉"生团子佛"的佛像。

　　它的模样有点奇怪，总是光着一只脚，一只手上拿着一只草屐。据说长野市松代町的大英寺墓地，就有生团子佛像。

　　上水内郡的一个村子，有一幅生团子的画像，与生团子佛十分相似，但画像上的佛像戴着斗笠，一只脚光着，另一只脚穿着破草屐，衣衫褴褛，手拄一根折断的拐杖。

　　虽然是佛，模样却有些丑陋。

　　不过，据说拥有了这幅画像，就会财运亨通。

　　人们会为生团子佛供奉团子。煮团子时，其中肯定有一个团子是生的，这是"生团子"这一称呼的由来。

　　这就是生团子的"身世"，虽然感觉和附身物有些不同，但它确实是附身物的一种。

　　有学者说："附身物生于社会秩序的弱点——社会焦虑上。"我非常赞同这个观点。

奈麻户奴加奈之

　　在奄美大岛的濑户内町加计吕麻岛，当地人信仰一种很像妖怪的牛神，叫"奈麻户奴加奈之（加奈之是一种敬称）"。它似牛却比牛大，模样十分奇怪，有八角、八足、八尾，尾巴、腹部和腿上有白色的斑点，很吓人。

　　据《奄美史谈》记载，奈麻户奴加奈之出现在雨季。在二月初壬日的"迎"（迎神活动）和四月初壬日的"送"（送神活动）这两次活动中，人们会迎送"奈利亚加那亚①之神"，其间牛神会发出震耳欲聋的声音。另外，据《南岛杂话》介绍，牛神的声音像唢呐，它会在篝火的火光中徘徊。

　　牛神是耕作之神，出现时人们会对它顶礼膜拜。尽管人们如此敬畏它，但牛神其实是杜撰出来的。不过，岛上的居民不喜欢本国人说牛神是编造的。

　　对于牛神的信仰很可能来自隼人族。隼人族是将起源于东南亚的牛马畜牧、潜水捕捞、烧田农法等传入日本的民族。牛神信仰的分布与古代隼人族的居住分布也有联系。

---

① "奈利亚加那亚"是奄美方言，意为大海彼岸的乐园。

生剥

　　"生剥"是秋田县非常有名的一种祭祀活动，不过很少有人知道它的由来。当地人将它视为一种庄严的仪式。每年正月十五的晚上，村里淳朴善良的青年会戴上一种可怕的面具，一边大声喊叫一边挨家挨户拜访。

　　他们会身穿一种名叫"开拉米"的蓑衣，在箱子里放一把大木刀和几把小刀，哗啦哗啦地摇晃。

　　另外，"生剥"的时候还有固定的唱词：

　　"火斑剥了吗？剥了。"

　　"菜刀磨了吗？磨了。"

　　"小豆煮了吗？煮了。"

　　用刀子剥掉火斑（长时间烤火而生出的一种斑点），然后蘸着煮好的小豆吃，这完全是恐吓人们。也就是说，鬼会剥掉那些整个冬季一动不动、每天只顾着烤火的懒汉的皮，然后吃掉。

　　据说，秋田县男鹿市的生剥会分成三路，第一组从男鹿的本山过来，第二组从太平山过来，第三组则会经过八郎潟的冰面过来。

仁王

　　这种神一般被称作"塞神"，但在秋田县汤泽市周边却被称作"仁王"。

　　在秋田县，人们会在两村交接处的山丘上竖一个巨大的稻草人，面朝村外站立，这个稻草人就叫"仁王"。

　　仁王右手持一把类似长刀的东西，以震慑那些企图进村的恶鬼、病魔和恶人等。人们相信，就算妖邪进了村，仁王的神力也会帮助人们躲过灾难。

　　当村里出现传染病时，全村人会一起站在仁王面前，乞求它发挥神力。

　　当地还有这样一个故事，从前，有一群坏人打算潜入村子，结果在村子里迷了路，一直转到天亮，正当他们想要逃走时，却摔倒在仁王面前。

　　每年四月八日这一天，当地会举行由年轻人给仁王换稻草衣的活动。

　　人的肉眼是看不到神灵的，为了请神降临，会特意为神制作可以让他们依附的东西，这种方法古已有之。所以，稻草人就是一个让神灵附身的外壳。

人形神

　　秋田县的人形神是一男一女两尊很大的神，而福岛县石川郡的人形神则是一个七十厘米左右、用麦秸做的小人偶。福岛县的人们在两座山丘之间拉一条绳索，将人偶吊在绳索上。

　　人偶的腰里插着一把竹刀，如果瘟疫和灾难从它下面通过，它就会拔出刀消灭它们。这样看来，这是一种驱赶瘟疫的活动。

　　人们会在旧历六月一日这一天举行这种活动，绳索全长约九十寻（约163米），村中所有的住户（9户），每一户要带着十寻长的绳索前来集合。

　　在福岛县，不同的地方，人形神的形状会有不同，仪式活动也各有差异，不过在驱赶瘟疫这一点上却是相通的。

　　在大沼郡，人们在做人偶时，会先将制作纳豆用的稻草集中到一起，做好一男一女两个人偶后，将人偶竖立在村边，面部朝外。据说，这样做是为了防止恶魔进村。

　　这种用来辟邪的大人偶在日本东部地区很常见，比如钟馗神、鹿岛神、仁王和大太法师等。

盗人神

　　盗人神是盗贼信仰的神，这里的"盗贼"除了一般意义上的偷盗之人外，还指偷师学艺之人。

　　据说兵库县的刈野神社里供奉的就是盗贼，这个盗贼曾被大山之神追赶。在每年神灵齐聚出云（今日本岛根县）的旧历十月十日这一天，这座神社会举行祭祀活动，人称"盗人祭"。

　　神奈川县的青木明神社（现为青木神社）也被称作"盗人宫"。盗贼躲进院内就不会被抓到。真不愧是盗贼的守护神。

　　人称"盗人宫"的神社不止这一座，冈山县的户隐神社也是。还流传着这样一个故事，曾经有一个盗贼躲到这里获救，为了表示感谢，种了两棵松树。

　　位于千叶县市原市武士的建市神社，供奉的也是盗贼的守护神。据说是得到了神的保佑，盗贼逃进这里后会隐身，让追捕者无法抓捕。

　　盗贼躲进神社逃避抓捕的故事，在各地都有流传。

佩刀神

在东京的利岛，佩刀神是从孩子出生到七岁这段时间的守护神。

人称"佩刀婆婆"的接生婆会制作一种名叫"佩刀"的东西，供在神龛上。所谓的"佩刀"，就是包在纸里的五片苦竹叶。新年时，人们要向它供奉年糕，一直到孩子七岁为止。

有这样一种说法，在孩子七岁之前，佩刀神会一直守护在他身边，即使去危险的地方也不要紧。

我曾听说这样一个故事，有个孩子夜里哭闹不止，大人在家里仔细检查，发现"佩刀"倒了。这就是孩子在夜里哭闹的原因。

在新岛，接生婆也叫"佩刀婆"。

正如老话所说："未满七岁便是神。"自古以来，人们就认为小孩的灵魂还不稳定，没有完全扎根于这个世界，很容易死去。于是就有了"佩刀神"守护孩子到七岁的说法。

蟠东

冲绳县宫古岛市的平良岛尻和上野野原流传的"蟠东",是一种类似秋田县"生剥"的来访神。

从旧历九月戊日起的两天时间里,到了傍晚,蟠东会出现在村中。不过,这是当地青年假扮的,他们分别戴着蟠东头领和手下的面具,装扮成三位神,走家串户。

蟠东从头到脚都缠满了蔓草,还抹有泥,所以他们入户时都两脚带泥。人们认为,如果被蟠东拥抱并沾上些泥,身体就会健康,所以大人小孩都愿意和蟠东拥抱,刚出生的孩子都要抹上些泥巴。潘东不仅会往人的身体上抹泥,还会在新建的房屋上抹泥。拜访完整个村子后,蟠东们就消失在海边的黑暗中。

蟠东虽是鬼神,却被人们奉为能够驱除瘟疫和灾害的神。

岛尻的蟠东有着悠久的历史。从前,有个用槟榔树叶包裹的面具漂到了"库巴马"海岸,之后人们就开始祭祀这种神了。

蟠东和赤又、黑又的祭祀活动,是冲绳县最有代表性的草装神祭祀活动。

半平顿

很久以前，我曾去看过半平顿，地点是在宫崎县。不过，它似乎是半人半神。

我费了很大的力气才找到半平顿的石佛，还在那里见到了造型奇特的田神，状如福神。

半平顿是一种类似滑稽妖怪的神，他的面前只供奉着一条鱼。

村民们谈笑风生，半平顿似乎与这种"平静"的气氛有关。

决不能轻视民间信仰，我觉得民间信仰中包含着各种未解之谜。

九州地区有很多在其他地方看不到的民间神，半平顿就是其中之一，十分可爱有趣。

和大分的"吉四六"、熊本的"彦一"一样，作为宫崎县家喻户晓的智慧故事的主人公，半平顿也十分有名。

美人神

美人神是一种住在山里的神。据说，到了美人神路过的日子，人们会停下山里的工作。

有人曾在信州（今日本长野县）的深山中见到美人神。据目击者描述，美人神是一团包着黑云的球体，下面垂着青色或红色的飘带。至于它的大小，人用双臂勉强能抱过来。它还会发出如树木低鸣般的声音。

在某个晴天的下午两点左右，有人曾在蓼科山看到过同样的东西。

总之，美人神虽是山神，却样貌奇特。

由此可见，虽然都是山神，但统治着群山的众神的外表也各不相同。

在美人神通过的日子停下山中的工作，这恐怕也是敬神之心的一种表现。

除此之外，山中还有许多和山神有关的禁忌。

不过，原本人的肉眼看不到的神灵，却以肉眼能见的形态出现，实在是不可思议。

一言主神

　　一言主神是被供奉在奈良葛城山的神，又被称作"葛城神""葛城一言主神"等。正如他的名字那样，只要一句话，他就能满足人的任何愿望，所以深受人们的崇拜。此外，一言主神还能一句话预言吉凶，所以又被看作是天启神。

　　这件事发生在雄略天皇（456～479）治世的时期。雄略天皇到葛城山狩猎时，看到一个很高的男人在俯瞰着他，那个男人的脸长得与天皇一模一样。天皇立刻明白他是神。为谨慎起见，天皇问了一句："你是谁？"

　　对方答道："我乃现人神，你先通报姓名，我再回答你。"

　　天皇回答说："朕乃幼武尊。"

　　对方回答说："我乃一言主神。"

　　之后，天皇和一言主神一起狩猎。因为二人彼此谦让，到最后一只鹿都没打到。一言主神颇有一股仙人之风，据说天皇回去的时候，他一直将天皇送到久米川。

枚方的御阴神

　　应神天皇（270～310）治世的时候，有一种神统不明的御阴神出现在出云枚方乡下（今日本兵库县揖保郡太子町佐用冈平方一带）的神尾山上，残杀路过行人，十人之中杀五人，五人之中杀三人。

　　此神是女神，不知从何时起，出云人开始祭祀这种神。御阴神性格暴戾，任性妄为，路过此地的旅人都很害怕。

　　当时，伯耆国（今日本鸟取县）的小保弓、因幡国（今日本鸟取县）的布久漏、出云国（今日本岛根县）的都伎也三人，对这种惨状十分痛心，便将事情如实禀报了官府。官府立刻派出额田部连久等人去向恶神祈祷。

　　他们在屋形田建造了供神居住的宫殿，在佐佐山上修建酒屋，用来酿造敬神用的神酒，祭祀御阴神。

　　不久，一路人马顺流而下，另一路人马施展咒法，终于将御阴神镇压。因镇压御阴神之事，附近那条河后来被人们称作"压川"。

宾头颅尊者

　　此神又被称作"宾头颅神"或"抚佛"等。很多人认为，如果身体的某个部位受疾病困扰，抚摩此神的相同部位，疾病就可痊愈。

　　栃木县芳贺郡益子町的西明寺里供奉着两尊宾头颅神，每一尊神像的身上都插满了梳头用的发卡。

　　这可能是请愿的人用发卡代替抚摩的结果。

　　西方也有类似的"抚佛"。由于常年遭人抚摩，有一尊圣母马利亚像的脚已经变得十分光滑。

　　埼玉县川越市莲馨寺的宾头颅神，也被抚摩得光滑无比，之后又重新粉刷了一遍。

　　宾头颅神原本是释迦牟尼的弟子，曾是十六罗汉之一，神通广大，但由于喜欢显露神通，受到释迦牟尼斥责，未被允许涅槃。

福神

岩手县紫波郡流传着这样一个故事：

有两名在旅店相识的男子，得知对方的妻子都临产在即。

其中一人说："如果我妻子生的是男孩，你妻子生的是女孩，他们长大后就结为夫妻吧。"另一人也表示赞同。两个人回到家中后，其中一方生的是男孩，另一方是女孩。这两个孩子长大后，便依照父亲的约定结为了夫妻。

女方天生福星高照，因此家中财运亨通，进出之人也逐渐多了起来。男方并不喜欢这样，一位老人给他出了一个主意：

"你明天早上起来，用水晶弓朝仓库的屋顶射一支用艾蒿做的箭。"

于是，男子备好弓和箭，在第二天早上来到仓库旁，看到房顶上坐着一个小老头，正在向四方招手。男子毫不犹豫地射出了箭。没过多久，他的妻子走进仓库，刚才的那个老头也出现在里面，说：

"我是福神，因为中了箭，只好离开此处。"说完就离去了。后来，他们家穷困潦倒，妻子也离家出走了。

符沙马拉

在八重山群岛的波照间岛，每年旧历七月的盂兰盆节，人们会举行一种叫"姆莎玛"的祭祀仪式。南方特有的来访神"符沙马拉"会来参加化装游行。"符沙"是草的意思，"马拉"则有稀客之意，总之，符沙马拉是东北地区所说的"生剥"和"剥茧怪"等来访神的亲戚。

装扮成符沙马拉的都是当地的中小学生，他们会戴着自制的面具，手持山棕，全身裹着蔓草。

符沙马拉原本是求雨之神，曾在求雨仪式中出现。琉球群岛的夏季干旱少雨，波照间岛也是如此。因此，求雨活动是十分重要的祭祀仪式。

在八重山群岛的西表岛，人们将旧历六月中与水有关的壬（水的兄长）日和癸（水的弟弟）日定为丰年祭的第二活动日，会举行召唤赤又和黑又两位神灵的仪式。这两位神灵是保佑水稻丰收的守护神，别名"符沙马拉"。据说，符沙马拉只是强调其水神身份的另一名称而已。

船玉神

  船玉神是船员们信仰的一种神，又写作"船魂""船灵"，是渔船上必须祭祀的神灵。

  关于船玉神的传说都很神奇，其中最常见的有"船玉神勇武""船玉神茂盛"等。这些说法都是在形容船玉神向人发出启示时的声音。不过，地区不同、船只不同，它的声音也会有所差异，有些听起来像麻雀的啾啾声。据说，传来它的声音时，可能是凶兆（打不到鱼或遇险等），也可能是吉兆（打到很多鱼），而分辨吉凶则需要多年的经验。

  船玉神不仅能预知吉凶，还救过不少人。

  在爱知县知多郡的日间贺岛，人们将船玉神称作"仁八神"，当地还流传着这样一个故事：

  明治初年，有一名男子在远州的海上遭遇风暴。他在绝望之际，祈求仁八神说："救救我吧，无论世道变得多么开化，我也不会剪掉自己的发髻。"仁八神出现在风暴中，帮助男子摆脱了困境。

  至今仍有很多人信仰船玉神。

帚神

　　虽然扫帚是清扫灰尘或垃圾的工具，但这里所说的"帚神"并不是付丧神。它是民间信仰的一种神，至于为何人们要将它祭祀在神社里，似乎没有人知道。

　　当人们想将赖在家中不走的客人赶走时，会使用一种让扫帚倒立的咒法，意为将客人扫地出门。这样，扫帚就成了一种诅咒工具。同样，当人们希望顺利分娩时，会在产房的一角放一把扫帚。帚神被人们想象成了一种见证分娩的神。

　　有些地方认为，产妇跨过扫帚会难产，因此绝不能这样做。当产妇即将临盆时，会将扫帚倒立起来祈祷顺产。另外，还有一些地方会用扫帚抚摩产妇的腹部，或是在产妇的枕边或地板上祭祀扫帚，祈求顺利生产。

　　还有一种说法认为，当人们丢弃扫帚的时候，需要将结扣解开，否则产妇会难产。

　　见证分娩的神，除了帚神之外，还有山神、产土神、厕所神、勺子神等。

天花神

天花神是让瘟疫蔓延的一种神。从前的瘟疫主要是指天花、麻疹、咳病、痢疾等，其中天花最为可怕。

有一位浪人的妻子，年近五十仍未得过天花，所以每当天花流行时就十分害怕。有一次，附近有个患过天花，后来痊愈的孩子来家中玩耍，妻子和他玩了一会儿，之后感觉身体发冷，不久就卧床不起了。

她迷迷糊糊地睁开眼睛，看见旁边有一位瘦小的老太婆，对她说："我乃天花神。你只要在这里点上明灯，供上神酒，就会痊愈。"老太婆说完就消失了。

妻子将这件怪事告诉了丈夫，丈夫命下人准备好神酒，按老太婆吩咐的去做。没过多久，妻子的烧就退了，身体也痊愈了。

类似的故事在根岸镇卫的《耳袋》中也有记载。另外，关于天花神的模样，还有童子、和尚等各种版本。

方相氏

　　方相氏长有四只眼睛，头上生着角，模样像鬼。它能制伏人类看不见的疫鬼，是一种鬼神。从外形上看，它和秋田县所说的"生剥"很像。

　　方相氏原本是中国一种叫"追傩"的驱鬼仪式中出现的角色。官吏会戴着有四只眼睛的黄金面具，身穿黑衣和红裙，操戈持盾，打鬼驱疫。四只眼睛意味眼观四方，绝不放过恶鬼。

　　这种仪式在古代传到了日本，神社举行追傩仪式时，有时会有方相氏登场。

　　另外，成书于中国唐代的《酉阳杂俎》记述说："有一种妖怪叫魍魉，喜食死者的肝脏。为了防止它糟蹋尸体，人们在举行葬礼时，会让方相氏在灵柩下葬前赶赴墓地，进入墓穴，用戈击打四角来驱赶魍魉。"

　　书中还记述道："人们又将方相氏称作'险道神'，认为它是一种性格暴戾的神。"

波塞神

　　波塞是鹿儿岛县的吐噶喇列岛、恶石岛传说中的一种精灵。它会在盂兰盆节结束的七月十六日这一天出现。

　　扮演波塞的都是年轻人，他们头戴面具，身穿蒲葵叶。虽然这些都是手工制作的，但不知为何，年轻人装扮成波塞的过程中，绝不能让妇女和儿童看到。

　　在人称"台拉"的墓地附近的广场上，当盂兰盆舞结束之后，波塞手持人称"波塞马拉"的一米长的棒子登场，去追赶或吓唬妇女和儿童。

　　"波塞马拉"的一头沾有红色泥水，有驱赶恶灵的作用。据说，女人沾上红色泥水后，就会怀孕，看来并不是简单的吓唬人。

　　在过去，关于波塞的传说也流传在吐噶喇列岛的中之岛。但现在，只有恶石岛上还能听到相关的传说。

　　类似这种祭祀来访神的活动，在南方各岛上似乎都有，如秋田的"生剥"和北陆的"剥茧怪"的祭祀仪式。

梵天神

东京的伊豆七岛、新岛上有一种人称"梵天神"的石神。

这是一种从海中打捞上来的石头，呈椭圆形，被祭祀在各个氏神的神社院内。石头前竖着灵幡，被岛民奉为石神。

至于为什么要叫"梵天神"，并没有准确的解释。柳田国男等人认为，这很可能和"梵天"，即类似灵幡的东西有关。

在八丈岛，当地人有一种在灵地堆砌从海边捡来的圆石头的习惯，还会在周围种上树木，作为祭祀场。这也被称作"梵天"。

另外，从奥羽南部到关东，很多地方都会将一种用稻草建的小庙奉为宅神，这种小庙也被称作"梵天"。

修验道的行者将灵幡称作"梵天"。不过，也有人说梵天神和佛教的守护神"梵天"并没有关系，只是发音与"梵天"相同，是意思为"引人注目"的词语——"秀"的古语。

真世神

　　真世神是流传在冲绳县（尤其是石垣市川平）传说中的一种来访神。

　　人们认为，真世神出现在大海的彼岸，会挨家挨户地拜访，给人们带来幸福、繁荣、丰收和长寿。

　　旧历九月前后的戌戌日，是真世神来访的日子。这一天，会有一些头戴斗笠、身披蒲葵蓑衣的年轻人，两人一组，走家串户。真世神受到人们的热情接待之后，会开口唱祝词神谕。据说，神谕中包含着五谷的种植秘诀。

　　真世神来访的时间是在夜间，而且还是深夜。

　　在川平，祭祀真世神是当地最大的节庆活动。具体的活动日程为当天走家串户，第二天文艺表演，第三天是狮子舞，第四天送尼兰太大亲神。

　　当地还流传着一个传说：从前，真世神曾在川平村边的南屋出现，给村子带来了繁荣昌盛。

　　真世神是南方诸岛常见的一种来访神。如果说波照间岛的"符沙马拉"、宫古群岛平良岛尻的"蟠东"，以及东北地区的"生剥"和"思乃卡"都是来访神，那么真世神和它们都是同一类神。

水神

　　水是人类生存必不可少的东西，掌管水的就是水神。日本全国各地都祭祀着水神，当然，地域不同，神的名字和个性会有一些差异。

　　有些地方的水神是一种单独的存在，有些地方则会将蛇称作水神，还有一些地方将水神称作龙王或龙神。

　　水田的水口经常竖起灵幡，这就是在祭祀水神。

　　因为水神是田神和山神的亲戚，所以很多地方将这些神一起祭祀。

　　据《民俗学词典》记载，水神原本只有一位，但随着人们生活的多样化，水神又被细分为田神、井神等各种神。水井是出水的地方，井旁祭祀的应该也是水神。不过，井旁的水神一般被称作"井神"。

　　还有这样一种说法，河童原本也是水神。但不知从何时起，人们不再信仰河童，它就变成了妖怪。

面殿

在鹿儿岛县的硫磺岛，人们会在旧历八月一日这一天的收获祭上跳太鼓舞。当太鼓舞跳到高潮的时候，会有一群戴着奇怪面具的"面殿"闯入。

他们或是干扰大家跳舞，或是追赶围观的妇女儿童，用手中的木棍敲打他们，横冲直撞。

面殿戴的面具，就像米老鼠一样长着两只大耳朵，上面有红色和黑色的旋涡状图案；脸中央长着一个大鼻子，占了多半张脸，鼻子上有红色和黑色的格子图案；眼睛状如蚕茧，大得离谱，凸到了脸的外面，眼睛下面是凸起的六角形脸颊。

面殿的名字是在假面的"面"后加了一个表示尊称的"殿"组成的。

在硫磺岛，虚岁满十四岁的少年，要用竹笼作为骨架，制作一个类似的面具，然后穿上茅草蓑衣，装扮成面殿。

面殿原本是在十五日的月明之夜出现的一种草木神。硫磺岛上的村民为了将这种神的样貌展现出来，才会有这种奇异的装扮。

森殿

　　"森殿"的名字是"森"的后面加一个尊称"殿"字组成的。"森殿"是古老的民间信仰中圣地和神的名字。

　　森殿主要分布在南九州一带。在大隅半岛，森殿又被称作"森山"。在鹿儿岛县，有超过一百多处森殿。

　　森殿没有类似神社的建筑，几乎所有的森殿都是以古树为神体，常见的有米槠、红楠、樟树和榕树等常绿阔叶树。森殿将神社产生之前的民间信仰展示给今天的人们，显得十分珍贵。

　　在日置郡市来町川（今日本市来串木野市），人们会在旧历十一月三日这一天，用红小豆饭或年糕来祭祀森殿。如果有人带走或烧掉有森殿存在的树林中的一片叶子，就会立刻遭到报应。

　　森殿会经常出来作祟。折断森殿的树枝或将其作为木柴，这个人就会腹痛，或患上皮炎等。哪怕只是碰一下树，森殿都会发怒。因此，除祭祀日之外，村民们都不敢靠近森殿。

　　森殿这种性格，很容易让人联想到妖怪或原始精灵神。

哞哞殿

这种神是人们在信仰田神之前所信奉的一种"牛神"。

在萨摩半岛的加世田市（今日本南萨摩市），收割完水稻的旧历十月亥日，人们会祭祀一种被称作"哞哞殿"的牛神。

举行祭祀仪式时，人们在水田里竖起一捆稻草。孩子们围着稻草转圈，并高唱着"哞哞，旱田好，水田好，种一升，打十三袋"。他们嘴里还叼着一种类似牛舌的年糕，大家互相拉扯。

据说，这是一种庆祝丰收，并祈求来年顺遂的祭祀活动。"哞哞"指的是牛的叫声，即孩子们变成了牛神。

据说，在那一天的深夜，有的地区还会举行一种叫"丑时参"的祭祀田神的活动。

九州地区到处都祭祀着牛神。熊本县天草市五和町御领祭祀的牛神，到了夜深人静的时候会走家串户，发出"窸窸"的声音。如果有人听到这种声音，第二天就会有人去世或发生火灾。这样看来，牛神会告知人们即将发生的灾难。

厄拔戒坛

我曾去过四国八十八大寺院之一的高知县土佐市的清泷寺。那里安放着一块神秘的石头，给人一种异样的感觉。石头上矗立着一尊巨大的佛像，旁边还站着一位奇怪的老太婆。

老太婆让我交一百日元，我便给了她。她领我进了一处秘密通道。洞内一片黑暗，走了一会儿之后，我透过昏暗的光线看到一尊佛像。我正仔细端详时，忽然有人抚摩我的后背。我回头一看，是刚才的那位老太婆。她用手从上向下抚摸我的后背。我觉得有些奇怪，老太婆停了下来，然后说："这样厄运就被赶走了。"

老太婆告诉我出口在哪里，我急忙跑了出来。

当时，来这里参拜的人并不多，让我有一种可怕的感觉。老太婆从出口出来后，若无其事地站在刚才的地方，等待下一位游客。

我总觉得老太婆是妖怪，就又仔细观察了一会儿。虽然什么事都没发生，但我有一种神秘的感觉，后来就下山了。

八咫乌鸦

　　神武天皇登陆熊野不久，就做了一个神奇的梦。他梦见了天照大神，天照大神对他说："天神之子啊，你从此深入腹地，是极其危险的，还是放弃吧，因为这里有很多可怕的邪神。我派了一只八咫乌鸦，你和你的军队跟着它走，就能安全到达目的地。"

　　天皇醒来之后，等待八咫乌鸦的出现。只见大神派来的八咫乌鸦舒展着翅膀，落了下来。于是，他依照天照大神在梦中的指示，全军跟在这只鸟的后面，路上没有遇到任何抵抗。他们顺利到达了大和国（今日本奈良县）吉野川的下游。

　　这个故事出自《古事记》。将鸟奉为神灵使者的不只是日本，东南亚地区也有类似的信仰。

　　在宫城县刈田郡，发生变故时，熊野神就会让乌鸦啼叫，把消息通知给大家。

薮神

薮神是中国地区、四国地区和九州西部等地信仰的一种民间神。薮神被祭祀在村子或宅院角落的树丛中，经常出来作祟。

奈良县南大和地区的树丛里会忽然出现薮神，吓唬孩子。但一般来说，薮神是一种人的肉眼无法看见的灵，只有在它作祟时，人们才能感知它的存在。

在爱媛县的大三岛，如果十一月十五日这一天刮起风，人们就会说"薮神发威了"。六月二十八日山神祭的时候，人们会祭祀薮神。薮神又被称作"地主"或"冢神"。砍伐有薮神栖息的树林的树木，是被严厉禁止的。

南九州的矢房神似乎和薮神有些关系。矢房神是八房八大龙王的"八房"，是曾跟随天台系①修验僧修行的龙神（水神），性格暴戾，与薮神有相同之处。

也有人说，矢房神原本是被八幡太郎义家族作为战神祭祀的。

将作祟的薮神祭祀起来，让它成为村子的守护神。这样的地方似乎还不在少数。

---

①日本修验道在室町时代，分为真言系之三宝院流（当山派）和天台系之圣护院流（本山派）。

山年神

　　山年神是集山神、田神和年神的性格特征于一身的神。在淡路岛，每年一月九日的夜晚，山年神就会身披蓑衣、头戴斗笠，从山上下来拜访人家。

　　为了迎接山年神，各家都会将家中各处打扫干净，备好供品。

　　有人说山年神肤色黝黑，胡须浓密；也有人说山年神是一对夫妻神，长相丑陋。不过，土俗神当中似乎没有长相好看的。

　　将山年神迎进家后，那些恰逢本命年的男人要穿上蓑衣、头戴斗笠，祈求丰收。次日清晨，要撤下供品做成杂煮，全家人共同享用。人们认为，这样会风调雨顺，秋天丰收。

　　关于山年神的禁忌，也因地而异，有些地方有，有些地方没有。比如，在岛北部的山区，山年神会在新年拜访人家。关于供奉给它的供品，人们也有不同的说法，比如吃了供品会变丑、找不到对象、生鬼胎，或是生出的孩子眼睛大等，尤其不能让年轻人吃。

　　不仅是山年神，供奉给土俗神的供品不能吃的禁忌似乎在各地都有。

山神婆

在岐阜县武仪郡下牧村矢坪（今日本美浓市），每到十一月七日这一天，人们都要进行"山讲（一种祭祀山神的活动）"。这一天，当地人是绝对不能登山的。

据说，如果在山讲之日进山，会遇到山神婆。

遇到山神婆时，它会告诫对方千万不能把遇见自己的事情告诉他人。如果对方不讲信用，告诉了他人，就会立刻死去。

山神是日本全国各个山区都信仰的一种神。至于山神是男神还是女神，因地而异。

一般来说，如果山神被视作女神，祭祀时就不允许女人参加。

有一些地方认为，女人如果吃了供奉给山神的年糕，生出来的孩子脾气十分暴躁。其原因是女神嫉妒人类的女性。

所谓山神婆，就是女山神，它很可能是禁言神神圣样貌的体现。

雷神

顾名思义，雷神就是负责打雷的神。

雷神似鬼，身穿虎皮兜裆，驾着雷云，用身后背的鼓和鼓槌打雷。

自古以来，日本各地都有举行雷神祭的传统。在福岛县某地，人们将每月六日定为活动日，大家会在这一天休息。还有一些地方，人们为了纪念某个落雷的日子，会设立雷神祭。

在茨城县的山区，人们将遭受雷劈的枯树称作"雷神树"，不能随便砍伐。

五十多年前，人们认为雷在云之上，之所以能听到声音，是因为雷神在敲鼓。人们还认为，雷之所以落下来，是为了抢人的肚脐。小孩在夏天露着肚脐的时候，大人就会说："喂，小心肚脐让雷抢走哦。"以此来吓唬小孩。

因此，要想躲避雷，只须在听到雷声后藏起肚脐，钻进蚊帐，烧香即可。

六所大明神

这个故事和爱知县冈崎市的六所大明神有关。

有一次，村民们在准备祭祀仪式时，将神社内的舞台进行了扩建。当时，有个人用便桶提来水和泥，然后抹在墙壁上，当时并没有人注意到。

舞台扩建好当天，一群年轻人在上面彩排舞蹈。从那夜起就怪事连连。舞台上经常出现一些大的棉花或火球，在上面滚来滚去。

村民们觉得有些蹊跷，就七嘴八舌地议论起来。于是，施工时有人使用便桶一事就被大家知道了。

到了第三天深夜，村民们聚在一起商议时，六所山一带忽然响起一阵阵震天响的声音。一个右手持杨桐，左手持大蜡烛，身高三米多的巨人忽然出现在村民面前，满脸愤怒地瞪着他们。

据说，这个巨人就是六所大明神，害怕它作祟的村民们真诚地道了歉。

一般来说，神发怒都是以作祟的形式表现出来，六所大明神却直接现身，可见它是何等的愤怒。

索引

妖怪

[A]

阿卡纳	33
安宅丸	45
鞍野郎	277
岸涯小僧	236
奥博	164
奥高鸟	147

[B]

八百八狸	586
八岐大蛇	737
芭蕉精	579
魃	598
魃鬼	584
吧嗒吧嗒	582
白藏主	562
白发山的怪物	377
白坊主	385
白粉婆	151
白容裔	383
白幽灵	379
白猿	384

百百目鬼	497
百百爷	711
百鬼夜行	615
百目	614
百足	696
拜者	141
般若	592
般若附身	593
板鬼	75
半裂大明神	591
贝吹坊	176
贝儿	174
背背我石	154
比良夫贝	622
比婆猴	611
币六	652
鞭子风	700
弁庆堀的河太郎	657
冰柱女	467
兵揃	616
兵主坊	617
病虫	618
病田	750
波切大王	507
波山	577
不落不落	642
不那哥火	638

不知八幡之森林   753

不知火   378

[C]

仓棒子   275

茶袋   446

柴搔   355

禅釜尚与虎隐良   411

蟾蜍   211

产女   103

长壁   148

长井户的妖怪   504

长面妖女   454

长崎的水虎   505

尝女   511

常元虫   465

尘冢怪王   456

池魔   66

齿黑   161

赤发怪   31

赤虹   30

赤舌   32

赤头与妖怪小僧   29

冲立狸   458

崇德院（白峰）   401

丑时参   99

出世螺   367

川赤子   222

川姬   234

川男   226

川獭   223

川獭精   224

川太郎   231

川天狗   232

川熊   227

川萤   235

川猿   229

川者   233

船板琴   637

船亡灵   639

船幽灵   640

吹灯婆   628

槌蛇   463

次第高   347

村纱   701

[D]

达奇   427

大坊主   139

大光寺的妖怪   419

大鲤鱼   134

大旅渊蛇神   137

大入道	138	蝶幽灵	453
大山的狐神	420	东北的钓瓶落	493
大蛸足	136	东方朔	492
大首	132	豆腐小僧	491
大头小僧	129	豆狸	679
大秃	131	独轮车	196
大鱼恶楼	418	独目坊主	606
大蜘蛛	133	独屋的妖兽	80
大座头	135	独眼大坊主	604
袋貉	631	独眼黑坊主	605
袋下	630	独眼狸	602
单黑林	442	独眼入道	603
但马的骚灵	430	渡柄勺	785
岛原的船幽灵	358	锻冶媪	186
道毛靠毛	494	堕里	441
道谢幽灵	779	堕落子	440
灯无荞麦	35		
镫口	48	**[E]**	
嘀咕岩	298		
地黄煎火	340	恶风	789
地神	445	恶鬼	46
点头仙	302	恶路神之火	37
貂	479	恶四郎妖怪	36
钓瓶火	469	恶血	146
钓瓶落	468	饿鬼	178
叠叩	431	饿鬼凭	179
蝶化身	448	饿者骷髅	188

鳄鲛	786		敷次郎	344
儿啼爷	305		拂尘守	666
耳无豚	694		浮物	96
二本足	520		浮游灵	641
二恨坊之火	519		付丧神	459
二口女	634		覆挂	124
二楼之怪	516			
二冢妖怪	635			

[F]

[G]

			噶喇帕	220
发鬼	213		该盗	285
发切	214		干津女	238
发鱼	585		高坊主	426
翻白眼太郎	653		高女	422
返魂香	590		高桥六兵卫狸之附身	425
饭食幽灵	704		高入道	424
饭笥	688		高须的猫妖	423
坊主狸	660		跟脚怪	654
飞头蛮	781		共潜	499
飞缘魔	609		沟出	689
狒狒	612		垢尝	34
废屋	162		古空穗	644
风	190		古库里婆	293
风狸	627		古笼火	313
佛幽灵	667		古樵	645
否哉	90		古山茶	646
			古屋的妖怪	648

古战场火 297

骨女 668

骨伞 669

瞀女的幽灵 296

怪地藏 172

怪蝶螈 171

关东的尾崎狐 239

管 265

贯奇 237

龟姬 217

鬼 157

鬼火 159

鬼火女 169

鬼击病 242

鬼女 244

鬼女红叶 245

鬼神 246

鬼童 252

鬼熊 158

鬼一口 160

鬼宅 576

桂男 204

锅底狸 508

锅盖头小僧 209

[H]

海坊主 113

海怪 63

海和尚 108

海狼 107

海螺鬼 324

海难法师 175

海女房 111

海人 173

海人鱼 112

海小僧 109

海妖 177

海月火玉 274

海座头 110

寒户婆 328

旱田冤灵 581

豪雅乌卡姆伊 670

好栽 663

和尚的幽灵 150

河爱郎 225

河虎 228

河童 197

河童火 202

河童抠肛门球 201

河童凭 200

河童石 198

河童文字	203		化鼠	569
黑发切	278		化为亡灵的狸猫	381
黑坊主	282		画灵	221
黑啬	339		槐邪神	122
黑手	281		晃悠火	643
黑玉	279		绘马精	118
后神	100		魂盖	438
后追小僧	47		魂濑	439
呼子	775		火车	187
狐风	248		火之车	610
狐火	251		火间虫入道	613
狐狸娶亲	250		火男	619
狐狸之战	312		火前坊	191
狐凭	247		火取魔	608
狐祟	249		火神	595
狐者异	315			
护法童子	309		**[J]**	
花子	587			
滑头鬼	533		饥神	597
化草履	565		机寻	583
化雏	572		矾抚	74
化灯笼	567		矾女	72
化火	571		鸡僧	526
化鲸	564		箕借婆	687
化狸	566		筊化物	126
化猫	568		集团亡灵	364
化皮衣	570		加牟波理入道	241

家鸣	726	旧木屐妖	573
颊抚	662	旧鼠	257
甲鱼幽灵	400	臼负婆	101
甲鱼的冤魂	399	蒟蒻坊主	316
菅原道真的怨灵	397	蒟蒻幽灵	317
见上人道	686	绢狸	253
件	267	貜	735
件部	266		

[K]

江户的金灵	116	咔嗒咔嗒桥	193
江户管狐	117	卡沙宝	189
角盥漱	466	尨精	240
金槌坊	205	尻目	380
金灵	207	可宝奇	311
金神火	208	克春普	295
金鱼幽灵	263	空神	415
金长狸	264	恐山之灵	152
襟立衣	119	苦笑	517
经凛凛	260	库洛坡可人	280
惊	156	库乃摇	270
精灵	405	款冬人	314
精灵风	375	狂骨	259
精灵田	374		
精蝼蛄	372		
胫擦	403		
静饼	346

[L]

九尾狐	258	濑户大将	410
久罗虫	276		

狼灵	130		马鹿	104
浪小僧	510		马魔	255
老人火	780		马凭	105
姥姥火	102		马首垂	322
雷兽	776		马足	106
累	184		忙	73
狸传膏	574		猫的神通	542
狸的婚礼	435		猫男	540
狸腹鼓	436		猫凭	541
狸火	437		猫又	543
狸凭	434		猫又山	544
力持幽灵	443		毛羽毛现	283
利根川的火球	498		茂林寺之釜	712
镰鼬	212		貘	561
裂口女	268		蒙古高句丽	709
柳精	724		蒙加	713
柳婆	725		梦灵	702
龙	777		迷船	683
龙灯	778		迷火	682
胧车	165		迷家	681
轮入道	787		迷神	684
络新妇	376		祢祢子河童	546
			免受河童伤害的方法	199
[M]			面具之灵	705
			面影	168
麻布衣笼	677		皿数	329
麻桶毛	680		明次奇	695

鸣釜　　　　　　　512

魔法大神　　　　　678

貉　　　　　　　　698

牡丹灯笼　　　　　665

木灵　　　　　　　301

木叶天狗　　　　　307

木鱼达摩　　　　　707

木子　　　　　　　254

目竞　　　　　　　703

目目连　　　　　　708

暮露暮露团　　　　671

[N]

纳户婆　　　　　　515

尼入道　　　　　　54

尼彦　　　　　　　57

泥田坊　　　　　　501

逆女　　　　　　　320

逆柱　　　　　　　321

念佛长　　　　　　547

鸟取的牛鬼　　　　496

牛蒡种　　　　　　318

牛打坊　　　　　　97

牛鬼　　　　　　　98

诺伊波罗伊克西　　549

[P]

啪嗒凭　　　　　　596

帕奇　　　　　　　559

疱疮婆　　　　　　661

琵琶牧牧　　　　　624

屁精　　　　　　　153

片耳豚　　　　　　194

片脚上腊　　　　　192

贫乏神　　　　　　626

平家一族的怨灵　　651

屏风窥　　　　　　620

瓶长　　　　　　　216

婆狐　　　　　　　588

[Q]

七　　　　　　　　349

七本鲛　　　　　　351

七人同行　　　　　350

畦走　　　　　　　44

泣婆　　　　　　　506

千千古　　　　　　444

遣来水　　　　　　752

倩兮女　　　　　　288

枪毛长　　　　　　751

锵锵火　　　　　　363

桥姬	578		日和坊	621
切笼灯笼	262		蝾螈	89
衾	632		肉瘤怪	531
琴古主	304		肉吸	518
寝肥	548		如意自在	524
寝具与座头	717		濡女	539
青行灯	26		濡女子	538
青鹭火	27		乳钵坊与葫芦小僧	523
青女房	28		入道坊主	521
清姬	261		入内雀	522
蜻蜓一日	503		若松的幽灵	784
庆奇路里	457		若狭的人鱼	783
穷神	256			
取出	500			
犬加迈	93		**[S]**	
犬神	87			
			撒砂婆	402
[R]			三尺坊	334
			三吉鬼	333
人魂	600		三面乳母与独眼小僧	690
人面疮	391		三味长老	362
人面犬	389		伞妖	185
人面树	390		山宝	749
人偶之灵	528		山本五郎左卫门	337
人形神	625		山地乳	738
人鱼	527		山伏	754
认真的幻兽	674		山颪	733
			山鬼	732

山精	335		蜃	386
山岚	727		生魑魅	64
山姥	729		生魂	166
山灵	338		生灵凭	65
山猫	740		生首	509
山男	731		生邪魔	78
山女	734		绳筋	513
山婆	747		十二神将	365
山婆附身	748		辻神	460
山犬	728		石塔飞行	406
山臊	746		石塔磨	407
山神子	743		石投尉	69
山天狗	739		石妖	408
山童	745		食取	345
山尾裂	730		市子	76
山彦	742		式神	343
山爷	736		式王子	342
山御先	744		势子	409
山中的幽灵宅	336		手负蛇	471
舌长婆	348		手目	476
蛇带	360		手目啮	477
蛇骨婆	359		手形伞	472
蛇蛊	656		手长婆	475
蛇怪	655		首啮	271
伸上	556		鼠之怨灵	545
什么东西	514		树木子	369
神社姬	388		水媪	289

935

水壶吊	715	提灯火	452
水虎	393	提灯小僧	451
水虎大人与水神大人	394	提灯妖怪	450
水精翁	396	天草的河童	53
水蝹	392	天吊	489
水释大人	395	天狗	481
水獭	230	天狗倒	482
死人凭	357	天狗火	485
寺突	478	天狗砾	484
松明丸	421	天狗凭	483
松树精灵	675	天火	480
送行拍子木	145	天井尝	488
送行提灯	144	天井下	487
送犬	143	天逆每	55
算盘坊主	416	天女之宿	490
祟物怪	432	天奇	474
孙蔓	417	天人	58
蓑草鞋	693	天邪鬼	56
蓑虫火	692	天子	486
蓑火	691	铁鼠	473
		通物	495
		涂壁	534
[T]		涂坊	535
		涂佛	536
獭	210	涂涂坊主	537
沓颊	269	土瓶神	502
糖果店的幽灵	62	土蜘蛛	461
提灯阿岩	449		

土转 462

拓郎火 428

[W]

哇 114

外法头 287

亡灵森林 382

网切 59

魍魉 706

围棋精 67

帷子辻 195

畏晶 782

喂喂火 658

文车妖妃 629

蚊帐吊狸 218

嗡嗡岩 650

乌天狗 219

屋岛之秃 721

无垢行腾 697

无脸坊 404

无人车幽灵 699

五德猫 303

五体面 300

五冢的怪女 83

舞首 672

物怪 710

悟 327

[X]

洗手鬼 470

喜如那 243

细手 664

下度柿的妖怪 286

仙北神北 412

小池婆 290

小豆量 42

小豆婆 43

小豆洗 41

小法师 310

小坊主 308

小鬼 370

小袖手 299

小右卫门火 291

小雨坊 294

筱崎狐 353

笑地藏 788

邪魅 361

蟹坊主 206

心火 387

信浓的别界 352

行逢神 762

袖引小僧 413

虚空太鼓	292		野衾	557
雪女	763		野守	558
雪爷	764		野寺坊	554
血块	284		野宿火	551
			夜道怪	722

[Y]

牙那	723		夜行鬼	716
烟罗烟罗	123		夜行游女	720
岩鱼坊主	91		夜泣石	774
盐之长司	341		夜雀	773
砚台精	398		夜豚	765
恙虫	464		鵺	529
妖怪鳖	769		鵺之亡灵	530
妖怪的彩礼	575		一本踏鞴	85
妖怪风之神	767		一本足	84
妖怪蜃气楼	768		一反木绵	82
妖怪石	766		一目入道	79
妖怪万年竹	771		一目小僧	601
妖怪宅地	770		一人相扑	607
妖鸡	772		一声叫	599
野槌	553		伊邪	81
野干	714		仪来大主	525
野狐	719		遗念火	95
野火	555		遗言幽灵	755
野间	550		以津真天	86
野津子	552		异兽	71
			疫病神	718
			缢鬼	272

阴火	92	雨女	60
阴摩罗鬼	170	浴桶的火球	649
音灵	155	御釜踊	140
银杏精	563	御三狐	149
引亡灵	594	御万稻荷	167
隐里	180	渊猿	636
隐念	94	元兴寺	183
隐婆	181	圆球幽灵	685
隐神刑部狸	88	猿鬼	330
婴儿笼	68	猿猴	120
影女	182	猿猴婆	121
应声虫	127	猿神	331
幽谷响	741	云外镜	115
幽灵赤儿	756		
幽灵狸	759		
幽灵毛虫	757		
幽灵问答	760		
幽灵宅	761		
幽灵纸鱼	758		
油赤子	49		
油返	50		
油坊	52		
油须磨	51		
鼬寄	77		
於菊虫	142		
羽风	560		
雨降小僧	61		

[Z]

吒	332
札返	633
招手幽灵	676
找背郎	163
沼御前	532
笊转	70
针女	589
枕返	673
震震	647
钲五郎	373
正吉河童	371

芝天　　　　　　　356

芝右卫门狸　　　　354

蜘蛛火　　　　　　273

执念之鬼　　　　　366

纸舞　　　　　　　215

蛭持　　　　　　　623

置行堀　　　　　　125

宙狐　　　　　　　447

帚与笛之灵　　　　659

朱盘　　　　　　　368

猪口暮露　　　　　455

竹切狸　　　　　　429

苎　　　　　　　　128

住地灵　　　　　　580

帒石　　　　　　　319

子生弁天之大入道　306

纵缫返　　　　　　433

足勾　　　　　　　 40

足洗邸　　　　　　 38

足长手长　　　　　 39

卒都婆小町　　　　414

佐仓总五郎之灵　　323

座敷坊主　　　　　325

座敷童子　　　　　326

神明

[A]

安毛　　　　　　　817

奥伊茨岐神　　　　828

奥玉神　　　　　　830

[B]

八咫乌鸦　　　　　918

白又　　　　　　　865

半平顿　　　　　　899

抱付柱　　　　　　876

宾头颅尊者　　　　903

波塞神　　　　　　910

剥茧怪　　　　　　816

[C]

蚕神　　　　　　　836

苍前神　　　　　　872

柴神　　　　　　　863

产神　　　　　　　831

赤城山的百足神　　813

川仓地藏堂　　　　846

船玉神　　　　　　906

[D]

大元神　　　　　　829

盗人神　　　　　　896

道通神　　　　　　886

稻草人神　　　　　838

稻荷神　　　　　　821

地藏附身　　　　　862

钉拔地藏尊　　　　849

兜稻荷　　　　　　843

多尔具久　　　　　881

[E]

厄拔戒坛　　　　　917

[F]

梵天神　　　　　　911

方相氏　　　　　　909

风三郎　　　　　　840

符沙马拉　　　　　905

福神　　　　　　　904

[G]

根源神　　　　　　858

咕隆咚　　　　　　845

鬼蓟　　　　　　　834

[H]

蛤贝比卖　　　　　827

河太郎　　　　　　835

黑佛　　　　　　　853

荒神　　　　　　　855

[J]

金山神　　　　　　842

井神　　　　　　　820

厕神　　　　　　　826

菌神　　　　　　　850

[K]

夔神　　　　　　　848

[L]

姥神　　　　　　　825

雷神　　　　　　　922

六所大明神　　　　923

泷灵王　　　　　　877

[M]

枚方的御阴神　　　902

美人神　　　　　　900

门神　　　　　　　841

弥谷寺　　　　　　823

面殿　　　　　　　914

哞哞殿　　　　　　916

[N]

奈麻户奴加奈之　　892

鲇神　　　　　　　890

牛御前　　　　　　824

[P]

蟠东　　　　　　　898

佩刀神　　　　　　897

凭神　　　　　　　884

[Q]

七夕神　　　　　　880

钱洗弁天　　　　　871

锹山大明神　　　　854

[R]

人形神　　　　　　895

仁王　　　　　　　894

[S]

扫疫神　　　　　　873

森殿　　　　　　　915

山年神　　　　　　920

山神　　　　　　　860

山神婆　　　　　　921

烧火权现　　　　　878

蛸神大人　　　　　879

神鹿　　　　　　　866

神农氏　　　　　　867

生剥　　　　　　　893

生团子　　　　　　891

胜宿大明神　　　　839

狮子头神　　　　　861

石神　　　　　　　818

时神　　　　　　887

手足神　　　　　885

首冢大明神　　　851

树神　　　　　　847

水虎神　　　　　832

水神　　　　　　913

水神大人　　　　868

思乃卡　　　　　869

思乃卡活动　　　870

薮神　　　　　　919

岁咚　　　　　　888

[T]

天花神　　　　　908

田神　　　　　　882

田县神社　　　　875

土用坊主　　　　889

[W]

蛙神　　　　　　837

无垢神　　　　　814

五万度神　　　　856

[X]

飨之祭　　　　　812

熊神　　　　　　852

袖挽神　　　　　874

[Y]

一目连　　　　　819

一言主神　　　　901

疣取神　　　　　822

御白神　　　　　833

[Z]

灶神　　　　　　844

杖立神　　　　　883

真世神　　　　　912

钟馗神　　　　　864

帚神　　　　　　907

子安神　　　　　857

足神　　　　　　815

佐助稻荷　　　　859

943

图书在版编目（ＣＩＰ）数据

妖怪大全 ／（日）水木茂著 ； 王维幸译. —— 2版
. —— 海口：南海出版公司，2021.8
ISBN 978—7—5442—9907—7

Ⅰ．①妖… Ⅱ．①水… ②王… Ⅲ．①神话－研究－
日本 Ⅳ．①B932.313

中国版本图书馆CIP数据核字 (2020) 第066906号

著作权合同登记号 图字：30—2016—166

《KETTEIBAN NIHON YOUKAI TAIZEN YOUKAI · ANOYO · KAMISAMA》
© Shigeru Mizuki 2014
All rights reserved.
Original Japanese edition published by KODANSHA LTD. .
Simplified Chinese character edition publication rights arranged with Mizuki Productions,
through KODANSHA BEIJING CULTURE LTD. Beijing, China.

妖怪大全
〔日〕水木茂 著
王维幸 译

出　　版　南海出版公司　（0898）66568511
　　　　　海口市海秀中路51号星华大厦五楼　邮编 570206
发　　行　新经典发行有限公司
　　　　　电话(010)68423599　邮箱 editor@readinglife.com
经　　销　新华书店

责任编辑　翟明明
特邀编辑　褚方叶
装帧设计　李照祥
内文制作　杨兴艳　田晓波

印　　刷　北京天宇万达印刷有限公司
开　　本　787毫米×880毫米　1/32
印　　张　30
字　　数　310千
版　　次　2017年1月第1版　2021年8月第2版
印　　次　2021年8月第1次印刷
书　　号　ISBN 978—7—5442—9907—7
定　　价　128.00元